何建明文集

卷二十三

北京风情

何建明 著

新世界出版社
NEW WORLD PRESS

图书在版编目（CIP）数据

北京风情 / 何建明著 . -- 北京 : 新世界出版社 ,
2018.3
（何建明文集 ; 23）
ISBN 978-7-5104-6385-3

Ⅰ . ①北… Ⅱ . ①何… Ⅲ . ①纪实文学—作品集—中
国—当代 Ⅳ . ① I25

中国版本图书馆 CIP 数据核字 (2017) 第 203370 号

北京风情

作　　者 : 何建明
特邀丛书编辑 : 韩小群
责任编辑 : 冯悦萌　贾瑞娜
责任校对 : 宣　慧
责任印制 : 王宝根　苏爱玲
出版发行 : 新世界出版社
社　　址 : 北京西城区百万庄大街 24 号(100037)
发 行 部 :(010) 6899 5968 （ 010) 6899 8705 (传真)
总 编 室 :(010) 6899 5424 （ 010) 6832 6679 (传真)
http://www.nwp.cn
http://www.nwp.com.cn
版 权 部 : +8610 6899 6306
版权部电子信箱 : nwpcd@sina.com
印　　刷 : 北京京华虎彩印刷有限公司
经　　销 : 新华书店
开　　本 : 710mm × 1000mm　1/16
字　　数 : 420 千字　　印　　张 : 26.5
版　　次 : 2018 年 3 月第 1 版　2018 年 3 月第 1 次印刷
书　　号 : ISBN 978-7-5104-6385-3
定　　价 : 72.00 元

1978 年——中国改革开放启幕

1978 年——我的文学生涯开始

庆幸，我的命运与时代、与祖国同行。还有一份安慰：当我离开这个世界时，有人可以从我的文字里触摸到中国今天的脉搏是如何跳动的……

何建明

重要创作历程及个人成就

1978 年　创作第一篇中篇散文《湘西探险记》

1980 年　发表第一篇报告文学《腾飞吧，苍龙》

1982 年　创作第一部军事题材小说《第二道战壕》

1986 年　出版第一部报告文学作品集《缉私大王》

1988 年　出版第一部长篇小说《东方毒蛇》

1989 年　由同名作品改编的电影剧本《西行囚车》被搬上银幕，此片获珠江电影制片厂优秀故事片奖

1990 年　第一次获中华宝石文学奖

1993 年　任文学杂志《新生界》主编

1993 年　发表第一部长篇报告文学《野性的黑潮》

1994 年　第一次成为《青年文学》封面人物

1995 年　《共和国告急》出版，此后获第一届鲁迅文学奖

1995 年　《科学大师的名利场》发表

1998 年　《落泪是金》发表，此后获第二届鲁迅文学奖、第一届徐迟报告文学奖、中国改革开放优秀报告文学奖

2000 年　《中国高考报告》出版，此后获第一届正泰杯全国报告文学奖

2001 年　《中国高考报告》被日本、澳大利亚翻译出版

2002 年　《根本利益》发表，此后获第二届徐迟报告文学奖、人民文学奖特等奖、第六届国家图书奖提名奖、第二届正泰杯全国报告文学奖，入选中宣部推荐的党的十五大献礼书目

2002 年　《国家行动：三峡大移民》出版，此后获中宣部第九届“五个一工程”奖，入选中宣部推荐的党的十六大献礼书目

2003 年　《北京保卫战》发表，获《文汇报》优秀作品奖

2003 年　完成电影剧本《廊桥悠悠》创作（此为与谢晋导演合作项目）

2004 年　由《根本利益》改编的电影《信天游》上映

2004 年　《永远的红树林》发表，此后获第四届正泰杯全国报告文学奖

2005 年　《李琬若：从中国留学生到美国市长》出版，并被美国翻译出版

2005 年　获国务院授予的"全国劳动模范"称号

2005 年　任《中国作家》杂志主编

2006 年　《男人的美丽男人的梦》出版

2007 年　散文《父亲的体温》入选中学课本及教辅资料

2007 年　《部长与国家》获第四届鲁迅文学奖、第三届徐迟报告文学奖荣誉奖

2008 年　《生命第一——5·12 大地震现场纪实》出版，此后获第二届"中华优秀出版物"奖、第四届徐迟报告文学奖

2008 年　任作家出版社社长

2008 年　荣获"全国新闻出版行业领军人才"称号

2008 年　根据《国家行动》改编的同名电视连续剧在央视播出

2009 年　任中国作家协会党组成员、书记处书记，中国作家出版集团党委书记、管委会主任

2009 年　《国家行动》电视连续剧获中宣部第十一届"五个一工程"奖

2009 年　《我的天堂》出版，获中宣部第十一届"五个一工程"奖

2009 年　《永远的红树林》获新中国六十年优秀中短篇报告文学奖

2009 年　获中华全国总工会“时代领跑者——新中国成立以来最具影响的劳动模范”评选活动提名奖

2010 年　根据《部长与国家》改编的电视连续剧《奠基者》在央视黄金时段播出，此后获中宣部第十二届“五个一工程”奖

2010 年　《忠诚与背叛：告诉你一个真实的红岩》出版，此后获中宣部第十二届“五个一工程”奖、第三届中国出版政府奖，入选“2013 年全国青少年推荐阅读的优秀书目”

2010 年　任中国作家协会副主席至今

2011 年　《国家——2011·中国外交史上的空前行动》出版，后获人民文学奖特等奖，入选“2012 年中国报告文学优秀作品排行榜”、中宣部推荐的党的十八大献礼书目

2012 年　《三牛风波》出版，荣登北京图书大厦畅销书排行榜

2012 年　任中华文学基金会理事长至今

2012 年　当选中国报告文学学会理事长至今

2014 年　《南京大屠杀全纪实》出版，此后获第四届中国出版政府奖、人民文学奖特等奖

2015 年　获亚洲品牌协会“中国文化品牌新领军人物”荣誉

2015 年　《真假之间》发表

2016 年　《爆炸现场》出版，获中国出版集团优秀销售奖，入选“2016 年中国报告文学优秀作品排行榜”

2017 年　《死亡征战》出版，被英国、法国翻译出版

2017 年　《那山，那水》发表

（截至 2017 年 9 月）

京城美女的私密世界（代序）

假如没有美女，北京将失去大半的风采；没有美女的北京，就不是中国的首都了。几乎可以这样肯定：一个国家的首都，集中了最多最美的女人。

美女爱美，一个国家的首都便是美女们最爱去的地方，因为这里可以使美女们更加美丽，更加光彩夺目。光彩夺目的众多美女组成了一个国家最美的城市，这个城市便是它的首都。

在旧时，古城北京是众多王朝定都的地方。皇帝喜欢美女，美女同样喜欢皇宫。皇宫使美女有了相应的地位和光环，有地位的美女才能被载入史册，被后人或传颂或戏说。

如今的北京，已经是旧城和新城并存的国际大都市。美女多得满街皆是。今天的美女来到北京，更多的是为了展现个性、魅力和实现个人价值，而北京给予了这些美女实现这种梦想的可能性和诸多机会。

北京因此处处美女如流云涌动，似天星闪耀，你无法左右环顾，你无法逐个品味。美女多得如你置身于模特大赛的T型走台，艳得连你也自觉异彩竞放，美不胜收。

北京的美女在匆匆而去的的士里，在闲情逸致的王府井大街上，在车水马龙的立交桥下，在绿荫鸟语的紫竹院中，在店窗铁塔闪烁的广告牌间。

你无聊时，街头的美女便是为你生活添彩的丰富内容；你疲劳时，眼前翩然而过的美女便是你夏天里一瓶清凉的可乐；你郁闷时，地铁站台上美女的笑脸便是你摄取欣快的良药；你激动和兴奋时，美女的背影和飘逸的秀发便是你写诗的灵感。

美女醒来时，北京唱起了“东方红”；美女梳妆时，北京披满了一片红霞；美女走出家门时，北京开始了喧哗热闹；美女轻轻地吸一口清气，北京的车流变得通畅无阻；美女扬一扬秀眉，北京的店铺顿时笑声朗朗；美女婆娑起舞时，北京的夜幕便闪动起千万双明亮的“眼睛”。

北京不能没有美女。没有美女的时候，北京比沉睡时还寂静和沉默。

北京城里自古就有美女。

北京城的美女来自四面八方。

在北京出生的美女，她们身上有着与生俱来的优越感，那种能征服别人、取悦自我的天性。在她们面前你永远是弱者、从属者，一旦触犯她们，雷霆就将响起，天穹就将出现崩塌。因此北京土生土长的美女，永远站在皇城的城墙上牢牢地居于制高点——无论她们是高贵还是平凡，这是北京城里不变的定律。

迁居北京的美女，她们拥有最光艳的资本和坚韧的品质，无论是最拥挤的街头，最华丽的场所，最难迈的门槛，最狭窄的胡同，还是最危险的陷阱，最刺激的挑战，她们总是最先出现在那里，最先赢得胜利，也最先退出，最先消失。这样的美女使北京增了活力，多了竞争，也长了脾气。

北京现在的美女越来越多，多得需要我们去分类分族地识别和比照。没有识别和比照，再姣好的美女也将成为垃圾一堆。美女多得成为讨厌的垃圾将是北京的灾难。因为有人已经开始把美女引进客房，引进商场，引进种种当作商品的交易环境之中，甚至引进网上的黄色插页。

美女须自重，自重的女性才能保持美。

在今天，美女若想保持美，不仅需要懂得化妆，更重要的是要学会走出美容院后还能走进学校。有才的美女是走遍天下永远被人称美之人，德薄才疏的漂亮女人终究令人作呕，被人抛弃。

其实女人之美有天质之美，也有相貌之美，还有身材之美，肤色之美，音容之美，更有温柔之美，和颜之美，细腻之美，纤弱之美，甚至是病态之美。

我欣赏赵薇式的美，那是一种略带傻气的美，单纯的、无心计的美，假如能永远地保持这种“不成熟”的话。

我喜欢许晴式的美，那是一种真正意义上的情人之美，可以激动，可以包容，可以心心相印和勾魂动魄，假如不是伪善的话。

我尊重倪萍式的美，那是一种平和谦实之美，总给人以放松，给人以温馨，假如不是做作的话。

其实我最最珍爱的是曾经让我真正爱过的女人，她们是我的母亲、妻子和女儿，还有那些留在我心灵深处的美女。是她们用生命和真情爱着我，所以我才可能有了更旺盛的生命和赤诚的真情。我把旺盛的生命和赤诚的真情继续留在身上，是为了更深地爱她们。

所以我以为美女最好不要“虚伪”，“虚伪”的美女就像化错了妆的女人，自己感觉良好，其实效果极差。

所以我以为美女最好不要蛮横，蛮横的美女就像吃错了药的女人，自己不知脸面，还嫌别人不赏脸。

所以我以为美女最好不要从商，从商的美女容易在交易时连自己的灵魂和肉体一起交换出去。

所以我以为美女最好不要当官，当官的美女每天的脸都很冷，脸冷了的女人血也会变冷。

所以我以为美女最好不要“演戏”，“演戏”的美女让人捉摸不透什么是她的真实，即使是在她做妻子时。

所以我以为美女最好不要去留学，留学的美女看上去很美，但在高贵和富裕的文明社会里，你的美色很快会在刷盘子的油腻中和实验室的阴暗灯光下消失。

所以我以为美女最好不要离家，离家的美女最终将带着伤痕、带着丑陋一起提前步入坟墓，那很可怕，也很悲哀、很不值。

如果美女能把握自己，就将永远美艳常驻，幸福长在。男人因此而更喜欢你，因此而甘愿将全部的爱心用在你的身上，因此在你身上获得更多雨露与滋润，勇气和胆识，精神和力量，当然还有健康。

北京的美女就像我们的北京一样在不断成长且日显魅力，她们的生活多彩又多情，所有喜欢北京这个城市的人一定对她们同样充满兴趣，因为没有她们，北京就将不是北京。

何建明

2002年春于北京

目　录

京城美女的私密世界(代序)

探秘感情险滩　/ 001
失踪的女明星　/ 017
与美才女共事心惊肉跳　/ 099
售楼女的情怨　/ 113
“隐私热线”里的情欲与骚动　/ 131
留洋美女瞧得起谁　/ 347
拥抱另一个世界　/ 367

探秘感情险滩

这样的事就发生在今天。

我是无意间发现首都北京城里又多了个时尚的行当。那天我正在一位昔日旧友处办事，在这位已经当了好几年老板的朋友的办公室，我发现了一位年轻男士正与我的那位仁兄谈得火热。我不知道他们俩是什么关系，一进门就被我的朋友拉到沙发处坐下。“我们现在只做一件事，就是听他侃……”老板朋友不由分说，指着那看上去二十六七岁的小伙子道：“继续，继续，再挑荤一点的讲！”

于是那位早已把我的朋友逗得乐悠悠的年轻说客又神侃起来。真是没有想到这世界上还有人当起了职业“神侃”，而且从他口中说出的一个接一个的段子，不仅有高层达官显贵的，也有底层平民百姓的，甚至还有国外甚至是白宫里的，令人称奇的是他讲的那些段子中还有我在近几年的编辑工作中从一批作家的小说中已经见过的。

几个男士在一起，不能不说点段子，说点段子其实也并不全是下流。但令我感到不可思议的是眼前这位侃爷除了侃那些适合男性公民听的段子外，还能成套成套地侃出一大堆让女士们偷着乐的另一种段子。这是我从事文学编辑工作以来极少见到的，大概中国的女作家们不太好意思像一些男作家们侃这类段子吧？

“好了，今天就到这儿。我看何兄你也有点上瘾了？！哈哈哈……”朋友此时站起身来，又顺手从口袋里掏出三张百元钞票，递给那年轻侃爷。“你可以走了，下次需要时我再跟你联系。”

“谢谢，我等着您的招呼。”拿了钱的侃爷走了，而我却大惑不解了。

“他是什么人？给你说了通笑话就给那么多钱呀？”

朋友乐了：“什么人都不是，是我雇来的说客，专门陪我逗乐解闷的，知道吗？人家是专干这份职业的。”

“北京还有这样的事？你是从哪儿找的呀？”我更加惊诧。

“瞧瞧你们这些作家，还一个个自以为对社会和生活了解深刻，其实你们什么都不在行。”朋友又做出一副深谙世故的架势向我介绍：“这行当已经开了有半年时间了吧，人家的专业名称叫‘情感陪护’，就是你什么时候想解解闷，什么时候脑子想轻松轻松，什么时候想找点乐子时，就可以打个电话给这样的服务公司，人家马上按照你提出的要求派人过来给你服务。刚才到我这儿的那小伙子是陪我讲笑话的，人家就给我找了个专门的侃爷来了不是？当然我提的要求是能讲些生活中让我们男人开心的段子。如果是像你这样喜欢政治的人，他们也会给你找来个保证令你非常佩服的‘政治家’来陪伴你……”

“这么说，如果你想要个女人，比如像你离了婚的人，又没再婚，或者像我们这样已经有家室可又想尝尝鲜的，也能打电话预约个小妞什么的？”我不由警觉起来。

朋友两眼顿时一亮：“你老兄也有这份歪心？要真有的话，我马上给你‘预约’一个？”

“得得，我是问你北京眼下真有这样的所谓‘感情陪护’行当？”这小子，肯定没有少干歪心事，我赶忙岔开话题。

朋友此时拿出几本在北京满街都能找得到的像《××青年》《××新闻》这类只要1元钱就能买厚厚一本的时尚大开本杂志。“看看，上面都有这样的服务公司的广告。不信你马上按广告上的电话拨一个试试，要什么样的服务就有什么样的人来……”

我顺手从朋友手中接过几本杂志一看，真是大增见识。我遂打开一本在京城街头连我也经常掏一元钱带回家的《××新闻》翻了几面广告页，不想整版的“招聘服务”广告跃入眼帘：什么“计时服务”“计时广场”“阳光计时”“快乐计时”“红缘计时”“舒心计时”等等。计时工其实并不是新鲜职业，我所知道的计时工就是专门为一些单位和家庭搞些修电器、擦油烟机和打扫卫生什么的，但站在我身后的朋友偷着笑话我“太落伍了”！

“那样的计时工是什么时候的事了？七八十年代的事！俗称小保姆一类的事。可现在是什么时候了？都21世纪了，这儿的计时工还会尽是些给人家看孩子的小保姆和当家教的大学生？靠这样的计时工公司早关大门了！你呀，大作家一个，自己瞅瞅广告的内容吧……”朋友又将我奚落一通。

我再仔细一看现时这些计时工公司刊登的广告内容，心里马上明白了今天的“计时工”都是做些什么的。几乎所有的计时工公司都写出他们的业务是“本公司长期为各界成功的人士提供各类计时、陪伴的优质服务”字样。有的则写得更具体：“服务对象：在京从事短暂商务活动的外商、京城中小型公司老板；社会各界成功人士（包括男女人士均可获得服务）。”“服务内容：提供散步、娱乐、打球、伴游、下棋、购物、就餐以及其他陪护服务。”这个世界真是奇妙，连吃饭、散步这类纯私人的活动，现在也有人来为你提供“陪伴服务”，且你要支付的服务费不低哟：每小时服务费50元至300元不等。

“这么贵，有谁发神经病要这样的帮吃帮玩？”

朋友又说我不懂世故。“你以为别人都像你会算小账？人家为你派计时工得有一些花费吧？什么电话联络和派活的一部分‘管理费’还是要收的吧？而到你身边的那些服务人员他不还要乘车倒车什么的花一点钱嘛！如果是紧急服务就得打的到客户那儿去。再说，碰到客户有特殊要求，300元一小时就不算贵了呀，哈哈哈……”

“你小子，是不是也开过这样的计时工公司呀？什么特殊服务，不会是跟人睡觉吧？”

“没准儿。讲的就是各种服务，陪伴性质的服务，休闲和情感陪护是这些计时工的主要服务范围。你看在这些广告上面除那些内容外，都有‘本公司业务多多，急需招聘35岁以下女士、30岁以下男士专、兼职计时服务员’还特别强调要形象佳、气质好的不是？”

话说到这儿，我也不是傻瓜一个。看看这类广告词，你就马上会意识到是不是该到派出所或者“扫黄打非办”去投诉了。但后来当我深入这个领域和与有关部门打交道之后，发现问题并不像我原先想象得那么简单。

关于这样的“计时工公司”所从事的业务是不是违规违法，北京市的媒体和工商司法部门已经开始在讨论，而且似乎各说各有理，显然讨论归讨论，以“感情陪护”为主要内容的“计时乐园”照常红红火火地在开张。这是我所感兴趣的，因为作为《莫愁》杂志的老作者，读者对首都北京出现这样很时尚的“感情新海滩”一定有浓厚的兴致，我因此而带着某种责任也罢好奇心也罢，总之对北京城中的这类“感情陪护”业进行了几番暗访和秘探，其结果令我真是大开眼界，也颇为心惊肉跳。

不入虎穴焉得虎子？这天趁班上没事，我就预先对同事某某仁兄讲好，说我要去调查采访一个特殊行业，可能出现麻烦时请他到时作证——我多少害怕警察将我一同列入“扫黄打非”之列。

“你要是走火入魔了，那可不是我作证的范围，咱们可说好啊！”在我临出发时，同事半真半假地叮嘱道。

“放心，我们不是说好了按暗号见机行事嘛！”我笑着提醒道。所谓的“暗号”是我以防万一让同事在每一个小时呼我一次BP机。

这天我特意把自己打扮了一通，尽量满足“广告”上的招聘要求，因为人家要的是35岁以下的，尤其是男士才要30岁以下的，就我这年龄怎么打扮也显得超龄呀。但我准备了一个“招”，果然管用。

在北京城北三环路旁边的某写字楼里，我打入了其中的一家“计时乐园”公司。接待我的小姐很热情，把我接进一间并不大的“接待室”，我一看里面竟然已经坐得很满，看样子他们都是前来应聘的。我进去的那一瞬，意识到已经坐在里面的十几位男男女女似乎都用异样的目光看着我。我想肯定他们在想同一个问题：这么个“超龄男人”怎么也来抢饭碗了？在稍稍有些尴尬之后，我很快平静了下来，用心细细观察这里的一切：公司不大，三间办公室分别为：一间接待室，大概专门接待像我这样的招聘人员用的；另一间是业务室，有三部电话，两台电脑，操作者都是小女孩，看样子也以外地人为主；另一间的门关着，偶尔有人进出，像是“经理室”，但没有挂牌，进出里面的人都显得一副严肃样儿，似乎随时在戒备着什么。

“先生，轮到你登记了，请拿出身份证。”

我有点心虚地掏出身份证，因为担心这样会上了“扫黄打非”的“黑名单”。

不想，接待我的那位小姐非常善解人意地只看了看身份证就还给了我，并说：“放心好了，我们这儿只给入册的会员记名字和联络方式，身份证只是看一看而已，怕有假冒的……我马上觉得心里落下了一块石头，因为那小姐紧接着告诉我注册入会的名字可以由你自己随便起一个，只要联络时自己知道就行了。

瞧人家干这一行的都精通门道，你担心的那点儿事人家早已全为你想到了。得，大胆入会吧——就是往“扫黄打非”的黑笼子里钻呗。

“不行先生，您的年龄已经超过了我们招聘的规定，我们对男士的要求更严一些。”我心头刚落下的一块石头，又被小姐吊了起来。

我一听此话，赶紧把事先准备好的对策亮了出来：一手从随身带的包里拿出十年前出版的一本诗集，一手拉着那位接待小姐往走廊里走。“小姐，我知道自己年龄大了一些，但我有我的专长呀，你看看我出的书……这肯定用得着，因为我知道前来你们这儿寻找服务的对象中特别是一些女白领，她们当中有不少文化层次不低的，而我绝对能胜任呀！你看看我的这书。”

“哟，您是作家呀？”小姐有些惊讶地瞥了我一眼：“当作家多神气，怎么你也……”

我知道她后面的话，便连忙掩饰道：“现在是什么年代，有句话你没听说，钉皮鞋的收入高过当部长的，卖白薯的比写书的强。咱们这些当文人的现在是最穷的一族，要不我到你这儿来干啥？”

小姐乐了：“这位先生还真幽默啊！”随后她想了想，说：“那你就登记吧。少收你一半入会费，50 元有吧？”

“有有……”我红着脸赶紧掏出五张大团结，因为我既为自己的表演兴奋，又为自己是个文人而被人小瞧而心酸。

“行，现在你就等着我们跟你联系。按照规矩，我们只负责给你介绍 10 至 20 个客户，你的收入呢，主要看你给客户服务的情况了。”临走时，那公司的小姐像给其他加入“计时工”行列的入会者一样，专门给我讲了一些“业务知识”。

这里的行情我已经知道了个大概，他们向每位求职者收取 50 至 100 元后就负责给你联系 10 至 20 个客户，至于你的收入就看自己的服务情况了。

走出那座写字楼，我当时感觉自己就像从此脸上贴了一块“我是男公关”的标签一样。可不，还未等我回到单位，“生意”就来了：“喂喂，你是何先生吗？恭喜你啊，有一位外企女老板想找一名通晓中国文化的服务男生，我把你的情况跟她一说，她马上说让你在午饭后就到她住处，地址是……”我一听，是那位接待小姐在手机里急慌慌地与我通话。

看来这行“特殊服务”还真火啊，而且过去都说是男人找女人的，而今女人找男人的也不少啊！想到这儿，我心里就有些别扭，尤其是我现在已经一只脚踩进了险滩……不行，这样会坏事的，于是我赶紧按照“暗号”约定，把单位上的那位小兄弟叫到了我要前去“服务”的那位女“客户”的住处。

同事一听我就要去“上班”了，就差没有笑歪嘴：“这回你再被人抓进去我可不作什么证了，不过第一桩生意就是个有钱的女主儿，我也愿意冒它一次险。”

“想得美！”我一边不管三七二十一拉着这位过去的小同事一起往那座漂亮的公寓里走，一边吩咐他说：“那女人在18层楼，你就在电梯口等我，每20分钟呼我一次，记住了没有？20分钟呼一次。”

“干吗非20分钟呼一次？这不影响你们好事嘛！”

“我要的就是让你给敲警钟。20分钟不长不短，时间长了，一旦我落入虎口就完了，太短了人家会看出破绽，咱们一天不就白忙乎了不是？千万记住了啊！”

在电梯口，我向同事作了最后的叮嘱，然后整了整衣冠运了一口气，进了电梯。就在这时，我听到身后一阵窃窃私语。这小子，想看我笑话。我心里边骂边觉得自已也该被笑，好端端的不在家写东西，偏偏为了《莫愁》杂志的约稿，竟要出卖作家的灵魂甚至差不多连肉体也一起要搭上了，真是有点太不讲究了。但事到如今，也容不得多想了。

“叮——”我还没镇定下来，电梯已经到了我要去的楼层。我的“客户”住在顶西头的那一套居室。当我像贼一样敲响她的门时，真的紧张极了，因为面前的“客户”，不，是女人——那种是个男人就会动心的女人，真的活脱脱就与我直面相视……我想当时这相视有五六秒钟吧！

“进来吧。”女人马上恢复了她身为雇主的高贵姿态命令我。趁她转身为我倒水之际，我细微观察了一下她住的房——一个套间，里外有别的那种套间，房间内的东西不是很多，更像是临时住所。看得出，女主人是个品位不俗的白领。

女主人像在掩饰着什么，没给我介绍任何她的有关情况。就像看牲口似的将我上上下下打量了一遍后，单刀直入问：“价格最后谈怎么样？我这个人喜欢按质论价。”

我明白她的意思，便装出很在行似的回答她：“您是上帝我只是您需要时间内的仆人。”

“是吗？”她听后有些惊诧地瞪着那双睫毛很长的眼睛看着我，像有些怀疑地反问道。“你干这行当多长时间了？”

“今天是第一次，您是第一个服务客户。”我如实回答，我不希望她把我看作是那种浑身是油渍的老泥鳅，当然也不想让对方感觉我是个什么都不懂的“处男”。

不知为什么，她听完我的陈述脸不自觉地红了一下，但很快恢复了原样——一副神圣不可侵犯的模样。

“听说你还是个作家？”我想大概我的“工作”就这样开始了。

“三流的，以前写过一些东西，后来看看自己也成不了那种靠稿费能维持生计的作家，也就把笔一扔，下海去了。结果几年下来，不仅丢了文学，而且也丢了过去的一点积蓄。要不也不会混到今天这个份上……”我发现自己天才的表演越来越到位，尤其是扮演那种下三路的人物真的很到位。

可不，又把一个精明的女人给蒙了。她突然非常感慨地叹声道：“看来我们是同路人呀。当年我也算半个作家，市作协已经把入会的表都给了我，可我则一头扎进商海去了，而且再也没有回过头……十年了，但我算庆幸，你是商海的失败者，而我则成功了。哈哈哈，如果过去的十年不是现在这样的命运，那今天可能我们之间的雇主与被雇用的关系就说不定要互换了！可怕，真是有点可怕！唉……”

见我的雇主有些伤感，我便赶紧安抚：“您是贵人，怎么可能与我相提并论呢！再说，我今天到您这儿，也没有感到特别的沉沦，因为这也是在靠劳动换得自我的一点价值。虽然比不上像过去写文章那么清高，但清高又能当饭吃吗？”

我们就这样你一句我一句地讨论着文学与生活、人生与命运的诸多问题，不知不觉相互忘记了各自的身份——主要是我忘记了自己在这样的主人面前应该是个什么角色。

“嘀嘀嘀——”我的BP机突然响起。坏了，我把楼下的同事搁在一边忘了。

“这儿有电话，用我手机也行。”她已经很热情了。

“不不，没什么急事。”我赶紧推辞。

“那你现在还写些东西吗？”看，轮到她关心起我来了。

“写！但绝不为了发表。”我特意装出一副对当前文坛现象极不满意的神态说道：“我觉得往已经够浮躁的世界里再去凑热闹是一种人格与文德的浅显……”

“你真这么想？”我突然发现我的服务对象的那双眼睛开始发亮了。坏了，还是装得愚蠢些好，要不快被主人扣为人质了。

“你……”凭着成熟男人的感觉，我已经感受到某种危险。因为她说话时变得有些语无伦次。

“嘀嘀嘀，嘀嘀嘀……”我差点欢呼起来，腰间的“警报”又响起。于是我借故道：“很对不起，今天我只能到这会儿了。”说着我就起身。

“喂喂，你怎么可以……”我的客户一下又恢复了那种主子的神态，大概她自己也意识到我这个感情陪伴档次不算一般，所以马上改口道：“你这么着急走，我还没有给工钱呢？你来时怎么说的？一个小时150元，还是200元？

“谢谢了，我没有服务到底，所以不能收一分钱。”我早想逃亡了，哪顾得收多少钱。谁知这一着，更让这位白领雇主看重我了。只见她飞快地从鼓鼓的小钱包里“唰唰唰”抽出5张百元大钞。

“你收着。下次什么时候我再呼你。不不，不是呼，是请你。你看什么时间？”她把钱送过来的时候也送来了某种明显的期盼。

说实话我当时真有些感动。我真想把自己的体验和调查“感情陪护”的真相告诉她，但话到嘴边又吞了下去，我不想伤害另一个人可以选择的某种感情方式。我唯一的办法是彻底的“逃亡”。

“怎么样？说是20分钟，结果你用了72分钟！老实交代，是不是那事都已经做了？”我逃出楼后，同事就揪住我非要问个明白。瞧他半是生气半是玩笑的样，我只得推说是人家雇主见我一进门就要求把BP机关掉，无奈我只好听命。

“那你说说，是多大年龄？漂亮不漂亮？勾引你没有？”小年轻感兴趣的就是这些。我能让他知道真相嘛，所以装出很丧气的样儿回答道：“七老八十，就差没把我吓跑，还啥漂亮不漂亮？见鬼，下次给我一小时500我都不伺候！”

“别别，真有这样的事千万千万学一回雷锋吧！你还不知我半个月都赚不到这个数呀？”小伙子火急火燎地凑到我脸庞边：“明天我就去‘计时公司’报名，你给指条路啊！”

“臭小子！”我一拳打过去，随后同他开怀大笑。

玩笑归玩笑，但是这次亲身体验后使我对这种暗流式的“感情陪护”有了重新的认识，我觉得不该那么简单地将它与“黄”画等号。它除了一部分确实有“黄”的成分外，还有很复杂的其他因素。为此我专门找到了几位从事这类“计时工”的“男陪”

与“女陪”，从他们口里我更证实了自己的判断。

李某，北京某大学在校学生。因为准备留在北京，但又没哪个单位愿意接收，“计时工”因此成了他第一种步入社会和体验生活的行当。他已经“接活”20多次，“月薪”到四位数。他说他的雇主大多是生意做得有一定水平的个体老板，这些老板大概什么都有了，但唯独就是少了些文化档次，但又因为生意做得蛮大，出去谈判和进行业务洽谈的机会也蛮多，为了不让对方瞧不起，可又不愿找个花瓶式的女秘书，于是就找到了“计时公司”，找这位大学生做他的“临时助手”。这样的“临时助手”自然有档次嘛，谈吐、知识和修养很让洽谈对方相信这边老板的“实力”。“说实话，我碰上过一两位老板真不错，有心想助他们一把。但这些老板很精，加上他们的业务可能也不算太多，需要‘知识’和‘档次’的机会也不是特别多，故基本没有人愿意长雇或者招聘一个人来当助手的。他们因此觉得用我们这些计时工是最合适的。”李某凭着自己的能说会道，又专门“服务”于这样的一类雇主，生意收入自然不菲，他告诉我说准备做下去。“看中了，兴许会投靠某个雇主的门下也难说。双方投机就行。”

从“感情陪护”到业务结合虽不为少数，不过大多数“计时工”遇到的则是下面这些情况，而这些正是“感情陪护”引出的诸多感情险滩。

另一位是某国家机关的事业单位工作人员，姓姜。“也不知是咋的，真见鬼了，单位半死不活的，但就是养人，可工资太少，还不够抽一条中华烟的，所以看了杂志上招收计时工，我就报名了。这叫啥工作？说穿了就是给那些吃饱撑着的人做些服务，他们包括她们，都是有钱没处花，事业发达了反而心里空荡起来了。我有时陪着一些款爷散步游泳，觉得自己就像一只狗似的被牵着遛圈，东家说东，你就得往东。有一个自吹曾经让世界上所有漂亮女人都着魔的主儿，竟然每天要我陪着抽他后背的那堆肥膘肉。后来我才知道这家伙是个已经有七年不举历史的“软蛋”。开始我十分反感那“软蛋”，要不是看在钱的分上，我早撤了。可后来却感到那“软蛋”其实也很痛苦。就说他这辈子吧什么都有了，赚的钱据说能买半个亚运村，但就是那个东西硬不起来，所以再硬气的财富和事业也成了泡影，先是老婆跟他的保镖跑了，后来是他出高价雇的几个女秘书也都跑了，而每跑一个都要挟走他一大笔财产。最后就剩下他自己一个“软蛋”和一堆财产。但他又是个守财奴，感情上得不到任何寄托，所以也是一个很不幸的人。处久了，渐渐觉得能帮助这老兄排除一些心灵和精神上的痛苦也不算是件坏事，这么着我就一直干到现在。另一个重要原因是人家给的钱也不算少，我们是两相情愿。不过……”姜先生说到这里突然脸上露出几分忧郁。“我现在感到有点不安的是，每次要是我不能准时为那‘软蛋’老兄工作时，他就会极其痛苦，有时甚至变得歇斯底里。这就使我感到害怕，现在我真有点不知如何摆脱他……”

从最初的为了谋生而心血来潮当起“计时工”，到后来陷入感情险滩而不能自拔的事在“感情陪护”这行当里是最普遍、也是最危险的现象。

戴女士就是其中的一位。她来自东北某市的一个国有企业，因为整个企业关闭转产，她这位原厂办副主任也只得自谋出路来到北京。凭着年轻和气质好的天资，“计时公司”很快录用了她，而她也做得顺当。每次出去陪伴服务之后都能有回头客，所以不出两个月手上已经有了十几个固定的雇主，收入自然不错。这使得她也就不想再挑其他工作做了，因为这份“做事不累，赚钱不少”的陪伴，她已经非常顺手和熟悉了。但我采访她时，她说这段时间她“特不想干了。可又没办法，除非哪一天我死了才可能解脱……”戴女士此时一脸阴郁。

沉默了很久，她才仰起头吐露出了真情。

戴女士说她现在有三个男雇主让她“没法不干”。“两个是已婚男人，一个是小我五岁的未婚男人。两个已婚男人都是自己的婚姻很正常，就是觉得跟太太在一起时没啥味道，没啥激情。你说这些男人，是不是天下都是一个样儿，总觉得自己碗里的东西吃多了就乏味，而又不舍得丢掉。我很害怕跟这样的男人在一起，但又觉得人家对你也蛮好的，没有动手动脚的举动，没有强逼你做什么，所以我就一直服务着。另一个小男孩是大学毕业后自己创业办公司，追他的女孩子不少，可他就是不要，说那些年龄与他差不多大的女孩子不是他想要的那种，他说她们不可靠，除了花他的钱外不会在事业上和家庭上帮他什么忙，他说要找就找我这个年龄的这样稳当的成熟女人。他对我特别尊重，就连生意上的事都让我出主意。如果他约我去的时间里我不去的话，他说他连生意都做不下去……这是让我最为难的。因为这个大学毕业生人品才能都很好，可我觉得自己配他不合适，但感情上又一下舍不得离开他……”

看来，在“感情陪护”这个险滩上，像姜先生和戴女士这种情况的不算是少数，他们遇见的雇主也代表了社会上一部分人需要“感情陪护”，但这样的路到底能走多远，涉水有多深，这是谁也说不准的事。看来大家还得慎重为好。

失踪的女明星

这本来是我和E之间的一段绝对不会对外人讲的隐情。但现在我把它讲出来，是作为我对亲爱的人的一篇悼文。

一位被采访者的话

1

两封内容截然不同的电报是同时到我手的。原因很简单，机关实行双休日后，报纸、信件、电报之类的东西，收发室的人能在星期一上午送到各办公室就很不错了。

“当主编的就是不一样，崇拜者多，情书也多，又是哪个边陲小镇的文学少女在向您招手呀！”编辑部的老大姐金湘抱着一堆报纸、信件，像往常一样一边递发报纸信件，一边开着玩笑。“噢——”她又发现一个新秘密，“您的那位神秘的南方小姐又来电啦！嘀，还是‘连环电’呢！”

金湘举着两封电报，叽叽喳喳开了。正在埋头改稿的瘦大个李青不耐烦地扔过一句话：“哎，我说金大侠，你在卖冰棍那儿看别人少给了一分钱，你路见不平能把人家小贩拎到派出所。咱大主编天天有那么多来电（信），我看你咋光会咋呼，就不敢到部长那儿也来个打抱不平。”

“大李你可当着主编的面说说清楚，我金湘每天上班的第一件事就是负责给主编送电（信），啥时候敢岔道过啊！”金湘觉着还不过瘾，又气喘吁吁地抖着她那满身肥膘的身子堵在我的办公桌前。

“主编，你可得给我作证。”

我本想像往常一样也跟她幽默地开一个玩笑，可今天却无论如何也不行，我不知道当时自己的脸色是如何的难看。我猛地站起身，极为反常地高声说了一句“你们胡扯什么”，便匆匆地走出办公室。

“大李，我可能得一星期或者两星期上不了班，你帮着盯一盯下期稿的校对。我现在到部长那儿去……”临走出办公室时，我向大李简单地交代了一句。我没有告诉同事们我到部长那儿去请假，更没有告诉大家为什么要请这么长的假。

“他怎么啦，真生气了？”金湘在我身后胆怯而又好奇地嘀咕道。

她猜错了，我是让手中的两封电报给弄糊涂了。

第一封电报是E发来的，全文这样写着：

明：

拍摄《路边花》的资金已筹足，你快来孟曼帮我处理一下后事。务必从速。

E

9月5日

第二封电报也是从E所在的孟曼发来的。

何先生：

E出意外，务速来孟，切切。

绿宝

9月6日

我知道绿宝是E的帮手，她曾在一次信中提到过他。从时间上看，显然后一封电报要比前一封晚发一天。E到底出了什么意外，这让我的心一下悬到了嗓子眼。我是在看完两封电报后的一分钟之内决定到孟曼去的。

“听说中缅边境那儿边贸很热闹，你去写一篇这方面的报告文学，读者会感兴趣的，快去快回，下个月还要开全国文学创作会议，你们《新作家》还是重点介绍经验单位。”

我没有将到云南去的真相告诉部长，只是打了个采访边贸的幌子。历来如此，创作假比病假还好请，这是中国作家最大的优势。

整个上午，我的脑子是乱乱的。我先到西单民航售票处买机票，北京到昆明的票要下个星期二才有。服务员不紧不慢地从里面把我的身份证和几百元钱一起扔了出来。

“喂，小姐，您想想法子，我有急事。”急中生智，我掏出两封电报。

“我也没辙，这一星期的票已全部售出，都进电脑了。”小姐还算有点同情心，说：“要不你等在这儿，看有没有退票的。”

只有这样了。

心烦，售票大厅里又不能抽烟，于是我只好到大厅门外找了一块可以歇一会儿的台阶坐下。

E 现在待的地方太偏僻，据说距孟曼县城还有 100 多公里，E 以前写信告诉我，她发一封信常常要托进城的人代办，有时从她那儿发出的信到北京得十天半个月，而且有时还收不到，我有三次从北京发往那个孟曼兰坪湾三国寨的信，她就没有收到。“一个三国寨就有半个西城区那么大，屁股挨着中国，左脚又跨着缅甸、老挝……”她在信上这样告诉我，三国寨就是如此得名的。

越是这样越让人担心。E 是怎么啦，到底发生了什么事？我坐立不安，恨不得马上飞到昆明，飞到孟曼。孟曼没有飞机，哪怕骑边民的马也行。

“先生，快来！有了。”突然，有个女人的声音在我背后喊，我一看是售票小姐，连屁股都没顾上拍便跟她进去了。

“今天下午两点的航班。”

“谢谢了”。

我从心里感谢售票小姐。哟，只有三个小时了！我抬手看表，忙叫了辆的士，直奔家里。

2

从北京到昆明的航程为三个半小时，我无法忍受这样漫长的时间，但我不得不忍受。

我强迫自己闭上眼睛平静下来，可还是无法做到。眼皮虽然耷拉下来，然而 E 的影子却一直在脑海中像放电影似的闪现……

“E 是广播学院毕业的高才生，搞导演的。”作家协会的朋友向我介绍。

E 很大方地把手伸过来，一双美丽的眼睛也随之火辣辣地盯着我：“能认识何主编，是我的荣幸。”她的话充满了感染力，让我从心底里涌出一种莫名其妙的感觉。

“不愧是导演，连生活中的每一幕都导得这样艺术，让人甚是敬佩！”我说的是实话。

E 那双美丽的眼睛瞪得更大了，之后是一串男人们听了都会心醉的“咯咯咯”的笑声，“可别给我戴高帽子，真的，当导演的见到一个好编剧远比选上一打好演员高兴得多。”

原来是这样，哼，你自作多情什么？我在心里笑骂了自己一句。

我们就是这样认识的。

第二天，我正在给杂志社的同事开发稿编辑会。

“大家看看，下一期的‘节目’谁唱主角？我们《新作家》就得有新面孔，当然我的意见不是说王蒙、李国文这样的大作家不要了，而是应该多一些全新的有发展前途的新面孔……”

我这样说着，底下的老大姐金湘与靠在门口的几位年轻的老编辑嘻嘻哈哈地笑了起来。

“怎么？‘三八’节还早呢！干吗这么高兴呀？”

“主编大人，我们是说你要的新面孔已经到了，我是否可以代表全体宣布：您今天指示的会议精神已基本得到贯彻落实。”

这个金湘，即便是开她的批斗会也正经不起来。不过，不得不承认，她平时拉作家、拉稿子可是一把好手。你只要说得出名子，她准保不出半个月就会给你把稿子拿到手。“金湘，这回我要的可是货真价实的新面孔哟！”我很认真地说。

“哎，主编，我金湘啥时候糊弄过您呀！瞧，不光货真价实，而且鲜嫩得直挂露珠珠呢！”金湘说着，从门口拉进一位身穿红色紧身衣的年轻姑娘，并且当众将姑娘一直推到我的鼻子底下。

“是……是你啊！”

她来得太突然，而且当着那么多的同事，距离我那么近，以至于说话的气息就冲在我的脸上。

“不是说好的，我来找你嘛。”

“噢，噢噢，对对，我们一起要搞个本子。”虽然我与她是第二次见面了，可这天不知咋搞的，我对她的突然出现，或者确切地说是当着杂志社全体同事的面突然出现在我的面前多少感到有点不知所措。见鬼，堂堂主编，平时见生人也不是一回两回，干吗今天这样惊慌失措！我心头直骂自己。

“噢，主编大人，会议该结束了吧！”金湘又嚷起来。

“噢，对，散会。”我刚把话说出口就懊悔，这个金湘净捣乱，会议才刚开始十分钟。不过，此时此刻，宣布散会对我来说是最好的解脱。

我不能不承认，E是一位充满诱惑力的姑娘。她是那种只要站在你面前就会令你心神不定的女性，即便你是一名正人君子，也无法拒绝这种充满青春活力的诱惑。在一个成熟男性的眼里，女人的美，集中在一双眼睛和山峰般的酥胸上。E 就是这样一位女性，而且是这样一位年轻漂亮的女性。

她有一副高挑的身材和一头乌黑的秀发。第一次见到她时，我就觉得异常面熟。坦白地说，那天回家后我一夜没睡好觉，满脑子都是她的面容，后来我悄悄起床打开电视机，“午夜影院”正在播放《武则天》。我看着看着，不由惊叫起来：对，就是刘晓庆！

“发什么神经病！被惊醒的妻子拉开门，看我独自在小厅看电视，便气呼呼地重新关上房门去睡她的觉。

在当文学刊物主编前，我一直在报社工作，那时就听说影视界出了一个“小刘晓庆”，不仅模样长得像，而且戏也演得不赖。不过后来“小刘晓庆”昙花一现，好像闹了一场“假刘晓庆”与真刘晓庆公堂对簿名誉权的法律战，之后“小刘晓庆”在新闻界一下消失了。兴许是我不爱看那类明星间的闹剧，故不管是“小刘晓庆”还是真刘晓庆，都没有在我头脑里留下什么记忆。

如果不是 E 的出现，我想我是永远不会再忆起“小刘晓庆”和真刘晓庆之间的那场闹剧的。

“你……别这样看我，我脸都红了！”E 坐在我办公室的那张沙发上，很不自在地摆弄着我给她沏茶的那只玻璃杯。

这次我没有感到窘迫，因为办公室里只有我们俩人，而且毕竟我比她大十来岁。我为自己长时间注视她辩解：“你使我想起一位熟悉的女明星。”

“谁？”

“刘晓庆。”我两眼注视着她，说完又像是恭维似的补了一句：“你真像她。”“是吗？”我注意到，她的脸上绽出一团光芒，但随即又消失了。“不，我就是我。”她说此话后，嘴唇是紧闭的，这让我暗暗吃惊。

“过去你也演过电影？”

“演过，不止一部，不过，现在我是导演，找您是想我们一起合作剧本的。”我不明白她为什么突然变得如此生硬。

“那么好吧，导演大人，怎么个合作法？”

大概我的话也突然变得不那样友好了，E 意识到后马上改口了：“对不起，我，我不是有意的。我只是不想你与其他人一样，一见面就没了没完地打听以前的那个‘小刘晓庆’什么的，真的，我不想有人再提起那档子事，请你原谅。”

她的那双美丽的眼睛里，深深地埋着一眼便可以看透的一汪怨愁。我无法拒绝这种近似乞求的建议。本来我就是一个不爱打听别人隐私的人，更何况她是一位女导演，确切地说，她应当还是一位女演员。她告诉我，虽然她是九三届广播学院研究生班的毕业生，但由于中间一段“非正常经历”的影响，她至今还没有独立导演过一部影视作品。她没有告诉我那段“非正常经历”到底是什么事，不过我隐约能猜出部分内容可能与“小刘晓庆”有关。

“你是知道的，任何一位艺术家或是作家，对自己的处女作都是特别看重的，所以我对将你的小说《路边花》改编成电影剧本特别看重。”她说这话时完全不像一位二十六七岁的姑娘，倒像我原来单位的那位有三十年党龄的女书记。

“我明白。”

“你不明白。”

我有些吃惊地看着她，没想到年轻的女导演还有那么一股居高临下、藐视一切的气概呢！可不，听影视界的人说，导演在剧组里就是皇上，从来说一不二。你就是刘晓庆、姜文也得听他使唤。传说，某导演在导戏之前，下达的第一个“命令”就是让女主角跟他演床戏，谁要是“考试”合格了，就可以上镜。有个别女演员对“考试”内容实在无法接受，于是也就不得不放弃“角儿”。这类事在影视界多了去了。听人讲，碰到这类“导爷”，就是腕级女演员也无法逃过床戏的“考试”，更何况那些一心想当明星而尚未当成的初出茅庐的女演员。至于女导演是不是也这类德行，我就不曾听说了。但有一点可以肯定：当导演的都很自以为是。

眼前的她不也这样吗？

我们合作改剧本的第一次见面不欢而散，原因是我受不了她那种当导演的架势，我是作品的原作者，不是那些玩表情做动作的“舞台工具”。既然看中我的作品，就必须尊重我对作品改编的基本要求，更何况，现在是我自已当改编人。

“我很忙，等一段时间再说吧！”当天晚上，她连续三次呼了我的 BP 机。好赖我也算是个小有名气的作家，用不着在别人面前低三下四，所以我在电话里没好气地回答她。

热情洋溢地谈改编，最后不了了之的事太多了，扳一扳手指，至少我已碰到过七八回了吧！所以对 E 的事我也没有放在心上。

杂志社与江苏作家协会要在张家港办个笔会，走前一天，我到办公室准备交代一下工作，不想 E 已经坐在里面正跟金湘谈得十分投机。

“主编大人，告诉你一个特大新闻，E 导演已经答应让我姐姐的女儿到你们的《路边花》里扮个群众角色了，你说该不该庆祝一下？”

嘿，“触电”还真那么诱人呀，像金湘这样平日里见了天王老子都嫌低的人都那么迷信上镜头。“好啊，你备货我召人。”我暗带讥讽地说。

“那我就到食堂打个招呼，中午就行动吧！”瞧，她还当真了。金湘刚出门，又回过头对 E 说：“你也留下，千万别走，说不定你还能选上几个群众演员呢！”

E和我无可奈何地对笑了起来。

“你要出差？”

“对，下午两点的飞机。”

“能不能不去呢？”

“那怎么行，我是笔会召集人。”我听出了E的意思，所以有意加了这句话。我见得多了，什么这个那个导演，你要是像孙子似的追人家，他们准瞧不起你。我一向觉得自己用不着那样做，不然会有损我的光辉形象。何况，我也不是没有过作品拍成电影电视的！

“我好遗憾！”

我发现她的声调完全变了。E站起身，那双美丽的大眼睛里浸着一汪含嗔带痴的泪花。我的心头不知怎的反倒猛然涌起一股怜惜之情。

“别看得那么严重，等开会回来我重新给你推荐几部贾平凹、苏童他们的作品。”我半是应付地安慰道。

E摇摇头，说：“我看中的就是你那篇。”

她走了，带着异常沉重的忧伤。如果她高傲地走了，我反倒心情能够获得平静，然而现在则有股难以名状的歉意重重地烙在我心头。

“一切就绪，八菜一汤。”金湘这时风风火火地进门了。她见只有我一个人，便问：“怎么，小导演走啦？”

“走啦！”

“你不会是轰她走的吧！”金湘有些急了。

我感到好笑，“如果是呢？”

“那就跟你没完。”金湘把刚刚放在桌上的两瓶“二锅头”抓回手里，很有些怨气地道：“我刚给我姐姐打电话，她听说能让女儿上电影高兴得都快疯了，哼，你要犯坏，看我跟你有完没完！”

看着这位做“明星梦”的部下，我直想发笑。

3

“怎么，你又要出差？”

妻子从另一个房间走过来，一只手插在腰际，另一只胳膊靠在门框上，问我。

“不，噢是。”

“到底是出差，还是不出差？”她的嗓门又变成了平时那种调，那种我称之为“皇城根调”的嗓门。皇城，帝王住的那个故城，皇城根，帝王住的那个故城的边边上。“皇城根调”是我给妻子总结的那种似皇气又非皇气，似贵族又非贵族，似权势又非权势的夹着几分居高临下、几分蔑视的，像主人对仆人说话的老北京人特有的声调。记得刚到北京时，初见她——我现在的妻子时，我这个在三十而立时才混上首都户口的外地人对这种声音是非常中听、爱听的，它让我感觉我终于距帝王古城、距首都北京近了。当然，主要的还是距一个我想爱又正恋着的北京姑娘近了。那时，我一天听不到这种“皇城根调”心里就慌得干不了其他事。为此，我所在军区司令部的战友骂我是个十足的“恋北京癖”。恋北京有什么不好？我以阿Q的自傲感回击战友们，好像我自己已经是北京人似的。我知道办公室的五个战友中，他们的老婆没有一个不是在原籍老家找的。为了家属随军进京，十几年来，他们的所有心思就是如何讨好上级，争取不断升官，直到升至中校级。但即便升到中校级，他们和他们的家人依然还面临转业后哪儿来回哪儿去的危险。我则不一样，找个北京姑娘，就意味着部队什么时候瞧不上我一脚把我踢出军队大门，我照样可以轻轻松松地进京当名副其实的北京人。后来嘛，一切就像我讲的那样，我与现在的妻子——一个北京姑娘结了婚，部队转业时我名正言顺地当上了北京人。不过，后来当我真正成为户口本上的北京人后，那种我曾经一天听不到便度日如年的“皇城根调”，渐渐变成了一种噪声，一种令我无法平静，无法容忍的噪声。这种噪声开始时，我们两口子吃着饭就能“乒乒乓乓”起来，到后来两口子就各住一间屋。当然不是所有的时间都是这样，“乒乒乓乓”间也有时会变成另一种和谐美妙的催眠曲，自然各自住着的两间屋也常合二为一。十来年的婚史就是这样磨磨蹭蹭过来的。十来年的婚史不算长，但比起现在的年轻人来说也不算短。时间一长，这样的磕磕碰碰使得对方都感到累了，也烦了。这不，经过数次“谈判”，我和妻子已决定在本星期彻底解决婚姻问题。

“嗓子里没堵痰吧？”我埋头整理着参加笔会期间的个人用品，只听身后妻子的“皇城根调”有些变了音：“是，还是不是？”

“是出差。”

“多长时间？”

“半个月。”

“真无聊，不是说好这个星期到法院嘛！”妻子说完，转身进了她的“领地”。

哟，怎么把这事给忘了！我拍拍脑袋，顿时没了主意。我们实际上早已有一年多“井水不犯河水”，我放下手中的东西，走到她的“领地”旁说：“上面交了任务，下期杂志等着这次笔会的东西下锅呢。”

妻子没有说话，回敬我的是一记重重的关门声。

张家港的笔会安排了半个月，实际上真正与作者们谈创作也就一星期。参加笔会的大部分都是京城的一些没有来过江南水乡的知名人士，所以与其说是笔会倒不如说是个参观旅游团。安排好代表们到苏州、无锡游山玩水后，我就独自待在宾馆准备完成《东方》杂志的一篇约稿。难得清静，正是爬格子的好机会。

“丁零零——”门铃在响。

“谁？”

“服务员。”

真见鬼，宾馆里也不得安宁，我无可奈何地起身开门。

门口，服务员小姐非常客气地问了一声：“您是何主编吗？”

我说：“是，有什么事吗？”

她说：“楼下有位小姐说要找你。”

小姐？这儿怎么会有小姐找我呢？我下楼一看，原来是E。

E拎着一只手提包，毕恭毕敬地站在服务台旁，见了我后忙说：“对不起，我来找你了。”

“怎么，你也到张家港来拍戏？”

“不，我是专程来找你的。”

我感到惊诧：“有急事？”

她点点头。

“那就上楼吧！”我把她领到房间。

E放下手提包，看了看房间，又朝窗外望望，显得非常兴奋。“太好了，在这儿搞创作，准成！”

“我们的笔会代表中没有你呀！”我说。

E调皮地一笑：“可我们的笔会里有我呀！”她把“我们”两个字说得异常重。

我终于明白了，她是找我继续合作改编剧本的。

“真有你的。”我苦笑地摇头，没想到天下还有这样执着的导演。她到卫生间里洗脸，我就在外边跟她打哈哈：“如果是我不想合作呢？”

“那你会……后悔的！”她的声音很大，因为里面的水龙头开着。

后悔？呵呵。开始有几回导演找上门让我改剧本没成时，我后悔过。后来见得多了，就再没后悔过。E是千里迢迢追着来的，我总不能驳人家的面子嘛。不过，改一个剧本至少也得个把月时间呀！

“别担心，我已经到你们的部长那儿给你请假了。”她从卫生间出来，一边拢着一头秀发，一边顽皮地对我说：“30天够多了吧？”

我顿时没了脾气，没料到一个大男人竟被一个小女子像下棋子似的摆弄得听之任之。

杂志社的笔会只得放弃，因为E的“笔会”当晚就开始了。

“有这必要吗？”我有些不情愿。

E固执道：“不但有必要，而且很有必要。”

现在我是她的作者，客随主便吧。宾馆的套间，除了卧室外，还有一个很宽敞的会客室。电视光线也很柔和，卫生间更是豪华、洁净。我好奇地打开会客室小冰柜，惊诧地发现里面装满了我爱吃的八宝粥。

“真是应有尽有。哦，这房子很贵吧！我回去可不好交代呀！”我显得有些不自在。

E很有气度地说：“从现在开始，你吃的、用的，由我负责。你的任务是，省下每一分精力，全都用在改本子上。”

盛情难却。看来吃人家的，就得干人家的活。

“哎，咱们得说清楚，剧本可是你自己的呀！”

E像一条虫子，能钻到你的肠子里看穿你的所想。好吧，获得什么样的待遇，就得拿出什么样的活。

我开始拿出所有看家本领，投入了小说的改编。

小说《路边花》写的是一位京城影视界颇有才华的女演员，后因不适官场和人情世故，为了生存不得不当歌厅舞女，最后沦落为一名暗娼，在与他人的争风吃醋中不幸卷入一次凶杀案而锒铛入狱。电影创作与小说有很大区别。E希望我从观众审美出发，着重人物内心世界的刻画与画面情节的协调。所以，这方面与其说是我一个人改编，倒不如说是我们俩共同创作。坦率地说，我也愿意这样做，因为剧本改编，就像平时我所在的杂志编辑部处理稿子一样，我当主编行，当编辑不行。

小导演能拖垮大作家，我可真的尝足了这种滋味。

第一稿仅用了7天时间，我的自我感觉极佳。那天晚饭前，我特意上街买了一只叫花鸡，想庆贺一下初战告捷的喜悦。当我兴冲冲地回到宾馆房间时，我的心顿时凉了：E一动不动地坐在沙发上，一脸黯然地朝天仰躺着，稿纸像雪片似的满地散落着。

完了！直觉告诉我：剧本失败了。

“别急。一遍不行第二遍再来。”我不知是安慰她还是安慰我自己，反正吃叫花鸡的兴致此时此刻已全无。看E如此失望和痛苦的样子，我恨不得当下掘个地洞往下钻。堂堂七尺男儿，国家一级作家，竟栽在一个二十几岁的小导演面前，实在太那个了……“明儿我重新构思一下，反正还有二十多天时间呢！”我说这话时怎么一点底气也没有。

我觉得，过去曾经那么高傲的我，现在傲气荡然无存。我甚至不敢抬头正视我的年轻导演，像一个考试不及格的学生难以面对老师一样。

“你……过来。”她仰着头轻轻地说道。

我悄悄把椅子朝她那儿挪了一下，低着头轻声说道：“你说吧，我听着呢！”我还下意识地从桌子上拿过一个本子，准备记下她的批评意见。

“过来，这边坐。”她依然一动没动，只是用右手重重地拍了拍沙发。

我感到这是“命令”。她“命令”我坐到她的身边。想起这件事，我至今仍不明白当时为什么自己竟会像做了错事的学生一样乖乖地坐到了她的身边。如果当初我不坐过去，我与E之间或许不可能有后来那生生死死的感情。

那是张双人沙发，只能坐两个人。我坐到E指定的位置，我感到我的身子贴着了她的臂膀和腿。我发觉她的臂膀和腿是颤动着的，我发觉我的臂膀和腿也是颤动着的。我发觉她转过半个身子，双手紧紧地搂住我。我发觉自己的身子也转了个方向，双手也紧紧地搂住了她……

“E，怪我笨。你放心，从明儿起，我一定全力投入，一定把本子写到你满意为止……”我找不到什么可安慰她的话。当我们的躯体紧紧贴在一起时，我突然发现了一个可怕的事实：我是喜欢这个漂亮的小导演的，而且不仅仅是喜欢。正是因为这个缘故，我觉得自己很可笑，也很拙劣，竟然找不到一句恰当的话来安慰她。她是导演，我想到剧本对她来说至关重要，所以我拣了一堆如此干巴巴的言语给她听。

E摇摇头，她抬起头时，着实让我大吃一惊：那张美丽的脸上淌满了泪水。

“怎么啦，E？你怎么啦？”我欲起身扶她安坐，可是E更用力地搂住我，不让我起身，我感到自己无法动弹。

她在我的怀里先是低泣，继而是恸哭，哭得整个身子都在抖动。我弄不明白怎么回事，一个劲地问她，可她又一个劲地摇头，就是不吐一句话。后来我也不问了，只是用我有力的双臂，紧紧地将她搂在怀里，像搂住一个受伤的小妹妹。我对天发誓，那当儿我丝毫没有半点欲望与邪念。

那是段没有时间、没有空间、没有思维的历程。我只觉得后来我怀里的哭泣声、颤抖渐渐没了……最后我也迷迷糊糊地睡着了。

这一夜我们就是这样一直到了天亮。

第二天，我发觉 E 浑身发烫，刚从沙发上站起就差点跌倒。她病了，高烧 39.8 度。

粗心的我这时才发现 E 住的房间是个四人一间的加铺房。我弄不明白为什么她让我住豪华套间而对自己却那样吝惜。

病人是需要照顾的，与服务台打过招呼后，我就腾出大套间给她，而自己就在会客室的沙发上凑合，一来省一笔房钱，二来病中的 E 随时要人关照。宾馆专门请来大夫给她诊断，说是长期营养不良和精神刺激引起的。这两个病因都让我百思不解：在中国当影视导演应当说是比较富有的阶层，虽不是什么大导演，但也不至于吃了上顿无下顿吧！如果说是因为我改写的本子太差了，差到令她精神受到这等刺激，这就简直令人无法想象了。

总之怨我。一个好的小说家从来就不一定是一个好的编剧。我决定打退堂鼓，或全部撤，由 E 另找一位内行的影视编剧，署名权归他，我只作原作者；或拉郎配，我说情节故事，再加一位擅长编剧的跟我联袂完成剧本，最后署两个人的名。等 E 恢复健康后，我就准备提出。

但是 E 的态度却出乎我的意料，而且简直把我弄糊涂了。

“真对不起，这几天让你辛苦了！”E 能起床那天，我建议在屋里闷了几天的她到外面的绿荫道上透透新鲜空气，她出门后的第一句话就这样说。

“没什么，应该的。”

E 斜着头，用很柔情的目光看着我，说：“在家里，你肯定是个模范丈夫。”我耸耸肩，一笑：“恰恰相反，而且我连当丈夫的资格也马上就要被取消了。”

“真的？”

“真的。”

E 的那对盖着长长睫毛的眼睛顿时黯淡下来。“世上的男人和女人都太怪。有的男人你用全身心去爱抚他、保护他，可他还是不满足，像上馆子似的，端了这一碗，又望着另一盆。有的女人也怪，当她得到了往日最想得到的男人后，又往往把男人当做闺房里的一件私有财产一样，最后弄得男人不是退化成她也瞧不起的窝囊废，就是惹得对方愤然离她而去……”

我很是惊诧，没想到一个二十六七岁的女孩竟对男人和女人之间的事了解得这么透彻。

“好像你有深刻的体会？”我说。

“你不也是这样！”

我敌不住她的目光。但我心想，我是已有十余年婚史的人，对进入家庭后的男女双方毕竟有相当深度的体会，她这么年轻，不应该如此深刻。

“你结婚了？”我试探地问。

她顿了许久，摇摇头。

这就更怪了。

一个婚姻已处在边缘的男人在一个年轻的姑娘面前谈男人与女人之间的事是很危险的。尽管那天晚上我“顺手牵羊”将 E 紧紧地拥抱在怀里的那一幕像铁一样烙在我心头，但我对眼前的她了解实在太少了，何况，如果我们的改编剧本合作不能维持，情分恐怕也就到此为止了。

“E，如果你认为自己的身体基本康复，我就准备返京了。”我回到了现实。

“为什么？”E 很吃惊。

“我知道自己编点故事还成，弄剧本就太差劲了，所以也不想劳那个神了。你最好找个懂编剧的，听说北影闲着的腕级编剧就不下好几打……”

“干吗要找他们！”E 马上打断我的话，斩钉截铁地说：“我才不会用他们。”

“那就算了吧，以后我重新给你写一部上等货的小说……”我还没说完，只见 E 一手捂着脑门，摇摇晃晃起来。

“你怎么啦？快进屋吧！”

E 摇摇手，然后将身子靠在了路边的一棵梧桐树上。她的脸色十分苍白，那双美丽的眼睛有些愠怒地盯着我，说：“我不准你说就算了这样的话。”片刻，她又说：“我就要拍你的这个《路边花》，一定要拍！而且不请任何人加入，你是唯一的编剧，唯一的，听清了吗？”

这很让我为难。我像一个考试不及格的学生一样：“可本子改得太臭了。”

“谁说的？”E 马上反问。

“这……”我全懵了：“那天不是你看后很失望吗？而且害得你大病一场。”

E 笑了，笑得异常灿烂。“我不是为本子伤心，而是受剧情感染痛哭的。你的本子改得比原小说强，简直可以说是太棒了！”

我糊涂到家了。

“真的，只要稍加处理就成。再说，我还要搞分镜头，那时还可以做些弥补。”

听她这么一说，我才有些放心了。不过，我还有点不怎么自信：“E，你说你那天的情绪是因为看了我的剧本才引起的，那破本子有那么神吗？”

E 点点头，说：“也许换一个人看不会有那么强烈的共鸣，而我不一样。”

“不会是因为看好我才看好作品的吧？”我开玩笑道。

“美得你。”她的脸上有了红晕。

晚上，她说她身体好了，要回自己的房间，我没有同意，说：“四个人的加铺间没法睡，你身体还没全康复，还是你留下，我到服务台开一个房间。”

她忙拉住我，不好意思地说：“重新开个房间得二百多块，咱们……省了吧！再说，要搬也是我搬。你还是住这个套间，好安静地把本子最后改好。”

我有些不明白地问：“为什么对我那么大方，对你自己却抠得一毛不拔？换个舒服一点的好房间，反正回去可以报销嘛！”

E 低下头：“实话告诉你，我没处报销。”

“为什么？”我真弄不明白。“我可没听说当导演的出差连个住宿都报不了的！”

E 说：“我跟他们不一样，我是第一次当导演，而且我不属于哪一个电影厂。”

“你不是说这个电影是以北影的名义拍摄吗？”电影界的事真让我一团糊涂。

“那名义确切地说叫厂标，是我争取到的，但其他的一切他们什么都不管。”她说。

我总算清楚一些了。“原来你是独立制片人呀。”

E 苦笑，“可以这么说。”

不过，我开始担心起来：“听说拍一个电影少说也要百十来万，你那儿来这笔资金呀？”

“这个用不着你操心。”她说话时好像很有把握。

我点点头，但马上想到她为了照顾我而安排我住一天 500 多元的大套间，自己则可怜巴巴地挤在加铺床时，心头不由泛起一阵感动。早知道我绝不会搬进如此奢侈的房间，我怨她何必打肿脸充胖子。

“能把你的油水榨出来，是我眼下最大的心愿。”她说的“油水”是指剧本的事。

我说：“其实给块面包，另加一壶开水同样可以达到目的。”

她大呼道：“那可不一样，我要你出一流的作品。”

相持不下，最后我提议：“不是套间嘛，里面的‘总统床’你睡，外面的会客室归我，房钱到时我找个企业家朋友报销。”

E 听了三呼万岁，说：“成交了！”

早上起来，我精力极为充沛。

E 已经独自在卫生间洗漱。“E，你怎么样？”我有些为她担心。

“我挺好。你看我像谁？”E 从里面走出来的一瞬间，我完全惊呆了：这不就是我《路边花》里的女主角嘛！

“太棒了！ E，《路边花》的主角，非你莫属！”我情不自禁地上前搂住她。

“你真这样认为？”

“没错，你就是我梦想中的维纳斯。”

“那……你也真爱我？”

“爱，像星星伴着月亮那样永远地爱。”我对自己的话感到吃惊，因为在这之前，我对包括一起生活了十来年的妻子在内的所有女人从未说过一个“爱”字。虽然我也曾在一些情绪高昂时试图说那么一句如此甜蜜的话，但不知咋的就是出不了口。然而眼前对 E 说“爱”字说得如此流畅，连我自己都感到有些不可思议，但我知道这是从心底深处自然涌出来的。

E 给了我生命中从来未有过的“燃料”，这种“燃料”即便是将我的灵魂和肉体一起焚为灰烬，也没有什么不值得的。在我的耳边，E 充满柔情地告诉我，她的感觉也是这样。我们双双坠入了不可自拔的爱河。

回到北京后，妻子把离婚证用挂号信寄到了我的编辑部。还算仗义，她把一张 5000 元的存折也一起夹在离婚证书里，这笔钱是我前年出版的一部长篇小说稿酬的一半。不管当初我是怎样忍受“皇城根调”的强烈噪声，毕竟这是家庭的“共同财产”，她拿去另一半是应该的。再说，一个离婚女人要比一个离婚男人艰难得多。到家后，我想最后做一次君子，准备把留给我的那 5000 元给她。可是我想错了，那个曾经住了十年零九个月的“家”压根儿就没有我的份。我原来住在四楼，可刚到二楼，我就无法再往前走了：楼道里堆满了用纸箱包的、用草绳捆的而更多的则是乱七八糟地散落在地上的各种书籍。我吃惊地望着这些书，在脚跟前捡起一本似曾相识的《莎士比亚诗集》，当打开扉页的那一瞬间，我的肺也差不离气炸了：她把我的书和其他属于我的东西全给扔了出来！

“哟，你可回来啦！”这时，二楼的崔大妈打开门看见了我。她告诉我说：“你的媳妇从法院回来后，就在门上贴了‘安民告示’，令你 5 天之内搬掉你的那些东西，可到前天你还没有回，就雇人把这一大堆书什么的都扔在了楼道，说是她要出国了，等不得你回来再搬，再说那房子是她李家的，不能搁外人的东西。就这样稀里哗啦把整个楼道儿全给堵了。我思忖着你是作家，书是你们文人的财富，每天一有空就开门瞅一瞅。这儿楼下收破烂的多，没准一转眼全给他们卷走了，这不，你回来了，大娘可去了一块心病。”

我对崔大娘的义举深为感动，当即从口袋里掏出二百元塞到她手里，“太谢谢了。我啥都没有，这点钱您老上街扯一件衣服吧。”

“瞧你说的，邻里邻居搭个手帮一下算啥事。”崔大娘说什么也不要，说：“拿这个钱快去搬家公司叫一辆车搬到你那儿去吧。单位分你房子了吗？这么多值钱的书得放个合适地方呀！”

经她一提醒，落了魂的我这时才想起了该做些什么。

碍于面子，我从未跟单位领导和同事说过要跟妻子离婚的事，可到了这一步我也只得扯下脸皮到单位的办公室里暂且安个窝。足有大半卡车的书也只得临时堆在走廊的一角。

5000元钱虽然没有送出去，但付完买钢丝床、添被褥、购置洗脸洗脚盆和雇车雇人的费用后，就已经实实在在地少了一半。

这一夜我独自躺在前后左右均是办公桌的钢丝床上，陡然明白了一个不容置疑的事实：虽然我拥有北京户口已十四五年，大大小小算个中央机关的正处级干部，但我自始至终，没能成为一个真正的北京人，那听起来很诱人的职务和户口本，实际上仅是我糊口的一只饭碗和赖以生存的一张标签而已。

我感到孤独，感到在这个世界没有属于我的一块立足地。

这种感觉和十几年前我第一次从我妻子（应该说是前妻）家出走的那一夜一模一样。

那是我作为一名部队的转业军官，刚刚被获准落户北京的前夕。我和即将成为我妻子的她正准备结婚。还没有正式脱下军装，地方单位不可能分给我房子，于是新房只能在她平时占据的那间属于她家私产的小屋里面布置。十余平方米的北京旧平房，过去住着她一个人，现在将变成我和她两个人的栖身之地。她说新房太小，比起她同学办婚事的阵势简直没法向别人发邀请。我说十几平方米是块很大的面积了，婚礼的请柬发给我一个人就行了，多一个外人来就会挤掉我俩所拥有的空间。她那一双原本燃烧着炽热情焰的大眼睛顿时翻起，像卫生球似的盯着我：“你给我出去，出去！”这是我从她嘴里第一次听到后来令我深恶痛绝的“皇城根调”。我问为什么？她说她不想见到一个吝啬的农民。我脑门上的血管一下膨胀了，我知道她在污辱我的出身。我说农民有什么不好？中国的军人有百分之九十来自农村，早知道你干吗还要找军人作对象？她抽泣起来，说你现在不是要脱军装吗？军装一脱你农民的骨子不就开始露出来了吗？我觉得可笑，说，既然这样我现在就走。

走出她家的门，我忽然发现偌大的北京城完全没了我的立足之地，部队已经给我下达了转业命令，那间梦中曾几度编织幸福的她的十几平方米的小屋也把我撵出来了……

那是一个距今已有十几年的深秋，午夜的北京大街上，一盏盏华灯在风中摇曳着。大大小小的街面上行人很少，然而，仍不停地听到巡逻的警车警笛声。这一年从春夏季开始，全国上下都在进行着声势浩大的打击刑事犯罪活动。据公安部门后来透露，足有近百万各种刑事犯罪分子在此三季中被捉拿归案。我是有十余年军龄的军人，对警车并不惧怕。再说，从她家门走出来的那一瞬间，就是前面有机枪我也不会理会，因为我的两眼布满了欲滴而未滴的泪水。

我无目的地走在不属于我的马路上。她的家在万寿路，我的双腿下意识地沿着西长安街朝东走去，因为那东头的北京火车站是我第一次踏进北京城的起点。也弄不清当时我为什么会朝火车站走去，或许是长安街那宽阔的街面上阵阵吹荡的寒风可以消压我心头的痛苦，或许是火车站那个起点可以将我送回到生我养我的能容得下我的故乡土地吧。

过了公主坟，过了军博，到了木樨地，到了礼士路……如果是在平时，我右边的那条曾在 1979 年对越自卫反击战中受过伤的腿早已支撑不住了，可这夜我丝毫没有感觉，只有凛冽的寒风像一把把刺刀在我心头刮割着……

那一路上，我谁都不恨，只恨自己。想当年，在玉米地里干活的母亲得知我独自跑到公社武装部报名参军并从体检站拿回合格体检证明时，便一下昏倒在地里。母亲醒来的第一句话便这样问我 ：“阿明，我就你一个儿子，你为什么要离开我？”我抹着泪，扶起母亲，但没有回答她。四年后，我第一次探家，带着大包小包见母亲，母亲以为我复员回家了，高兴得连手上脚上的泥巴都顾不得洗一洗，便从稻田里赶回家扯着我四个兜的军装直说前两年就为我做了件毛料中山装等着换呢！我说现在我穿的是有四个兜的军装，只能在家待十几天就得回部队。母亲顿时再也没了话，第二天起床后两眼红红地对我说：儿当军官娘不反对，可娘老了，身边得有个人照应。当时我没有全领会母亲的意思，便朝她点点头。又过了两年，我从湖南山沟调到了北京兵种总部。到北京没几个月，母亲托人打来一份电报，让我速回。这天正好是我在人民日报的一位介绍人的陪同下与后来成为我妻子的她第一次见面的日子。我火速地回到家，母亲在第二天就带了一位远房亲戚的姑娘到家，母亲说，姑娘标致，手脚又麻利，已经答应过门当媳妇。母亲笑眯眯地问我怎么样？我低着头对母亲说，我在北京已经有对象了。母亲又一次晕倒了，并且大病一场，我回部队的那天她还在病榻上。她流着泪，说我心里根本没有家，没有她。又说我现在当官了，翅膀硬了，嫌乡下的路泥泞，嫌过去水里田里滚爬的农村地盘小，水土薄。我无言以对，自感愧对她，愧对生我养我的故乡。虽然这样，可我后来还是走了我自己选择的路，一条在首都北京舒展雄才大略的路。

可是就在这一夜，从走出她家门的那一步起，我猛然发现自己正在走的每一步路都不属于我。

这是一条陌生的路，一条与我没有任何血缘的路。

“嘎吱——”。走到复兴门桥时，我突然被足足由三十多辆摩托组成的警察巡逻队团团围住了。

“你是干什么的？这么晚一个人出来干什么？”一名领头的警察过来盘问道。

我毫无表情地回答：“我？应该算是当兵的吧！心烦，随便走走。”

他们上下打量着我那身没了帽徽领章的军服，满脸疑问：“有证件吗？”

我是赌气出的门，哪顾上带什么证件！那是个特殊的年代和时期，没有任何东西可以证明自己身份的人，公安机关可以视为流窜犯或嫌疑犯给予拘留。想到这里，我心头不免有些发毛：“没，没带。是忘了。”

警察们彼此交换了一下眼神，中间走出一个人，开始以另一种声调盘问我：“哪个部队的？”

“以前在总参，现在转业了。”我再不敢顶牛了。

“北京有家吗？”他又问。

“有。”我像求救似的想到了她家，因为这是我在北京唯一的“家”。

“在哪儿？”

“万寿路 14 号。”

“你家东边是几号，什么单位？”

显然，他们在试探我回答的真假了。我心里顿时有了底。“15 号。是中央领导住的院。”为了让对方更相信，我特意又加了一句：“这个院属于我们总参管理局管辖，哨兵都是我们派的。”

警察们开始重新骑上摩托，在马达声声中，那位头目很不客气地冲着我嚷了一声：“在家里睡觉多好，当什么夜游神？”

“管得着嘛！”等他们开出几百米后，我马上阿 Q 式地回敬了一句，可心里自觉不自觉地恨起她来。

唉，倒霉的事全让我一个人赶上了。

我在原地站立了几分钟，有些犹豫是往前走还是向后转。不，后面的路不属于我，不能往回走，于是我又开始朝前走，其实这前面的路也不属于我。

到了火车站，已是午夜两点。我不清楚从万寿路至火车站实际距离有多少公里。在踏进车站广场的那一刻我感到“十里长安街”远远不止“十里”的概念，它大约花去了我整一个小时零四十分钟的时间。然而那一路奔波，我并不感觉时间长，相反倒是觉得太短了，因为当时距天亮至少还有两三个小时呢！

那是段难熬的时光。

中国第一大车站人流拥挤的程度，只有那些在此停留过的外地人才能体验到。广场很宽阔，但显得很凉，只有那些带被褥和大衣的人才能在那水泥地上无忧无虑地躺着。整个候车大厅内就更拥挤了，候车室内已是人满为患，那里的气味也是够令人难受的了，我只好在二楼的走道东转一会西转一会。

我的右腿开始疼痛起来，大概当年的枪伤又在发作。为了找个地方坐下歇一歇，我开始寻找座位。其实二楼四周走道上根本没有一块空地，我在这时能寻找到的座位仅是用一张破报纸铺着垫屁股的地盘。我好不容易等到了这样的机会：一个带孩子的中年妇女不知咋的看到两位巡警过来，猛地从地上跳起来就朝楼下跑，大概是又一位怕抓的乞丐吧。在部队当记者时，我的同事为这类人专门到车站写过篇报道。此时我心里这么想：好嘛，你跑了我可总算有歇的地方了。

我坐在楼道的水泥地上，感到像坐在沙发上一样舒服。这时我才感受到为什么有些民工可以毫无顾忌地躺在露天的街道睡觉还睡得那么香。人到了不考虑尊严的时候，是非常自由随意的，在常人看来很苦的事但对这些失去了尊严的人或许是一种已成自然的乐趣。紧嵌在横七竖八的人群中的我，此时此刻头脑是一片空白，因为我无法想象在一千万北京居民中，会有第二个人像我一样无家可归地跑到火车站坐在走道的水泥地上。只有我，一个昨天还趾高气扬地出入中央直属机关的校尉军官，今晚如此悲凉地与那些外地民工一起，在一块不知有多脏的水泥地板上歇息着。

“哼，一张破纸顶什么用呀！”我从口袋里取出那份国务院军人安置办公室给我开出的落户北京的证明书，自嘲自讽起来。就在我想把这张纸撕个粉碎时，两名警察站在了我的面前。

“起来，带上那个包跟我们走！”他们的口气吓了我一跳。

我感到他们有些欺人太甚，便没有起身。坐这儿又不碍事，坐一下有什么关系。

“少啰唆，带上包走！”其中一名警察上前一把将我从地上揪起来，顺手从我身旁拎起一只黑色皮包往我胳膊里塞，严厉地命令道：“快走！”

我弄不明白怎么回事，更不明白手里的这只黑皮包与我有什么关系，在众目睽睽下我被警察带到了车站公安局派出所。

“不多不少，5万元。”一名年轻的警察从我手里夺过皮包，然后打开拉锁，里面是十叠整齐的50元面额的钞票。

“交代吧，你们是怎么合伙弄到这些钱的？”一名模样很像亨特的警察将电棍架在我的脖子上，那架势已完全把我当作偷窃犯或者是诈骗犯什么的。

当时我虽然很愤怒，但心头还是非常坦荡。我告诉警察不明白他说的是什么，他说看在你鼻梁上还架着一副眼镜的分上，就不给你一顿“活”吃，可也别在深更半夜惹火了我们这些“公安老爷”。我说这个皮包不是我的，我也不知道那皮包里面是什么东西。他说你们流窜诈骗犯一旦犯事被抓后都会来这一套。我告诉他，我根本不是什么流窜犯，而且连一般乘客都不是。

“那你是什么人？”他眼睛瞪得老大。

“我？我当然是北京人。”我想起口袋里那张国务院军转办开的证明信，便连忙掏出给他看。这是我唯一可以证明自己清白和我是堂堂正正的北京人的证据。

“亨特”接过证明信看后愣住了，他叫来一个看样子像是所长的头头。那头头瞥了一眼那张盖有大红章的纸，好像并不把它放在眼里似的走过来，声音不高不低地问道：“照你说的你是北京人，可你干吗不在家里待着，跑到火车站跟那些民工抢地板坐？”

“哈哈哈……”那头头的话把其他警察都给逗乐了。

只有我感到又气又急。“不信你们可以打电话，这是号码！”我把她家的号码及我的名字写在纸片上交给他们。

那头目看也不看地说：“会打电话的。”然后他命令手下：“先把这家伙押到拘留室。现在大家睡觉去，天亮了再说。”

我真急了，一边奋力地企图挣脱“亨特”等人的推搡，一边冲着警察们大声喊起来：“你们不能睡，必须放我走，放我走！”

没人听我嚷嚷，他们照样把我关在一间黑乎乎的拘留室。没有比这一夜更黑暗的了！我气得狠狠地踢了几脚拘留室的门，可那铁制的大门丝毫不动。无奈，我只得等待天快点亮……

我不知道后来自己是怎么睡着的。当我睁开眼睛时，看到了她——三天后成了我妻子的她及她哥哥站在我的面前。

事后才知道，那个带着小孩的中年妇女是个诈骗犯，她见公安人员盯上她了，便来了个金蝉脱壳，栽赃给我。

她把我领回了她的家里，就这样，我晕晕乎乎地成为她的丈夫，成了一个堂堂正正的北京人。

4

这一夜，我在编辑部的行军床上没合眼，又有十多年前从她家里出走后那种无所适从的感觉，不同的是上一次是我自己赌气出的门，后来被“请”了回去；而这一次是被人撵出门的，看来也不会再有人来“请”我回去了。

唉，人生常常就是这样乏味。

上班时间刚到，E 便给我打来电话，说有特大喜讯，让我马上到她那儿。

我说今天不太舒服，改日再说。

“怎么，你病了？”她的声调有些变了。不等我回答她又急促道：“那我去看你！”

“不不，还是我到你那儿。”刚刚被前妻撵出家门，后脚就跟一位年轻漂亮的姑娘打转，我怕同事们见了会说闲话，便无精打彩地到了她那儿。

E 在电话里告诉我她住在学院路北段的一个叫马蹄洼的地方。学院路对北京人来说不陌生，可马蹄洼我没听说过。“就是往昌平方向的第一个大转盘，李自成骑马的铜像那儿。知道了？好，不见不散。”

根据 E 在电话里画的“联络图”，我让出租车司机开到了学院路北端的大转盘。那个大转盘左右东西相距好几百米，正当我下车后不知所措之时，穿着一身红色套装的 E 骑着一辆女式自行车从马路另一侧直奔我而来。

“我的窝是租的一间农民房，从这儿蹬车 15 分钟。委屈你带着我走了。”她把自行车甩给我，说：“刚打的气。”

我想大概她常在这儿用同一种方式迎送来访者。十几年来我一直住在京城中央，这还是第一次骑一辆女式自行车带人在坑坑洼洼的乡间泥路上走，倒是别有一种情趣。E 告诉我她天天要从这儿过，因为没有路灯，她最怕的是晚上过这段路：

“有一次我在电影学院看完两场电影回来，已是 12 点半多了。走到这儿天又开始下雨。我带着车推又推不了，驮又驮不动。平时骑车 15 分钟的路，那夜我像瞎子似的整整走了两个小时。回到我的小窝时，全身没一寸是干的。好惨啊，后来三天高烧都在四十度以上。”E说得很随便，而我听了不由得想起安徒生那个卖火柴小女孩的童话，于是放慢车速，转头定神地看着这位可怜的小导演，我难以想象，如她这般芳龄的女孩，能有几个不是在爹妈身边撒娇享清福的！她孤身一人闯天下，到底求的是什么呢？艺术？然而艺术真的能有那么大的魅力？

走进一个农民家的小院子，E把我带进一间外表一看便知是主人家为用厨方便而加搭出的厢房。门框很低，身高一米八的我只能弓着腰进去。

“看看我的小窝怎么样？”E很炫耀地让我参观她的小天地。

屋内的陈设是我万没有想到的，用震惊两字全然不夸张。约摸十七八平方米的小居室里，墙上、地上、顶上，贴满了影视海报和艺术图画，那些画上有我熟悉的中外大明星和没见过的大艺术家、哲人。其中有两幅照片是整个房间的所有画面中最引人注目的，它挂在E的床头，现在我才真正看到了“大刘晓庆”和“小刘晓庆”。“大刘晓庆”当然是十二亿中国人都知道的那个刘晓庆，“小刘晓庆”虽然像我这样所谓在文学艺术圈混的人还不熟悉，但她确实如同真刘晓庆的孪生姐妹，只是更年轻和更充满青春魅力。“小刘晓庆”当然就是E本人。

“这张是剧照吧？”我指着照片问。

E的脸上泛着红光，点点头。她在我的身后用双手勾住我的脖颈，将整个儿头搁在我的左肩上。

“像吗？”

“太像了。而且你比她更美。”

“是情人眼里出西施？”

“不，我是公正客观的评价。”

爱的暴风雨过后，E重新回到我左边的原来位置。我有些嘲笑自己进门不到一个小时，却把百分之八十的时间花在了亲热上，竟无暇顾及这个小好莱坞的奇妙之处。E 是位天才的艺术家，现在我躺着的与其说是张床倒不如说是一块广袤的绿色草地。E 别出心裁地将绿被子和绿被单做成有起有状的立体式结构。从贴墙的那一角开始，浅淡色的绒布渐渐地向左右和空中延伸，形成一大片嵯峨的耸岩、峻拔的群峦。在群峦之上也就是我平躺着能看到的房子顶棚，是一个淡蓝色的帷幕与交叉纵横的白、黄、红三色小霓虹灯网成的巨大天屏。在天屏的上、中、下三个不同位置嵌着镰形、球形和蛋形的三盏瓷灯。我想这一定是她用来比作夜中月亮在宇宙间飞行的情景。

“怎么样，我的设计不错吧？”E 见我的注意力从她身上移到了她的屋中的饰物上，似乎又重新勾起了她另一种情趣。她从床上跃起，关上门，再严严实实地拉紧窗帘布。

房间变得漆黑一团，就在这时，不知 E 按响了哪个开关“天宇”顿时出现了：幽黑色的夜空上，繁星闪烁，一轮月光像瀑布撒向大地。几道流星，拖着长长的尾巴，像舞女抖动着的彩绸，时而柔顺地飘荡，时而激越地呼啸……

“太美了，简直与进月宫一般！”我不由欢呼起来。

“往下看。”黑暗中，E 不知又按动了哪个电钮。

躺在“草原”上的我，将目光从“天宇”收敛到“大地”。哇，“大地”出现了奇迹，各种不同图案的塑料地板变成了蓝色的湖泊，粉色的桃园，金色的田野，还有那伦敦街头的古城堡，埃及的金字塔，罗马的斗兽场，莎士比亚时期的大戏院……后来，我听到了一曲著名《牧歌》，再后来是一位头戴纱巾、身穿花裙，大胆裸露着上身的吉卜赛女郎在离我咫尺之地载歌载舞。那女郎的舞姿充满了强烈的节奏感和超乎平时中国人在银幕上所见到的绝妙姿色，灵巧的双脚，扭动的胯部，丰满硕大的乳房，在强烈的动感中，叫人无法安然坐立，我无法控制似的从“草地”上一跃而起，搂住吉卜赛女郎，与她一同起舞，一同进入狂欢的世界……

当我打开灯时，我的那位“吉卜赛女郎”还在地上喘着粗气。

“你劲真大，来，帮帮忙。”E 懒洋洋地伸出双臂，示意我扶她起来。

把她放到床上后，我不无好奇地回头寻觅起方才看到的一个个名胜奇景。等我张开眼睛细细看时，就差没有自己先笑死。原来，那个伦敦的古城堡是一只用木块掩住的用来取暖的煤炉。用化妆台上那些乱七八糟的东西组成的斗兽场设置得很别致。莎士比亚时期的大戏院是用足有两三打音乐磁带排成的。更让我叫绝的是那个埃及金字塔原来竟是一只放水果皮和废纸的垃圾筒！

这一天是我有生以来最放松的一天，也是生命力得到最大体现的一天。而更主要的是 E 告诉我的一件值得高兴的事：我们的合作之果《路边花》被电影界行家看好。

“我请了电影学院老师和影协的几位专家看，他们都说这是部思想性、艺术性都比较好的本子。电影发行所的人说商业性也很强，一百五十个拷贝绝不成问题。”E 说：“剩下决定性的一关是总局综合艺术处的通过。”

“有问题吗？”我多少知道许多优秀的艺术作品在专家处得到肯定却得不到官方认可。“我相信真正的艺术不可能被扼杀！”E 对此很自信，她要我用些时间在现有本子基础上再对一些情节作更好的修饰加工。

“理当如此，义不容辞。”临别的时候，俩人都发现彼此已经很难一下分手，即便是非常短暂的上班时间。

因为路程远且交通又不方便，我到杂志社时已快中午了。金湘一见面就像观猩猩似的盯着我到办公室，然后向编辑部的同仁

大声宣布 ：“报告一个特大新闻 ：我们的主编不仅已经由阴转晴，而且将在今后相当一段时间里保持灿烂的阳光。”

大个子李青揶揄地问她何以见得，是不是乘主编大人的身边刚刚空位，就想乘虚而入？

金湘不以为然地半昂着她那高傲的头颅，挺着身子朝李青走过去，直把李青逼得无路可退。金湘身子贴身子地顶着李青，一手拎着李青的耳朵，一手指着他的鼻尖，尖声尖气地说 ：“小子，主编那儿的‘隙’是没有了，可老娘我身边的缝你敢不敢钻？”

大个子李青平时是口头逞能，哪受得了金湘这半真半假的挑衅，连忙举起双手 ：“姐，您饶小弟一命，要不我老婆知道后我跳龙潭湖也洗不清。”

“量你也不敢。”金湘拉着李青的耳朵，把他提到了座位上。

编辑部的气氛少有地热闹，有人想继续从金湘的嘴里得到主编大人更多的“天气变化情况”。

金湘毫不客气地从李青那儿拿过一包新打开的万宝路，说了一声“罚你活该”后，便煞有其事地恢复了关于我的播报。

“据我的直觉，我们的主编大人在刚刚经历了一场痛苦的诀别后，已迅速获得了出乎意料和不同寻常的补充，并且是在灵与肉方面全面地从里到外得到了新补充！”

编辑部的同行们嗷嗷叫起来，他们对金湘的一番精辟见解表示了极大的兴致和赞同，大家不约而同地把目光集中到了我的脸上，弄得我真有些顶不住了。

“看，主编大人的脸红了！”金湘得意极了。

编辑部同行们朝我起哄 ：“红了红了，真红了。”

“主编，什么时候请我们吃喜糖。”新来的大学生小崔刚说完这话，就被金湘拉到了一边 ：“怎么样，平时说你没出道你还说如今的大学生个个都是恋爱高手。可你们对情场中的中年人是怎么回事明白吗？”

“求姐姐快说。”小崔真像个爱听天方夜谭的学生。

金湘又得到了发挥舆论中心作用的机会：“主编大人现在的情况像是柏拉图说的猛烈地撞击但并不在火花出现后产生果实的那一种。”

编辑部的同行们都在窃窃偷笑，他们窥测着我脸上有没有反应。今天心情好，我才不管她说些什么呢。

“嘻嘻嘻，金湘姐接着说，是哪一种？”只有小崔还是那么笨。

金湘看我只管埋头处理稿件，以为玩笑开过了头，便悄悄对小崔说：“你最好自己去问。”

小崔傻乎乎地真凑到我办公桌前，轻声地问：“主编，你不会那样保守吧？”“一点不。”我微笑着告诉她，也告诉编辑部的全体：“我确实在不久前拥有了一团可以将我灵与肉燃烧光的火花。”

“哇，太棒了，太罗曼蒂克了！”小崔欢呼起来，金湘和编辑部的所有人都欢呼起来。

有人提议我们的文学编辑部改成情人俱乐部，下一期的稿子先出“主编情人专辑”。我说专辑恐怕还不够，序言倒是有了。大家兴致勃勃地鼓励我好好地写下去，反正现在没有牵挂。我说我一定不辜负大家希望。

对这群爱开玩笑的好斗分子，你索性把玩笑开到了头，他们反而就哑了炮。终于我以攻为守赢得了胜利。

编辑部恢复了正常的工作，可是一阵急促的电话铃声却又响起了。

“主编，你的。”每次电话铃响，小崔总是第一个把话机抢到手，她像所有新分配到单位的大学生一样，十个电话总有七八个是她的。“女的。”她朝我做了个鬼脸后把话机塞给我。

“喂，是你啊。”从对方的第一个发音我就听出是E。

“中午后你能出来吗？”她说。

我看看编辑部的同行们都在埋头工作，便转过身轻轻对着话筒说：“我们不是才分开不到三小时吗？”

“这还算短吗？唐山的地震前后才一个多小时就送走了二十几万人的命。”

精明的女人真了不得。我笑着回答：“可是从1976年到现在，北京人又平静地过了近二十年。”

“不，你一定要出来一下，到复兴门大桥那儿等我。”E这回的口气让我听出她不是在跟我说情话。

“怎么，出什么事啦？”我有些紧张了。

“不算大事，但也算一件需要对付的事。两点半我在桥头等你。”

“那好吧！”

我放下电话后想了半天也没想出什么不能顶过去的事。顶多电影部门的“判官”们说一通“本子基础不错，还需要加工”之类的话。但是我这回猜错了。

在复兴门桥头见面后，E来回地在花池旁踱步，我问她出什么事了，她只是看着我不说话。

“总不是明天就有地震吧？”我尽量找话逗她说出原因。

她终于开口：“剧本他们评价很好……”

我笑了：“这应该庆祝。”

“可是……”她的话又吞了进去，只是用那双美丽的眼睛看着我，直看得我有些不自在。

我低头看看全身，没发现有什么不对劲的地方。

“如果有一件明显是很不公道，但又必须那样做的事，你会让步吗？”她说。

“那要看什么事。”我正言回答道：“如果要让我放弃原则，或者对方以什么条件相要挟的话，我绝不接受。”

E 顿时两眼黯淡了下来，她长叹了一声，挽住我的胳膊，说：“走，陪我到那边的凉面馆去一趟，我还饿着呢。”

我决意要给她点几个炒菜，可 E 坚决不让，说要二两凉面就行了。馆子服务员很怠慢地瞪了她一眼，然后朝向我：“先生你不要点什么？我好一起端过来。”

显然服务员把我俩看成吝啬鬼了。“谢谢，我已经吃过了，就来壶茶吧。”我说。

二两面本来就少，可 E 只夹了两小筷。她还没有从未说出的那个问题中走出来。

“除了地震，就是天塌了，再没有比这两件事更可怕的了。说吧。”我尽量让她把问题看得轻松些。

“他们要……弄掉你的署名权。”她终于说了。

“凭什么？”这是出乎我意料的事。

“电影界有一条不成文的老规矩，优秀片子的剧本必须出于名家之手，不是你们写小说的那类名家，而是专写剧本的名家。”

我的鼻孔里透出两下“哼哼”声，来了一句职业性的反击。“影视界的那些作者在我们文学圈里只能算作小儿科。”

“可是他们掌握着影视创作的生杀权。”

“中国的电影之所以永远在奥斯卡门外，其原因就在于此。”

“在他们看来奥斯卡并不重要，重要的是握住那只可以升官、出名和得利的金饭碗。”

“那也得凭实力！”我愤怒地将茶杯砰地往桌上一按，马上遭到周围顾客的好奇目光。

“先生，你还要什么？”女服务员及时赶过来。

“我现在要一瓶二锅头，大瓶的！”我口气很粗地说。

E 等服务员走后，问：“你不是不会喝酒嘛！”

“世上的事都是逼出来的，强盗开始并不杀人放火。”

她听我的话知道我很生气，便又一次深深地叹了一声：“算了，何必生那么大的气，我还没有给他回话呢！”

我看到她把盛面的碗推到一边，顺手抓起服务员送来的酒瓶，给我倒了一杯，给她自己也倒了一杯，她没有邀我便独自先喝了起来，显然她心里很为难很痛苦。

看来这件事有碍她的事业顺利进行了，我马上意识到问题严重的另一面。“他们的条件是什么？”

“不去说它，我们只管喝酒。”她端起杯，连喝了三大口。

我忙抢下杯子，“你肚子基本上是空的，这样喝会伤身的。”

“我的身子从里到外早已遍体鳞伤了。”她抢过杯，不管三七二十一地又大口喝了起来，虽然我手快但也没能阻止她吞下足足有三两酒。

“E，不喝了。我们回去再商量下一步的事。”她脸色通红，显然已经顶不住了。我让服务员来结账后，便把她扶上路，搭了一辆出租车，直到她的那间“小好莱坞”。

我给她烧开水时，床上的她叫住了我：“亲爱的，你过来，过来嘛！”

我说你先好好睡一觉，她说没事没事的。于是我只好放下手中的活坐到她的身边，E 说她热，让我帮她把衣服脱了，我照办了。

E 似醉非醉地问我：是不是所有成功者都要经过一百次一千次的磨难！

我说不一定。

“那为什么我就这么难？”

“因为你走的这条路可以用千军万马同挤一条独木桥来形容。”

“这我不怕，我是天才的艺术家，他们算个啥？”

我说这一点我并不怀疑。

“那你们那些有权的人是不是都很霸道，都很恶心。”

我说并不全然，我在杂志社就不霸道，也不这么恶心。

“你倒是不恶心，可你也……也挺小心眼的。”

“我小心眼？何以见得？”我不服气地问她，可转眼一看，E已经呼呼地睡着了。

她说醉话了！我暗笑自己真有那么一点小心眼，要不把醉话都当成真的了。

几个水瓶都灌满了，烧完开水后我再找不着合适干的活了，于是坐在床边欣赏起E来。她真是一个美人儿，不管你在什么时候什么角度都可以观赏到你想观赏到的所有女人身上的美。我庆幸老天赐予了我一个完美的她，我甚至想世界上没有什么可以比她更值得我珍惜的了。

对呀！为什么我那么看重名分呢？只要他们同意剧本上，同意E当导演，在我本子上署名又有什么关系呢？想到这儿，我倏然觉得一身如释重负。还有方才E说我有小心眼，酒后是要吐真言的，她欲言又止的神情是否也希望我退让一步呢？没错，准是这样。

我一下拿定了主意。为了她，为了她的事业，我一定要成全这件事。于是我在她身上轻轻盖上一条薄毛毯后，悄悄出了她的“小好莱坞”，并直奔某电影部门。

那晚我没有在她那儿过夜。我在杂志社的行军床上，美滋滋地想着自己白天做的一件“英雄救美”的壮举。这一夜，我丝毫没有孤独感。

第二天上班时，我本想呼一下E的BP机，告诉她已经发生的事，但后来一想还是让E自己获得那个惊喜为好吧。

“瞧咱主编大人的脸，一天比一天灿烂。”金湘的嘴一旦停下来，我的编辑部恐怕就要末日来临了。

今天心境好，我回击了她一声："这就叫生命的新陈代谢，我认为你身上其他什么都不缺，就缺这。怎么样，我的那帮转业战友中有两位是单身，不妨介绍一个给你！"

"可是！"金湘话锋一转，来了句让我脸色突然绯红而乐不可支的话："你敢和我打赌在与妻子离婚不到七十二小时之内，你衣冠楚楚地保持了单身男人的纯净？"

编辑部全体哄堂大笑，唯独我羞得无言以答。不知哪个小子插了一句："今天下午是机关男同胞洗澡，我们衷心欢迎金湘姐当检察官！"

"丁零零……"电话铃陡然响起。金湘像巫师似的说："保证不会冤枉，准是让你在七十二小时内多次灿烂的那位。"

没错，是E打来的。不过，出乎我的意料她已经来到了机关的门卫处。"我要进来马上见你。"她的口气很是不容置疑。

"不不，还是我出来。"我赶忙放下电话，归置一下桌子上的东西便往外跑。

在门口处，金湘挡了我一下："唉，刚才有冒犯之处尽可批判，有用得着的地方招呼一声。"

我点点头，便三步并作两步地到了大门口。

E见了我后，瞪着一双大眼睛，像第一次询问一个人似的冲到我面前问："你是主编吧？"

"鄙人是主编。"我嬉皮笑脸地回答她。

"亏你还是主编呢！"她狠狠地说了句，转身就往大街的另一侧走。

顿时，我像掉入了井里一样摸不着头脑，足足追出两站地才把她追上。我说："什么事值得你生这么大的气。"她把脸转过来时，我着实吓了一跳，她的脸上淌满了泪水。

“你，你凭什么出卖自己？”她带着满腔怨恨。

我明白了，她是为我昨天瞒着她与某些部门的官员们私下“达成协议”而愤怒。这种结果是我没有料到的。我很失望，她不仅没有惊喜，反而如此怨恨，我只能说：“这是我情愿的。”

E 瞪着我的眼睛足有几分钟，说：“难道真到了必须妥协的最后时刻了？”

我有我的理由：门槛是人家的，既然我们想进去就得听人家摆布，任剐任割也只得如此，只要能让你独立导演我认为目的就达到了。

“哼，如果人家塞个漂亮妞给你，来换取撤下我这个导演位置你也干吗？”

这是什么话，好心不得好报，反被当作狼心狗肺被人踩在脚底下！我的火一下蹿到了脑门：“那好，算我做了一件世界上最愚蠢的事！”说完，我扭头就走。

身后，E 在拼命地喊和追赶，我头一直都没转一下，心想我还不至于贱得一分钱都不值。

回到办公室，编辑部的人全都下班了。好么，一个人更清静，而且永远这样一个人。我“哐当”一下倒在了行军床上，发誓与这个世界上的所有人确切地说是所有女人都断绝来往。

“丁零零……”讨厌的电话铃响了，我无心去接。然而它又响了，我依然没动窝。

“丁零零……丁零零”。见鬼，都六点了，不是不知道五点就下班的嘛！不对，我马上反应过来肯定是 E 在机关门卫那儿打来的。不接，她的更不接。男子汉本来就不该丧失大丈夫的气概，我心里这么想。

铃声终于不响了，可是没过几分钟我的办公室门却“哐哐哐”地响了起来。“有人吗？何主编在吗？开开门，开一开呀！”怪了，门卫老白头跑来有什么事嘛！

“来了。”我应了一声后，从床上爬起来去开门。

老白头见了我就十分关切地问：“小何病好点了吗？你瞧你妹妹打大老远赶来看你了。”他说着把站在身后的我的“妹妹”让到了前头，又冲着我说：“我不知道你生病还在办公室，你妹妹一个劲儿要进来，开始我还不信呢，这不，姑娘说对了。我的任务也完成了。”老白头像真做了一件好事似的乐悠悠地走了。

我瞪了E一眼，心想当导演的就是有本事。

“明明，好明明，我不是那个意思……”一进门，E的眼泪就像准备好似的一下倾盆而落，她伏在我的肩膀上异常伤心地抽泣起来，两个肩膀不停地哆嗦着。我猛然想起，她还是位颇有演技的演员。“你不用道歉，这是我个人的事，再说，我也答应拿回我一万元的报酬。”我说得很生硬，随手搬过一张椅子，让她有距离地与我对坐开来。过去的妻子曾多次说我脸盘不亮，那臭男人的架子还不小，我以为不管在哪种女人面前这点自尊是必须保持的。

可是我发现自己又错了。

她伏在桌子上哭得更加伤心，而且一边哭一边诉说着，不一会儿令我刚才那种铁石心肠也软化了：“那，那本子是我们俩人的事，你凭什么说是你个人的事？在苏州时，我……我就宁可不吃不住，也要让你竭尽全力把本子写好，当我读到你的第一稿时，你知道我，我为什么一下就病倒了吗？”

对此我确实感到至今仍是个谜。

“那是因为我从本子的情节里看到了我的生活影子，又从本子的成功看到了我俩事业成功的共同希望。”她说的第一点我仍然不明白，但第二点确实让我心灵受到不小的震荡。海涅说得对，有了爱情的女人，会把自己的命运与男人死死地相连在同一叶船帆上。

我终于不忍心让她这样哭下去，上前把她紧紧地搂在怀里，情不自禁地吻着那一缕缕散发着清香的乌发。“说吧，把心中的怨气全都倒出来。”

E缓缓抬起脸，开始止住了哭泣。她说：“你不熟悉影视界的情况，他们中的一些人黑得很，有意欺负你们行外人。那天他们向我提出剧本署名的问题时，我开始并没有让步，后来他们口气很硬，我知道不做些让步过不了关。于是我说我尽量做通你的工作，让他们介入一个编剧进来，条件是必须保证你是第一作者，而且稿酬一分不少。他们表示同意，所以那天我把你叫到复兴门桥想征求你的意见，可当时我看你口气很硬，像是没商量的余地。”

“于是你心里很为难，不知如何是好，结果灌醉了自己。”真是个小傻瓜，我用自己的脸颊为她轻轻擦去泪痕。

“可你倒好，来了个一百八十度的转弯。”她用牙齿使劲儿咬了我耳朵一下。

“当时我只有一个想法：能为你扫清障碍，我个人那么一点名分管它干什么。”我真诚地说。

“大傻瓜。”她用双唇重重地贴住我的嘴，然后说：“就因为我知道你这份心才恨你的。”

“为什么？”

“他们这些人是惯不得的，而且会得寸进尺。”她问：“你是不是觉得一万元稿酬对得起自己了？”

我笑笑：“按照我们文学创作的付酬标准，应该算是高的了。”

“可在电影界这样的本子至少得两万元以上！”

这可是我不知道的事。“那帮家伙也太黑了点。不过，还是那么一句话，能让你独立导演这部片子就比什么都强。让我当小狗都愿意。”我逗她乐，乐的时候她更美丽。

E恢复了柔情。“大傻瓜，你把协议都签了，我还有啥办法。”

“有一个办法弥补：今天我把行军床的一半留给你。”

她娇羞地侧脸看了一眼行军床，说：“唔，才不要一半呢，我要二分之一。”

“这个坏苹果！”我有意用双手搓在她的腰际……

5

按照中国人的传统说法，世上的男人和女人如果有情那是缘分，以前我一直不信。不过随着一次失败婚姻和与E从相识到缠绵到分离到诀别的那令人心碎的过程，我也开始接受缘分之说。

与E相识是一种缘分，后来与她痛苦的分别，也大概是命运使然。

由于我签了个“卖身条约”，剧本一交，关于《路边花》这部片子就基本上没有我什么事了，相反，E的事则多起来了。

听E说，后来署有两位权贵大名的剧本在电影题材审定委员会上很快获得通过，并被列入当年度扶植的重点片，就是说国家会无偿拿出一半摄制投资给电影厂。北方电影厂的领导听说后大喜，本来他们对剧本就十分看好，如今上面白白给几十万元钱，等于这部片子是旱涝保收了。这在电影业不怎么景气的情况下，能有如此好的机会，给谁谁都会击节称快。E自然也很高兴，因为这减少了她与电影厂之间的矛盾。

从此，E一边开始挑选演员，搭起摄制班子，一边投入了分镜头工作。E对我说：“不管剧本最后署名的是谁，但你是真正的作者，我需要你。”因此她在排选主要演员及分镜头起草时，都拉着我一起与她最后拍板。为了她在导演过程中能更准确地把握剧情以及充分发挥导演的再创作，我表示乐意为她做点事。再说，这个电影本子就像是给出去的孩子，虽然它不跟我姓也不叫我爸，但血缘关系是我们之间割不断的特殊情感。可毕竟我有自己的一摊工作，最后我们双方达成“协议”：主要演员和主要剧情由我到场与她一起敲定。

“最好你二十四小时都在我身边，我离不开你嘛。”签“协议”后，E双臂勾在我的脖子上，撒娇地说。

我说：“等哪天你当上了像张艺谋那样的大导演，我就辞去主编工作，专为你写本子。那时你导我写兼做制片人，我们就可以二十四小时都在一起了。”

E乐了：“那我们就是夫妻店了！”

我说：“中国电影界最成功的典范几乎都是夫妻店。”

E伸出一只小拇指跟我拉钩：“那你可不许变卦。”

我有意把手放在身后，说：“有个条件，你必须首先是个大导演。”

“我一定会是的！”E顿时神圣而又严肃地说道。

她的这种对艺术的执着追求和崇高愿望，时常深深感染或者感动我。“我完全相信。”我像珍惜一件稀世珍宝般地拥抱着她。

但是我对影视界的确是了解得太少了。E告诉我，只要摄影机没有开机之前，什么情况都有可能发生。然而我想不出《路边花》的本子到如今还有什么不可逾越的事呢？

E天天开夜车，而且一种难以名状的焦虑似乎一直笼罩在她的心头。虽然她只是嘴上挂一句“啥事别想得那么简单”，可看得出她精神负担特别的重，尤其到了临近开机的日子，她饭吃不香，觉睡不香，每天白天为演员和剧务人员到处跑，晚上赶着写分镜头本子。E从广播学院毕业后一直独立当演员、做导演，不属于哪个电视台、电影厂，我问这是为什么，可她没有告诉我原因，只说当“个体”演员和导演可以不受人束缚。但在我看来一个人尚未成为大名鼎鼎的腕级明星时，最好还是附属于哪个单位，至少那样稳当些，说得难听点还有份工资和劳保呢！而E现在什么都没有，姑娘家尤其是艺术界的姑娘们每个月没有一两千元收入在北京和影视圈根本无法混下去。我知道E的全部稳定收入是给一家公司当广告策划的800元钱，其次就是些没有固定的讲课费和短剧演出费。当然按照普通百姓和像我们耍笔杆子的阶层或许够花，但E显然不行。她要租房子，花交通费，冬天到了还要买煤球什么的。在外面，E总给人光彩夺目的印象，可在她的小窝里，她吃的是方便面，用的是整桶打的洗浴品。我不明白老天为什么造化出她这样质丽娇嫩的肤色。那些劣质的化妆品和变味的方便面，就是我都会嫌弃，但E不会。有一次我掏钱到一家四川饭馆吃饭，要了四菜一汤，E见了后大呼小叫地坚决要退掉三个菜，弄得我很是下不了台。无奈，我跟饭店服务员说了半天，最后才同意少炒两盘。结果我都没吃饱，回到她住处，我一下煮了三包方便面。E又惊又乐，说以后你点菜我保证再不要求退了。生活中的她，就是这样一个人，一个从不善掩饰和矫作的女人。

此间一段我们一直没见面，她住在电影厂招待所与她的剧组人员忙于开拍前的准备工作，只是偶尔打个电话询问有什么事。我能有什么事嘛，就说很想到她的“小好莱坞”里待着。

“对了，房东呼我三次了，催着交房租呢！唉，我现在连方便面都快买不起了，帮帮忙，帮我去交一交。一开机就好了，我把提出的第一笔导演费都给你啊！”她在电话里又哄又求地对我说。

这还用说嘛，这些事该是我给她办的，耍笔杆子的虽然比不上影视大腕和拉声拉调一首歌就能几万十几万的主，但毕竟花上几个小时笔头上的功夫还是能挣出百儿八十的，何况我现在是管住了一张嘴全家人都不饿肚子的单身汉，E的那点生活琐事我早该包了。

第一天吃过中饭班上没什么大事，我就准备了钱来到E的“小好莱坞”。进门见了房东，我说E这几天忙着自己的事回不来让我代交一下房租。

房东非常惊诧，说她在家呢，上午回来的，一回来就又吐又叫病得不轻！

“她没说咋回事？”我焦急地问。

“没，她一个劲地哭，哭得好伤心。我们也不知咋办。你是她同事还是亲戚？正好快去看看。”没等房东说完，我就推门而入。

“E，你怎么啦？啊，哪儿不舒服？”她躺在床上，把被子捂得严严实实。我掀开一看，她的头发、枕巾全是湿的。我以为她发高烧，便说去叫辆出租车送她上医院。

“不，我什么地方都不去。”她猛地掀开被子，说完又把头紧紧地蒙住。

“那是怎么回事？”我急得左右不是，想拉开被子问个究竟，可她死扯着不放，只是一个劲地在被窝里号哭起来。

我多少有些猜到了：肯定是她要导的电影又出了什么岔子，除此别无原因能使她陷入这般痛楚。这一点我已经多次领教，但始终很难理解。

“天塌下来也就是一个窟窿。难道就没有半点弥补的办法吗？”约半个小时后，见被子不再怎么动了，我开始规劝道。

E推开被子，那容貌像度过了半个世纪，红肿的眼泡，呆滞的目光，青灰色的脸颊，叫人看后心碎。不是遭受灭顶之灾打击的人是不可能有这种神情的。

“他们不让我当导演了。”

“这是谁说的？”我惊恐地看看四周，确切地证实这屋里只有两个人。“这怎么可能？”我坚决不相信。

“是今天一早通知我的。”E平静而又毫无表情地对着屋子的顶棚说道。

“谁通知的？他们代表谁的意见？”我追问。

“是电影厂，他们说是上面的精神。”

“见鬼，凭什么？”我从皮包里找出两个权贵跟我订的那张协议书，大声念起来：“……第四条，本剧本特邀 E 为‘唯一导演，在未经 E 本人同意时，不得以任何方式用其他人取代 E 的导演资格。这不是白纸黑字写着嘛！他们竟敢如此出尔反尔。我找他们去，新账旧账一起算。”我拿起皮包就往外走。

“回来，你回来！没有用的。你给我回来！”

E 在屋里拼命地喊着，但我已经出了农家小院，无论如何，我一定要帮她找回导演权。因为我知道，这部电影对 E 来说太重要了。虽然我至今仍不明白她为什么把这第一部导演的电影看得比生命似乎还重要，但有一点我比所有的人都清楚，她需要这个机会！绝不能丧失。从我开始改编到现在的两三个月时间内，E 为了它几乎投入了自己的全部精力，当她差不离耗尽所有一切的时候，猛然宣布她停止导演，这不等于是宣布她死刑一样嘛。不行，绝对不行。凡有点良知和良心的人都不能这样做。我相信这个世界上总还有公道，总还有说理的地方。一句话，达到目的为止。

在综合艺术处，我找到了两位大员。俩人看我怒火冲冲而来，不免有些惊慌，他们又是倒水又是让座。其中有一个年长者向戴眼镜的那个年轻人使了几下眼色，那个戴眼镜的终于明白了，趁我不留神时赶紧把一只鼓鼓囊囊的信封塞进抽屉。我猜想，大概他们刚刚分完那本应属于我的另一万元稿酬。

果不其然，年长的一位做贼心虚地对我说：“电影厂后来对我们的本子很满意，说一定要追加一点奖励给我们，前些天我们就想把这事告诉你，只是……”

我打断他的话：“我们先前有约，稿酬属于我，至于奖励什么的你们拿十万八万我不管。”

“何先生真是痛快人，今后我们一定再度合作。”

“对对，以后何主编有什么佳作尽管送到我们这儿来。”

真是一对无赖！我心想上当也就这一回，你们别做美梦了。我今天来不是为要钱要名的。

俩人一听马上像松了口气似的，连说：“那就好那就好，跟你聊聊天也是很不错的。”

我说：“应该是正事，而且是我们协议上的正式条文。”

“还有什么没履行的？”俩人再次惊慌。

“第四条。当初你们不是拍胸脯打包票的，为什么在临将开拍时要撤换导演？”我直言责问。

年长者一听这，立即恢复了平时那副官架子：“这个问题与我们之间的协议无关，我们是条条款款遵守与你何先生所订协议的，而且一直支持E作《路边花》影片导演的。可是有人告她呀，把她的老底捅了。上头的领导都批了字。这你何先生是知道的，我们只是部门的具体执行者。上面对影视文化事业一直抓得很紧，在这支队伍里是绝不会允许有任何政治问题的人混进来从事任何有目的的活动。”

“这与E有什么关系？”我毫不客气地打断这位官老爷的话，追问道：“是谁告的？她一个年纪轻轻的姑娘会有什么政治问题？”

年长者惊讶地看着我，说：“你还不了解她的底细？”

“什么底细？她总不会是国民党特务，或者是杀人放火的刑事犯？”我觉得这些人什么本事没有，唯独在政治和权势上倒特别敏感。

“你的思路很接近了，她确确实实曾经是刑事犯。”年长者说这话时仿佛他就是法官似的，他的那双眼里分明在观察我是否也是杀人放火犯。

我想当时我那震惊的样一定挺吓人的。

“是诈骗犯。”那个戴眼镜的年轻人从一只“卷宗”大口袋里取出一份1993年的某法制报。“这儿有当时关于她的报道，你看还有审判她的新闻照片呢！”

如果不看那张照片，我无论如何也不会相信在E身上曾经发生过这样的事。某法制报头版的右下角虽然位置不显眼，但一个花边圈起的一则消息却十分醒目。那消息的标题用的是黑体字，16个字清清楚楚地印在那儿：轰动全国的“假刘晓庆”诈骗案一审判决。副标题是：案犯章丽娜被判有期徒刑两年。

“章丽娜是她的真名，E是她的艺名。”戴眼镜的年轻人怕我不明其意，便过来道：“早知道E就是那个大诈骗犯，我们是不可能推荐她当导演的。”

“何先生难道以前一点也不知道E是什么人？真难想象一个外表如此漂亮美丽的姑娘会走上这条道。”我真想拔出拳头揍那年长者一拳，他的话好像我也是一个同案犯或者是什么幕后教唆犯。

我严正地告诉他：“我跟E合作是艺术和个人之间的事，我又不是像你们代表什么政府组织部门。”

“那倒是。”那家伙马上堆起一脸幸灾乐祸的笑容。“所以说，现在要撤她导演也不是我们的责任。”

那戴眼镜的年轻人赶紧也追加了一句，“她是自作自受。要不是一个认识她的副导演揭发，我们也跟着差点受骗。《路边花》可是上面批准的重点片，选这样历史上有污点的人当导演，我们是要犯错误的呢！”

“我不同意这种说法。”虽然我尚不明白E当年是怎么当上“假刘晓庆”去诈骗的，但有一点不会有错，那就是应该给人以出路嘛。于是我争辩说：“没一个人是完人，你们电影界像迟某那样从演员到囚犯再到演员这样的事不是没有先例。E是一位很有天赋的青年人，这一点你们也是肯定的，可为什么她就不能重新获得机会？你们想象不出，她是多么渴望这种机会。”

“你提出的问题，我们不是没有考虑。”年长者比我想象的要老谋深算多了。他端起茶杯，满满地饮上一口茶后，拉着腔调说：“尽管E隐瞒了过去的历史……”

“她用艺名不能算隐瞒历史。”我打断他的话。

“就算是这样，”他继续说，“可电影界的有些情况何先生你未必全知道。虽然现在是市场经济，电影制作业比以前活多了，可我们的日子还是很不好过。有人向上面反映了E过去的事后，对过去的问题要客观公正的看，既要重视，又不能一眼看死，最主要的是要看现在。E很有艺术天赋是公认的。但《路》片（以下《路边花》简称《路》片）是国家投一半资的，我们可是要负责的呀！几十万上百万元投进去了，总得找个各方面比较可靠的人，这一点何先生你也是当领导的，我想是可以理解的嘛。再说，E的问题出来后，我们也作了专门研究，说实话，我们也考虑到我们与你之间的那份协议，所以当时让电影厂找E谈话时，专门谈了她继续当导演的条件，因为我们也得在工作中体现惩前毖后的救人政策嘛。”

“什么条件？”我关心的是E有没有可能再导电影。

“条件就是让她想法自己集资或出资拍。”他说：“现在的电影业机制正逐步走向市场，我们允许一部分内容健康，且有一定商业价值的片子依靠社会力量来完成。对E来说应该说我们没有把路给她堵死。”

“那也是差不离。”我毫不客气地指出：“像她这样一个既无固定收入又非大企业老板的小导演，几百万的资金哪儿去弄！”

“这我们就爱莫能助了。”真是一只连一根毛都抓不到的老狐狸。

我知道这样的谈话已无任何意义了，于是把那张看了就让我难受的报纸扔还给了两位“知名编剧”。我非常清楚，这些靠寄生养肥的人是不可能凭白让你获得任何条件和机会的。走出大门后，我一心想的是E怎么可能成了一个大诈骗犯！她确实长得很像刘晓庆，也正如许多人认为的那样，她在很多方面绝对不亚于真正的刘晓庆，只要机会得当，她完全可以当“刘晓庆”第二或比刘晓庆更大的明星。可她为什么要走那种路呢？是的，为什么？唔，或许那时她太年轻，太梦想当明星的缘故，可能的，这是非常可能的。

回去的路上，我不断用自己想的种种可能来解释E当年的行为，但有一点她是很不应该而且也是很没有必要的，那就是她早应该把这些情况告诉我，这样也不至于等问题出来后一下搞得我措手不及，弄得她自己也毫无回旋余地。谁没有错误？何况E一个年纪轻轻的姑娘家。唉，E的自尊心也太强了。用不着，在亲密无间的人面前实在用不着。

我这样责备她，是因为我想起了在她与我认识和相恋的这些日子里，我未能深切理解的那颗流着血却又用美丽的光环掩盖着的心上的伤口，是多么叫人怜惜。现在想起来，我才明白她为什么容不得剧本的一点点闪失，为什么含辛茹苦甚至不惜自己的身体而努力拼命地去争取拍电影当导演的机会。可想而知，往日的那块心痛像一团永远无法驱赶的巨大阴云一样笼罩在她的头顶，她心灵深处要承受的压力常人怎么可能去估量呢。

人生本来就是曲曲折折的，我们何必对自己那么苛刻，这条路走不通就换条路嘛。想起临离开“小好莱坞”时E那痛苦欲绝的模样，我想眼下要做的最重要的一件事是开导E，让她能平静地面对所出现的问题。

回到学院路北端的那个李自成塑像大转盘时，天色已黑。出租车司机说已经没油了，于是便把我甩在转盘一侧。这是面的司机惯用的手法，他是不愿走通向E住处的那段又颠簸又费时的泥路。我只好步行，等到走近E租的那个农民院子时，那条受伤的腿已经不怎么听使唤了。

“总算把你盼回来了，快！快点想办法！”房东在院门口一见我就嚷起来。

“怎么啦？E是不是病得挺厉害？”我万分焦虑地往她的“小好莱坞”走。

房主拉住我说：“她走啦！早不在屋了！”

“去哪儿？自己上医院啦？”

“不是。”房东说：“真要上医院我们有什么急的。可她是哭着走的，临走时对我们说她永远不回来了，说对不住我们房租还没有给，房子里的东西也没来得及搬走。”房东拿出一张纸条，交给我：“这是她给你留的条，我们一看就更着急了，等你回来想辙呢！”

我展开纸条一看，上面写着几行字：

亲爱的：

请相信我们相爱是真诚的。现在我失去了唯一追求的导演电影的机会，所以再留在北京的意义已全部没有了。当你知道原因时，你也可能不再爱我，为了让你、让世上所有人不再讨厌我，我从此将告别你和告别这个世界……关于我的过去我会全部告诉你的。别了，我亲爱的，让我最后一次吻你。

E

为什么？E你为什么要这样做呀！我的眼前只觉一片晕乎。房东赶忙把我扶进E的小屋，为我倒上一杯开水。当晚，我先向派出所报告了E失踪的情况，并请求他们帮忙火速寻找，同时与我所知道的E在京和在外地的朋友通了电话，请她们一旦看到E或听到她的有关消息及时与我联系。第二天，我又正式与电影厂和电影管理部门交涉，并向他们严正地指出：如果一旦E发生不测，将通过新闻单位把整个事件向社会公开。电影厂和电影管理部门一听感到情况严重，力劝我先不要那样做，要注意影响，现在最要紧的是把人找到。某局的一位领导还向我传达了上头一位领导的指示。

“如果人找不到，我保留向外界曝光的权利。”我对他们说。心想，如果不是他们把E逼到这一步，她也不至于走上绝路。

大概他们也看到了问题的严重性，所以组织了不少人马开始到处寻找。“要不通过报纸和电视登寻人启事。”有人提出这样的建议，立即遭到了我的坚决反对，因为不管E是死是活，她绝不希望自己的事弄得沸沸扬扬。他们接受了我的意见，后来通过内部渠道，向全国各地的影视部门和单位统一发出了寻人通电。然而，十天、半个月过去了，无论从公安还是影视单位的官方渠道，以及我和朋友们的“民间渠道”，毫无任何有关E下落的消息。

那段时间我无心上班，但却每天守在电话机旁，只要铃声一响，我就抢先接电话，同事们知道了E的事后，他们已从一开始的与我戏言到了一起和我着急操心的份上了。“一天没E的消息，主编就一天不把大伙放在心上，我甘愿绝掉所有的朋友。”以往电话最多的崔小姐也再不抢电话而向我“表忠心”。

“没有消息，证明E很有可能没离开我们这个世界”，金湘的推断是：“要不然公安部门就会发现什么死尸之类，新闻上马上会登认尸声明的。”

“喂，你的嘴能不能学得会拐点弯好不好，你没瞧咱主编这阵子的脸色。”大个子李青狠狠朝金湘斥道。

他们的话虽然说得都很轻，但都灌在我耳里。金湘的话是难听了点，但确实有一定道理，我真心希望是这样。说实话，那几天我一方面十分迫切地盼着有关方面打电话来报告E的消息，而每次接电话时又万分恐惧。我惧怕听到我永不能接受的事实，特别是公安部门报告来的事实。渐渐地，我不再去接电话了，可每次电话铃一响我的心就猛地一阵紧张，后来变得以往我每天必看的电视新闻节目和报纸都不看了……所有这一切，都是被惧怕的心理给折腾的。

就这样过去了一个月、两个月……时间在无情地消逝，始终没有E的下落。我虽然每天都在想她，想她可能出现的各种情景，但更多的却是回忆我们曾经相处、相爱的每一个时辰、每一个细节。我甚至希望永远这样，因为她留在我心中的形象太多、太深、太美好，使我终身思恋。

《路边花》可以说是我们俩炽热爱意的结晶，为了不让这份珍贵受到任何玷污，我断然向总局综合艺术处的两位“著名编剧”还了一万元“卖身”钱，同时撕毁了那份协议书，要回了我和E共同创作的剧本《路边花》。我发誓要好好保管这个剧本，因为它能使我想起E，想起与E在一起的每一分、每一秒。《路边花》剧本是我和E从开始到最后的全部内容，我把它放在我行军床的枕头边，每晚看它、吻它，就像看我爱恋的E，吻我爱恋的E。

我在这样的思恋中度过了一个又一个不眠之夜，大约E失踪半年后的一天，门卫老白头打电话来说有一个从昆明来的人要见我。这样的人也不是什么新鲜事，因为几乎每天都有作者送稿上门的。我就对老白头说让他自己进来找我们《新作家》编辑部就是了。老白头在电话里奇怪地说：“唉，他怎么走了？小何你快来，这个人放下一包东西就走了。”

我走到门卫处，老白头托着一包用一块手绢缝裹的东西对我说：“没碰到过这样的人，他听说你在杂志社后就搁下小包溜了。

你快看看，不会是什么炸药吧？”

“我又没什么仇人，干吗要送我炸药呢！”老白头一听也乐了，说：“你打开看看究竟是啥东西。”

“如果是金项链什么的留一条给我孙女！”老白头爱开玩笑。

“噢，真是的话我全归您老。”

“那可不成，还是你留着。”

我一边解开小包，一边说：“不行啊，您老在旁看着，说不定往上一汇报，我这不就是受贿嘛。”

老白头说：“分我一半，我就把两只眼睛一张嘴巴全缝住。”“好喽。”可是等打开一看我们俩全失望了，原来里面除了两盒磁带，其他什么都没有。

“吃饱撑的。”老白头一抹嘴，说：“得，没我份了吧，快回去听听，保不准是哪个小丫头片子看中你写来的情书什么的。唉，现在的谈情说爱都玩新鲜的。”

我笑了，说：“您老可不要嫉妒，或许是那个黑社会的要我倾家荡产，故意寄来磁带，用它来命令我什么时间到什么地方给他送钱呢！您老要是不嫌弃送您一盘。”

老白头一听就连连摆手：“得得，你自已拿走吧！”

我笑着回到办公室，猛然发现包磁带的那块手绢非常眼熟，仔细一看，原来是那次我们在苏州开笔会住的那个宾馆赠的那种手绢。谁会有这种手绢呢？我的心一下提到了嗓子眼，因为我一下想到了E。由于当时我们俩住的时间长，宾馆每天吃饭时赠一块手绢，等我们离开那儿时已经积存了好几十块，后来我见过E经常用这样的手绢。

E有消息了！我又惊喜又紧张地躲进杂志社的资料室，打开采访收录机，把磁带放了进去。磁带开始了转动，但却没有说话声，只有“咝咝”的转动声，当时我的呼吸都屏住了，怎么回事？

收录机里依然只有“咝咝”的空带转动声。

“亲爱的……”啊，有了，有了，而且第一声我就听出是E的声音，一点没错，真是她在与我说话。我抑制住激动的心情，静静地听着那亲切而又似乎异常遥远的声音：

……我不知你是不是现在还像过去那样看待我。我想不出。从那天你匆匆离开“小好莱坞”，去询问××局的人后，我想我在你心中一定变成了另一个人，一个有着一副美丽外表靠自己虚伪的面目去欺骗别人也欺骗自己的诈骗犯。是的，这个罪名在几年前就把我钉在了耻辱的柱子上，并且永远无法逃脱。从1993年10月出狱的那天起，我一直在公众圈子里，再度恬不知耻地当了一个连你也一起欺骗了的诈骗犯。看来我真的是一个坏女人。我甚至把那个有罪的姓名也改了。你认识的那个E其实只是我的一个代号，而从我自己给自己起这个代号的那天起，虽然我毕竟是想忘却我那不堪回首的往事，然而我实实在在又当了近两年的诈骗犯。我骗别人我是E，当然也包括你在内，我骗我自己也不再是那个曾经有过两年徒刑的劳改释放分子。我想用E来重新恢复一名导演（以前我一直是一位演员，开始从事导演现在看来也是我再度成为诈骗犯的重要内容之一）的身份，想用自己的努力，用自己的才华去塑造银幕的形象，并且在为别人塑造这些银幕形象的同时重新塑造我自己，让过去的那个“假刘晓庆”“大诈骗犯”变成真正的像张艺谋、陈凯歌似的中国新一代导演的E。可是我失败了，我所熟悉的影视界——那个我所熟悉和向往的艺术世界，事实上也拒绝我的继续存在。我只能走了，走到没有人能认识我，走到没有人再把我当作诈骗犯的另一个属于我一个人的世界……

(后面是一阵哭泣声音，磁带出现了一段很长的空白。数分钟后，又传出她的声音。）

在告别这个嘈杂的世界时，有一个我唯一感到我不能欺骗的人。因为我觉得如果欺骗了他，即使我到阴曹地府也得不到安宁。这个人就是你——我最最亲爱的，也是我活在这个世界上 26 年间唯一从心底里真正亲近的人。你或许不这样认为，但我可以毫不畏惧地当着你的面掏出我的心来证明。用那些人的话说，我可以欺骗整个世界，把地球骗得倒个儿，但我唯独不能骗你。你是我的爱，你是我的心，你是我的灵与魂。所以我要把一切的一切告诉你，包括当时我在监狱里公安人员用了几个月时间都不能让我说出的全部真相。

或许你我都是太纯的人，正因为这种纯在你的身上如冰如火地存在，所以当我第一次见到你的时候，我就爱上了你，爱上了我多少年来一直梦寐以求的恋人。你曾经给了我一段最美好的回忆，曾经给了我无限的希望和力量，给了我世上最珍贵、最炽热的情与爱。由于你的纯，使得我时常感到我不能有丝毫的一点隐秘瞒着你。我曾经多次想把我过去曾经有过的那段耻辱亲口告诉你，可每一次话到嘴边我就失去了勇气。我不是那种没有勇气解析和承认自己错误、问题甚至是罪行的人，但我却怕失去你，失去你美好纯洁和炽热的爱。那天电影厂向我传达上面的意思不让我当《路》片的导演后，我知道我再也不能将那段耻辱向你隐瞒了，但我不想让别人用那种鄙视的幸灾乐祸的口气添油加醋地告诉你有关我的情况，我必须要自己亲口对你说。可是那天你一听我的导演资格被取消后，你就去找他们责问去了，我怎么呼叫你都没有折回来。我承受不了失去导演和失去你的双重打击。可是你还是气冲冲地找他们去了。我明白他们会对你说些什么，我更猜想得出当你听到我曾经是个诈骗犯和劳改释放分子时会对我由此而产生的新感觉，所以我再也无法忍受那种一个姑娘家所不能忍受的耻辱，我必须走了，永远地走，包括永别我最最亲爱的人……

多傻的E，用得着这样想吗？听到这儿，我的泪水禁不住的哗哗流起来。

……现在，在我即将平静地走向另一个你我全然陌生的世界时，我把有关我的过去都告诉你，意在让你卸脱因为我而烙在你心头的那份关联的耻辱感。我知道你向电影厂电影部门了解我的情况时，他们会用那种让你无法接受的口气说些你感到不可思议的事来耻笑你。

你的E(我还是用E来称呼自己)从小就是个孤儿。我的养父养母因为不愿接受有一个被政府判处徒刑的女儿而正式向司法部门说出了我的真实身世。这些事是我进监狱后一位管教干部告诉我的。当我知道后我对自己说，这个世上本不该有我。

那是1968年，你可能还记得当时全国到处是“文革”的高潮。城市里的大批干部、知识分子和机关人员被遣送到农村接受再教育。河南省一个厅的一名年轻副厅长在一夜之间被打成“修正主义分子”后，造反派责令他到大别山区改造。他在省歌舞团当演员的妻子得知后，不顾即将分娩的身子，跟着从省城一路颠簸到了大别山。就在这对年轻夫妇在一位山区老乡家安顿好的第二天，按照红卫兵事先的安排，当地生产大队召开了“打倒走资派，批判修正主义”的现场批判大会。年轻的副厅长被揪到台上，在一个接一个的批判发言者中，有人大声喊道：“这样的修正主义，凭什么还要讨一个花枝招展的资产阶级小姐！”这一喊把全场的“革命群众”的阶级感情给喊了出来，即刻只见几位红卫兵骨干把台下的那位副厅长的妻子也一起揪到了台上。就在这时，悲剧发生了，那位副厅长怎能忍心挺着大肚子的妻子跟着陪斗和受尽陪斗的那种耻辱，便开始愤怒地与造反派争执起来。造反派当然不会饶恕，他们反而要用更严厉的手段打击“修正主义分子”的嚣张气焰，硬让挺着大肚子的妻子挂着一块大牌子，双膝跪在前台。年轻的妻子一向在台上是受人鼓掌和叫好的名角，她受不了这种耻辱，加之怀孕后的虚弱，不到半个小时，就两眼一黑，从五尺高的台上一下摔了下来。当天晚上她的腹部疼痛异常，赤脚医生诊断是早产、难产。半夜十二点，年轻的副厅长跪在生产大队长的面前磕了好几个头才要出了一辆拖拉机。病人送到乡里，乡医院说设备不行得送县医院，到县医院后大夫一诊断立即被送进手术室，由于及时抢救，腹中的婴儿得救了，可她却出血不止，县医院想了许多办法仍然无效，于是又向省医院送。

那县城到省城得开五个小时车。可怜的妻子红颜薄命，在距离郑州 80 公里处便断了气。在断气之前，她从脖子上摘下丈夫在结婚时给她的那只玉像胸饰，要他将此物留给刚出生的女儿。年轻的副厅长是从省城抱着骨灰盒回到县医院的。那早产的婴儿像懂事似的日夜拉大嗓门，为不幸离她而去的母亲送行。她哭啊哭，不分时辰地哭，把年轻的爸爸的心都哭碎了，也把医生和护士给哭得流下了同情的泪。

突如其来的丧妻之痛，加上一个肉蛋似的婴儿整日啼哭，年轻的厅长变得呆了，变得傻了，最后竟披头散发地抱着自己的女儿要上北京见毛主席去。他疯了，疯得整天一手抱个骨灰盒，一手抱个小婴儿在大街上转。当时县城教育局的一位干部实在看不下去，就从他手中要走那个早产的女婴，并且收留在自己的家中，而那个年轻的已经发疯的副厅长，据说三天后，有人看到他抱着骨灰盒忽儿喊着妻子的名字，忽儿喊着“小宝宝”，走在了北去的铁道上，从此再也没人见过他，只听说有人在距郑州不远的一个小站边见过一只没人认领的骨灰盒……

这个女婴后来就在养父家慢慢地长大了。那一年她随全家搬到了省城。她天生丽质，又爱唱爱跳，上小学时就在省城少年宫组织的全市文艺演出中获得过舞蹈表演一等奖。她的养父母很爱她，只是越长越脱俗的她不时听旁人说她长得根本不像父母那样又胖又蠢的。她没有把这样的话放在心上，因为她爱自己的父母，是他们含辛茹苦地供养她成长的。后来她上了中学，那时有人说她像电影《小花》里的演员刘晓庆。她好奇地拿着《小花》的剧照回到家对着镜子跟刘晓庆比，她自己也感到奇怪，怎么自己跟刘晓庆大姐姐长得那么像，于是她问父母，自己是不是从四川成都的刘晓庆姐姐家领来的。父母笑她疯丫头，成都跟郑州相距十万八千里，你父母还从来没有去过成都这么远的地方，怎么可能会从那儿领个孩子回来呢？这倒也是，于是她坚信自己就是父母亲生的女儿，自己就是像别人说的那样：是咱河南郑州的“小刘晓庆”。后来演电影的刘晓庆越来越红，郑州城里的那个“小刘晓庆”也跟着名气越来越大。刘晓庆成为中国影坛期待的影后，“小刘晓庆”希望长大后也成为一颗光芒四射的艺术明星。

十八岁那年，她考上了广播学院导演系。她考导演系是因为她觉得自己在表演方面已经具备了条件，而当导演能更好更全面地提高自己的艺术素养。从那时起，她一面读大学，一面经常被电视台、电影厂邀请去参加各种晚会、电视剧和电影的演出，凡见过她的人都说她不仅长得越发像刘晓庆，而且从气质和修养上更显得完美。也许是生母的遗传，她的艺术才华日趋显耀着光芒。她珍惜“小刘晓庆”的容貌，更注重自己的修养与功底，她视艺术如生命，只要有表演的机会，她就努力去参加、去完成。在她上大学二年级的时候，那时演艺界外出走穴的风越刮越猛，大明星、小明星，似乎够得上演员的都必须出去走走，否则就被演艺圈视为无能。就这样，她也被这股走穴风卷了进去。开始是有人请她就去，演一场得一场报酬。谁知由于她独特的长相，每次演出时观众一见她就错把她当成大名鼎鼎的刘晓庆。震耳欲聋的欢呼声，令她心潮澎湃，那成千上万请求签名的人海令她流泪。而最得意的还是那些组织演出的穴头。他们是这种“刘晓庆效应”的最实惠的受益者，一位在京城走穴界颇有名气的大穴头“三K”看中了她。三K到广播学院找到她，向她提出了一个大胆的计划：成立一个明星演出公司。“我们俩合作干。”开始她一听仅仅觉得好奇，便问：“怎么个合作？”他说：“你当老板，我当你的经纪人。”她听后哈哈大笑起来，说我一介小女子咋当老板呢？为什么三K先生你自己不当呢？三K先生笑笑，说我要弄计算机赚钱可以，可要论上台演艺长相绝不是个。你行呀，你现在虽不是大明星，但具有天生的大明星的独特长相和艺术才华。她说：“我才不愿老以‘假刘晓庆’赚钱混艺术，我就是我，我就是中国的伊丽莎白。三K听后拍腿叫绝，他说：“对呀，你就应当是中国的伊丽莎白，我看你用不了几年一定就是中国的伊丽莎白，而且你还比她强，因为你还是一位出色的导演。国际上像伊里莎白那样的大明星都有自己的公司，她们的成功很多方面就是靠自己有计划的有时完全可以说是有预谋地设计和推出，最后才获得了名与利双重的巨大收益。”三K把她说得晕晕乎乎，对社会、对经济、对人际几乎是一片空白的她好奇地问：“我当老板咋个当法，我什么都不会做嘛。”三K说：“你什么都不要干，只要到时画画圈签签字就行了。”她听后哈哈大笑起来，说：“就这么简单？”“就这么简单！”三K说：因为是公司，所以要几十万注册资金和流动资金。她一听就着急了，说：“我哪有钱呀！”三K笑了，说：“你尽管放下心，完全可以当个一分钱不投资的老板。”她连连摇头说：

“那怎么成，赚了倒还好说，赔了咋办。”他说：“赚了我们四六开，你四我六，赔了全部由我承担。”她跳了起来，心想世上竟有这么便宜的事！便说那多不合适。“没什么不合适的。”三K潇洒地伸出手，说成交了。

她送走三K不到半个月，这个神通广大的穴头便办理完了明星演出公司的一大堆工商、银行、文化等手续。那天，三K驾驶了一辆崭新的“奥迪”，把她从学院接到香格里拉饭店，临进饭店门时，三K毕恭毕敬地说，总经理女士，从现在开始这辆车以及我三K还有八位小姐先生全都听您指挥。她“哇”的惊叫了起来，说人在哪儿？三K说饭店8层的一个总统套间，已改为我们明星演出公司的办公室了，公司的全体人员都聚在上面等候聆听总经理的就职演说。她被他说得心花怒放。果然，到了8楼，她一眼就看到了那块金光闪闪的刻有“北京明星演出公司”字样的铜牌子。“总经理好”“总经理早”，她看到几位年轻精干、漂亮美貌的小伙子和姑娘个个面带微笑在夹道欢迎她。这是您的办公室，三K拉开一间门上嵌有“总经理室”字样的房间。顿时，她的眼前一片辉煌。房间太宽敞太豪华了，她从来没有见过这么气派的装饰，这么齐全舒适的配套设置。那房间的正中央是一幅她自己的巨大彩色剧照，这是一张她最喜欢的个人照片。她感到惊奇，问三K怎么弄到的。三K谦逊地说，这是作为副手的分内之事。嗯，很聪明的副手。她心头吃吃一笑，脸上更是阳光灿烂。最后，她坐到了那张她在心里偷偷说可以做床的大桌子前。“据说这就是老板桌？”三K笑笑，说大老板都是用的这一种。“我哪是什么大老板嘛！”她自嘲地笑了起来。他说：“从此时此刻你就是名副其实的大老板了。”一听此话她顿时万分紧张起来，因为她向前方看去时，见到公司的人全都像经过特别训练的士兵一样站在两侧，准备倾听老板的指示。“从今天起……我，我将尽，尽自己的全部努力，同大家一起办好这个公司！”她的“就职演说”总共一句内容，可却博得雷鸣般的掌声。之后三K马上说，总经理很忙，大家各就各位，到已分配的各个部门开始工作。说完，他亲自送她回到了学院。在下车时，她好奇地问：“当总经理就那么简单？”三K依然是难以捉摸地向她微微一笑，说：“就这么简单。”他从西服内袋里拿出一个信封，说：“里面是两千元钱，是您总经理这个月的工资。”他说了声“拜拜”后就发动汽车。她手里拿着鼓鼓一信封的钱，站在原地，像做梦似的瞧着三K娴熟地驾着“奥迪”原路返回了。

此后，她每三天左右就由三K驾车从学院将她接到在香格里拉饭店的公司办公室，每次在那张“小床”一样大的老板桌前坐那么半小时一小时的，然后就是在宴会厅里与客人共进午餐或晚餐。一般情况下，她是不陪客人进舞厅的，只有三K认为是大客户，说一声希望总经理给对方一个面子时，她才施施然地进入舞池。每一次这样的舞会之后，三K总是特别的兴奋，因为这时总能与大客户敲下一个难能成交的生意。这期间，明星公司不但与其他演出公司合作，在北京、广州等大城市组织过几次大型演出活动，而且还独立地拉着首都一些二、三流演员到边远地区走穴。走穴有时很辛苦，那些边远地区的县城几乎找不到一家有卫生间的饭店、宾馆，住的就更甭提了。可观众对首都来的“明星演出”却异常踊跃，每一场演出都是人山人海，有时走穴团成员不得不早晨抹一把脸就登台了。台下的观众从大老远来掏上几十元买一张门票，与其说是来观赏艺术倒不如说是来看模样的。当他们每次看到过去只能在电视里看到的那些“明星”时，那种狂热、崇拜劲简直叫人激动得心都要跳出来。那些方才还在后台叫苦连天的演员们在这样的观众面前得到了大都市里得不到的满足感，并且更重要的就是在舞台的帷幕徐徐降落之后他们从三K这样的穴头手里分得的那几千几万的报酬。

仅仅开张几个月，明星演出公司的业务一笔接一笔。快半年时，三K又把她接到香格里拉饭店，在总经理室里，他关起门来从保险柜里取出20沓100元的钞票，在桌上放成两堆，一堆为8沓，一堆为12沓。然后说："按照协议我们四六开，8沓归您，12叠算我的，总经理您看我们的经营情况怎样？您有什么意见？"这么多钱她还是第一次见。"有什么意见！没，没有。我们的经营状况很好，你出的力最多，公司里里外外，也都是你在操心，是你应得的。不过我这个总经理徒有虚名，拿得太多了，我留4沓就觉得有些过意不去了。"三K笑了，重新拿回4沓放在她面前，说："您这个总经理当得非常非常好。大老板嘛，一般都不能管理太具体的事，鸡毛蒜皮都过问的人是当不了大老板的，何况您是明星、艺术家，轻易不能让您抛头露面。"她听后觉得三K真是一个人物，有素质、有教养，更有商业艺术意识，跟这样的人合作错不了。她从此更加信任三K了，有时签合同什么的也让三K代劳了。本来嘛，这个公司就是人家出点子、出资金办的，我这个老板就是那么回事。

现在手头也有了钱，用不着再为生活的窘境奔波了，她可以把更多的心思用在学习导演上。把追求艺术视为终生奋斗任务的她，不仅年年取得优异成绩，而且被导师们评价为是最有希望成为中国第五代导演之一的人选。就在她全力以赴复习功课，临将投入毕业的论文答辩之前，有一天三K又把她接到香格里拉，说公司与杭州市演出公司签订了一份联合举办"中国影视明星大荟萃"文艺晚会的合同。对方一定要法人和参加演出的所有著名影视明星个人签字。不就是签个字嘛，她照例像例行公事似的在合同书上签上了自己的名字，也照例没对合同的内容看上一眼。懒得看，那又是条款又是分成的她从不感兴趣，再说聪明的三K早就把这些琢磨多少遍了，公司不会吃亏的。她照例又参加完宴会后就回到了学院准备自己的毕业论文。

她记得非常清楚：那是在论文答辩的前三天，三K急匆匆地跑到学院，说已经给她买了飞机票明天就参加杭州的文艺晚会演出。她说不行呀我要答辩考试了，再说你提前也没有打个招呼，不是说这次不用我去嘛。三K一边擦着汗一边坚决地说这次是非同一般的演出，去的都是明星，杭州方面的演出前宣传也是空前的，你总经理不去不合适，保证演出一完马上让你赶回参加考试，耽误不了。她感到为难了。他说就求您一次了，总经理，看在公司的份上。三K说到这个份上，她还有什么说的，去吧。

第二天，她、三K以及公司里的几位要员和北京影视界的几位“大腕”人物一起飞抵杭州西湖。七月的杭州，天气已经很热了，可大街上到处挂着的影视明星演出的海报、宣传广告等似乎比西湖畔的热浪更热。忙得满头大汗的三K把请来的几位“大腕”拉到西湖边的一个别墅区，并对手下的人说任何人来都不能与演员接触。她问为什么这样做，他说为了安全起见。杭州方面的演出公司代表来问也照样不让见。晚会准时开幕，主持人报了一大串观众们熟悉的明星们的名字。当大家听到今晚中国著名的影后刘晓庆也将到场时，整个体育场沸腾了。可她着急地问三K，怎么在接来的那些演出人员中没见刘晓庆来呀！三K一下赶忙按住她的嘴，又拉着她到了后台一角，说：“出了点毛病，在北京时一直没与刘晓庆联系上，昨天临出发时通过熟人才与刘联系上，可人家不愿参加这样的晚会。没法儿，我们与杭州方面的合同上已经是签的要请刘晓庆到场的。”她一听就着急起来：“那可怎么办？得赶紧想想办法，或者向观众公开说明情况。”三K说：“现在说已经晚了，观众要是一听刘晓庆没来准会全场起哄，闹出大乱子。”她急得直跺脚，说那可怎么了得。三K咬咬自己的手指，两眼闪着那种只有赌棍才有的目光死死地盯着她。她有些恐惧地说，你这样看着我干吗？三K笑了，说现在只有一个办法。她问啥办法。三K说：“你不是‘小刘晓庆’吗？你不是跟她长得非常像嘛？你代替真刘晓庆上。”她连连后退好几步，说那不行肯定不行。三K说不会有问题的，体育场那么大观众对舞台上演员只能看个模样，你只要上去做几个动作，我们这里有一盘刘晓庆唱的磁带，到时一放就成了。她说即使这样，也不能冒充人家呀，要是消息传出去就坏菜了！不行不行，还是别这样做好。三K见她如此固执，就瞪起了双眼，声调也一下变了：就这么说定了。你想想，我们跟杭州演出公司的合同上签的就是有刘晓庆来的，现在全杭州人都知道晚会刘晓庆要上台演出的，难道你敢上台说你以北京明星演出公司总经理的名义向大家道个歉说刘晓庆今晚不能来演出就完事了？哼，没那么简单，几万名观众非把你撕成碎片！三K的话使她浑身打了个冷战。她顿时感到天地都在打转……从此时此刻起，她变得不再是她自己了。

她晕晕乎乎地听到前台的主持人在报幕说下一个节目由我国最著名的影后刘晓庆女士为大家演唱。那挤得水泄不通的体育场顿时死一般的宁静，她猜想大概几万双眼睛正在等待大明星的出现。快快，自然点自然点，三K连拉带搡地将她推出幕后。她像木偶似的亮相了，她不敢走向前台而是在台中央稍后的一点位置，这是三K千叮咛万嘱咐的，因为这样即使是前台的观众也并不能看清“刘晓庆”的脸，朦朦胧胧，似真非真的感觉是最好的，他要她这么做，她就必须这么做。就在她这样走向台中央刚刚向观众鞠躬的那瞬间，体育场内一下欢呼沸腾了起来。“刘晓庆！”“刘晓庆！”观众们有节奏地足足喊了四五分钟。这一喊把她喊醒了，原来自己真的那么像刘晓庆！那颗绷得快要断的心弦一下松了下来。她恢复了理智，恢复了常态，尽情地发挥她的表演天赋和从小就有的美妙歌喉。在播完真刘晓庆唱的一曲磁带音乐后，观众再三要求再来一个，三K不同意，竟然上台亲自为观众作揖。但她没走，也没理三K，她竟然放开嗓门，边歌边舞起来。全场的观众简直被她的风采倾倒了，他们一起随着她唱起那首几乎人人都会唱的《我们的生活充满阳光》，她完全忘情了，唱一句向前走一步，一直走到前台。前台的观众以为“刘晓庆”要下来与他们同歌共舞，便纷纷伸出手接她。她下来了，千万只手，千万张嘴，千万双眼睛都伸过来，说着话，把她看了个一清二楚。突然，人群里有人说：“她不是刘晓庆！”“她是假刘晓庆！”“真刘晓庆我认识，耳边没有痣，她是假的！”“啊，我们上当啦！上当啦！”这一喊不要紧，整个体育场全乱套了！有人冲向演出台，有人开始砸乐队，而更多的人则带有被欺骗的愤怒向她冲来。一名像铁塔般高大的男子挥起大拳，猛地向她砸来，她“啊”的惨叫一声，就啥也不知道了……

醒来时，她发现自己已在公安局的拘留所。同她一起被拘留的还有明星演出公司的几位职员。三K怎么不在，他到哪儿去了？她发现少了一个重要人物，只要三K在，他就会有办法的。她的职员告诉她，三K早在昨晚卷着五十多万元溜了，现在大概已经住进了香港的豪华饭店了。“香港？他怎么会逃到香港？”职员轻蔑地朝她哼了一声，说：“你总经理不知道呀！三K身上有几个护照！他走了，我们可苦了！你是总经理，出了这样大的事，关我们什么事？她半醒半晕地问，我们出了什么事？为什么公安局要关我们呀？”职员们跳了起来，“都是你这个臭女人，什么‘小刘晓庆’！是狗屎一堆！是大骗子！大骗子！”几个女职员竟然像一头头发怒的母狼般向她扑过来，撕她的衣服，揪她的头发。她一边拼命挣扎一边恐惧地尖叫。看守人员来了，那几个职员才算放了手，她看看职员们这样野蛮粗鲁地对待她，看看自己浑身上下不像个人样，又想想三 K 这个杀千刀的在关键时刻竟然溜之大吉，不由得号哭起来。

哭有什么用！早知如此何必当初。半夜里，她猛然想起天亮后学校就要开始毕业论文答辩了，于是哭喊着让公安人员放她回北京学校。公安人员告诉她："这是不可能的事，你的事现在全国、全世界都知道了，看看，浙江日报、西湖晚报都在头版报道了你的丑事！哼，没本领就在家里待着，想当明星就好好下点功夫把自个儿的真本事练好，干吗要冒充人家不成！瞧你长相还不坏，可肚子里怎么那么多坏水！"几位看守昨晚也是几万名受骗观众中的几位，他们异常鄙视地边说边朝她吐口水。

她感到无地自容。那是从未有过的耻辱，从未有过的低贱。

三个月后，杭州某法庭正式开庭，轰动一时的"假刘晓庆"案公开审理，她被判定为以下罪名：一是冒充著名影星，犯有故意侵犯名誉权罪；二是以公司名义假订合同，骗得杭州演出公司 30 万元押金（其实这 30 万元钱她一无所知，是三 K 一手操纵并携带走了）。法庭庭长最后宣布：鉴于她的罪行和所造成的恶劣影响，又考虑到犯罪行为人态度尚好，故判处她有期徒刑两年，赔偿杭州公司 15 万元，并没收明星演出公司全部财产。

当法官的榔头敲响的那一刻，她也跟着晕了过去……

她什么都没有了，公司没了，三 K 给的 8 万元加平时参加演出的报酬被全部赔偿了出去。当全国各种新闻传媒将她的事传到河南时，她的养父养母感到莫大的耻辱，并当着前来调查结案的公安人员的面把她的身世第一次向外界露了个底。他们说这个女孩子本来就不是他们家的，现在他们决定不认她了。这是她在那段欲死不成、欲活更难的日子里所经历的第二个巨大打击。

她觉得这个世界上什么都没有了，只留下一个没有思想、没有灵魂的躯体。

在进监狱的第一天，女管教干部拿着剪刀怎么也不忍心按监规剪掉她那又长又黑的秀发，可监规是不能违反的。女管教干部捧着剪下的乌发哭了，而她自己则像木头人似的毫无感觉。监规规定，女囚每星期必须进行一次全裸检查，当她那丰满、完美的胴体袒露在同室女囚面前时，她们全都惊呆了，她们想象不出在这个同性的世界里竟然会有比她们的玉体完美一百倍的人存在。开始她们愣在原地，之后女囚们像发情的母狮，疯狂地向她扑去，她们吻她连水滴都留不住的滑润的脸，抚摸她成熟得快要涌出汁水的乳房，舔她白得发光的大腿和脚丫。而她像一尊石塑的维纳斯，一动不动地任凭同性伙伴们癖恋与践踏……

那是完完全全的另一个世界，任何作家和艺术家仅靠几天的走马观花是无法体验并能描绘得出的。在过去，她也曾经是一个娇小姐，一个艺术专业的大学生，一个不管是真是假的公司老板，生活中的她也不那么奢侈讲究，但毕竟山珍海味只要开口就会应有尽有。而在监狱，她可以为半个烂馒头、一碗冷稀饭同可恶的囚友打个你死我活。那天她被提审，看到管教干部吃剩的一点点方便面汤，她像一条几个月没尝到腥味的野狗，一下扑过去捧起面碗，然后跪在管教干部面前乞求同意她喝下碗中的那一点点残汤……当她喝完、舔尽那点面汤时，她伏在地上大哭起来，管教干部吓了一跳，问她怎么回事，她两眼放着光芒，说她吃到了世界上最好最美的东西，她是兴奋得大哭的。

在监狱里，她完成了人类作为一种动物所拥有的最原始、最本能的实践。

突然有一天，几名管教干部把她领出监狱，并送到大门口。当她看到头顶的太阳，四周的绿树和鲜花时，大声叫着要回监狱，她说她怕，怕阳光和鲜花，更怕那些有生命的绿色。管教干部告诉她你不用再回监狱了，你的刑期已满了，可以回家好好重新做人。

她久久地待在原地，思绪一片空白。回家？重新做人？家在哪儿？人怎么做？这些对她已变得陌生和遥远了。她面对苍天，声嘶力竭地喊道：我没有家！我不是人！

那声音在空中不断地回荡。忽见天上乌云密布，顷刻骤然下起了倾盆大雨。

她喃喃地说，这是老天流泪。

后来，她的一位在电视台工作的女同学把她接到了自己的家。她在同学家重新开始了作为人的真正生活和真正思考。那是出狱后的第一个晚上，同学和她进行了一次使她恢复信心和信念的长谈。

同学：你以后打算怎么办？

她：不知道。

同学：听说你河南的家都不认你了，那就留在北京吧！

她：不知道。

同学：放心，我们过去所有的老师和同学不会歧视你的，他们都了解你的为人，留下吧，反正我现在一个人，给我做个伴。怎么样？

她：不知道。

同学：唔，你现在什么都没有了，该认真想想以后的事了，是不是呀？

她：不知道。

同学不再问了，一把搂住她便痛哭起来：都是三 K 那小子害的，坏人不得好死。听说后来他在香港被黑社会打劫，把钱全部抢走了，三 K 也死在了刀下。

她打了个冷战。

同学突然想起了什么，赶忙打开锁着的抽屉，从抽屉里拿出一个红本本。这个你总该不会说不知道了吧!

是的，这个她知道，她太知道了。因为这是在过去的多年间她一直为之奋斗为之梦想的啊。

我的？她说出了一句人话。

同学热泪盈眶地点点头。

我的毕业证书？!

同学肯定地点点头，说当时你虽然出了事，可后来公安人员来学校调查时发现了你的毕业论文，老师和同学们要求他们把你的论文留下来，后来大家看了你的论文无不惊叹你的水平，经校方专家委员会评定，后又经校方领导同意，决定发给你导演专业毕业证书。

真是我的?！是我的毕业证书！我也有毕业证书了！她伏在同学身上不知哭了多少时间，仿佛要把这几年积淀在心头的一切怨气，一切苦水，全部冲个精光，倒个彻底。所以她在这以后一直认为那一次流的不是眼泪，是荡涤往日耻辱的洪流，是重新萌发生命的春潮，是发誓毕生投入艺术的洗礼。

第二天清早，她和同学就要迎着朝阳，回到这个世界时，她却步履蹒跚。她说，我不能再让别人认出过去的我，我得改个名字。

同学思忖片刻，说有一定道理，可减少些不必要的纠缠，那改什么呢?

她想了想，自言自语道：我今年二十五岁……字母表里第五个英文字母是E。E字三横一竖，我母亲生我是一次生命，养父养母抚育我是第二次生命，现在我出狱是第三次生命。对，就用E，我这个人活到今天已经有了三次生命，我要百倍珍惜它，从今起我要把自己的生命紧紧地连在艺术之上，做一个属于我自己也属于全世界艺术的优秀导演。

同学也被她发自内心的激情与呐喊所感染，俩人在金色的霞光下热烈地拥抱……

亲爱的，从那天开始，这个世界上才有了E，那个E就是爱你和永远属于你的E……

两盘磁带即将放完，当我听到这里时，我记不清自己流了多少泪水。如果不是她亲口诉说用录音机录下上面这么长的话，我无论如何也不相信生活中竟有这样的事，而且发生在一个我如此挚爱的姑娘身上。

我感叹人世间的复杂，我更感叹生活对E是那样的不公。她有什么错？从她母亲生下她起，她就生为艺术生，活为艺术活，学为艺术学，难道就因为她的单纯，就因为上了别人的当而需付出如此的代价！虽然我也知道法律是一视同仁、公正的，但人们看待事情也应当建立在客观和实事求是基础上。如果说当年“假刘晓庆”事件，E作为企业的法人必须承担本不该属于她的责任的话，那么，当她悔过自新，再次献身艺术世界时，凭借自己的天赋和能力去担当一名导演有什么不可以呢？那些官老爷们对E的过去根本不了解，只听说她曾经坐过牢就那么轻易地扼杀一个非常有才华的青年艺术家，这又是为什么呢？这笔账我一定要跟电影厂、跟××局的人算！我要为你夺回导演权！

E，亲爱的E，我向你发誓！

可是E，你现在在哪儿呢？啊，在哪儿呢？等我清醒过来再去听磁带时，那录音机突然发出“啪”的一声，它告诉我磁带放完了。

怎么，E你光给我讲了过去的事，为什么就没留几句你现在到底在哪儿、干什么的话嘛？啊，你这是为何呢？你知道打你走后这些日子我是怎么过的吗？你为什么连一句话都不留，难道你真的告别了这个世界？你真傻，真傻啊！只要活着，世上的路有千条万条，即使你再想搞艺术当导演也不是没有路。即或实在走不通，就到国外嘛！总之，你只要人在，一切都会好起来的，我们中国都要进入小康了，难道会连面包都没有嘛！不会的，E，你也同样！告诉我，你在哪儿？

磁带依然是空的，任凭我怎么倒着转。

对，找那个带磁带来的人，他应该知道E在哪儿，他们肯定见过面，找他就能打听到E的下落。要不然这两盘磁带怎么会在他手里呢？没错，找他就等于打听到了E的下落。

“咚咚咚！咚咚咚！”

“谁在半夜敲门呀！”门卫老白头很生气地在里头嚷嚷。

“大叔是我，小何！”我忙答话。

“噢，是你呀，有什么急事呀！”

“我想打听一下下午下班前那个给我送磁带的人到哪儿去了？”

“哪儿去了？哎哟小何啊，我哪知道他到哪儿去了呀！”老白头披着衣服半开了门，说：“你这时候找他干吗？”

“我想问问他那两盘磁带是谁在什么地方让他带的。”

“怎么，磁带上有事？”

“嗯。”

老白头想了想，说：“那个人走的时候很仓促，当时我让他当面把东西交给你，他说他要赶着下班到西四珠宝一条街交货呢，再等那边就下班了，说完就把东西放下出门了。”

“有了。”我自言自语道，“明儿一早到珠宝一条街打听一下可能找得到。”

“那敢情好！”

“打扰老伯了。”我不好意思地向老白头道别。

第二天一早我就赶到了西四珠宝一条街，一个一个店面地打听昨天下班前是否有一个云南来的客户交货，后来还真找到了。

珠宝一条街的戴梦得老板告诉我，说昨天下班时确实有个云南客户向他们送来一批玉石，还是他们将他介绍到白塔寺地矿部招待所住的。

“太好了，谢谢。”我打个招呼后，便蹬上自行车。

白塔寺地矿部招待所在紧挨着全国政协礼堂的一条胡同内，招待所值班服务员很快查到了云南的一位客人。

“他在 107 房间。”服务员说。

“同志，你是云南来的吗？”推开 107 房间，一位三十岁模样的男子很惊诧地朝我点点头。我忙自我介绍是《新作家》文学杂志社的。

他猛地想起来了：“你就是何主编吧？对不起！对不起！昨天我急着过来送货，所以没打个照面就走了。”

我说我是专门来谢谢你的。他说见外了见外了，又说他从中学起就爱看《新作家》，本来很想到杂志社认识些大作家。我说随时欢迎你去呀！还欢迎你给我们杂志社投稿呢！他听后脸一红，连连摇手说我哪是那块料，看看杂志也只是爱好文学而已。

一阵寒暄后，我回到了正题：“兄弟，你是怎么得到那两盘磁带的？”

他说：“哎哟，算起来时间不短了，唔，可能也有半年了，最多也就差几天。”

我一算，他说的时间，正好在 E 出走后的三四天间，我便追问：“当时让你带磁带的人是谁？你们怎么认识的？”

那人一听有些紧张地把左手往后缩了缩。他说：“说来也怪，那天我在瑞丽车站准备到昆明买点东西。当时离检票时间差半个小时，我没事就在候车室的书摊上看杂志。在书摊上我看到了你们《新作家》，我在读书时看过你们的杂志，这几年一直忙于做生意，好久没见到《新作家》了，所以当下就买了一本。后来我就坐在候车室的长椅上看起杂志来。我当时没有注意到在我身边的长椅上睡着一个人，于是便习惯性地脱掉鞋，把脚放在了椅子上。那个睡着的人就坐了起来。我知道是自己打扰了别人，所以便不好意思地向对方表示歉意。你说说看何主编，我看到的那个人像谁？”

“像谁？”

“简直是绝了，她跟刘晓庆长得一模一样。”云南人的眼睛都亮了起来。

肯定是E，我心想。“你注意看她脖子上是不是戴了一块绿色的玉像？”我想进一步证实。

“嗯，有一块很好看的玉像，我们玩珠宝的一看就能看出，那是块上等的祖母绿。”

肯定无疑了，是E。

“当时我傻呆呆看着那位姑娘，问：‘你是不是刘晓庆呀！’她摇摇头，苦笑道：‘刘晓庆怎么可能这么狼狈？’这倒是，于是我仔细观察了这位姑娘，见她虽然衣服还算时髦，可满身脏乎乎的，脸色也特别憔悴。我心想看来真不是刘晓庆。后来我就只管看书，可这个姑娘像发现什么似的一把将杂志要了过去。我问她：‘你这是干什么？’她显得很激动，问：‘你是不是作家呀？’我说：‘我哪会是作家，只是《新作家》的忠实读者而已。’她的脸露出了很好看的笑容，说：‘我现在有些困难，想托你帮我办一件事。’我说只要我能办得到的我一定尽力，看模样姑娘你是远道而来的吧！她点点头，两眼马上溢出了泪水。我说姑娘你尽管说，我能帮忙就一定帮。这时她从口袋里拿出就是我昨天给你的那包东西，说请大哥一定帮我把这包东西带到北京，当面亲自交给你何先生，那时我还不知道你就是《新作家》的主编呢。她告诉我，那包东西是她给《新作家》的一个朋友的。打开杂志，指指你的名字，说就是他。我当时真有些惊喜，说姑娘你认得何主编呀！她笑了笑，又点点头。她说她这边有事，没办法给您把这包东西寄去，并且她也不想寄，怕中途丢失了。所以她一直在车站等了两天才找到了我这样一个比较合适的人。我说姑娘你凭什么相信我呀，她说就凭你是《新作家》的忠实读者。我笑了，觉得她也真说对了。我说可是我一时半会还去不了北京呀！她说不要紧，只要你当面亲自交给何主编就成。说完，她‘扑通’一下跪在地上，手里还托着一只手表，对我说：‘大哥，这件事我就求您了，您一定帮我把包带到北京，亲自送到何主编手里。这只手表算我的一点心意，其他的我也拿不出来。’我见此情景赶忙把她扶起来，说，姑娘你实在用不着这样，哪个人没点难事找人帮忙嘛。我拍着胸脯说东西一定给你送到，但手表绝对不要，你自己收起来。她哭了，说大哥您这是瞧不起我，您要不收表，我就给你跪下。我连忙说那咋成那咋成，好好我把手表收起来，收起来。当我把手表收好后再抬头时，我一下不知咋办了。”

“怎么啦？”我焦急起来。

“她不见了。”云南人耸耸肩，双手一摊。

“你也没再找一找？”

“我找啦，满车站都找啦，可就是没找到她呀！后来车要开了，我才上了车。”

我失望地长叹一声，问：“以后你再没去过瑞丽吗？”

“去过。”

“再没见到过她？”

“没有。再没有。”

当我站起身准备告辞时。云南人问我：“那姑娘是你什么人？爱人？还是妹妹？”

我怎么说呢？于是就只好胡乱地点点头。

云南人迟疑了一下，从手上摘下E的那块飞亚达手表，说这个应该还给您何主编。我说那哪成，你帮我从老远把她的东西送到了我这儿，我还没好好谢谢你呢！他说何主编你可千万别这么说，要这么说我以后可再不敢当您的《新作家》读者了。

他太客气了，无奈我掏出二百元钱对他说："手表我收下了，这钱你自己在北京买点特产什么的，不要再推了，这个一定收下。"

云南人显得很生气道："你何主编可是小看我了，我要再收您钱就更没法再读您的《新作家》了。"他硬把二百元钱塞还我。

我见他很坚决，便说："那好吧，以后我保证负责每期给你寄一本《新作家》。"

云南人高兴得连声叫好。"说定了，说定了！以后何主编到云南有用得着的地方说一声就行了。

"一定会的。"

当我回到办公室，独自躺在行军床上便开始思忖着E为什么跑到云南去了，怎么去的？现在又怎么样了？半年了一点音讯也没有呀！对了，让云南方面帮助查询一下，或许能摸到点情况。

"喂，是昆明滇文兄吗？"当夜我拨通了云南作家滇文的电话，请他向当地公安部门查一下有没有一个跟E长相差不多的失踪人员。

滇文听完我的简述后，说马上跟省公安厅联系，那厅长是他哥们，一定全力帮忙查找。

"老滇，让他们特别注意前几个月中的那些无名尸体。"

我不知今日电话里怎么就吐出了这句话，好像是另一个人帮我从口里抠出来似的。

对方沉默一会后，声音十分沉重地说："老何你放心，我明白。"

三天后，滇文从昆明打来电话，我急着问他怎么样，有没有消息？

滇文电话里吞吞吐吐，说“省公安厅查了前七个月全省124具无名尸体中没发现跟E有相近特征的。”

我一听就嗓门高了起来：“我说滇兄，这不证明E可能还活着嘛！他们公安厅查没查外来收容一类的人？还有各个地方的流动人员什么的！”

对方还是那么吞吞吐吐。“查了，可都没有找到。”

这回轮到我沉默了。

“何兄，你先不要着急。”电话里传来了对方安慰的声音：“听公安厅朋友讲，如今边境开放了，从昆明到瑞丽，到再往南的中缅边境上每天来来往往的好几万人，就是派出几千几万个公安人员也不一定找得到E，说不定她现在活得好好的呢，弄不准也当上大款了！”

我直摇头。“那是不可能的事，她走时几乎分文没有。”

“这你就错了，没听说咱这边是国际著名的金三角嘛。一夜间穷光蛋变成百万富翁的有的是，当然啦，眨眼工夫百万富翁变成裤子都穿不上的也大有人在。”滇文是诗人，说起话来不忘浪漫色彩。可我现在无心与他谈论金三角的边境风情，我关心的是E到现在为止到底是活着还是已经不在这个世界了。

“理解，我一万个理解。”滇文说：“我一定尽全力。”

还有什么说的？自E出走后的半年时间里，所有我的朋友凡知道此事的人都在努力帮助我通过各种渠道查询。然而居然一无所获，仿佛E从我们居住的这个星球彻底消失了，消失得无影无踪。

随着岁月的推移，我以为再也不可能找到E了，种种迹象表明，那个曾经给我爱，给我以新的生命火焰的E，真正地、彻底地离我而去了。为了纪念她，我再次来到她的“小好莱坞”，并与房主说定，E住的那间房子照旧由我租下来，每月房租我照付。

“直到我不在的那个月为止。”我这样说。

“你真是个大好人，E 姑娘的眼力没错。”房主哭了起来，说：“你们都在单位工作，忙，平时我们帮着把 E 的东西隔一段时间晒一晒，换一换什么的。”

“太谢谢了。”

这时候，单位也分了我一个单居室，在搬到新居的前一个夜晚，我独自躺在办公室的行军床上，手捧那份《路边花》剧本，禁不住的泪水像断线的珠子浸湿了一大片被褥。

对 E、对剧本，我觉得还有件事我没有做完，那就是 E 曾经约我为《路》写一首主题歌。本来我是想等 E 把影片导演得差不多的时候再写的，后来 E 出走了，写主题歌的事就停了。或许是我以为应将与 E 的事画个句号，或许是我以为 E 应该永远铭刻在我心灵深处，此时此刻，我强烈地意识到必须把《路》的主题歌写出来。于是我从行军床上爬起，铺开办公桌上的稿纸——

谁都没有注意你来到这个世界
阳光雨露笑咧着嘴擦过你的身旁
只有那狂风污泥不断把你枝叶掩折
遥望岁月，感叹沧桑
你那斑斑伤痕孕育着坚定的信仰
你那滴滴泪珠折射着七彩的光芒
让昙花去显现一时吧
让金谷去欢庆丰收吧
默默地去承受，默默地去追求
当万物低吟严冷的冬季时
你是第一瓣报春的绿
你是第一片温馨的霞

啊，路边花，这个世界只因为
有了你，才显得生机和多彩……

一年后，我开始零星地收到几封E寄来的信，开始有了一些她的消息，知道她从云南去了中缅边境的孟曼。

这次E突然给我打的电报，从其内容上看，我知道她不仅艰难地活着，而且没有放弃她钟爱的电影。令我激动的是她一直在为我们爱情的结晶——《路边花》拍摄成电影而努力着，而她到底是在如何奔波，又怎么到了缅甸，到了那里后又怎样生活的，这些她在信里很少提及。我急切地想了解这一切，因为所有这些都重新激起了我业已死亡的爱情生命。然而绿宝的那份“E出意外，务速来孟”的电报，使我又一下陷入万丈深渊……

E，我亲爱的E，你到底是怎么回事？难道命运真的就对你这样残酷、不公？就因为你是一个“假刘晓庆”，便该饱受人间所有的苦难，甚至连自己的国家都容不下你吗？

我坐在北京飞往昆明的飞机上，遥望南天，泪水忍不住潸然而下……

与美才女共事心惊肉跳

美才女这个词儿什么时候变得如此流行了？大约是跟网络有关吧。卫慧和棉棉是当今最有代表性的美才女，她们以自己独特的风格在网络上显示着自己的个性与才能，也使“美才女”这一名词显得如此多情与时髦，像我们生活中离不开的可口可乐一般。

本人从事文学编辑工作十几年，见过无数美才女，只是以前对那些长相漂亮又有才华的女孩子我们统称其为“文学女青年”，或者是称其为有才气的“漂亮妞儿”“文学甜心果”。当代文学界出过一批这样又漂亮又才气非凡的女孩子，像我们熟悉的铁凝、王安忆、陈染、池莉、林白、黄蓓佳等。她们给予我们的不仅是文坛上光彩夺目的作品，还有婀娜多姿的人生。但以当下网络时代的标准来看，以上的这些才女似乎是太传统也太缺乏色彩了。

今天的美才女，她们确实比昨天的“文学甜心果”要出众和前卫得多。她们是那么的光彩炫目，她们是那么的才情横溢，她们是那么的聪明机智，她们是那么的疯狂大方，她们是那么的叫你心惊肉跳……

她们——今天的美才女，是这个世界最光亮的一道风景。

梦里是我认识的第一个现在意义上的美才女。说“现在意义”是指按时下标准判定的美才女，与我上面列出的诸位才女完全不同。先说她的名字，你一听就会问一声“这是你的艺名还是笔名？”她会告诉你：“什么也不是呀！是我的真名嘛！”

“真名？”我一听就乐了：“那你爸妈太有超前意识了。”

“什么呀，是我小学六年级时自己嚷嚷着让我爸到派出所改的名字……”

“小学六年级就知道自己改名字了？而且还改得如此前卫？”

“这有啥稀罕？我班上的一位同学在五年级时就把自己的名字改成了麦当娜。”

我笑道：“真有人叫她？她爹妈不骂她？”

“骂啥呀，人家后来还在演艺界混得蛮有名分呢！签约不断，去年出国到英国留学了，比我强多了。”梦里说出此话时，两眼充满了羡慕。

梦里给我的第一感觉就是这般前卫、这般天真、这般……幼稚。但后来我很快发现天真和幼稚的不是十八九岁的她，倒是四十二三岁的我自己。

古老又现代的北京的巨大开放性与新移民城市的包容性，使得从梦里的个性上你搞不清她到底是属于本土出生的老北京人的后代，还是从外地迁入首都的新北京人的后代。总之与她在一起你有种失去根基的感觉，凭我这样“钢铁般意志”的人也不知所措。

读她的小说，你找不到我们习惯中看得见的那些明朗的结构、规范的语言、有条理的情节，但那些文字是新鲜的、活动着的，充满着光亮和诱惑，但却让我找不到作为“老师”的那种自信，于是就根本提不出任何“高见”可以“教导”通常我们并不当作一回事的梦里这样的文学爱好者。

“老师别费神了，我知道你们这些大编辑怎么会欣赏我这样的无名小卒的幼稚作品呢？走，我带你去感受一下生活。”她根本容不得我是否同意，就挽起我的胳膊强拉我上了一辆“的士”，然后又稀里糊涂地把我领进一个异常豪华的地方。妈呀，倒是我该称她“老师”了！心虚的我暗暗叫苦。

“咦，这就在我家的那条街附近，我怎么不知道还有这么个地方？”我很惊诧这个地方就在距我住处只有两站地的新街口 ×× 号。

梦里突然大笑起来，那笑声一下使不少路人把目光移到了我和她身上。“你……老师你太……太那个了。这新街口迪厅世界有名，可是你十几年与它同在一条街上作邻居，竟然不知其所在，实在……太实在了。哈哈哈……”美少女笑得前仰后合，最后干脆伏在我后背死死地捂住脸笑。这时的我，就像一个傻瓜被四周的人当作上世纪出生的“老古董”奚落鄙视。

“有什么好看的！”我拍拍还在笑个不停的梦里：“走，咱们也进去吧！”我像赌气似的昂首阔步朝迪厅里面走去。

梦里一下止住笑，带着几分惊诧和兴奋挽着我的胳膊，雄赳赳气昂昂地朝迪厅里走去。

这样的地方我是第一次来，也是第一次见。以前只在电影和电视里看过，但现场的感觉完全不同，且如此大的迪斯科舞厅有如此多的男女青年参加的场面着实罕见，令我震惊。

但罕见与震惊的事还在后头：

不知什么时候，整个大厅猛然乐声四起，屋顶上、墙壁上，全闪烁着舞灯，比篮球场大出几倍的舞池“哗啦”一下就涌进了几百人，我不知是怎样被梦里“拖”进或者是被其他人卷进舞池的，我觉得像掉入了潮流之中一般，你不可能用自己的力量去抵御，只有顺其自然坠入其中。

那舞乐是劲爆的，那跳舞的人更是疯狂的，几乎是清一色的青年人，像梦里那等年岁的居第一位，也有比我年长一些的男人，他们全都疯狂地投入，似乎世界上什么都不存在了，只有这儿是他们的天堂或者地狱……我不会跳，但我出不了池子，四周净是妖魔鬼怪般劲舞的人封锁了我的去路，更主要的原因是梦里拉着我的手不放……

“跳呀！”她用肢体和眼神在对我说话，因为任何语言在此时此刻根本听不清也不用说，我没有想到人的肢体原来也是一种可以表达内容的“语言”，而且能够表达得如此淋漓尽致。

“快跳呀！”梦里的肢体又在向我发话——她开始晃头，那有节奏的一晃一晃分明在对我说，“快！快！快！”

后来她用扭动的臀部，在我腿边夸张地摩擦——她又在发话说："哎哎，你傻愣着干啥，过来跟我一起跳吧！跳吧！"

我不由自主地挪动起两脚……

梦里开心地笑了——她摇头又晃脑，双臂向我伸来，像两条细润圆滑的蛇一样缠在我的脖子上——这回她的话是："太棒了，我好高兴你终于不再保守。"

我紧张得身体不断升温，因为她的胸脯直贴在我胸前……于是我的脚步在不断地后退，但马上有人在我后背使劲捅了一下，很疼。我气得直想发作，可明显是我的错——我把人家的脚踩了，有个小女孩还差点被我撞倒……于是我只能将身子向前，但前面是两座让我感到惧怕的高耸的"山峰"呀……

梦里似乎根本没有当作一回事，或者完全没有意识到这是过分的事，照样扭摆出各式各样变幻无穷的舞姿。我真的不能不说她跳得极其的美，是那种真正叫作奔放和标准的动感之美。都说女人的躯体是美的造物，其实只有动起来的女人的肢体才可以算得上是美，而疯狂动感之中的女人的肢体则是真正意义上的完美。

眼前的梦里，无论如何让我想象不出是一个可以静下心坐在桌子旁或者电脑前写小说的女孩。这是我第一次感觉到对过去留存在心中的文学和文学家的印象产生了动摇，或者说要重新定义。

梦里还在跳，越跳越疯，很多人跟她一样的疯，她们和他们先是把一件件外衣扔掉后再跳，然后再把里面可以脱的全部脱掉后再跳，有几个男孩干脆赤裸出健美的上身，而我马上又看到几位、几十位女孩也"唰唰唰"地剥掉了本已薄得不可再薄的紧身衣，露出了肚脐与大半丰乳……天哪，我只好把目光移到别处，但别处的景象令人更加触目惊心：有男女抱成一团、扭成一体地在翻滚、在旋转、在进入躯体与躯体之间结合的极致……

我开始害怕，浑身出汗……受不了了，我要下场了。我用手轻轻触了一下梦里的身子，发现她的全身淌着溪一般的汗流……

后来我是无比的愤怒。不是为别的原因，是为梦里已经完全忘了我的存在。我本想一曲罢后劝她一起走吧，可是这迪厅从第一声乐起后中间就再没有断停过，一小时、两小时……甚至过了三小时多，梦里和池子里几乎绝大部分的人竟然一直不停地在跳，好像一个个都是上了发条的机器人，而且越跳越来劲，越跳越有使不完的疯狂。真是难以想象，这些疯男疯女如果让他们干一个时辰的活，也许十有八九会哭天喊地地叫累，但在这儿他们根本不觉得什么是累，如同吃了一百片兴奋剂。

“哎哎，你急什么呀，还不到十二点就要走了？”我终于无法继续忍受等候的煎熬了，可一抬腿梦里就突然从舞池中跳出来拉住我的胳膊。

“十二点还算早啊？”我一脸怒色。

兴奋的梦里根本不管我的情绪，只管说着她的“疯话”：“你没听说真正的迪厅是在子夜之后才开始嘛！”

“什么？——子夜才开始？”我相信这时我的脸一定拉得特别长。“失陪，我先走了。”知道后面是群“疯子”，于是我就像逃犯似的拔腿就溜出了那个我第一次接触的十几年与我家同在一条大街上的“老邻居”——迪厅。

“先生要‘打的’吗？”出门的另一景也是我没有想到的。深更半夜的大街上，竟然有几十辆出租车涌在迪厅门前等活儿，也许我是这一夜的头一个出门者，故一下有五六个出租车司机跑过来前拉后搡地问我要不要车子。那阵势是我在北京生活了二十多年头一回见，又加上深更半夜，我顿时觉得像突然遇到了一群几天没进食的狼一般，吓得下意识地拔腿就跑，并且一边跑嘴里一边大声叫嚷着：“我不要！我不要车！”

回到家时，仅仅两站的路程，而我却全身大汗淋淋。妻子还没有睡，她在等待中见我这个样不知出了什么事，于是不停地问我。

“没事。什么事也没有……”我赶紧回答，但嘴巴却在不听使唤地剧烈抖动着。

第二天醒来时，我像得了一场大病。

当我匆匆忙忙赶到办公室时，电话铃响了。我拿起话筒的一瞬，又赶紧放下——原来又是那个梦里的声音。

“你又有什么事？最好再也别找我了，要不我连自己都以为在梦里呢。”当电话铃再度响起时，我说道。

“哈哈哈，你怎么啦老师？哈哈哈……”对方的嘲讽大笑，真的叫我感觉浑身毛骨悚然。

后来梦里再也没有找我，就在我庆幸时，一个比梦里更叫人神经高度紧张的美才女又出现在我的面前。

那是某日下班前的十几分钟时间里，我接到了一个电话，是位声音很优美的女孩子在问：“请问找杂志社的主编怎么找？”

“有什么事吗？”这样的电话一听我就猜出大半是那些推销产品的销售小姐，所以我有些不耐烦地问。

“是这样，我是外地到北京找工作的大学生。我写了一部找工作经历的小说，想请你们的主编看看，先生您不知道，我们在外面打工多不容易呀，我写了二十多万字的作品，几乎是我的全部心血，所以想找你们的主编帮忙看看，行吗？”

又是一个痴心的文学女青年。长期的职业习惯使我内心的那份怜悯之情不由自主地油然而生。“那你寄来看看吧。”我说。

“不行啊，寄来我怕丢了。老师如果你等我一下我就把稿子送去行吗？马上就会到的，我现在的地方离你们杂志社不算远。行吗老师？”还能说什么，几声甜美的“老师”不叫你骨酥也差不多心酥了。

约莫半小时后，她来了。她进门的那一瞬间我又暗暗吃了一惊：这世界啥时候变了，怎么现今想当作家的女孩一个比一个美丽漂亮？

“老师，您贵姓？能给我一个名片吗？”当她接过我的名片时，那张美丽的脸上顿时绽放出更加妩媚无比的笑来：“呀，您就是主编呀！嘻嘻，我以为当杂志的主编都是七老八十的哩，嘻嘻……”

瞧她，说起话来一下让你甜到心底。而这时的你是绝对不忍心在这样的女孩面前做出任何假心假意来的，一种要为人负责的责任感又油然在我心头神圣地升起。

看稿，全神贯注地看稿，生怕看偏了会耽误了人家女孩一生。说真心话，我真希望能看出许多毛病，然后认认真真告诉她：你不适合搞文学，还是趁早放弃，利用你的长处去干点别的什么，因为凭你的条件，肯定会比从事写作更有前途——这样的话我不止一次向那些“女文学爱好者”认真地说过，应该说这是负责任的话。

但，浏览完这位女孩子的稿子后我大吃一惊——她写得竟然出乎我意料的好，稍稍加工即可以成为一部非常优秀的作品。

我压抑不住心头的兴奋——通常见到好稿子时我们的职业敏感就会叫你热血沸腾起来。

“你自己感觉怎么样呢？”我想先问问她的自我判断，想证实一些东西。

美才女美丽地一笑，不好意思地红着脸低下头：“我不知道，一定是很差吧？”

我放心地一笑：是个初涉世事者。于是我坦率地告诉她：“作品写得相当不错，只欠点火候……”

“真的？老师您不会逗我吧？”

“这怎么会呢？你是写得相当不错，稍在人物性格和结构上调整一下，就是一部上乘的好作品。我定了，下期争取给你用。”

看得出，美才女激动得有些说不出话了，同时也忘了该做什么。半晌，她站起身来，恭恭敬敬地说："老师，我请你吃饭……"

"不用不用，你不请我吃饭，只要稿子好，我照样会用你的东西嘛。"我越这样说，这女孩子越要请我吃。好吧，既然人家一片诚意，我何必伤人家的面子嘛。

吃饭时间里，这女孩子给我讲了她在大学毕业后的几年里到处打工的许多痛苦与辛酸的经历，这使我不忍心地自觉自愿地想应该为她做些什么。

"这样吧，你也是第一次写小说，让你自己改未必可能改得更好，所以剩下的事就由我代你处理，你看怎么样？"

美才女两眼顿时泪汪汪地："老师，你是世界上最最好的老师和恩人，我不知如何报答您才好……"

"别别，以后你有一天成名成家后还能记得起首发处女稿是在我们杂志发的就行了。"我半真半假地说道。

"那是必定的。老师您取笑我吧？怎么会呢？您看我像那种人吗？"她红着脸，万分谦逊地看着我。

我想是不会的，凭她那样纯情无瑕。

以后是我下功夫的时间。那些日子里我像中了魔似的用尽才思，给这女孩子的处女作悉心修改。毕竟是初学写作者，虽然小说的整体非常不错，但要细细雕琢，还真费了我不少神。

作品发表后，果真不同凡响，《小说选刊》《小说月报》和几家媒体都转载了，随后评论家们的文章频频出笼，什么"中国的文坛又一颗新星诞生""九十年代的张爱玲"等等评语美辞如潮地在各种报刊上铺天盖地的出现，这是我所没有想到的，同时我也因为再一次当了回"伯乐"而内心平添了几分沾沾自喜。

但我想错了。之后的时间里，我再也没有见过这位美才女到过我们杂志社，更没有给我打过一次电话。倒是在南方的许多媒体上看到了她大谈“一夜成名”的勃发之感。最不得了的是在某市举办的一次文学创作会上，美才女作为“著名女新秀”出席会议并上台进行“创作谈”时，她明知我也是嘉宾，却在台上目中无人地大谈当初她的成名作是如何的“多年积累之后一日激情勃发”的天才过程，且不说一字不提我等编辑苦苦修改之事，居然还有这样的大话在说：“……现今的创作，凭什么？什么都不凭，就凭你瞬间的才情，一夜的功夫。”云云。

台下是如潮的掌声，而在那掌声之中的美才女泰然自若地甩了甩一头乌黑的秀发，那容光焕发外加几分妩媚之举，更使她风情万种，身价百倍。而就在她得意无比间，我们的目光不约而同地撞在了一起，那一瞬我很想看看她是否尴尬，可我又一次完全错了，她仿佛根本没有看见我这个往日的“恩师”。之后，我又想在会下会会她，可当会议结束时，我再一打听，才知人家美才女现在“忙得不得了”“哪可能会留给我们一天半日时间”——主持会议的东道主一本正经地如此对我说。

听罢，我默然一笑，说：“是啊，人家是名人嘛！能让我们见一下尊容已经万般幸福了。”

东道主连连附和道：“可不是。”

如今的美才女真的太多了，就像歌坛一样，在你不经意的时候，突然就会冒出几个“新星”。这世界就是这样叫人不可思议。在我们通常的概念中，一个人在事业上成功不花几年工夫几乎是不太可能的事，然而这样的概念其实在今天早已过时了，至少在美才女们那儿完全像是被扔掉的一个普遍定律。

下面的这位美才女“成长”过程是我接触到的另一种情形。她从国外回来，之前去了北美一个国家。她是想去发财的，但没有成。据说她嫁给了一个老外，但没有两年就离婚了——准确地说不是离婚，因为她和他没有正式婚约，只是同居。四年过去了，眼看没有什么前途，身上也没有剩下几块美元，所以她就回到了中国。回来后的日子同样不好过，但她不甘寂寞，因为她的生命里从来就不曾寂寞过。可光跟几位有钱的男士“玩玩”也玩不出品味（她的话），于是有一天她看了当红女作家林白的小说，便愤愤不平起来，说林白不就是靠写女性个人体验出名的吗？干吗我不能？于是她就开始当起作家来——辞掉工作关在家里用电脑码文字。“小说”在几个月后出来了，但因为是初写者，所以北京的出版社没有一个感兴趣，原因是编辑们认为她的作品“仅仅为爱好者水平”。她对此非常气愤，说你们就知道发名人的，那好，现在你们不给我出版，以后后悔还来不及呢！她拿走了稿件，几经辗转找到了外地一家文艺出版社。最后，这位美女的长篇小说就顺利地出版了。毕竟市场是残酷的，社长也不敢太放任，只印了5000册，扔向市场后没有溅起任何水花。

美才女生气了，便在有一天找到了我，愤愤不平道：你说我比林白写得露多了，可文坛为啥一点也没有反响？因为是受一位战友之托，我不好驳她面子，便拿来她的“大作”看了一遍，总体感觉是：文字还算通顺，小说属于三流，但书中有关性的描写简直是超一流的，比黄色段子更刺激，看后会令人阵阵脸红。当我再次约见这位女作者时，我内心已经蒙上一层怎么也无法抹去的阴云，看着她，就会联想起书中那个赤裸的主人公与一个个男人们睡觉的各种情景……我甚至怀疑自己有没有那种抵御能力不去想象。她高兴了，说像你何主编这样的正人君子也因为看了我的书有些受不了，那证明我的作品是成功的。我对此无法回避一个基本事实：她的小说与其说是作品，倒不如说是一部“性奇书”。

“哈哈，我真的要成功了！”临走时，她三呼“万岁”。我不知道什么原因，只见她无比兴奋地举着她的书离开了我的办公室。

事情已经过去了，我并没有将此事和此人记在心里，然而突然在三个月之后的某一日，我在媒体上看到了这样的消息，说某某的小说风靡市场，并引起巨大反响，中国文坛巨匠“贾某某”“王某某”，还有“李某某”皆“亲自为其发表评论”，称其是一部超过情爱经典的“经典”，是比棉棉、卫慧更大胆、更“深刻”的“杰作”。文坛总是那么热闹，总是有那么一些人愿意自炒或他炒。我忍不住打开电脑在网上一查，果不其然关于这位美才女的小说已经炒得沸沸扬扬，乱成一气。据说她的书印数一下从5000册跃向5万册、10万册的纪录！真是不可思议。但同时我惊奇地发现，这位过去曾经给我明明白白讲她是安徽人的美才女，为什么现在变成了扬州人了呢？她是想结交大人物？似乎不太像。噢，原来因为她要成为“美女作家”，所以才自称自己是扬州人士，因为天下都知道扬州出美女嘛，而她的出生地安徽某某小县城怎么会有她这样的“美女”呢？出生地一改使其美女的分量重了几倍。这并不奇怪，问题是她本来并不性感的身段，突然一下变得异常超级地“成熟”起来——媒体上有关她形象的那张照片，显露出她上身那对高高隆起的雪白双乳之间深不可测的乳沟……我不知道她是怎样在几个月之内变得如此“完美”。后来才知道她进行了特别的手术，而促使她做手术的原因是她在某省电视台做节目时有位女学生当场批判她仅凭那平坦的胸脯就称不上“美女”。之后这位美才女就一气之下，出了三万块人民币做了一次隆胸手术。“选最大号的做！”她这样对医生说。果然手术后的她不同寻常，她的胸脯之“完美”给她带来了比以往多几倍的“读者”——当然是男性读者居多，但也有相当多的女读者很崇拜她。现今，人们在她面前走过时都说：“她真的很美呀！”

美，加上有点儿才，再绑上那本小说，此时的她真可谓百分之百的“美才女”了。但这还是不够的，因为她还没有卫慧、棉棉名气那么大，所以“业内”人士并不把她当作一回事。美才女对此大为恼火。现今有些女人出名好像特别容易，只要不顾脸面，几下就能成名。这位美才女深谙此道。有一次电视台做节目，需要几个嘉宾，导演原本邀请的一位嘉宾因有急事来不了，无奈这位来不了的嘉宾给我们写小说的美才女打了个电话，希望她填空一下。机会太好了。美才女利用这次机会大大发了一通对当今文坛的“义愤”，骂得很凶，像鲁迅、郭沫若等大家她都敢骂。你别说，她这一骂，竟然陆续有媒体对她关注起来，于是一时间她这位美才女竟然在媒体上频频露面，其骂腔和骂技变得越来越“艺术”……

从第一次认识她到现在有两年多了吧？！不久前，在某书店签名售书时，我突然发现与我平行坐着的另一位“著名女作家”竟然就是她——靠几个月的炒作、几套手段“暴发”起来的“美才女”。

当时的我，内心充满了说不出的味道，因为她的那本新出版的“性作”，居然比我那本获鲁迅文学奖、并使数以万计的大学生改变命运的《落泪是金》还要抢手。

与她握手时，我脸上在笑，心里却在哭，既为自己的一本好书而哭，也为当今出现的这股“美才女”风而哭……

售楼女的情怨

北京城里自古以来总有太多的离奇事，有种种我们这些每天生活在这个都市里的人都不能明白的瞬息万变的事情。比如昨天你还在为地铁而产生好奇心时，立交桥已凌空飞荡在你的眼前，信息高速公路又使你足不出户便知天下事。同样，京城里关于美人儿的事也有许多让人目不暇接的有趣变化。比如，20 世纪 70 年代末时，京城里美人最集中的地方是位于东郊的那片神秘使馆区，那神秘使馆区本有的神秘气氛加上美人儿进进出出的神秘劲儿，便使这一道京城风景线显得更加神秘了；80 年代一开始，美人儿们又雄赳赳气昂昂地潮水般涌进那些“合资”企业与单位；然而到了 90 年代中末期，我突然又发现我们京城里的美人儿全跑进了一幢幢豪华的别墅、公寓。当我涉足云楼去观察今日美人儿们的这一新景象时，不禁又大吃一惊……

一种爱不尽的高尚诱惑

我见她的第一感觉是此人简直是人精。

当妖精的女人时有传闻，但能当人精的却并不多见。女人成为人精必须得具备三个条件：一为长相出众——有叫男性一见便想亲近的魔力；二为社交能力非凡——有能在八面同时出击而照样面面应酬自如的本领；三为智商超人——有让那些自认为在商界、官场混的得心应手的大亨、幕僚们兵败如山倒的温柔刀法。

她算得上这一类人精吧。

我是在号称“京都富人区”的亚运村别墅区认识她并领教她的。不用加以任何形容，第一面见她后你就会有一种欣赏西方仕女般的情调——再坏的坏小子，你也不敢上前动手动脚，否则你大概就会灵魂出窍。

“看得出，先生您是一位职业高雅、情操高雅的人，您现在唯一缺的是一所高雅的生活居所了。”

多开心！即使一个穷光蛋此时也会立刻绅士起来。“是的，我很想买一处符合我生活与工作环境的房子。”——瞧，想购房的男人上钩了。

“我们今天的时尚不再是金钱了，追求精神的完美境界才是最重要的……”

一个已经是“高雅的男人”是不可再为区区小钱、粪土小钱而讨价还价的——瞧，本来不算大方的男人此时早已没了在高出人头的房价上“砍一刀”的勇气了。

“我心目中有魅力的男子汉是办事果断、说一不二的那一类……”

你本来并不属于这一类“办事果断”“说一不二”的男人，可现在你偏偏莫名其妙地当起了“办事果断”“说一不二”的男人——瞧，虽然你的手有些颤抖，但还是显得十分潇洒地在“买房合同书”上签下了自己涂不掉的名字。

一桩生意就这样做成了。她没逼你，没催你，更没榨你，是你成全她在不到半天的时间里出手了一套楼房或别墅。

你还在刚刚起身之际，她已在财务处领回了她自己应得的那份报酬——可能是五万，也可能是十万……

这就是我说的那种爱不尽的高尚诱惑。

与那种到大使馆内的洋人怀里出卖身体换钱相比，这诱惑要高尚得多了。

那种看别人眼色做事的“合资”单位，那一份所谓的高收入工作更不能与之相比了，过去自认为了不得的一个月三四千元工资，在今天只能算一个零头。

当她最终知道我不是真正的买房者时，她笑了。她说女人再是人精在某些男人面前还是只能乖乖做顺从的绵羊。

我听后大笑，不过是警惕的大笑。

后来我们知心地畅谈起来，她告诉了我有关她自己闯入这个领域的那些很动人也很伤心的事——

她说她不能告诉我名字，因为一说出来会引起很大麻烦。后来我才知道她曾经是一位在电影界小有名气的人物。难怪我见了她觉得那么面熟。

“这几年电影不景气，我就‘下海’了。”她说一开始是干广告传媒，但没有成功。有一天她为了给自己找个“安乐窝”，在一个房地产交易会上认识了一位房地产商。那房地产商说你不用找地方了，只要你给我干一年时间，我就送给你一套公寓。有这样的好事？一套两居室的公寓按普通价在北京也得四五十万元呀！她瞅着那房地产商不像是个设好陷阱的“色狼”，于是就跟他签订了“一年工作换一套公寓”的正式合同。后来双方都履行了责任和义务。那房地产商按约给了她一套价值六十多万元的高级公寓，她也整整在那房地产商手下干了三百六十天。但是在结束协议那一瞬间，她果断地做出了她人生最重要的一次选择：从此跨入房地产行业！

她干得像她的人一样的漂亮。在某房地产公司，她当起了售楼小姐。由于她独特的优势，在不到半年时间就为公司销售出了28套高级别墅，为公司创效益达300多万元。按比例分成，她将得48万元。

短短一年多时间就净赚进了连房带现金约100多万，这对她来说可是过去不敢想的事，即使是“大腕”级电影明星也不过如此。她真正明白了人生道路千万条、条条皆是黄金道的真谛。

后来她又干了两年，这时的她已算个真正的“百万富姐”了。单一为别人做售楼小姐已不能满足她的欲望，于是她干脆自己注册了一个房地产咨询公司，既当公司的老板又当公司的首席销售小姐……三年多来，她的生意一直红红火火，重要的是她口袋里的钱也十分可观了。而更重要的是，她现在用从事房地产行业所赚来的钱，为她实现自己在影视业有所成就的愿望奠定了基础。

“我现在的职业是房地产销售商，然而我的注意力则又重新回到了我喜欢的影视业。”她告诉我，她已经开始了第一部电视剧的制作和两部电影的准备工作了，并都是这些影视作品的制作人和剧中主角。“北京是首都，房地产业自 80 年代初至现在，一直是个长兴不衰的特殊行业和高利润市场：无论是划地为王的地产主，还是以经销为业的销售商，都有很可观的利益。今天我一足站在房地产业，一足立在自己喜爱的艺术业，可谓游刃有余，其乐无穷。”

她无疑是个成功者。

筑起的楼，也许是设下的陷阱

京城是美丽的，但美丽是由色彩组成的，而组成色彩本身的就是错综复杂的事物与现象。要认识错综复杂的事物与现象，常常又不是那些单纯女孩所能应付得了的。在这道风景线上，同样有人喜、有人悲。

燕子不是她的大名，但姐妹们都叫她燕子，因为她长得就像燕子，动作就更像燕子了。

燕子今年 22 岁，妙龄使她有可能选择最中意的职业。她听姐妹们说现今京城女孩最时髦的行当就是既省力又进钱快的“售楼小姐”。从一张广告上看到一份招聘启事后，她便顺顺当当地当上了京城一名售楼小姐。

那是一家新成立的房产咨询与销售代理公司，老板据说是位满天飞式的“能人”，生意小到批发卫生纸，大到出卖军火、油田，不过唯独好像燕子现在所在的那间十二平方米的办公室是他租赁来的天地。

“小姐们，本公司成立虽不长，但我们代为销售的‘皇府乐园’是京城眼下最好的楼盘。你们都是些初入房产业的新人，在销售方面，最根本的目的是让客户掏钱买房。所以对你们售楼小姐来说，不管用什么方法，只要把房子销出去就是完成任务。要顺着客户想要的往下说……总之得挑好的说。”

“你们销的这‘皇府乐园’是经市政府批准对外销售的吗？”客户问。

“现在还没有办好，可能要等两个月以后……”燕子如实回答。

客户“喔”了一声后便走了，结果燕子被老板狠狠地训了一顿：“谁让你托出实情的？你不会顺他想的去说？”

“那不是蒙人家嘛？”燕子不解地反问。

“这算什么蒙？这叫销售手段，懂吗，销售手段！”

第二次碰到此类情况时燕子就低着头说“是”或说“已经”“可以”，等到第三、第四位客户来时，她已经可以脸不红心不跳地向对方保证“百分之百”了。

于是“合同”就这样一份份签定下来，公司的营业收入也与日俱增。燕子因而也受到表扬并得了一个不算小的红包。初涉商界的她，虽当清点那份来之不易的第一份报酬时，多少有些不那么理直气壮，但转眼一想可能做生意都这样也就心安理得了。燕子告诉朋友说现在自己也有钱可以上“贵友”（京城一大商厦）了，小姐妹们一听都说，逛完“贵友”就上对面吃比萨，你请客。“一句话”，燕子甜甜地答着。这天她带着三位读“中专”的姐妹们把“贵友”逛了个够后，便兴冲冲地上了比萨店。可是等到燕子她们刚坐下，一对也在里面吃比萨的夫妇像见了冤家似的突然冲到燕子面前，一把将燕子从座位上提起来，旁若无人地大声嚷嚷道："你这个小骗子，可算找到你了！你……你还有脸在这儿吃比萨，走，跟我们上法院！"

燕子被眼前这突如其来的事弄糊涂了，等她明白过来是怎么回事时，差点羞晕过去。原来，那对夫妇正是经她卖出的三套无产权房屋中的其中一户。在京城，一套有房产权的房屋与无房产权的房屋，其价格相差近一倍。许多经销商为了诱惑购房者，常常把无房产权的房屋当有房产权的卖给客户，以图暴利，结果是苦煞了那些买房者。燕子这一次不仅没能在小姐妹们面前露脸，反被那客户折腾得上了一回派出所。最后是她的老板不得不厚着脸皮对几家客户一一赔礼赔款后方算了事。

燕子打这后跟着公司真的"飞"了起来——今天为李家房地产开发商售楼，明天帮张家房地产开发商跑出售批销证明……

不过，正是在这东跑西颠的过程中，燕子对京城房地产销售中的每一个环节都了如指掌了。她上通中央的房地产建设政策，下至经营者、购房者一应具备的法律法规，皆能头头是道。燕子因此被老板提升为"总经理助理"，月收入一下进到了三四位数。此时她再带小姐妹们上比萨店时完全不用东躲西藏地怕什么时候突然冒出个气势汹汹的客户了，相反倒有几次那些从她手中购得房后的客户无意间在此与燕子碰面后，好不亲热地要请她吃比萨。

京城大，大得有时生活在同一城市里的两个熟人会一辈子见不上几回面。可是偏偏在这高叠万千的宏厦与云楼间不断发生着一件件撞击与摩擦的事儿，以至令我们的那些美人儿常常魂不守舍。

章丽，大学生，23岁，从开始为别人当家庭教师到现在成为某房地产公司"售楼小姐"，老板看中她的不仅仅是漂亮的脸蛋，更重要的是那大学生的气质和谈吐自如的迷人韵味。

某花园别墅耗资两三个亿，但由于是以美元为售价单位的外销房，结果在先前的两年里销售惨淡，没卖出几幢房，房地产商为还贷款而急得直要跳楼。自章丽小姐出现在公司后，竟在一个月内有三位外商购走了四幢别墅，老板为此在紫禁城下的“大三元酒家”设宴请了她一顿生猛海鲜。然而这并不是老板真正的用意，从章丽身上这位老板看到的是另一种力量——

“先生到我们中国不仅仅是为了赚钱吧？”章丽用英语在跟一位外籍购房者交谈着。

“是这样，我来中国首先是被它神秘的文化所吸引……”老外很激动地说。

“先生可知中国传统文化中的运气最讲究的是什么？”

老外摇摇头：“不知道。”

“是风水。”

“风水？哈哈……就是那种烧纸钱之类的迷信？”

“不。真正的风水学是与你们西方人的预测学一样高深的学问，它通过自然界万物的朝向方位来预测人类生灵的吉凶……”

“就是你们中国古人发明的卦术？”

“是这样。卜卦是卦术中比较基本的一种理论，按照我们中国人的传统说法，一个人、一个家庭是否有运气，是否事业有成，这与他卜居安宅有直接关系。”

老外笑了，说：“据小姐之理，像我这样初到中国想发展一番事业的人应当择何处为最佳安身之处？”

“当然是皇城的‘龙脉’为最佳处。龙，至高无上的王者；龙脉，王者身躯上的脉络也，自然有天造地塑的盛兴时运和祛邪镇魔之威力。”

“噢？！”老外似懂非懂地听得目瞪口呆，“那依小姐所言，我真该选贵公司营造在‘龙脉’上的‘龙脉别墅’？是这样吗？”

“是这样。”

“OK。”

“哈哈哈，章小姐真有你的。”

老板在一边欣赏章丽那带有学问式的智谋同时，一边脑海里闪出一个可以摆脱公司困境的绝妙计策……

这一天京都明珠之一的“BL 大厦”云集了诸多外商。“龙脉别墅”的房地产商在一片载歌载舞声中，将光彩照人、风韵万千的章丽小姐推向前台。而这天的章丽小姐真的成了一颗明星，那些腰缠万贯的购房者也似乎忘了主题，所有风流的、轻浮的、拙劣的目光全投向了这位售楼小姐身上。结果自然在预料之中，没几日章丽小姐的 PB 机就响个不停，她的一切日程安排成了公司头等要事。老板命令：凡章丽小姐用车，其余人一律让位，包括总经理本人。针对“老外”喜欢同章丽小姐单独“洽谈”的情况，公司又特意在别墅区用全进口的材料装修了一套“章丽小姐楼”。这座“章丽小姐楼”24 小时对外服务，章丽小姐在里面足不出户，想要什么有什么，她的唯一任务就是让每一位进这幢别墅楼的客商在涉足后的每一分钟都能得到充分的精神与感官的满足。那段时间里，“龙脉别墅”的销售量直线上升，只是人们发现那些入住的外籍客商虽然得到了一套套豪华的住宅，脸上却并不多见笑容。

又是一个夜晚，一位西服革履的“外商”上了楼。章丽小姐带着迷人的风采做了介绍之后，便半是诱惑半是直截了当地将客人引进别墅的第二层，说是在这儿签订购房“意向书”更能让客人体会到“龙脉”上的王者感受。上楼的这位“外商”似乎也是第一次见得这样的房间：正面是一张雕刻着龙凤和合的宽大“龙床”，房间的四壁上一幅幅画既有古装的贵妃出浴图，又有现代的西式女裸画……加上那房间内特有的音乐与灯光，但凡一个正常的男性进入此间后，恐怕都难以抵挡得了这种高强度的刺激。正在此时，这位“外商”忽见门的一侧闪出一个活脱脱的“出浴贵妃”向他含情脉脉地走近并用高耸的酥胸贴过来——通常在这个时候，那些上楼的客商想做和能做的事便是与这位“出浴贵妃”上“龙床”了。而又常常在客商们上“龙床”后刚来情绪，房间的另一个侧门分秒不差地也倏然开了，接下去的收场戏并不特别精彩：先是那客商乖乖地在购房书上签字画押，接着是房地产公司的老板出面皆大欢喜地招待一顿，最后是章丽小姐出场给全体一个妩媚的微笑。然而今天戏的结局却变了样：等几位彪形大汉出现在这位被“出浴贵妃”连拖带拉上了“龙床”的“老外”面前进行恫吓时，“老外”坦然一笑，拿出印有国徽的“派司”，楼下的警车警笛声大作……这一夜“章丽小姐楼”的落幕是以公司老板、章丽小姐和那几个公司聘来的“保安人员”被押进公安局看守所为收场戏。

“龙脉别墅”以色相促销房产被查处后，身为售楼小姐的章丽也在监狱蹲了一年零四个月……

东边万象更新　西边人去楼空

小青说她起初到北京时是个当保姆的“外来妹”，那三年多中她换了十来家雇主，倒不是因为她笨手笨脚或傻里傻气的缘故，反倒都是因为她人太俊、手太灵所致。第一家雇主是位大学教授，很有学问也很有些名气。老教授家的房子宽敞，老两口和在某公司任职的小两口都有自己的一方不小的天地。小青进这个家后，将做学问的老教授两口子算是解放了，老教授儿子的小两口自然也受益匪浅。开始时小青住在一个郊外的农民家里，每月几十元的房租不说，单每天来回路程就够她受的了。老教授与老伴都是善良人，说小青你就搬到咱家住，省得每天跑来跑去怪累的。这样小青就住在了老教授家，这正使小青一举两得：省了每天跑来跑去的累，又不要付每月那虽不多但对一个小保姆来说却并不轻的房租负担。本来身段就特好的小青现在因为有时间照着电视里练健美，身段变得更美了，本来小嘴就特甜的小青就因为老教授一家对她像自家人一样而小嘴变得更甜了。眼灵手巧令老教授从心底里愉悦，而身段姣美则使老教授的公子渐渐觉得自己的妻子变丑了……事情就这样开始复杂起来。小青夹在两个男人和两个女人中间，她不得不离开老教授家而另找雇主。令她苦恼的是她又得为找个安身之窝而付出诸多代价。后来她被一家歌厅老板看中当服务员，又因为她小嘴甜和身段好而成了老板的猎物与赚钱的招牌。老板说小青你不是没地方住吗，那就别回去了，卡拉OK厅反正陪客人也得到下半夜，不如你干脆留在店里。又是老一套的伎俩！小青没接受，当然也就得重新换地方了。这之后她啥事都干过，可最苦的还是没个窝住——一个外地人特别是一个外地的姑娘家在北京最大的也是最难的问题就是没地方安身。

小青后来盼房远远超过了她盼工作的程度。这个时候她看到了招聘“售楼小姐”的广告，于是一试便成了。

小青的售楼公司售的是亚运村社区的楼宇，此地俗称北京的富人区。有最现代化的花园式楼区，有最豪华的别墅区，那三室一厅、四室二卫、甚至是五室三卫二厅的房间，小青过去连听都没听说过，而如今不仅天天见，还天天一次又一次地重复向客户们介绍这些豪华又气派的房子。就这样，小青又激动又高兴地当上了“售楼小姐”。售楼的业务很忙，虽然公司并没有要求小青加班，但她坚持争着加班。售楼的生活完全是另一种崭新的颇有刺激的氛围，小青既乐于坐上豪华轿车带那些阔爷富姐们一栋栋楼一套套房地看，又愿意等大伙儿下班后自己独自留在新楼里过一把“房主”瘾，有时她一过“瘾”就是整宿……公司老板并没有往别处想，只当小青这女孩工作卖劲，于是又是表扬又是多发奖金的，小青心里直乐。

小青爱楼的那份特殊情感，使她对工作、对每一个客户都表现得格外投入。渐渐的有那么一位客户开始天天往小青她们的售楼公司跑，到后来这客户不仅是天天跑了，而是变成了天天“泡”在售楼公司。他每次必要小青带去看房，而每次小青总是格外认真热情地给他介绍。

最后这个客户问小青：“你认为哪套最好？”小青当然挑了那套向阳的最大面积的。

“好，既然这套是你认为最好的，那我就买下了！”

“太好了先生，您终于拿定主意了！”小青为自己完成第一笔业务而兴奋不已。

那客户用火辣辣的眼睛看着小青，说：“我还有一个条件。”

“啥条件？”

“让你一起当这套房子的主人。”客户说。

小青半天没反应过来。当她明白过来时，竟晕倒在那位客户——后来是她丈夫的怀里。

售楼公司的老板还算开明，在小青结婚的那天，发动全公司的员工给小青红红火火地操办了一场。

有了金窝的小青像是掉进了蜜罐子里，那高级公寓区的东边，人们常常可以听到小青从楼上窗口传出的欢声笑语……

不过在成千上万的京城售楼小姐中，像小青这样有福气的并不多。她们中确实也有像小青那样售楼售回个家的幸运儿，可是后来由于种种原因这些本来很幸运的小姐们最后竟然沦落成一个个或被人遗忘的孤魂，或被人厌恶的垃圾。

文雯是其中突出的一个。

她在如花的22岁生日那天从18层楼上跳下后，一时间成了亚运村一带的头号新闻。

文雯是哈尔滨人，东北姑娘的身高体健她有，当今影视屏幕上女明星们的那种妩媚与娇艳她有，她没有的是文化和社会阅历。高中毕业后她没有考上大学，父母双亲都在停工停产的国有企业里工作，无法给这位天生丽质的女儿找份理想的工作和有保障的生活。1993 年春节刚过，20 岁的她在同学的介绍下只身进京，梦想寻求一片艳阳天。刚到北京的那阵子，文雯当过广告公司的接待员，当过宾馆和饭店的接客小姐，还做过一阵子时装队的模特，而这些所谓的工作都有一个共同点：文雯从来也没有被真正地当过一回正经人而被尊重过，仅仅是作为一个花瓶或被搬到这里或被放在那里而已。除此之外就是没完没了的一个接一个的骚扰。1994 年下半年，她被一家房地产开发商看中当了售楼小姐。与以前的工作相比，文雯觉得售楼小姐这工作要显得“档次高多了”。

然而因为文雯的出奇之美，所以她始终摆脱不了那些出奇多的生活琐事。先是公司年轻的老板提出要给她另安置一套“工作房”共同办公，后是一位美国公司的中国籍代理提出要她兼管某些“业务”……花季的年龄，总该有个归宿。文雯想，与其常被人赶着走，不如干脆自己先停泊一处港湾。美丽动人的文雯很明白自己的身价，她对小姐妹们说，既然要找就找个有钱养自己一辈子的人。这样的条件对售楼小姐来说，实在并不是什么难事，她们的客户中没有一个不是金主，而且那些人有钱的程度有时简直吓人——一套 200 多万元的高级公寓和别墅，一旦看中后根本不眨一眼就把钱扔了过来。

文雯终于找到了一个“心上人”。他很英俊，也很有钱，是“名人公寓”里数得上的名人了，有汽车，有业务，也有总部设在多伦多的“IAU”国际大贸易公司。会说外语的这位中国人在文雯小姐提出先办结婚证后再同居时，很有魅力地大笑道，先同居后再领结婚证才是西方最时髦、最浪漫的爱情。我们的售楼小姐完全丧失了售楼时的那种精明，而一味陷进了那种“最时髦、最浪漫的爱情”之中。她和他就这样同居了……

她说她是幸福的，要什么有什么，而且还可以每月给远在哈尔滨的父母双亲寄上千儿八百孝顺钱——当然那分期付款的房贷都是她的郎君负担。这样的蜜月过了三个月，一天，她的郎君说公司总部要他马上到多伦多有急事办。机场挥泪的那一幕场景着实让很多人看了都感动。不过文雯日后越来越觉不对劲，因为郎君一去就没了音讯。她打过越洋电话可每次都是一位只讲英语的女人在说话，听不懂不说，那口气着实令人无法接受。文雯不笨，她托人从多伦多打听到她的那位“郎君”其实是个早有家室的人，此次回多伦多公司总部是因为公司另有业务需要他到非洲一个国家任职，于是这位“郎君”就只好带着他的原配夫人远走高飞到非洲去了。痛苦和失望，差一点把文雯击晕在那间超大型的用大理石铺就的豪华大厅里——如果不是当天有位小姐妹上门找她，文雯恐怕已早离开我们一年多了。

开始那背信弃义的“郎君”还时不时地每月如数寄来那必须付给房产公司的分期付款，可后来就由一个月寄一次变成了两个月寄一次，到半年后就干脆停了。你想，一套近200平方米面积的豪华公寓，别说那二万余元一个月的分期付款，光用电、取暖和物业等费用就不少于两三千元！断了经济来源的文雯，成了住在金屋里的“祥林嫂”。她想找一份高工资的工作来维持这个“金窝”，可北京城里哪有那么高报酬的工作？她想搬出（确切地说是想逃出）那套高级公寓，可房产公司早已通知保安人员，根本不让她出门——他们怕找不到债主。

文雯实在受不了这等境况，那次房产部门的人上门向她讨债时，文雯不敢跟人家说那天她连方便面都已经吃不上了。近乎绝路时，她突然想起过去曾经认识的一位款爷，于是她拿起了电话。

李哥，你能来一下吗？她发出了求救声。

李哥如约而至，并说你早该叫我了。

文雯小姐的眼泪如河水流动；李哥却两眼放着淫光。

这点钱算得了什么？小意思，明天我全给你结了。这位李哥说完这话就没动窝，一直到第二天才乐悠悠地从床上爬起来……

文雯又可以出门了，也开始按期给房产公司付房款了。不过这回她学精了，并不是单靠“李哥”一个人，她在离家近在咫尺的“康乐宫”又认识了“赵哥”“杨哥”“郝哥”一批款哥。她或是陪这些“哥”在“康乐宫”乐一阵赚回些她认为可以满足她付房款及供她生活的钱，或者就干脆带他们回公寓赚更大的钱……这样的日子过了约八九个月。突然有一天文雯发现自己下身剧烈地疼痛起来，痛得要死要活。她赶忙到医院检查，结果医生告诉她得了那种治不好的性病。

第二天，人们就发现了这位当年的售楼小姐已经在冰冷的血地里躺了很长很长时间……

一位房地产商告诉我，售楼小姐中像文雯那样的并不算少，他手下先后有四位售楼小姐干着干着就跟那些前来咨询买房的客户走了，其中就有人在售楼时连自己一起“卖给”了那些买房者，成了他们公司推出的那些公寓和别墅的女主人。这位房地产商介绍道，他手下的那四位售楼小姐其中有两位的状况就不怎么好。那两位售楼小姐都不是被人娶走做正经的妻室，而是作为“临时夫人”搬入豪华住宅的。从售楼小姐到豪华住宅的女主人这段路程，有鲜花和蜜糖的岁月，但更多的却是泪水和辛酸铺就的。他提到一位叫雪莉（多好听的名字）的售楼小姐，因为经不起金钱的诱惑，跟了一位款爷住进了一套豪华别墅。好日子没过几天，雪莉被骗到北非，至今不知音讯，害得她家人疯的疯、病的病。

还有一个售楼小姐看样子挺老实的，谁知心眼特多。有一次竟与买房的客户合伙，差点把售楼公司的价值1000多万元的7套房子给骗走。

“可别净听玄的，这生意场上本是花花世界，售楼小姐也不例外。好的还是多数，要没这些如云的美人儿，咱可真没饭吃哪！”这位房地产商末了如此说。

是的，应当承认像本文中提到的那些有名有姓的售楼小姐后来出现各种或幸运或悲惨命运的毕竟是少数，就是被金钱诱惑后误入歧途的人也是极少数。京城成千上万的售楼小姐大多是非常敬业、非常守纪也非常可爱的，她们以内心美、容颜美、语言美的商务行为，为房主、为客户也为自己圆了一个又一个美好的梦，而更重要的是为我们的首都装饰和组合出了更多的幸福、更多彩的云天。

我祝愿京城美丽如云的售楼小姐们，生活和工作都如愿以偿。

『隐私热线』里的情欲与骚动

1990年，一位叫石英君的帅哥开始创办中国首家Help You（海普尤）心理（隐私）倾诉热线咨询台，并任公司总经理和热线主持人。10年来，他共为20余万受情感隐私问题困扰的人排疑解难，其事迹被国内外媒体多次报道，被国内外众多专家誉为“中国隐私问题第一人”。他的专业能力和真诚服务使得数以万计的情感隐私危机者得以从“惊涛骇浪”中转危为安。本文是专门为他撰写的，记述了石英君先生从事情感隐私热线咨询服务的十年中所经历的一个个故事，印证了中国当代人情感世界的复杂纷纭。据石英君先生介绍，在他经历的20余万宗“事件”中，不乏各种各样的美女的故事，而几乎可以这样说，在“隐私热线”中，美女的故事是最多的，也是最出奇和曲折复杂的。我们往下看，你会看到众多北京美女们平时滴水不漏的另一面。这既精彩，又常常出人意料且发人深思，充满了启迪和刺激。

第1章　来自彼岸的恐惧变成温情的吻

2000年8月1日下午，Help You“热线”里传来一个女人涕泪横流的呜咽声，这揪心悲切的哭声让石英君足足等候了好几分钟……这种情况他早已习惯，并当作工作正式开始的前奏。

“哭是女人释放感情危机的一种表现，而聆听也是我作为情感心理治疗手段的一个方面。”石英君对我说。

石英君从这回正在哭泣的女人的声音音色中判定，应该是一位三十几岁的女人……

许久，她终于说：“我原本不想打这个电话，几年前，我就看到过许多报刊记者写过关于您的文章，还在中央电视台播放的节目里，看到过记者对您的追踪采访。那时，我只是对您感到好奇，觉得您很有魄力，高智商，甚至有点羡慕您的职业……但我绝不相信我这种人会有什么‘隐私问题’发作的一天！……所以，我当时记下您的电话，只是为了等哪天有机会了，我也能像别的人一样，随随便便地跟您聊上一会儿天儿……可是……”电话那头，刚镇定下来没一会儿的她，竟突然又哭了起来……

事后才知道，这位女士是坐在16层楼的自家窗台上给石英君打这个电话的。她刚刚从商店买了一把刀想割腕，可又怕孩子晚上放学回家后看到这种场面会吓出毛病，所以她就没敢割，而是改主意想从窗户跳下楼！可一想到孩子，她就又受不了啦……

“求求你石先生，我只想请你们帮助我把我的孩子送到她姥姥家。至于我……你们不用操心，你们也救不了我……”她在电话里这样对石英君说。

能见死不救吗？而且又是个情感隐私困惑者！石英君一听是这么回事，就顾不得其他事了，立即投入全部身心应付这个紧急情况。

此时此刻，稳定对方的情绪，了解到事出何因是最关键的。石英君在这方面有一套，三下五除二，几番说教，对方想轻生的原委已知大概。电话那边的女士告诉他：

“我的丈夫是个一表人才、事业有成的青年企业家，与我是大学同窗，还是我父亲老战友的孩子。同是干部子弟的我俩，在学校被人们看成是天生的一对儿。我们顺理成章地结了婚，生有一个聪明、漂亮的女儿……十几年的生活令人羡慕地一天天地过着，幸福的三口之家都在各自的岗位上表现出色，还被机关大院评比为‘五好家庭’。特别是他，年年都会捧回一大摞的奖状，于是身价倍增，成为开‘大奔’的‘国’字头集团公司的老总。可是，就在今天早上，当我还在睡梦中时，一个美国长途电话把我吵醒，这是我大学的好友、已有20几年交情的老同学辛打来的。辛已在美国定居八年，常常给我和我的丈夫南打来越洋电话，每次都是先找我聊上一会儿，然后再找南聊上几句。可今天的辛却一反常态，险些叫我以为是个恶意电话。她问我：‘你丈夫和你谈了没有？’我问她：‘您是谁呀？……谈什么？……弄得我莫名其妙。’她有些气急败坏地说：‘我你都听不出来啦？看来……他睡在你身边吧？’我说：‘是呀，怎么啦？’我这时才听出了是辛的声音，跟她说：‘你又给我弄你们美国式的愚人节，还不到四月一号哪，傻瓜！’她自言自语道：‘好哇，还睡在一张床上！那好吧，他不敢告诉你我告诉你，我也不想再这样跟你瞒下去了，按他对我的承诺，我们俩下个月就该在美国……’她不知为何又稍有些收敛，然后轻声说：‘你把电话给他！’我递过电话时像五雷轰顶般地傻傻望着南，南怯怯地接过我递给他的电话，躲闪着我直瞪着他的目光，哼哼哈哈地一句整话也说不出来，像做贼一样最后捂着电话冒出一句：‘好好好。我到办公室再给你回电话……’他挂掉电话后就慌乱地穿起衣裳，临走时，从枕头下抽出一封信放在桌上，然后就匆匆地逃出了家门……”

“我哆哆嗦嗦地打开了信，只见他在上面写着这样的话。”

对不起我的梅：我已经徘徊了两个月了，我想对你说，但没有这个机会，我只能给你写这封信。其实，早在十几年前，我们就……你知道我的为人，我不想伤害她，我几乎天天都在劝她，可她就是那样死死地缠着我。这么多年来，我一直没有勇气向你承认这些，一是怕你受不了，二是怕这种事张扬出去会给我的政治生命带来污点，更会给老爷子的脸上抹黑。就这样，一直拖到现在没有断开这种关系……现在，一直为我而独身的她漂洋过海闯天下，就图远离这个“世俗”的国度，躲开这些“敏感”的人群，去圆我们的“团圆”梦……而我思前想后还是举棋不定。这样苦苦折腾了好几个月，她终于受不了了！在一次香山的聚会时，我终于答应了她的最后请求。我知道，若不这样做，她会发疯地找到老爷子，甚至会找到我的上级，……她知道我的很多情况……我只好从心底说一句：梅，我一生都会感到对不起你！……放我走吧！她也是女人，她很爱我，我不想再这样伤害她，和她比起来，你更幸福，你什么都有了，可她除了孤独再没有别的，她是为了爱我才沦落到这种地步……本想等孩子一天天长大了再说，这样大家痛苦都少些，可她实在等不到这天，她说我已把一生最美好的时光都给了你和孩子，她受不了……我知道，你知道这些以后会恨我，而她的将来会是怎样我也不知道，我现在是四面楚歌，一方是感情，一方是责任，我一万个脑袋也想不明白我该怎么办，在这紧要的关头，我只能顾一头。我怕她死在异国，那样太凄惨，你知道她没有父母，没有亲人，如果是我逼得她真的迈出这步，那我将是最耻辱的罪人！我现在是靠“扔钢镚”来选择退路，上帝叫我去美国……梅：请相信，我在此不想回忆我们的过去，是不想叫你更伤心，在美国混不下去时，我会回来找你的，请相信我……

“石先生，你说生活怎么这个样呀？好端端的一个天，说塌就塌了……我这是作的什么孽呀？”热线电话里的她又泣不成声起来。

“……石先生，我求求你了，帮我把孩子送到我妈那儿去，我不想让孩子看到我死的惨样……你无论如何帮助我一下……”

“好好，我一定答应。”这突如其来的紧急情况，使石英君迅速思考着如何解救处在死亡边缘的这位“梅”。他想到了一招：“你把你妈的地址和电话告诉我……”

“她住在二里沟，电话是……”梅没有任何怀疑，便把该告诉的一切都告诉了他。

“行。不过我现在有事一下还不能出去，你先不要把电话放下，我下楼让我的助手去接你的孩子，然后让他把孩子送到你妈那儿啊！别放电话啊？”石英君一再叮嘱后迅速躲到另一个房间给梅的妈妈打通电话，如此这般地让梅的妈妈迅速赶往梅的住处，然后又赶紧回到热线电话前。

在这个时间差里，那边电话旁的“梅”怎么也不会想到石英君已经开始着手将她从死亡线上拉回的营救了。因为他吩咐公司职员在不刺激到老人家的前提下，以最快的速度将梅的妈妈送到梅那儿去，并告诉老人见女儿后便谎称是“没事儿开会路过这里，下车顺便到这儿看看的”。而石英君回到电话旁的任务则是以自己的三寸不烂之舌让梅能在电话旁多待一些时间——这又是石英君的另一项本事，他有把握让一位绝望中的女人能在“最后”时刻聆听他的“教导”。

“好像你的门铃在响哟。”俩人不知谈了多少时间——其实石英君一直在注意时间，突然他说。

“真的啊，我家门铃在响呢。石先生对不起，你等等，我去看看谁来了呀。”梅把电话搁了。但这边的石英君还能在电话里隐约听得到动静：

“妈！——您怎么来了？”接下去是一声撕心裂肺的呼唤，随后是另一个女人的声音。石英君放下了一半的心：他知道自己的计划已经有了第一步的成功。这肯定是梅的妈妈说的话：“孩子，不论你碰到了什么，都该跟妈说，因为天底下你就这么一个妈妈……不论你走到那里，你永远是妈的女儿，妈永远惦记你，如果只有死才能结束你的痛苦，那妈宁愿替你去死……不论你做错了什么，选择了什么，你都要记住，你是丹丹的妈妈……做了妈妈，就该承担起做妈妈的责任！你可以牺牲你自己，可你不能忘记你做妈妈的权利、义务和责任，更不能伤害孩子的心！若只为自己解脱痛苦而忘掉了自己是孩子的母亲，那你就不该做孩子的妈妈！我永远都不会为你的这种牺牲而掉一滴眼泪！”“妈妈……”听得出，母女俩正搂在一起悲切地痛哭着。

石英君用手机给送梅妈妈的公司助手打了个电话，让他把电话给梅的妈妈，他有话要跟老人家说。

电话接通了，梅的妈妈在听完石英君的一番话后，感动得连声说“谢谢”，并说一定请他赶紧帮助说服梅。

“请老人家先把电话给梅，我要跟她先说一段话，好吗？”石英君说。

“好好，梅儿，石先生要跟你说……”梅的妈妈放下电话。

石英君又重新开始与梅对话：

“梅女士，我虽然没有见到你人，但我知道你是个贤惠温情的妻子和有无限爱心的母亲。而在我看来，也许正因为您善良、温顺、体贴入微，永远牺牲自己而无悔地满足你丈夫的一切，才使自己落到今天这种境地。我想告诉您：女人的一生中，除了学会满足爱人、孩子，孝敬老人、善待朋友外，还应该有点儿魅力！作为女人，仅用一颗善良的心去善待别人、呵护别人还远远不够，若对爱人和孩子只求做到‘贤妻良母’，那实在远远不够，甚至有点冒傻气。你应当知道：当今40岁左右的男人可今非昔比！从前敢说自己喜欢别的女人吗？那‘作风不正派’的鉴定准会进入个人档案；而今，‘婚外恋’或‘婚外情’已经走进了‘零点夜话’的大讨论里，顷刻间，中国的男人们似乎又多了一项‘标准’：被人追那是个‘人物’，没人爱准是个‘废物’！……您是不知道这些乱七八糟的东西。可‘居安思危’的‘弦’虽说不能天天绷着，可紧随时代脉搏的步伐却一刻也不能松。我又提到‘魅力’二字，‘辛’其实并不比您年轻，甚至您说您不论气质、修养、身材、皮肤、长相直至身份、职位等男人注重的‘亮点’都高她一筹，那么究竟哪点令您老公如此这般地待见她呢？恕我直言：您没她有魅力！您十几年如一日照搬祖传的‘恋爱秘方’来‘修炼’您的生活，那只能叫‘贤惠’。一股脑儿地放任您的‘爱’去‘处处体贴’，您得要看您对的是谁——那可是您七尺男儿的丈夫，而不是个婴孩！而当一个女人所做的一切已经失去了自我，那也就等于失去了自己的自信、自尊、自强跟自爱……我在两个多小时里听您说了能有90个‘我爱他’！请记住我的话：凡事‘物极必反’！‘痴痴地爱’，实际上就等于是‘傻傻地爱’，说白了，‘痴’就等于是一个‘傻’！当然了，在您漫长的爱情生活中，自打您有生以来第一次将您心底迸发出的那个‘我爱你’跃然纸上又悄悄地塞进他的大衣兜里的那一刻起：这种强烈的信任、爱恋，如同赌注就随您的身心一起，全无保留、无代价地给予了他！……这是那个时代培育出的那种纯洁而美丽的真挚情爱！说实话，我现在几乎天天都在心里呼唤人间的这种无邪、无瑕、童稚般的情爱能够再现——可这只能是企盼！但我相信：过一段时期，再过那么一些年，人们都想明白了，还会‘轮回’到那个时代、那种感觉、那种纯朴感情境界中来，去追求那种持久而“传统”的爱……然而，现实中，这种纯真又无私的爱，好像离我们越来越远了……我想说：一种事物的变化绝非偶然，情感的世界更是如此。那既然是个过程，我们就该静下心来细心观察、了解和研究它的变化，若在这样的紧要关头还抓不住问题的主要方面，盲目地只顾伤心落泪、寻死觅活，那再好的机会也会错过。所以，此刻是否能有效地控制住自我，是我能否帮助您拯救家庭的关键，为此，我请您能顺着我下列的提问思考……相信我，你眼前的困境一定可以解决好的，只要你有信心，仍爱着他，爱着这个家，爱着孩子，我一定可以帮助你渡过难关。怎么样？我们一起努力？”

梅女士：“嗯，我，我努力试试……”

有了这样的态度转变，石英君便可以进入实质性的情感“解困”工作了。

当晚，他和梅说好，为了不给孩子造成什么影响，石英君以梅的“同事的弟弟”的身份把梅的母亲、梅以及孩子一起接到了二里沟孩子的姥姥家，石英君出这样的主意目的是要控制梅不发生意外，因为在自己的娘家，她想自杀是非常困难的，通常为情爱欲死不生的女人在娘家会情绪好得多。

在开始进入到实质性工作的第二步时，石英君仍把察觉梅的情绪和进行心理攻势放在首位。

只有在此刻，石英君才能够与梅见面——梅是位美人儿，一双深潭似的明眸，如果不是突如其来的噩运，肯定特别有神。那黑黑的长发盘卷在白皙的长颈上显得格外高贵。通常像她这样美丽的女士是不用浓妆艳抹的，所以她白皙的脸蛋看上去更精致。石英君在想：像这样心地善良的女性灵魂里，都渗透着一种孩童的天真，当她一旦爱上一个人或者一旦嫁给一个自以为全部爱她的男人后，她的身心和所有行为都被那种有点盲从的冒着几分傻气的信任感而彻底淹没了，原本就很少有的一点警惕与防范能力都抛至云霄，剩下的便是死心塌地、持之以恒地信奉这样一个理念：只要忘我地付出、满足丈夫的一切需求，定会得到终身幸福。然而这样的女人通常又都是悲剧命运。而且即使她们已经面临悲剧，也很难从原有的爱情和家庭理念中解放出来。

理性攻势此刻变得尤为关键。

在梅待在娘家情绪相对稳定的这段时间里，石英君使出多年积累的经验和所掌握的男女夫妇关系方面的理论功底，耐心细致地诱导梅从以往难解的情感困境中解脱出来，教导她如何看待人与人之间和这个社会的复杂性。特别是帮助梅一起分析南的“离婚意向”产生的原因和产生过程，以及事态发展的种种可能。在此基础上，石英君最需要了解梅对丈夫南在事件发生后的情感认知。

梅听到这儿，眼泪“哗哗”的又流个不停：“再怎么着，我们是多年夫妻了，我对他从来没有产生过情变，即使是一点点，我也会感到是罪过……”

“那好，这说明你们夫妻情感是有牢固基础的，即使是南——在我看来他也是有为难处的，否则用不着瞒你那么长时间。所以只要你坚定自己对他、对家庭及孩子的感情一如往常，那么我看一切都会回到原来的河岸边，而这样的情感河岸我认为是坚固的。”石英君说完这些道理，又非常认真地对梅说：“我的工作成败，与你的配合至关重要。”

“我一定照你说的去做。”梅说。

“好，有你这话，我们就基本成了三分。”石英君吩咐梅：“你把你们家的相册拿出来让我看看，还有与辛相关的信件和照片等拿给我看看……”

梅照办了。

大约在早晨6点50分，在石英君的努力下，一项精心策划的“情感和家庭拯救计划”成功了——梅终于又露出往日的微笑。在石英君要离开梅她们时，梅和她妈妈怀着感激的心情恋恋不舍地把他送上车……

几天后，石英君见到了梅的丈夫南。

他们见面是在南的办公室。

南比小说和电视里看到的那种老板形象要精干得多，他以那种成熟男人特有的稳重感走到石英君面前将他上下打量了一番，有些惊诧地说：“你很年轻啊，想不到，那封招魂的情书是你写的！更神的是，你竟然会在几天的时间里，就把梅的性格给改变啦！厉害，专家到底水平不一样！……来，坐，坐！……我还得向你讨教如何拯救美国的辛呐！费用好说，只要你能叫她活下去，你叫我怎么着都行！我会像感激你今天使我迷途知返一样再感谢你一次！”

见石英君坐在沙发上只管抽着“高乐”烟在静静观察自己时，南显得多少有些魂不守舍，毕竟他内心有些虚。夹在两个女人和两个孩子中间的男人，即使再有本领也难应付。何况这两个女人都是他深爱的，两个孩子更不用说了，那都是他的亲生骨肉呀！“唉，这年头什么人最累？你石先生说说看，是不是我们这个年龄的男人最累？什么都得管，背上就像拖着一百根纤绳，即使不碰到什么难事，每走一步也都会累死你，要是遇上些倒霉的事啊，你非弄个心脏病高血压才罢休……”

这回轮到石英君说话了：“但有一种普遍规律，这种很累的男人一般都是在各方面比较优秀和突出的，南先生你应该就是属于这一个群体的一员。是吗？”

南苦笑地摇摇头，然后反问道：“难道石先生您就不是我们这类群体中的一员？对不起，我是说你毫无疑问也是强者中的强者。”

“抬举了。可我跟你或者你这类人还有些不一样，尽管我的工作弄得我也非常的疲乏，可心并不太累。你南先生不一样啊，你是身累心也累呀！”

“嘿嘿，还真给你石先生说对了。身累，心更累啊！”南站在窗口前长长地叹了一声。然后像是自言自语道：“这个世界什么事都不那么简单，尤其是男女之间的事，其实大家都没有什么错，只是……只是这种问题今后别再出现就是了。确实我们生活得本来就很累，别再去碰那些‘心猿意马’的事了，大家走到一起应该说是一种缘分，彼此都坦诚一点儿，多为另一方考虑一些，都宽容、大度一点儿，就没有解决不了的问题。所以……石先生，说句老实话，您的出现让我感到极其高兴，真的，是心底里的那种高兴。您是否能答应，在我与梅的问题解决之后，您再继续帮帮我处理处理与辛的问题？”

石英君虽然坐在沙发里没有动弹，但他一直在细细地观察南，这位据说在商海里从来没有失败过的儒商的每一个细微的表情——到目前为止，应该说他的全部表达是真实的，对这样的强者而言，大概只有到了真的走投无路时才能袒露这样的真实吧。石英君笑了笑，回应道：“其实这本来就是一个问题。在解决了您爱人和您的思想问题后，我认为，关键的问题就难在了辛的问题上了。她出国时间那么长，受西方生活方式和文化意识观念熏陶影响那么久，对她工作的展开……我想还是得需要您的支持，您若有丝毫的摇摆，那问题可就难办啦……”

“不会，不会！……您刚才不是很坦率地给我讲明白了这些道理了吗？我要是再浑下去，再像你说的那么‘低智商’，我可真的就彻底地完了！咱们傻一回不解气，还非得傻到南极去才算是到了家啦？我确实是‘大脑袋管不住小脑’，可堂堂总裁，连‘仨多俩少’我都分不清了，那我还活个什么劲哪！您说是不是？”南对石英君恳切地说。

“可事情远没那么简单！据我处理的那么多情爱方面的经验判断……”石英君马上给他泼了一盆冷水。

南有些不解地瞪大眼睛看着石英君。

石英君笑笑，说：“老兄啊，我也是一个大男人呀，有些事我能够体会到的。当你的海外那位旧情人有一天从机场走出来，抹着一脸泪水，满怀深情地向你扑过来时，您还真的能保证你的‘大脑袋能管得住小脑’吗？”

南听完这话后，像不认识石英君似的呆呆地盯着他很久很久，然后耷拉下脑袋，极度自卑地说：“真的呀，我知道一见她……尤其是一见孩子，我肯定又要犯傻了……这事真难啊！”

石英君却心里反倒有些放松，因为他知道要让这样的“强者”能够按照他石英君的计划行事，就必须先打击和摧毁“强者”身上那种天然存在的自命不凡。故石英君说：“所以嘛，成功虽有难度，但既然我来了，就不会叫您失望，我想，只要你真心想把事情处理好，真心想保住与梅这个家，我就有信心让你渡过这个难关！”

“没说的，老石，这方面您是绝对的专家，我全听您的，只要有利于实现目标，我完全听从您的安排和指示……”他居然将“石先生”的称呼都改成了“老石”。

“你真愿意把问题彻底解决？”

“真的。绝对愿意。”

“那你说说那封留给梅的信是你写的吗，表达的也是真心？”

南又低下了头，喃喃道：“……信确实是我写的。当时我很矛盾，因为这些天我都快憋疯了！我何不想循规蹈矩地过安稳日子？可这种日子实在让我难熬。实话跟您说，我与辛的关系不是一天半天了。上大学时，她就一直追我。可她家是‘地富反坏’——有‘海外关系’。而我爸爸作为部级领导干部，是不可能同意这层关系的。我当时就跟她表过态，可她一直到今天也没嫁人，这说起来您可能都不相信，如今哪还有这种人？是呀，她就是这种人。我也不信。可信不信的人家就这么做了。开始时，她知道我与梅交朋友，想过自杀，可后来她挺过来了，强忍着先与梅成了好朋友，然后与梅一起常伴我左右。其实，那时候，我们就已经有那种关系，而梅与我却没有，我们是当年标准的新娘新郎入的洞房，辛在那天还做着伴娘……辛那晚喝多了，吐得一塌糊涂，她流着眼泪对前来安慰她的梅笑着说：‘……没事儿！一会儿就好了，我这是高兴得大发了，……我为你们高兴，我够哥们儿吧？’看着她躲闪我的目光，我心里在流泪……后来她一直像哥们儿一样与梅形影不离，是我家的常客，但自打我与梅结婚后，她就再也没有和我有过那种关系，我们什么也没谈过，谁也没有找过谁解释或说明这件事，渐渐地就这么不了了之。她总是那样很快活地出现在你的面前，在旁人眼里，她就是梅的知心朋友，我的大学同学……就这样，我们彼此表面亲密、心里却很陌生、快乐地来往着。慢慢就到了1987年，她忽然出国。临行前，她请我和梅单独吃过一次饭，她那天的眼神又慌乱得回到了我结婚的那天晚上……她终于冲出门外，号啕大哭。梅望着她的背影说：‘她这是不愿意离开老同学才这样的，她从此要面对一个更加陌生而孤独的世界……她毕竟还是孤单单的一个人，都三十好几了……’梅说着说着也哭了，可我不敢流出眼泪……”

看得出，南确实是位意志比较坚强的人，在一般情况下像他这样的人心底里即便埋下海一样大的秘密和苦水，他都不会轻易露给外人的，只有在真正走投无路的情况下，他们才会露出庐山真面目。有关南心中的隐私秘密，他显然今天是第一次对外人说。“……辛走后，我莫名其妙地生病了。后来检查，是心脏不对劲儿。我开始感到后悔，可我没地方发泄，就这么暗暗地挺着，自责着，生怕老天爷哪天会忽然回敬我一下，整天心里灰冷灰冷的……有一天，我传真机里忽然传出一张照片：原来是辛站在一座摩天大楼顶上，深情地看着我……我捧着照片哭了，真的流出了我心中压抑许久的那种泪水……你知道吗？她走后一直没一点儿音信……她是想忘掉过去……可她很可能是实在挺不住了……只有用这种不知管用不管用的办法，来寄托和释放或者说是试探一下彼此的心情。我真的太伤心了，真的为她捏把汗——担心当我看到她照片的时候，她已经死了，这照片可能正是她死前给我的一个‘信号’啊！我担心她这种深邃迷茫的目光背后，藏着一种令我心颤的‘定格’，我真的担心她，担心得不知所措……”

“大约又过了一小时，电话终于再次响起，当传真自动应答程序过后，扩音里传出一个女人咳嗽得很厉害的声音。我迅急拿起电话就大声喊道：‘你在哪儿呀……辛？我看到你的照片了！你快说话！你生病了吗？……’没等我说完，那边的电话就挂了。后来，我在电话机旁守了整整一天一夜，也没等到她的任何声音。我真的害怕了……捂着两只红肿的眼不敢见人。打那时起，我的心就渐渐与梅疏远……尤其是在梅越接近我的时候，我越惧怕，当她给我按摩时，我的呼吸好像都会停止……这种情况下梅也不是傻到什么都不懂的地步，她左问右问我那儿不舒服，我……简直不知如何说起，紧张和恐慌得甚至连一丝回答的力气都没有，大脑瘫痪了，完全像死人一样闭着眼，只有心里在模模糊糊、混混浊浊地在为两个不同的女人流着泪……可我不能倒下，还要天天坚持着上班，坚持着处理生意场上的一切，但我的心里每时每刻都在想着我的两个女人和她们的两个孩子，说句实话，我对她们和孩子都很爱，都舍不得放弃，但这是不可能的，我又是场面上的人，再说已经同梅生活了多少年了，我不可能放弃一个美好幸福的家庭，但我又怎么忍心让一个为爱我而牺牲了一切并且吃尽了苦的女人对我的一片痴情和一个没有父亲的孩子的凄惨悲剧继续演下去呢？……我真的快要疯了。要命的是梅仍旧一如既往地悉心关照着我和女儿，就连我后来前去见辛时穿的衬衫和领带，都是她头晚亲手熨平，第二天亲自给我穿好、系上，还给我洒上香水儿……然后，她什么也不想，什么也不问，傻乎乎地一遍遍地透过厨房的纱窗叮嘱：'你慢点儿开啊！外面雪大……'我四十好几的人了，跟她儿子一样，从头到脚，从吃到拉她一人一天到晚全承包了！她越这样，我越烦，弄得我都不敢叫司机进家门儿，一点儿男人的形象都没有了！可她永远也不知道：我不想欠她的太多，恨不得哪天她能气得骂上我一顿，把我从家里给彻底赶出去！……为什么？我说不清，我觉得其实从骨子里，很可能我就一直没真真正正地爱过她，我觉得当时那是一种冲动，一种好奇，一种新鲜，一种显摆，一种就事论事，一种门当户对，一种政治，一种责任，一种荣耀，一种解脱……我到今天也说不明白，也想不清，真的。可无论怎样，也改变不了她给我最初、最原始的感觉：她是一个善良得不能再善良的好人，如果她不漂亮还好些，加上她的那副模样，她为我做什么我都想哭，我觉得在她面前我连做个人的资格都没有了，简直是一堆狗屎……"

"想不到据说从来所向披靡的南先生竟然能够如此深刻地自我解剖？"石英君有意讽刺道。

南抬起泪眼，一副坦诚的样儿："真的，我就觉得自己连狗屎都不如。我从头到脚都病了，分不清东南西北，一天到晚昏昏沉沉的。就有一个念头：想一个人待着，最好是能到深山老林里待着，谁也不见，啥也不想，一天天等死算了……”

“连女儿都不想？”

南没有回答石英君的话，顿了片刻又说：“其实……咳！算了吧！我就全跟你说了吧。好几年了，我都一直瞒着梅，她啥都不知道。辛后来又出现了，那是1988年。她没有给我任何准备，突然就出现在我的面前——记得那是一个早上，我刚从汽车里下来，就看见她站在公司大堂的门前。她死盯着我一句话也没说，就站在那儿抱着个文件夹两眼蒙眬地看着我。我又惊又傻，双腿直打哆嗦，不知她是想跟我玩儿命还是怎么着。我一阵惊慌地回头看看四周有没有人，当我再回过头来时，她已经转身走下台阶朝一个方向快步走去。我紧紧跟着……俩人就这么着前脚跟着后脚，走了有一站地，她渐渐放慢脚步。我紧追上她说：‘是你吗？辛！’她没有说话，也没有回头，又放开步子朝前走。我以为自己在做梦，就停在那里。她进了地下通道……约有一星期，梅接到了她打来的电话。她告诉梅说她到美国后一直很不顺利，一年了，也没能好好稳定下来。现在，她终于进了一间化验室，搞她的老本行，用第一笔老板奖励给她的奖金，租了一套像样的房子，也买了辆二手车，终于混上个人样，也有自己的电话了，才给这边打个平安电话。梅在电话里把她好一顿数落，怪她抠门儿，不早点儿给这边打个电话，是死是活也没个动静，叫她好不担心！”

“我知道辛的用意。不管怎么说，她是不想丢掉包括梅在内的国内这么几个朋友的。可她心里对我究竟是个啥想法，我还真的搞不清楚，她越这样，我就越迷茫……就在她给梅挂完电话的第二天，我又梦一样地在下班时的大厅门旁见到了她：她戴一副墨镜，穿一身深咖啡色的连衣裙。我走到她的身前，伸出颤抖的右手……她墨镜下是晶莹的泪水——这回我知道我不是在做梦，是见到了一个真实的她。后来我们一起叫了一辆出租车，在去香山饭店的出租车上，我紧紧搂着她，一劲儿地吻着她……而她只是流泪，始终没说一句话……那一夜，我没回家，跟她睡在一起……我告诉她我爱她，想她，没有她我什么都做不下去，告诉她我真担心她一个人在外！她还是什么都不说，只是浑身上下地吻着我，所有的语言都是用一个点头、一个摇头、一个浅浅地微笑、一个一丝酸楚的皱眉来代替，急得我差点儿给她跪下求她开口，可她就是什么也不说。我只好质问她：‘你是不是跟美国人打交道多了，说什么都用肢体语言？’她还是又皱眉、又点头，又微笑、又流泪，就像个神经质的哑巴，我只好一会儿仰面朝天，一会儿低声哀叹，然后享受她在我耳根下的那种温柔的呼吸和她那不知是心酸还是幸福的泪雨……”

南说到此刻喘着粗气，额上甚至沁出了细密汗珠。

“没想到，1991 年，传真机里传出了一张令我心颤的照片：一个浓眉大眼的三岁男孩儿在冲我微笑……当时我真的被这张照片吓得魂飞魄散。因为我一看就明白这孩子是她的儿子，也是我的儿子……在这三年里，她一直不和我通话，只是象征性地在必要的时候——诸如年节什么的，来个电话问候梅一下，然后不得已地再跟我寒暄几句。可自打看到这张照片后，我才忽然计算出：1988 年 8 月 10 号，是我俩香山聚会的那一天，此后的每年 6 月 8 号，她都会来个电话。这就说明：她一直什么事情都瞒着我，给了我无数个机会，我都傻乎乎地错过了，她一定很伤心！特别是看到孩子的照片后，我惊出一身冷汗：那眉眼跟我小时的照片别无两样！我惊我喜，我喜我忧！又一轮的痛苦降临头顶！当女儿丹丹那双深潭似的大眼看着我的时候，我心里那种痛苦和愧疚是任何语言也难以表达清楚的，丹丹她永远也不知道，在地球的那边，还有她一个血脉相连的苦弟弟，爸爸将要在她年幼的时候，抛弃她和她不知辛苦的妈妈，而去拯救一个阿姨和一个小弟弟……看到丹丹那双水汪汪稚朴的眼睛，我脑海里就会游荡着这样一种涩涩的梦。我呆傻地坐在丹丹的饭桌前看她吃饭，看她做作业，再看看为我端来茶水的梅，我的心碎了。梅在这时总会拉张椅子坐在我身后，一边按摩我的脖颈、揉捏我的后背，一边瞧着孩子吃饭或做作业……石先生，说良心话，我舍不得我的女儿和老婆，可我更舍不得辛和那个苦命的孩子！这都是我自己造的孽，我没有别的选择！要么，一狠心丢掉老婆孩子，要么，自己一把药睡着完事儿！你说说我还有哪条退路？否则，我就是个里外不是人的浑蛋！你问我为什么会选择美国而丢弃北京？这不明摆着：辛孤零零一个人混在美国，没丈夫还带着一个孩子，美国那种社会，想把你怎么着就怎么着！她一个人生活在那里，再坚强的女性，也难以抗争孤独的枷锁！而梅，无论如何，她也有土生土长的根基，痛苦是肯定的，艰难也是存在的，可凭我对她的了解和信赖，她想明白一切后，一定会理解和同情辛，甚至，她会牺牲她的所有，因为她和我女儿一样，打小就善良……您说得没错，我是自私，可我的自私是带有一定牺牲性的，这种事已经发生在自己并不愿意甚至并不知道的前提下，那么发生了，你说我又该怎么办呢？躲闪？逃避？……没有用。只有面对，面对就得有牺牲！您说呢？再说了，梅无论怎样，她毕竟与我生活了十几年，享受到了三口之家的快乐和幸福！而辛呢？好好一个黄花姑娘，愣为一直爱着的人而终身不嫁，却只因自己的出身有海外关系被淘汰！她不委屈吗？她不难受吗？她没有理由哭吗？她没有资格讨回她的青春少年梦想吗？完全有资格！有！可是因为我使她丧失了这种权利……”

南诉说完心中的全部秘密时，已经成了一个泪人，全然没有了往日那副驰骋商界的大老板风度。“老石，我把心中的全部难事倒给了您，您是专家，能人，一定要帮助我处理好这事，您会明白的，这事处理好坏，对我而言已经无所谓了，臭就臭呗。可我不忍心她们两个女人和这两个女人的两个孩子呀！她们当中只要有一个人有什么三长两短，那我这辈子就别活了。您明白我现在的心境吗？我其实比她们谁的压力都大啊！简直要天塌了似的……无论如何您是我们的救星，我全都跟您说了，啊，请您一定帮我到底……”南说这话时就差没有跪在石英君的面前。

“好吧，我现在正式接受你的委托。但我再问你一次：你是真心想保住与梅的家吗？”

南抬头看了石英君很长时间，然后重重地点点头：“是。尽管我头脑已经不太听使唤了，可这一点我还清醒……”

“有这一点清醒就好。”石英君说。

有了梅和南的委托，石英君知道现在的工作重点是辛，她是关键人物。为此，首先是怎样找到孤身一人带着孩子生活在美国的辛，她的态度如何，能不能听他石英君这位“情感隐私”专家的调遣就是个大问号了。

石英君的工作具有了跨国度的性质，这多少让他有些心里没底。

很出乎石英君的意料，辛在石英君与她联系后，不但很快决定面谈，而且为“排除干扰”特约石英君赴厦门“秘密商议”解决她与“冤家”的问题。

没有坐飞机，辛主动请石英君坐了软卧。这种方式石英君觉得极好，因为把一件非常难办的事放在安静、舒适和有足够时间畅谈的软卧车厢里来解决，效果是绝佳的。对此石英君既十分佩服辛的周到安排，同时对梅和南的委托任务更有了信心。

大概辛过度疲劳，在进车厢后她便提出先要好好睡上一觉后再谈事。

“也好，这几天我也没有眯上几个时辰，我们先睡它个天昏地暗再说。”石英君的话让辛露出了笑容，俩人就这么各自蒙头大睡起来，伴着有节奏的列车响声进入梦乡……

不知过了多长时间，他们似乎一同醒来。

辛其实是个很健谈的女人。她把这几年在美国的经历和生活通通地向石英君倒了一遍。

“石先生……”辛的脸上滴着两行泪水，异常伤感地说：“一个人很孤独的时候，就特别希望能找人聊聊天，哪怕是说些无用的话。但自从与你通完第一个电话后，尤其是见面听你介绍完你的那些热线故事，我真的感觉目前我所遇上的难题要想解决非你莫属。所以我也打算什么都不瞒您。我是把你当大哥哥甚至当我的父亲一样……请原谅，我真的特别希望有这种感觉……”

石英君朝她点点：“你也许不知道，其实我这十年从事热线咨询工作中，凡是遇到那些特别需要帮助的事情时，我自己都忘了我的身份，完全把自己当作那些需要帮助的人的朋友一样去为他们着急、忙碌、出主意。有的时候比他们还急哩！有一次，帮助一对打得你死我活的夫妻做完工作后，那对夫妇已经被我黏合得天衣无缝了，着急得恨不得立马想亲热——告诉你，那些真有感情的人一旦他们重新和好后就会有这方面的强烈冲动，而我那次因为太投入，结果人家恨不得赶我走了，而我还全然沉浸在朋友的幸福之中赖在他们的客厅不走，直到发现那对夫妇实在忍不住关进小屋亲热去了，我才恍然大悟……”

“哈哈哈……”辛被石英君的“传奇”逗得破涕为笑。

其实这是石英君“战术”中的一部分，他见时机已到，便对辛说：“听说你儿子长得特帅，有他的照片吗，我看看？”

“有！”辛从手包的钱夹里拿出一张照片递给石英君。

太像了。台灯下，石英君瞅着照片上辛怀中抱着的三岁儿子，那孩子脸上的笑太像梅上次给他看的辛照片里的那笑。而小家伙那重而粗、有棱有角的两条眉毛，又与南的双眉如出一辙……石英君的心感到了沉重。

“他叫尤拉，中文名字叫亚男，这是他三岁时和我在美国我们的小家照的。和这盘录音带一起，我天天带在身边……”她又开始抹泪……

“辛，这个世界上有些事情比我们想象的要复杂得多，当然再复杂的事，其实我们看淡它的话，也就会一下变得很简单，只是看我们以什么样的态度了。”石英君开始了实质性的谈话：“我知道，在我们的生活中尤其是在一个女士的生活圈里，没有哪一件事可以比母亲瞒着孩子找父亲的事情更叫人感到不幸了。我干这种工作有十年多了，还头一次碰到这么令我头疼的事儿：故事中一共有三个懂事儿的人，可这三个人同时都各自站在自己的立场上叫我做好对方的工作，每一个人都要同时面对对方的两个人，而目前由于我的所谓的出色工作，已然达到了这种谁都不想伤害对方的境地，大家都是出于这种好意，揣着一颗善良的心，做着善良的牺牲和努力……我想听听您这次约我出来面谈，您潜在的想法究竟是什么，可以吗？”

辛知道自己不可能回避石英君提出的任何问题，只见她把头仰向“天空”——车厢顶虽然很矮，但此刻辛的目光中，“天空”仍然那么高远空旷。她的眼泪划过脖颈，流到了白嫩的胸脯上，豆绿色的衬衫领口，有一部分已变成了深绿色。石英君依旧耐心地等待她把眼泪流完了再说，可她却咬着战栗的嘴唇，冲着天喃喃说道，“石先生，我知道你现在也是非常操劳，一个人带着孩子……很不易，谢谢您放下孩子陪我到这么远的地方帮助我，您是个好人，不然我也不会……”她一转身趴在枕头上，把脸埋在枕巾里哭泣起来……

石英君点燃一支“高乐”香烟，无声地大口大口吸着，他在等待……

“我命很苦，但我从未要别人施舍什么……”辛终于抬起泪眼，说出久积在心中的怨怼与无奈："南现在既然处在事业、家庭、责任牵挂的无奈中，那我就算为了他能度过这艰难的时期，也要和儿子永远地离开他……"她挺起的身子又趴下，呜呜地哭泣着……

"你们都是有知识的人，我弄不明白，既然你们都知道中国的婚姻法律，那时南知道你怀孕的时候为何不叫你采取措施？"

"他根本就不知道！"辛一下直起身，然后又软了下来。道："我不是有意欺骗他……当我发现怀孕时，我身上没有多少钱，每次为到中国看他，我都要打很久的工攒下路费钱，回来就花光了。美国医疗费用很贵，我不敢求助别人……我太孤独……我太爱他……我本想永远都不告诉他我有了孩子，甚至从生下孩子的那一刻起，我就想我从此永远也不能再见他，不能给他的家庭和事业带来一丝的麻烦。梅那么相信我，我怎么会那么做呢？可随着孩子一天天地长大，我每次为了见他，都得把孩子扔在美国，当我回到孩子身边，他委屈地说：妈妈，你是不是又去看外婆去了？为什么总不带我去呀？可怜的孩子呀，他哪里知道：妈妈为安抚他，不光这个编出的外婆在地球上根本就不存在，就连妈妈天天教他一声声呼唤的那个爸爸，也是纸糊的呀！面对孩子一天天地长大，我的心一天天地揪得更紧。而一个孤身女人在异国他乡日夜思念的又能是谁？怀抱儿子，我有流不完的眼泪往肚里咽，带着上帝叫我装出的微笑去面对这个陌生的世界，可我一见到他，我就没有了自制……我想说，我不仅仅是孩子的母亲，我还是一个健全的女人啊……石先生！我有血有肉，我为什么就不能拥有一个爱我的丈夫和一个幸福家庭呢？况且，我是在他还没与梅结婚时就与他好了，只因我爸爸的历史问题他没跟我……我爸爸直到死也不知道这一切……"辛说到这儿，再也无法克制自己，嘴里咬着枕巾，双手锤打着床铺和被褥，悲痛欲绝地号哭起来："爸爸！——妈妈！——亚男！——”

石英君没有去阻止，只是起身看了看车厢的小门锁上了没有。

许久，他见辛可能已经哭累了，便默默地给她沏了一杯浓茶，放上三块方糖，又拿出自己的一条干毛巾，对辛说：“对不起，都是我招的你……坐过来喝口水，不然会上火……”

辛从座位上直起身子，用手理了理乱发，揉揉红肿的眼睛，硬挤出一丝微笑，悄声说：“不好意思石先生，失礼了！”

石英君知道她恢复了常态，而现在需要的是让她彻底“放松”，因为这种“放松”其实是在把问题全部摆出来后的又一种让她冷静思考和选择的方法。

“看，厦门到了，我还是第一次来呢！机会难得，我们好好地痛快玩几天怎么样？”石打开车窗，见远处已是繁星般的灯火。

“听你的。”辛凑到车窗前，竟然同样兴奋起来。说：“我也是第一次来厦门，过去在国内一直没机会到这儿玩……”

接下去的日子，用石英君的话说，他和辛简直就是“放下了一切”地玩。在整整 8 天的时间里，只要辛不提有关她个人隐私的那些问题，他也就不会提半个字。同样，只要辛不提出“玩够了”，他连手机、电话都不向北京打一个，一直“陪到底”。

第 8 天晚上，辛从另一个房间走到石英君的房间，坐下后平静而坦然地拿出两张机票，对石英君说：“明天我们一起回北京吧……”

面对这突如其来的变化，石英君看着辛没有说话。

“石先生，我已经想好了……”辛说。

“真想好了？”凭经验，石英君知道好戏来啦。

“想好了……”辛默默走到窗前，像座雕塑似的站在那儿，头颅微微向北仰视着。身后的石英君听着辛从心底里说出了下面的五个字：“我决定退出……”

石英君一听好不欣慰，这也是他想获得的梅与南委托他的最理想的结果。但此刻石英君反而觉得不忍心从辛那儿获得这样的结果——因为辛用了一种超出他当然更超出南想象的最简单的方式。石英君甚至有些觉得他的工作太残酷，真的太残酷——对辛这样一位聪慧美丽的女人来说。

然而这就是辛，这就是让南这样的男人愿意为她放弃一切的女人。

辛，愿意接受我——一个对你尊敬的男人的拥抱吗？

辛缓缓地转过身，向石英君走过来……

石英君伸开双臂，带着崇高和圣洁的目光将她紧紧搂在怀中……

“我代表梅和南向你致谢。”他说。

“不。我应该谢谢你，是你帮我获得了精神解放……真的。”她说。

“相信你的明天会更美好。”

“你也一样，因为你是个好人。”

几天后，石英君和辛、南、梅一行四人来到广州，他们就像彼此什么都没发生过似的赶海、游泳、打球、跳舞，玩得都很开心，尤其是辛在整个过程中，总是当着南和梅的面，与新朋友石英君特别“亲密”。辛在南和梅的面前还不时公开说一些类似“现在石先生是我最亲密的朋友”的话，而南和梅听后觉得非常愉快，彼此笑声不断。

临别那天，南提出要痛痛快快地“撮”一顿。席间四人欢笑不断，情意浓浓。最后是辛举杯提议：我们四人今后不论工作多忙，都要在每年的这一天相聚，一是不忘大家的友情；二是不忘石先生的情谊！

南和梅高声响应：对，不管工作多忙，尤其是石先生，必须保证跟我们三人一起聚会。

石英君那一天反倒落泪了，他有些哽咽地说：希望永远做你们真正的朋友……

这个故事的尾声是：在梅的坚持下，辛的孩子亚男被从美国接回国就读一家私立双语学校，平时由梅和南负责料理生活。辛则在石英君的倡议下，正筹备在北京投资办厂，现在这三位老同学都生活得很充实，也很“得意”。

第2章 跳入美丽的陷阱去救美

美丽女人的情，单纯时像透明玻璃，复杂时如一团云雾。石英君不得不“深入虎穴”，却差点陷入激越情网。最后，他使一个美丽女人摆脱了与一位英俊少年的恋情困扰，重新找回自我。

2000年3月28日刚吃过晚饭，石英君意外地接到一个男孩子的电话。说他是个“孩子”，那是因为他的声音。记得那是个很有凉意的晚上，台里驻地这一片儿突然停电，空调和电灯一齐罢工，只有声讯设备因为有不间断电源，还在默默地工作。石英君就像这套设备一样，借着那蓝屏发出的光，在耐心听着电话里的那个男孩的话：

“听得懂我的四川普通话吗？”他的声音特别可爱。“您这咨询台……我什么事都可以跟您说吗？……您不会对别人说吧？……录音吗？……我的故事有点儿长，您有耐心听吗？……那好。我就从头说起吧……”他很有礼貌，乖得倒像个女孩儿。

石英君一听就知道：这个男孩不是那种混事儿打工的“外来弟”。他有文化，有教养。他有他那个年龄所不该有的“社会经验”。他给人的一种直观感受是：他找一个陌生人谈话不太寻常。为了解除他的顾虑，石英君一一为他解答了疑问，之后那男孩终于放下心来，思路十分清晰地对石英君说着：

“在一次部委组织的调演活动中，我第一次见到她——我爸爸现在的妻子——我如今不知该怎样称呼她这个人——叶小茜……”

他的话说到这里断了。石英君没有打扰他继续倾听着。

好半天，那男孩好似擦鼻涕般擦了几下，然后“吭吭哧哧”地带着鼻音接着说：“我清楚地记得……那是1998年4月18日——因为那一天是我的生日。在她获得‘五月的鲜花’独舞一等奖的同时，我也获得了最佳男歌手奖。我们就是这样在一天天的台前台后跑动、相互点头时认识的。然后……就成为那种……‘朋友’。您……知道我的意思了吧？她……她当时30岁，我……21岁……”男孩的声音渐渐变小，又开始控制不住地抽泣。

这边，石英君将身子挪近话筒，生怕听不到耳机里的声音：“别着急，慢慢跟我说。”他用大哥哥似的声调在抚慰着他。

男孩子又似乎抹了把眼泪，自嘲般地笑笑说：“没事儿。”然后恢复常态，像讲述别人的故事一样有声有色地道：“或许……是天生心理性格的缘故，记得不太爱讲话的我当时管她叫：小茜阿姨，因为所有女演员几乎都喊她‘茜姐’，况且她脸上回回都化着油妆，究竟应该叫她啥，我心里也一直在打鼓……后来一点一点地来往‘密切’了，我就不由自主地改口管她叫‘小茜姐姐’了——因为我那时虽不知道她的确切年龄，但感觉她肯定比我大……终于她有一天卸妆了：天哪！她怎么这么年轻？！可到底多大，我也搞不清，反正没我想象得那么大！我希望她比我大得越少越好，最好比我小两岁——这是我心中的一种期望……她却很准确地一眼就看对了我的年龄。一次，她请我吃麦当劳时逗我说：‘瞧你那乖样，像个中学生似的……不管我叫阿姨啦？’她话虽说得像个姐姐、甚至阿姨，但她的笑容却让人看着即舒服又感到受不了——就像那个新近的影星，所不同的是她的那两个不大不小的酒窝里的灿烂——我陶醉，但我绝不敢正视，甚至与她的亲切目光相撞时心里就感到发慌……”

男孩像是背台词，背得滚瓜烂熟还带着种悲怆和酷帅……

这使石英君联想起另一位“热线顾客”——一位中国儿艺的青年话剧演员，他在那年打来电话诉说那个离他而去的某电影明星时（当年那女孩还不算“明星”，只是个电影学院97级的毕业生），就这副声调：惆怅里带着坚强，果敢里夹着失望，一种当今叫做“酷死谁”的那种自我陶醉、自我释怀、自我感动的“牛气劲儿”。仿佛全世界都在为他祈祷、受罪，是个人听他讲话都会落泪——这就是“自我感觉良好”的那帮“酷哥”们的“艺术造诣”，沾上点这行当的年轻小男人，还没怎么着呢，就有这等感觉，你要看见能把你给气死……记得那天石英君摆出一副老大哥的腔调在电话里把这位“自我感觉挺酷”的男演员好一通“训”！那男演员后来成熟多了，老给石英君打电话，甚至把自己最隐私的情爱都“事先”告诉这位“石大哥”……

可这回石英君听着听着很快就把眼下这位男孩跟那位“酷哥”给区分开了，这是一次倾诉与倾听，他竟然觉得话筒那边的诉说，像是一部自述体的小说。

男孩在“热线电话”里继续着他的深情回忆：

……终有一天，在她和我一起爬香山的一条蹊径时，我被她流汗时身体发出的那种异样的味道所强烈吸引，那味道像婴儿身上的奶香，像昆仑山上的花馨，像西双版纳的甘雨……一种莫名的感受袭扰心头：我开始鬼使神差地窥望她那细嫩白皙的脖颈和那似露非露的一颠一颠的在衬衫里轻轻滑动的乳峰，我的心跳和呼吸一齐加速，直至涌到了嗓子眼儿……渴望，久久的渴望！1998年8月28日，我一生难忘的时刻终于随空中的大雁一起，飘荡在蓝天与白云之间……我哭了，她也哭了——这是我有生以来第一次靠近和拥抱女人，第一次零距离与另一个人体的温度重合，第一次感悟从另一个灵魂世界里澎湃出的那种潮水般的感情勃发。

她说她也是第一次用心去拥抱一个比自己小 9 岁的小弟弟，第一次背着自己的丈夫和 5 岁的儿子叫一个陌生的男人的身体在光天化日之下融进自己的身躯，第一次在丈夫之外的一个男人的灵魂和肉体的感召下体味那种说不出是痛是快的爱的潮涌……我们就这样把两颗心贴得很紧，翻山越岭，越走越远，就像要离家出走一样，去寻找只有我们两个人存在的那个无人的世界！……在只能看见云彩的地方，我们卧向一片草坪……蓝天与群山一起翻滚，饿着肚皮我们一直相拥到天明……记得，在我大汗淋淋感到口渴的时候，她用她那挤尽乳汁一样的热吻滋润着我的咽喉，一股一股的……这一切，只有月亮看得清……

我们的“事情”也可以说是“故事”就这样很严重地从这里开始，也将要从这里结束。她与我“露宿西山”“整夜未归”的无情事实深深地震撼着那位比我还不善于言表的她的丈夫的心灵！第二天她就被丈夫给拷问了个清楚——因为她从来就没撒过谎，也不会撒谎，所以，大她两岁的丈夫没费吹灰之力，就用很绅士的低声细语，把事情的来龙去脉给敲实了：她如实地坦白了她与我所做的一切……最重要的是我的真实年龄她也如实招来，用她的话说，“其实就是个小弟弟，很乖，也很可爱……我喜欢他的聪明和才智，更喜欢他天生的音乐感觉和那种纯真……你知道我家就我一个女孩儿，天天渴望能有个小弟弟陪伴我左右……而我们之所以那样，那实在是一种说不清的冲动……”她本想说明：“这不会影响咱们的婚姻和感情，更不会再有下一次！我可以和他断……只是，请你给我时间让我能再好好跟他谈谈，他还很年轻，我们不该惊扰他的心灵，小小年纪，别断送他的前程……”谁承想，她丈夫一身部队时期锤炼出的正气，不声不响地一封信就告到了我的单位！我的下场是：脱掉我刚披上不到半年的那身心爱的制服，放弃我大学毕业后这来之不易的“铁饭碗”，背着一个让人看不懂的那种模棱两可的处分，一夜间便随装有“考察期鉴定”的个人档案一起流向“人才市场”……有生以来，我第一次流下了那种绝望的涩涩的苦泪。这一天我终于知道：命运的选择，将由“爱情的代价”来决定！事业的牺牲，将由“爱情的代价”来偿还！

躺在无聊的小房间里我大病一场。可我心中时刻惦记着她——上帝知道：这时候，我还一直在心里喊她“小茜姐”，灵魂里却叫着她“爱人”……她失踪了……一点儿动静或消息也没有……我的体重开始下降，我的视力也开始衰退，我的呼吸也将要停止……我只好闭上我绝望的眼睛，一股股往外淌着热乎乎、咸滋滋的泪水……“小楠！”那是她的声音在我的耳畔回响，“小楠！你别这样！你别这样！噢……我受不了了！我受不了了！啊……宝贝儿！快！快！……”“小茜姐姐！……小茜姐！……千万别告诉你丈夫！千万不能叫他知道我们这样！不然，我怕他惩罚你！那样我会受不了的！真的，我对不起你！……等一段时间，等我出专辑挣钱的时候，我会娶你，你等等我好吗？……过几年我就有资格分房了，我们搬出去住，不管我父母同不同意，好吗？”“小楠，你怎么了？你怎么了！”——原来是妈妈抱紧我，摇晃着我的身子在流泪地喊！我醒了，一片白花花的东西照射着我的眼……后来我一点点看清了，白大褂上的胸牌上写着“北京市急救中心”……我身子一软瘫了：“完了！……我没死成！”我绝望地又闭上眼，不敢看着妈妈和那一大堆不知都是些什么人的目光，任泪水不禁地流淌，流淌……忽然，一股熟悉的呼吸伴着眼泪、伴着体温、伴着那种沁人心脾的味道摩挲着我的脸，继而贴得很紧很紧……一句话也没有，只有哭泣和抚慰……我一下睁大眼，拔掉输液管，用尽仅有的力气把她紧紧地抱住！她抽泣着，依旧什么也不说……我们就这样久久地抱着，不顾医生、护士和妈妈在内的所有人的劝慰……最后她终于说："好了，你活了就好了！你妈妈爸爸在这里足足站了一夜，你知道吗？"她转身离去……

后来我才知道：她爱人像处理我一样，告到了她的上级单位，也找到我的父母，她别无选择地告别了她悉心工作了八年之久的那个中央某机关单位，和我一样，她也成为一名名副其实的"待岗干部"。

我出院后，她一直陪伴着我，直到妈妈有一天对她破口大骂。她十分委屈地对妈妈说："我们都是女人。我更能理解一个母亲此时的心情。罪过是我惹的，惹了我就该担负起这个责任！我今天向您表个态：我是比您儿子大将近 10 岁，这在所有人的眼里都会吃钉子，甚至会戳我的脊梁骨。我认了！我不想为别人而活，我现在只为我自己所感到对不起的所有人活着，这里不光包括你儿子和你丈夫，这里也包括我丈夫和未满 5 周岁的孩子和我的双亲！……我也曾想到死，但我活过来了，不为别的，就为自己所感到的这份责任！我想心平气和地跟您说：如果您同意，他爸爸也允许，小楠身体恢复后，我和他再好好地谈谈，但无论谈的结果如何，我都会尊重小楠的选择。所以，我希望您也能看清事实，念在孩子与母亲的情分上，能容他和我再保持一段相互接触的时间和机会，这样会对他的整个心身健康恢复有好处。现在，你们有这样封闭的居住环境和条件，我想我的到来，还不至于会给你们的邻里带来什么口舌……"没等她说完，妈妈耐不住性子了："好了好了……你别说了，回去休息吧！"她含泪死死地看了我一眼，就转身离去……然而，我理解妈妈，我了解她，能理解她的那种压抑着的愤怒，因为她是个正经女人。

没想到，她没说动妈妈，爸爸却在自己的房间里把她的话给听得一清二楚……于是，一种谁也料想不到的梦幻在爸爸的心中升腾——我50多岁的爸爸竟被这个年轻他20几岁的漂亮女子的心灵所震撼，对她的敬仰、爱慕甚至感动，油然而生……

1999年8月的一天，妈妈去同仁医院看病，专家门诊预约满了，她很失望地来到崇文门菜市场，挑了些新鲜的猪肝、活鱼和鲜菜之类的我平时很爱吃的东西回家，可站在门前把一串钥匙试遍，也没能把门打开。她叫了一阵门后开始纳闷和犯愁："家里没人，这门怎么就打不开了呢？"看看手表：上午10点……她坐在楼梯口想等我回来——因为爸爸早晨走时说他今天上午出差……我坐今天下午的火车从厦门的一所大学放假回来。

15分钟后，门轻轻地开了——叶小茜从里面跳出，她轻手轻脚地刚一踏向楼梯，就与妈妈惊愕的目光相撞！妈妈大步冲进房间：眼前的一切令她傻了眼……她昏倒后就再也没能起来。

爸爸究竟用的什么招儿把叶小茜拢进被窝里，永远是个谜；叶小茜图爸爸什么谁也不知道。我此时所了解的只是：爸爸是个副局级干部，现任某集团公司老总……叶小茜是个部队文艺团体转业下来的干部，生性活泼可爱……事发前，曾是国家某部委下属某局的宣传处长（后来听说她与爸爸结婚了）……

站在母亲的遗像前我哭了一整夜，抱起母亲与我一起上街给我买的那把黑吉他就永远地离开了这所房子……我毫无目的地来到西客站，乘上一辆南下的火车，泪流满面……耳朵里不时听到身后叶小茜在风雨里追赶我的撕心呐喊："小楠！……小楠！……你去哪儿？"

我没有去厦门，也没有去南方的任何一座城市……因为我不想叫任何人找到我，不想再见到过去我认识的任何一个人——在一个很小很小的火车站，借列车会车停驶加水的时机，我踏着昏暗的灯光离去……

在一片荒野的田埂上，我背着自己的全部家当，抱着妈妈为我买来的那把心爱的黑吉他，唱着那首妈妈买来琴后我第一次给她弹唱的《垄上行》……我伤心地唱，流泪地唱，哭嚎地唱，呐喊地唱……我疯狂地唱，歇斯底里地唱——对着星星，对着月亮，在远隔北京千山万水的荒原里——流浪……流浪……

男孩的故事讲完了。

这回轮到石英君陷入了深深的思考，因为他做了数十万人的热线咨询，却还从未遇见过一个男孩子像他一样经历过如此复杂的感情磨难……但石英君并没有忘记再问那男孩子一声："您在北京生活这么长时间，怎么会是一口四川话？"

"……"

沉寂，令人感到窒息的沉寂。

此时，石英君抬头看了一下表：时钟已指向晚上9点。

许久许久，男孩终于声音极小地说了一句毫无感情的话："是为了她们找不到我。"

石英君虽然在"热线电话"的这端，但他感觉到了远在天边的男孩那副木然无泪的样子。他决意要帮助这个不同寻常的男孩。

"我可以帮帮你吗？"他轻声问。

"不想麻烦您。我只是想说说……"男孩声音哑哑的。

"能再给我打电话吗？"

"也许。"男孩的声音依旧木然："……也许挂掉您的电话后，您就永远也听不到我的声音了。我不想麻烦任何人，我只是想随便说说……我不指望任何人……不过，不管怎样，我还是得谢谢您。"

"你怎么知道我电话的？"石英君想打破这种沉静，利用这种沉静的机会说出这句话，拉近与男孩心灵间的距离。

"在厕所里解手时看到的。"

"什么报纸？"

"……"

"能告诉我吗？"

"……"

石英君猜测男孩不想说有两个理由：一是怕暴露他现在生存的地点；二是怕"热线"主持人知道他时刻关注着"北京动态"的那种真实心理——因为，按那男孩打电话的时间段看，正是《北京日报》记者第二次采访石英君后发表的那篇《让生活多一些真情》的社会反响旺期。石英君根据以往的经验判断，他知道此段时间里那些感情需要救助的人找他的频率要比一般时间多出几倍。而他们或她们通常都是因为看了报道才找到石英君的"热线电话"的。而石英君呢，知道在这个时间段找他的人一般都有急事或者事情已经拖到非了断不可的时候了，所以石英君特别注意这时的每一个"热线"里的谈话对象及内容。当下这男孩子可能就是这样的情况，他也许碰巧看到了有关石英君的那篇报道，于是希望得到某种救助——虽然他在电话里说"随便聊聊"，但内心世界里则渴望着一种救助。石英君凭着一种职业的直觉，决意抓住这个机会，或许，这对拯救这位男孩的灵魂会有所突破！于是他非常友善地主动搭话道：

"我想，你的生日快到了，在你生日到来之前，我想知道你现在在哪里给我打的电话。请相信我，我绝对会帮助你解决这个困扰你一生的难题，并尊重你的意愿，为你严守秘密。如果可能的话，我想和你一起过生日……不论你现在生活在什么地方。"——石英君绝对相信从这样的男孩嘴里说出的事不会是编的。

他还年轻，应该帮助和拯救他。石英君下定决心。

"谢谢你！不用了。"男孩听到石英君的这番话后，犹如迷失多年的羔羊重新回到了亲人身边，突然哭了。

有戏，石英君心里有种豁然开朗之感。从心理学角度，石英君明白，男孩的哭声，是他无言的倾诉，是他无声的释放！它告诉世界上一个和他不认识的人说：他想哭——他想回到他生活了二十几年的城市哭，想抱着妈妈的遗骨哭，想跑到北京香山的背后哭，想跑到他上小学时的那条胡同里哭，想看着北京天安门哭……然而，他别不过自己的劲儿，他没了那种勇气和期望！他对一切失望，对所有情爱都失望，在他眼里，这个世界仿佛什么都是假的……可当他听到一个和他素不相识的大哥哥愿意像亲哥哥一样，不论他身处何处，都想和他一起为他过生日时，他本能地就这样哭了——这是一个看破红尘又身处逆境，极其悲观失望，而又没有人知道和关怀的男人，在被另一个男人关爱而感到屈辱时的一种震撼的眼泪。他虽然一句话也表达不出，却在内心世界里滚动着绝不仅仅是感激和诧异的惊涛！这就如同一个人在漫漫冬夜般灰色的情感世界里遨游，忽然间迎来了一缕温暖的霞光！这霞光不是耀眼的、灿烂的，但却是温暖的。温暖是任何人都向往的情感光明，温暖是任何人都追求的情感归宿！

于是石英君对他说：

“世界上所有人都在整天寻找着一样东西，可始终就没找着。可是我告诉你，我找到了。是什么呢？那就是——爱。爱有一千种，爱有一万次，所有的爱其实就是一个‘情’字；情有一千种，情有一万次，可最珍贵、最长久的就是人间真情。你可以有亲情，他也可以有爱情，所有的人都可以拥有友情；可最无私、最纯洁、最善良、最高尚、最无邪、最忠诚、最难寻的一份情感，却只有真情，因为真情绝不图一丝回报。真情是绝对没有性欲、占有和享受作为附加条件的真诚情感！你找到了，真的找到了……”

男孩似乎听懂了石英君来自心灵的亲切呼唤，于是便失控般地喊出一句：“石哥……！”

多少个日日夜夜垂头丧气的男孩子仿佛像一个崭新的生命重

新复活了！这令熟谙心理学的石英君也忍不住泪水横流起来。

这一夜，这对刚刚认识才几个小时的“哥俩”真的如久别重逢的亲兄弟一样谈了很久。男孩最终还是把他的“藏身之处”告诉了石英君。而令石英君同样吃惊的是那男孩为了生存所屈居的地方简直令人无法想象。应石英君的要求，他说这是男孩的又一种特殊隐私，所以在此不便说出，以尊重那男孩的基本尊严。

然而真是无巧不成书，石英君告诉我，就在他与那男孩通话不几日，他竟然意外地找到了那个男孩的爸爸和那个叫“叶小茜”的“妈妈”了。中国说大又小，原来令男孩魂不守舍的女人远在天边，近在眼前。

2000 年 8 月 4 日，石英君在驾车的路上突然接到一个莫名其妙的电话：“喂？”是女人的声音，细脆细脆地响。

石英君回忆一下刚才接起它前慌忙中扫视一眼的电话号码：是个外地手机打的：“您好！哪位？”

“石大人你在忙什么呐？”怪里怪气的声音依旧再现。

“请问您是哪位？”听对方这么没礼貌，石英君想发作可又一想自己的身份只好压抑着怒火：“我正在开车呐，您抓紧点儿好吗？”

“那我就不打扰了。拜拜！”哐啷！没声了。

“有病！”石英君生气了，只好自己冲自己说。

到目的地后，石英君看看表，上午十点零八分。怕是哪个用户今天又喝多了有急事想找，于是就又调出号码给那阴阳怪气的女人回拨了一个。

好家伙，是个男的接的，不过很有礼貌：“喂？”跟刚才那女的味道一样，只是声音浑厚了点儿。

“请问刚才哪位找石先生？”

“……你的电话！找你的。”石英君在电话里隐约听这男人在说。他好像听到“哗哗”洗澡的声音。好半天，有个女人不慌不

忙地接过电话 ：“谁呀？”

“石英君。对不起，刚才我是在三环主路上，接电话有点儿急。您是？”石英君很诚恳。

“哟！劳您大驾给我回电话，真不好意思。现在听出我是谁了吗？”她依旧嬉皮笑脸。

“有点儿熟，不敢肯定。”这样半真半假的电话在平时也时常出现，朋友多嘛，一些过去多年不见的朋友，因为看了报道或通过其他什么途径知道了石英君现在正从事“隐私热线”，于是便总会半真半假地来个电话说几句朋友的玩笑话。石英君再忙，也不能不拿出几分热心来应付这样的好友。同样道理，此刻的他也正在琢磨、猜测着今天这位老熟人到底能是谁呀？

“谁？……”对方显得有些高兴地追问。“你说该是谁嘛？”

“说不好。”石英君真是一下无法想起这样的女声。

那边的女人显然失望了。“是嘛！大名人……我是瑶瑶！”

“瑶瑶！……瑶瑶？”石英君还是摸不着头脑。

“想不起来就算了！我想见见你！”她终于有些迫不及待了。

“见见我？……有事吗？”聪明一世的石英君又糊涂了。

“得得，如果你忙就算了！忙你的吧，等有时间再说！好吧，那就先这样。”对方这回真是有点气过头了，自己给自己下了个台阶。

出于对一个女人的尊重和怕朋友间误会，石英君调动了脑子里所有的细胞进行回闪 ：“我想想啊……瑶瑶？……我想不起来你呀？你什么时候给我打的热线？”但他还是失败了。

“算了！不难为你了大忙人，你看见我就知道我是谁了！”对方好像忽然同情起石英君来。

“弄那么神秘干吗？”既然是朋友，干吗半真半假，这回轮到石英君生气起来。

“我是想请你吃顿饭，咱们快有 15 年没见面了！……嘿嘿嘿……”对方竟然又笑起个没完：“有时间吗？今天中午或晚上？”

活见鬼，石英君心想这位老朋友是非见不可了，便沉思片刻道：“好吧！今天中午。哎，什么地方？”

“曲园吧，不过曲园现在搬家了，不在西单了。”她笑着叮嘱道。

“我知道。几点？”

“12 点吧！好吗？”

“好吧。”

石英君还真第一次被一个电话弄得有些六神无主，当挂掉电话后，他还在苦思冥想，可就怎么也想不起对方是谁。算了，既然是女的，同以往一样：“一级战备”。

终于见到她啦，见到她时石英君真的彻底傻啦！他此刻才明白她电话里为什么那么神秘、那么躲躲闪闪了。

石英君想不到的是这位本是他“热线”主人公之一的重要人物的出现，竟然牵连出了自己曾经有过的一段浪漫史——而且恰巧是跟她的……

时间轮回到 15 年前的 1985 年冬。那时的她穿了一件女式军大衣，露出当年时髦的高领白毛衣；棕黄长发绷得很紧地吊在脑后头的至高点上，系着个蓝底儿白点儿的花手绢；下身是一条深紫红色健美牛仔裤，脚蹬一双棕色高跟鞋——一眼便看得出：这不是个国家体操队的，就是个部队文工团的小妞——此时，她从停靠在北海后门的 107 路电车上刚刚下来，正横穿马路向石英君走来。

“是石晓星（石英君的曾用名）吧？……你好！”她大大方方甜滋滋地满脸堆笑，握着稚气未脱的石英君的手。

“你好！”与那个通电话的男孩子差不多年龄的石英君瞪大惊奇的眼睛，傻傻地看着她应声道。

两人来到路旁不远处的什刹海凉亭的石座上，直到她跟他聊到说她想转业，他都没敢问她一句她到底姓啥？——那个年代就那么怪，尤其是女孩儿，可以认识你，帮助你。帮完就完，问她姓啥，一抿嘴儿笑笑转身就跑，这辈子如果再没缘分见到她，您是甭想弄出个究竟。那次战友歌舞团在北展剧场演出时，石英君没弄到票，正在着急的当口，突然有个女孩卖给他两张票，那个女孩儿就是她。此前党和国家领导人接见全军文艺会演主要演员合影时她正好站在石英君身后，当时他们只是礼貌地笑过那么一回，她却把他给记住了。今天她说她是看过了《人民音乐》一篇介绍石英君的文章，就打电话把“小弟弟”给约出来了。所以，她似乎知道石英君不少情况，而石英君只知道她是二炮文工团的青年舞蹈演员，别的就啥都不知道了。但听口音，能感觉她是南方来的小文艺兵，长得水灵灵得挺漂亮。那年，她大概也只有十几岁。

打那以后，石英君和她只是通通电话，而且全都是她打来的。当后来知道石英君正与战友歌舞团的一个舞蹈演员交朋友之后，她渐渐地就没影了。有一年，石英君忽然接到一封长长的来信，是她写的，洋洋洒洒都是些浸满泪水的话。那时，傻小子石英君才知道她深深地爱着他，可她从未表露过。女孩子这么一表露，信却先落到了石英君那女朋友手中，后来，由于傻小子就是长一百张嘴也说不清，女朋友就跑了……傻小子由此生病，住进了 301 医院。她不知道从哪儿知道了傻小子的情况，就今天一箱“胃康宁”，明天一桶“维生素 ABC”地寄起个没完……再后来石英君出国了，几年后回来时，听姐姐说，有个姑娘来过家里，问石英君现在在哪。姐姐告诉她说：“不能对你说，我弟弟恐怕十年八载回不了国……”等石英君回国再找她时，她结婚了……接石英君的电话时是这副态度：“您打错了吧？找谁连名字都说不上来！有毛病！”然后就是忙音……石英君的心就这样死了。

然而今天，她又出其不意地站在了石英君的面前，依旧是那个样，依旧那么年轻，依旧用那种裹着忧伤和快乐的眼睛在看着他，冲着他微笑：

“这位是我丈夫，凯鸣。”然后她冲丈夫依旧这样笑着抬起手：“石英君。我跟你说过，著名的‘情感隐私专家’……还是个音乐天才！……怎么样？是不是能看得出，他年轻时一定很帅？呵呵呵……”她依旧顽皮，顽皮中显现出她特有的个性。

“人家本来就很年轻嘛！还什么年轻时？”她的丈夫很真诚地把手伸向石英君，虽然脸有些红，手也有些发颤。

“本来就不年轻了嘛！都孩儿她爹了！”握着他的手时，石英君能感到他的一种应付和心虚。

她依旧灿烂地微笑着。

石英君很快地了解到：她是转业后留的北京，原因是不想再跳舞了。能留北京是因为她认识某部委领导的女儿，在她的帮助下才顺利地留下了，不然她得回她土生土长的重庆。

而如今坐在她身旁的这位她说是她丈夫的人（石英君瞧着昔日女友的这位丈夫，怎么看怎么倒像是她爸），是个享有国家副部级领导待遇的某“国”字头公司的总裁——瞧模样，蛮有点儿像当年日本电影里的那个“高仓健”，只是脸没他那么沧桑，红扑扑、营养过剩似的泛着光，虽不算肥头大耳，但一看也算是个有身份的人。他谈吐不自然，总不敢与石英君的目光相对，涉及情感话题时，那男人还似乎很不自信地躲躲闪闪。但他身边的这位女士就不同啦，什么都敢说，就连她丈夫那方面不怎么行都敢说，甚至还敢用一只筷子捅他。石英君能感觉到：那男人很娇惯她，甚至可以说是在时时刻刻地宠她、顺从她。

吃过饭后，女士和丈夫一起邀石英君去了他们下榻的饭店。

石英君开始有点不明白：北京的老总，北京的户口，又不是请“三陪”，开哪门子房间呢？可到嘴边的话石英君还是忍住了。他明白，夫妇俩人找他一定是有什么事情，而且是精心策划好的。主谋肯定是这位风韵不减当年的她。

女士的丈夫与石英君闲聊了一阵后，就谎称“有点儿事”，到另一房间里去了；女士这时起身也说先去“方便一下”，然后递给石英君一本杂志，将他一人给甩客厅里了。

石英君开始琢磨起来：他们干什么这般神神秘秘的？……对，先看看她的证件！这么多年没见面了，她到底现在是个什么人物呀？

背着老朋友，石英君做了回“小人”：他轻轻撩开了她随意扔在一旁的半敞着的坤包，里面真有她的一个证件——啊？她叫叶小茜？！她怎么改名了？那年在“二炮”时，她不是叫陆瑶嘛？怎么连姓都改了？……难怪内贸部的保卫部门说“没这个人”呢！可明明二炮的弟兄们当时告诉石英君说她“进内贸部”了。她照片里那双柔情似水的眼睛在冲石英君微笑着……爽爽的，甜甜的……

石英君侦察完“敌情”后，迅速将前女友的证件又悄悄放回她的坤包中。

“尝尝我们老家的甜橘吧！”这时，她穿一身极单薄的睡衣出来了：边一手用梳子歪着脑袋梳理带水的长发，边一手拿给石英君两个红红的橘子。

“你们是不是该休息了，不然咱们改日再聊？”石英君把橘子放下，忙站起身说。

“不不不！好不容易才把你给弄来，你可是日理万机的人哟。不忙！给你打电话时，我们都刚起来。我……找你还有事呐！”她一屁股坐在石英君的身旁，依旧像当年那样亲密无间。

石英君反倒有些不自然地挪动了一下身子，然后扭头看着她。

“要说急也不急，要说不急也急！……哼哼哼哼，都成了绕口令了！哼哼哼哼……”她还是印象中的那样顽皮，弄得石英君到今天还算不出她到底现在有多大年龄。

“石英君——！”她叫石英君的名字就像叫一个孩子，把“君”字拉那么长：“怎么样？成家了吗？”她剥开橘子送到石英君手上。

“离了……”

“嘿！还挺时髦哈！”她有些吃惊地看了石英君一眼。

“离一回不行咱就离三回呗，这还不简单！”石英君轻松自如地说了句双关语，扔嘴里一片橘子。

美丽的女人听石英君这么一说，开始呆呆地看着他，极不自然也极酸楚。似乎还带着一种难以言表的愧疚：“晓星……”她叫石英君以前的名字，“你今年有多大了？”

“我也不知道，从来就没算过。没工夫关心这个问题，也很少有人问。我都是根据电话那头求助者的年龄来临时界定我的心理年龄的，一会儿大，一会儿小。真猛一问我，今年多大了？咳——！算了吧！还得扳手指头，累不累呀？”石英君要了一个滑头，想摆脱她咄咄逼人的目光。

“狡猾鬼！还跟以前一样——猴精猴精的！不敢回答就算了！”她用一种更复杂的心情那样看着石英君。

“恐怕要看出事儿！”——石英君帮助别人处理情场上的事儿，当然比谁都懂男女之间那些细微复杂的情感，此刻眼见美丽女人的每一个细微动作，他心里不由这样想道。于是便说：“别总是咱俩聊，你老公呢？”他借机起身溜达到叶女士老公那间房间门口：他正假模假式地看文件呐！“真是个共产党的好干部哇——废寝忘食呀！”石英君有些半开玩笑地给他来了这么一句。

“来来来！坐坐！坐坐！”他颇不自然地起身让座。

“找我什么事就尽管说。我……和小叶是老战友，有十几年的交情了！甭管什么事儿，别客气！好吧？都不是外人，你就别老躲着啦！”石英君觉得找男人谈事要自然得多，便坐在男主人的对面看着他说。

“没事儿、没事儿！……你让小茜跟你说！”不想男主人脸一下红了，又慢慢低下头……

“你先忙，我跟老战友聊聊吧！”石英君知道这对夫妇必定有什么难言之隐，于是跟男主人打了个招呼后又回到客厅。

当一进客厅，只见美丽的女人竟然在抽烟……透过烟雾，她在偷偷流泪！石英君心头一紧：她变了。真实的她终于开始出现！

石英君知道此刻最好什么话都别说，于是便静静地来到她的身边，随手从手包里拿出一盘由他作词作曲、由他与自己的女儿刚刚在北京音乐台《新视听》节目里录制播出的磁带，塞进了美丽女人身后的那只落地音响的卡座里，客厅里随即飘出了一阵清纯的童稚歌声——

妈妈你现在听见没有我今天站在这里唱歌
牵着爸爸的手还在颤抖因为没有妈妈的手温柔
妈妈你在我很小的时候把我送给了一位朋友
后来我知道你去了美国爸爸才把我的手儿牵着
你在美国好不好，能不能给我发份 E-mail
妈妈你听我唱歌的时候，是否会像爸爸一样泪流
……

客厅里听歌的美丽女人突然抬起了布满泪痕的脸，瞪大了吃惊的眼睛看着石英君，仿佛要把他烙进自己的瞳仁里……猛然间，

她一下扑过来抱紧石英君，哇哇大哭起来……

石英君的眼泪终于也抑制不住地急淌而出……15年了！他第一个曾经交往过的军人女孩儿过来抱他、安慰他来了……这是石英君做梦也没有想到的——但他马上清醒过来，现在他可不是15年前的石英君了，他是以“海普尤”热线主持人的身份被邀来的呀！开什么玩笑……他赶紧拍拍她的肩：“好了，好了，起来吧！起来吧！有什么话咱们慢慢说。告诉你，我指不定还会给你带来什么好消息呐！”

美丽女人也一下推开石英君，扑闪着大眼睛问：“什么好消息？”

“真的。我不骗你！”石英君没有直接告诉他知道了小楠的消息，可这“消息”二字一脱口，却引来了她潜意识里本能的期待……

女人的丈夫听到这话也跟着出来了：瞪大同样猜疑的眼睛看着石英君。

“你们都坐下。”石英君恢复了他隐私咨询专家的身份，不紧不慢轻轻地说。

“是不是有什么人……给你打过电话？”她显得有些按捺不住地站起来问道。

“你先别激动！”石英君示意道：“先坐下！”

“就是！你先听石先生慢慢把话说完，别着急！”女人的丈夫显然比她更急地在一旁劝慰。

石英君此刻想的并不是尽快把小楠的事告诉眼前这对夫妇，他觉得这家人的几个人员关系异常复杂，按理其中一位还是以前的老熟人，可时过境迁，她也大大变样，真不知道她和她的家人到底是怎么回事？石英君心想先弄清他们之间的所有事实，然后再决定怎样做好他们中所有人的工作。

“能告诉我你是怎么找到我的电话吗？”石英君悠然地点燃一

颗“高乐”烟后看着她说。

美丽女人接过丈夫递来的毛巾揉着眼睛，很费力地回忆道：“我1993年从中央团校学习回来，就到团工委工作。一天，我在吃中午饭时，把一张报纸铺在下面，一下看见一张照片：一个英俊的男人和一个梳披肩发的恬静漂亮女孩儿在一起交谈工作！——你知道，当年，这种带有亲情味道的照片是很少见报的，女人的本能促使我很好奇地瞪大眼睛！仔细看，那男的西装革履有点儿面熟，再仔细瞧标题——《好人一生平安》……我仔细阅读才发现：那一整版的文字写的都是你——你的创业、你帮助过的所有的人和事、你事业的艰难……看看文章作者，是个不俗的名字：经济日报的主任记者——我读过他写的不少书，牟其中的大名，就是从他的笔下开始流传的……我还特别注意到：你的小太太当时怀孕了……后来，我知道你给你女儿起了个与你的事业和海普尤(Help You)的名字及命运息息相关的意义深远的名字……我更知道：你上中国的‘名人录’了——一个出色的‘情感隐私侦探’和‘婚姻情感隐私问题专家’……所以，我就在我也有了‘故事’的时候，有了你的电话……但我虽说十分注意每一篇报纸、每一分钟的电视报道，可我却从未寻到过一丝有关你个人生活隐私方面的只言片语，今天这才惊讶地第一次亲耳从你嘴里头听到……这不是很奇怪吗？”她冷冷地抬起头，送给往日的旧友一缕不很友好的目光，死死地盯着我……

石英君是过来人，知道她说的这些话里饱含着深长的意味，于是不由暗暗叫苦：完了！全都搅到一块儿了！

“我能不能和你爱人单独谈谈？”石英君只好直接把目光投向她的丈夫。

女人的丈夫猛一抬头，然后迅速又低下，托一下镜框，迟疑片刻，有些尴尬地低声笑着说：“好好好！……你们谈！你们谈！……我去洗个澡。”他默默地离去时，还偷偷瞥了石英君一眼，似乎将一片真诚的宽慰送给了他。

石英君当然明白，便回敬了他一个善意的微笑。

现在客厅里又剩下他和她了。

一阵沉默的尴尬后，终于她先起身来到窗前，抖动着她那漂亮而平直的后背。

许久她才转过身，发现沙发上的旧友依然一动不动地坐在那里，似乎有些失望了。

石英君虽然静坐在那儿，可他的心里绝对不亚于美丽女人流露在外的表情。可他尽力克制着，他必须这样——他在心里告诫自己。

她终于不顾一切地一头扑进石英君的怀里，抱着他使劲憋着哭声抖动着双肩。

“知道吗？……你是我迷恋的第一个男孩儿：像潘冬子一样可爱；像崔伢子一样豪帅……我更喜欢你在台上独奏时的神态：一会儿像在跳着男爵舞蹈，一会儿像指挥大师一样智慧翩翩……音乐是你的灵魂，智慧是你的外衣……我不能没有你的影子，没有你，我就没有必要存在……所以，在我茫茫弱小的心灵中，我不想失去你，我渴望能有你一生的陪伴……我希望这不是梦，这不是非该叫我永远承受的苦苦等待……若不是这身军装限制着我，若不是你给我的那一次次不知是否装傻充愣的痴呆，我一定会像只蝴蝶一样，飞到你梦境般的床前……你能听见这来自大沙漠里的心灵对你的呼唤么？”

这不是诗，这是一个小女孩儿在那个封闭的年代里的心灵自白；是她不明白的“第一个冲动期”给她带来的第一个难耐的梦幻；这是诸多个“不许”的戒令所带来的必然！天下没有哪一个男子在听到这些话后不受感动。石英君同样，他本来也是个情种，此时此刻他甚至觉得自己太“伪君子”气了，然而这毕竟是已经过去了的情感……理智告诉他，既然这是永远属于过去的过去，那就只能把它当作梦，永久地掩埋……生活是这样，爱情是这样，一切的一切也都将是这样——过去的就叫它过去，就像巫山上的云雾一样：叫它永远迷蒙地飘散万年。

与无数情感难题打过交道的石英君，眼下不知怎么拒绝这位多情善感的美丽女人的这番举动，也许只是希望她能排遣得快一点儿：用沉重而战栗的手在抚慰着她的心；用沉重而战栗的心在护持着她的魂——石英君变得有些痴呆了，就像个犯了错误的小孩。

客厅里，只有闹钟的时针走动的声音，我们的隐私专家陷入了一场空前的情感纠缠大战。他和她彼此什么话也没说，只有心灵间近距离的倾诉和呵护、给予和承受……没有语言能表述得清这是为什么，没有道理能说明得了这是多苦的等待……有的只是心跳，沉重而不能自已的心跳！这是为什么？其实答案是清楚的，只是两位已经成年的男女不想将它揭穿而已！

他和她的内心世界仍然相爱着，然而这种爱是无法再复燃的。

这时，女人的丈夫从里间屋的浴室里出来，换了身短裤、运动衫穿。

而她依旧把头埋在石英君的怀里，似乎根本没有考虑丈夫的存在——其实她也不在乎，因为她明白她的丈夫总是什么事都宽容她，尤其是她曾经对他说过这位石先生是她过去的初恋后，她更不在乎丈夫是怎么看她与他的旧情的，因为她心里明白，她丈夫绝对不会因此对她有什么看法，甚至她知道丈夫一定会像看到一个迷失一时的幼儿重新找到了自己的小伙伴似的来看待她和石此时此刻的任何举动。

其实就是这样，她丈夫在这个当儿表现得极其绅士。

石英君能感觉得到，于是他轻轻地拍打着她。

女人的丈夫没有用任何“抗议”的目光或者眼神窥视自己的妻子与另一个男人之间的这种“组合造型”，反倒把椅子往前挪挪，坐在他们的对面，用手边向后拢着湿湿的短发，边露出两颗金牙，笑眯眯地看着自己的妻子说：

“她呀，就是这么个多情善感的人……你们过去的事儿我知道！”他声音不大，像做部下思想工作一样。“她不止一次跟我讲过！嗯……今天早上还说，‘我见到他……没准儿还亲他一口！’哈哈哈，她这个人是棵透心白菜，可爱也就可爱在这些地方，你拿她没辙，哈哈哈……”

美丽女人的丈夫说这些话时脸虽有些红，但笑得与他的身份极为相称。这一点确实令石英君多少也有点佩服。

倚在石英君肩膀上的女人并没有理会男人的话，依旧那么投入地沉浸在往日旧友的怀抱之中。但此刻最难受的却是石英君了，他既不能过分，又不能对女人太迁就。

女人的丈夫手握烟斗，慢慢点燃，继续着他的高论：

“我知道她的心情，能理解。她性格就这样！不光你的事儿她放不下，还有我们儿子的事儿也一样挂念！……我也老了，操不了那么多的心……”他还是那样红着脸看着她说，一直就没改变视线，“她——你应该了解，永远长不大，我们楠楠最喜欢她。人好，舞跳得更好！又会做饭，人又漂亮，还是个党员！……就是命不好，一走到感情的坡路上，脚底下就绊蒜！老天爷总不给她指条明白的路，摔得她遍体鳞伤，跟头把式地永远没有个歇脚的地方。我……我们这次找你，一是想叙叙旧，见见老朋友，了却她的心愿和好奇；二是想请你这位名家给帮帮忙，找找我儿子的下落，他……离家出走了！……小茜非常非常喜欢他，只是……她……没这个心理准备。真的！”男人说着说着，便挨着妻子坐了过来，一边捋着她的头，眼里含着半已混浊的泪水，显得很可怜地说："所以……她……很难受……"

石英君觉得，除开其他的不说，这位丈夫确实算是个体贴女人的好丈夫。

"好了！好了！……不说这些了！不说这些了！"男人的嗓子有些哑了。于是抹干眼泪对石英君求助道："你陪她好好唠唠！不管怎么说，她不信任别人，还是蛮信任你的，你在她眼里就是个神，她最崇拜的就是你了！我下楼到公园里中溜达溜达，你们别着急，慢慢谈！慢慢谈……"美丽女人的丈夫说完后就扭转屁股出了门，并且有意将门反锁了。

男人刚一走，女人突然跳起来说："小楠的照片是不是在你包里？"她不等石英君回答就自己动手翻起石英君的包。

她翻到了照片，那抑压不住的狂喜让石英君既妒忌又对她产生一种怜惜，可怜她三四十岁的一个中年女子，竟然天真得像个初恋少女那么痴情和投入——这样的女人注定会被情所困所扰。

终于，她转过头来，有些不好意思地看着昔日的好友，迫不及待地问："他真的给你打过电话？"

石英君觉得忙活了半天的序幕终于要正式开场了："你想知道是吗？"他有意送给对方一团疑云。

她不假思索地回答："当然！"

"那按理说，我就要给你来上一段'小道儿消息'了？你还不给我来上一段儿更精彩的？"

"什么呀？"说着，她起身往卫生间里走去……当她从里面走出来时，石英君觉察到她显然洗了把脸，皮肤潮潮地泛着光。

突然，她见正在看照片的石英君的眼角上闪着泪星儿便不由吃惊："怎么了？"

"没事儿。我挺喜欢小楠的。比我帅，比我刚强。……我看他照片时就想起我小时候，荣耀得很，一身'只争朝夕'的劲头儿！……现在不行喽——！老啦！……”石英君今天有些不能自持，他看着她的眼睛，真诚地补充道：“我真的老啦！”

这十年来，他与无数情感隐私困难者打过交道，而在那些人面前他石英君从来都是以一个强者的身份出现的，然而今天他在昔日的女友面前一下露出了真实的自己。这是一个同样在隐私问题上伤痕累累的人，一个伤痕累累的男人。

美丽女人若有所思地点点头，充满柔情地抚摸着他的头发，想给这受伤的男子汉一份温暖。

“你什么时候改的名儿？”石英君轻轻将她的手从自己的头上挪开，然后问。

美丽女人沉思片刻后说：“转业进北京的时候。当时年纪小，又没结婚，留京指标轮不到我。我就想出一个主意：改名换姓，变成个北京人伍的不就得了！……然后就托人把户口落到我叔家了。其实那不是我叔，是个部长……我就姓我妈的姓儿，落他家了。因为正好他也姓叶。叫‘小茜’是‘小心’的意思，只是怕人家一眼就瞧出不对劲，就顺‘茜(xī)’的另一个汉语读音，叫‘小茜(qiàn)’了，正好挺时髦！就这么回事！全坦白了。”

美丽女人歪着脑袋回答完了石英君的问话，看得出显然是心不在焉！——石英君有些无奈，他多少知道她就这么个性格：一会儿8岁，一会儿21岁的来回乱变！他放下男孩的照片，拿起香烟递给她一支：“喏……薄荷的。”

她吸起来，没两口又捻灭：“我就跟你实话实说吧！我不爱他爸，爱他！”她两眼死盯着石英君。

美丽的女人真的都是这么多情？石英君心头闪出一个念头。

“为什么？”他接着女人的话问道。

“……不知道！”

“现在还爱吗？”

“……你说呢？”她反倒用那种挑衅的眼光看着石英君。

石英君不想自己陷入太深，毕竟同这位往日的女友的恋情已经是过去的事了。现在自己是隐私热线的主持人——他警告自己。

“你原来结过婚是吧？”他突然换了一个问题。

“那当然！”她先是吃惊地看着他，随后极不情愿地回答道。

“他是干什么的？”

“和你一样，当兵的！”

“有钱吗？”

“穷光蛋。”

“那一定很帅？”

“是的。”

“过得没劲了是吗？”

“也许。”

“哪儿不好？”

“哪儿都好——就你当时那样：假成熟。”

“有孩子吗？”

“有。”

“多大了？”

“……”她一抿嘴角，又冲卫生间跑去了……

石英君长叹口气：看来这绝对是档子比较难处理的隐私问题了。干吗接她嘛，什么人都可以接，就是不能接熟人，尤其是像她这样与自己过去感情有扯不断关系的这种“客户”。石英君觉得自己有点后悔了。

不一会儿，他在客厅里听到她的哭声。唉，让她哭去吧。

可石英君坐了好一会儿，卫生间里传出的哭声一阵更比一阵响。石英君终于忍不住从沙发上坐起来，疾步打开卫生间门，来到她的身旁：“别哭了……都是我的错！不该提那些事……”

她一抬头从镜子里看到石英君那认错的面容，忽一转身就一下把他死死抱住，像孩子找到了久别的亲人一样“啊啊”的大哭起来……

石英君并非草木，他不能不被这样多情的美丽女人的泪水感动和感化。他不自觉地伸出双臂，将她同样紧紧地搂在怀里，说：“对不起，事到如今，也有我的责任……我当初错怪你了……那时咱们都小，不懂事……你别怪我……”

她一下把他抱得更紧更紧，“你别说了，别说了！什么都别说了……都是我不好，都是我命苦……让我再好好地抱抱你，抱抱你，你别躲开……别躲开……啊——啊啊……”她哭得更伤心了。

许久之后，石英君把她扶回沙发上。

“其实小楠他什么都跟我说了。”他说。

“我知道。”她喃喃地塞着鼻子说。

“我想……你是把我当作好朋友、好兄弟，才这样信任我是吧？”

“是。还有好丈夫。”她轻轻补充说，自己却偷偷地破涕为笑。

“那好。你能不能告诉我，你为什么和小楠的爸爸结婚？或者说你因为什么，和他有第一次关系？”

“这很重要是吗？”她依旧带着鼻子不通气的声音问。

“是。但是你不想说的话，千万别勉强……因为我不想为难你。可这是你决定性的错误！……你或许还不懂，但当你醒悟了，你会明白我为什么这么问。我的这种分析或者叫猜测，是有理论和实际依据的。不少像你这样的女孩子，都犯有和你一样的错误。这种错误是莫名的、递进的、混沌的、幼稚的；这种错误是无知的、善良的、可怕的……没有人会告诉你这些，没有这样的教科书供你读。你或许会和所有人一样，听到这个问题，就会偷偷跑图书馆里查阅‘资料’，看看有关医生和心理学家会怎么说。可你翻遍中国的所有书籍，也翻不出一本权威的书，能解答你这个疑问。其实，答案就在你身上；答案就是你问问你自己。由于所受教育、自我修养、成长环境、自身条件、个体差异等有所不同，所以，每个人找到的答案，也不尽相同。你是我碰到的很有代表性的、那种‘什么都感觉自己不错’的、很有修养的女孩子中的杰出代表，可就是这种女孩儿，一个个‘聪明’得都跟傻子差不多：很善良，很天真，很正直，很体贴；很幼稚，很冒险，很奇特，很固执……可偏偏就这样的女孩儿，却‘红颜薄命’，碰到的灾难要比幸福更多；没一个不觉得自己是块‘料’但‘天姿’背后，深藏着‘自信’给自己带来的无知。知识是哪儿来的？是经验换来的。可等你有了知识和经验的时候，人也老了。其实，恋爱绝不仅仅是你爱我、我爱你就‘OK’完事儿。恋爱和婚姻一样，得先设计‘蓝图’，然后实行‘工程招标’；婚姻可能更麻烦一点儿，不光‘蓝图’要设计好，还得把设计好的‘蓝图’建设实施成‘伟业’。谁都知道‘事业’变成‘产业’后是要用心经营的，没有好的‘素质’，光有大厦的‘硬件’是不行的。这如同餐桌上的炒菜，天天一个味道不行。要想叫人不倒胃口，就算是白菜，你调整好不同火候，加上不同的佐料，也会随时做出不同的味道。我絮叨这么多，是想告诉你：你离真正学会‘结婚’还差得远着呐，因为你在设计‘蓝图’时就‘选址’不对，更进一步讲，你还没学会‘选址’呢，就在大热天儿里先跳冰河里洗了个痛快澡……这澡究竟洗得痛不痛快？老人知道，孩子不清楚，所以，过两天非得患‘着凉后遗症’不可……换句更简单的话说：就是自己不知道咋回事儿给闹的。其实，从女孩子十几岁甚至更早感觉到‘闹心’的时候，这个问题就提给有关专家和家长了，也同时提给女孩子自己。然而，婚姻实际上是一项系统工程，从三岁起，这项耗资巨大的工程就得准备奠基了，它甚至涉及许多人目前还闻所未闻的诸多‘边缘’科学。只是很可惜，你赶上的年代不凑巧，没有一个老师或家长或专家告诉你说：异性的吸引，那是个过程；结交朋友，那是个工程。中国眼下还确实没有这种专业、权威性的机构，挂牌儿来彻彻底底地帮上你一把——因为还没有这样全方位的人才和相应等级的决策脑袋！……嗨！跟你说这些干吗？我就不说那么多了……你自己琢磨琢磨……”石英君觉得自己一下说了那么多也可能是对牛弹琴，他揉揉疲倦的眼睛，又拿出一支烟。

“前面你说的意思我有点儿明白。后面的……我觉得太复杂……”她说。

“那就拣你明白的说，挑不明白的问！”

她眯缝起眼睛：“怎么说呢？……我这么跟你说吧：头一次没成。后几次嘛……不能说我一点也不想，只是……”

“他哀求你。”

“……嗨！……我看他挺可怜的……”

“你当时怎么想？”

“他当时哭得挺伤心的……记得他这么跟我说：小楠不是他的亲生子，是抱来的。还说……他妈妈那方面有问题，他从来就没有体验过什么快感……是到日本访问的时候，才从电视里看见的。后来……他就偷偷买了些录像带……然后……然后他就把电视打开……那里边正播放他早就放在录像机里的磁带画面，开始我吓一跳！这是什么东西？后来我才看明白……你知道我从来对这玩意儿不感兴趣，又和一个老头儿在看，我心跳得不得了！他借机就抚摸我，从头到脚，我渐渐就开始对镜头里的东西感到好奇，一会儿的工夫，他就上来了……我就……就这么稀里糊涂地闭上了眼睛，他就成了……”

“你醒来后后悔了吗？”

“醒来他接着看了电视，我也就跟着看了……好多都带故事情节，我主要对故事感兴趣，就跟着看了一晚上。”

“他爱人呢？”

“嗨！……要不说怎么那么巧，他爱人那会儿正为我和小楠的事儿急得住院了，小楠又在厦门上学，我想帮助照顾照顾他爸妈的生活，就这么给‘照顾’上了……其实后来我想了：我就是为小楠，心里一直惦记他，小楠上学走后，我就常去他家。当时他爸爸对我特别的好，他妈不成，总觉得我配不上他儿子，心里堵得慌。特别是小楠走后，我就感到每次去见她都很别扭，可总担心小楠有电话来，因为当时我住我战友家，是军线，不好总打长途，所以就总往他家跑。就这么着，他爸爸就得手了。

“你认为他的这第一次‘成功’，意味着什么？”

“意味着什么？……你什么意思？”

“我是说：你认为他能成功的条件是什么？”

“条件？……我的条件？”

“对。”

她不假思索：“年轻、漂亮、皮肤好、有身段儿……还有什么条件？……对！不会跟他嚷嚷、骂他！……你说呐？”

“唉——！”石英君无可奈何地重重叹气道：“我就知道你准和那帮孩子似的女人回答的一样！”

她莫名其妙：“哪儿和她们一样？……对，还有他喜欢我撒娇，没脾气，虽然有时候不完全听他的，可我每天早晨都起来给他煮牛奶、煎鸡蛋，跟原来伺候我前夫时一样！……他特喜欢我早上只穿个小褂子露着大腿给他煎鸡蛋的样子，他说有种异国姑娘身上的那种味道！”

“你真是个二傻子！”石英君气得起身把她一人丢客厅，抓盒烟去了厕所。

她赶忙起身追出去，站在卫生间的门外怯怯地问："你怎么啦？啊……石英君……"她的声音像只小猫一样哆哆嗦嗦。石英君故意不理她，然后拉水箱。

待他回到客厅时，她双手抱臂两眼直愣神儿。"你是不是觉得我有毛病？"安静一会儿，她呆呆地看着地毯冒出这么一句。

石英君此刻在客厅里来回踱着步，随后又是一通滔滔不绝："不是你有毛病，而是你不懂得你为什么会跟他有第一次！……你这种人我见多了。曾经有个从南京跑来找我的姑娘，当时26岁，从来没正经谈过恋爱。洁身自爱的她不用父母多加管教，晚八点后从不出门。她爸爸是省委副书记，妈妈是纪检委的主任，言传身教，她成长为一家美资企业的地区主管。我见到她时，确实感到很漂亮，而且是高雅的那类。用句时髦的话讲：她就像个地铁站广告里的靓丽女人——远远地看着好看；近着摸摸却有点儿凉。可就这么个黄花姑娘，包了又包，裹了又裹26年，却一夜间就成了个'教授'的'贴身情人'。论岁数，他大她40；论条件，追她的男士不论气质、修养、事业、钱包个个比他强。那她为什么'舍近求远'非看中他不行呢？还一肚子委屈地生怕父母知道后不理解她，就是断不了这份情肠……你知道这是为什么吗？……每逢这种情况，形式上大家总是认为：是小女孩儿年纪太轻，没有把握好；是那'教授'一肚子'男盗女娼'带来的结果！可事实上并不是这样，一个巴掌怎么能拍得响？对这'老教授'，咱先姑且不谈。就说咱这'水晶姑娘'，她凭什么就那么'不要脸'，敢一夜之间就把自己的衣裳叫他扒光？你们都想过这个问题没有？谁不要脸？谁不怕那样会一辈子愧对爹娘？谁不羞耻于刚见面认识的人就跟自己那样？可为什么那样？就是因为崇拜他、信任他继而就爱恋他吗？就因为他忠厚、他老实、他关怀、他体贴就什么都不想地全给了他？……找找自己的原因：是空虚吗？是填充吗？是无奈吗？是神秘吗？是好奇吗？是尝试吗？是调整吗？是猎奇吗？是需要吗？是解脱吗？是释放吗？是占有吗？是……你想想，你好好想想！你差在哪课上了？……我不是医生，可我是人，是活在世上活生生的人！你也一样。请用自己的脑袋想想：我们是没有这方面全面深入的教育，可我们不能总等别人教育我们，不能像这女孩儿那样，都到这份儿上了，才不知如何是好地大老远跑来求助我。你要补不上这一课，你后面的坎坷路会更长！越是像你们这样的人，越总爱跟我说仨字：我爱他！我问她都爱他什么？继而是他究竟爱她什么？一阵支支吾吾的从书本上抄的那些小孩子都背得滚瓜烂熟的'造句'后，没一个能跟我道出个一二的！……其实，再明白不过的道理，却从来没人跟你们说过——不论是家长，还是老师、教授，还是什么所谓的心理医生，躲躲闪闪地没一个敢说句实话。我就明明白白地告诉你吧：性需求！……特别是那些从前有'男孩子一样性格'的女孩儿，瓜熟蒂落时本来就晚正常女孩儿半拍，可等她半明白又不明白的时候，又正赶自己'熟透了'的时候，而这个时候是个错综复杂的时期，基本还处在'事业型'的单身阶段，而就在这个时候，压抑过盛的'周期性反应'，无可奈何地充盈在每时每刻都会爆发的'潜伏性周期'的敏感神经里，一旦碰见个'行家'，只要稍加伪装，示以'情感关爱修饰'，送上一个敏感的动作，就会将一个个饱满的神经末梢触活，就会不点自燃；赶上谁是谁的那种爱，就会摊在'西门庆'之徒的身上；待一团团火燃尽，适应了这种温度后，又一盆冰水浇来时，流鼻涕、打喷嚏是小事，患场大病那还不是蛮正常？而中国流行几千年的恪守妇道的座右铭又潜在起着作用，'嫁鸡随鸡、嫁狗随狗''我已经是你的人'的信念更充斥于心。为此，被'爱'的人感觉快活，有爱的人感觉痛苦；'家里红旗不倒，外面彩旗飘飘'的人就会如鱼得水地'飘'到了你床上。待自己最后哭的时候，才开始恨自己荒唐……当然，你的情况和她们不完全相同，可道理是完全一样。我指的是你自己感觉‘飘’的那一刻，你‘不及格’了！懂吗？实际上你吃亏了！他其实知道你不爱他，他非常清楚！他利用了你。利用了你的那种你不知道的‘生理惯性’‘刹车跑偏’的毛病；利用了你的先天性生理特征条件及女性共有的弱势心理、依顺心理、害羞心理、抑制心理、他解心理、借助心理、性启动规律、不知心理……。你被占有后就产生了又是你不知道（或不意识）的无限的依托心理、信赖心理、从众心理、感知心理、崇拜心理、排它心理、牺牲心理、占有心理……，然后你就按你的想法，顺其自然地持久了你们的关系；在你没有得到小楠的消息前，你就用这种迂回办法或者叫策略，应战到现在。至少可以说，他填充了你的空白，充实了你的等待时间；在他的一再要求和物质、精神、经济条件的诱惑下，你就这么时而糊涂、时而清醒地混到了今天，造成了现在的结果。然而，你后悔了，直至想急切地找到小楠……可他此时和你的心情不同，他还不想和你离婚，就算找到小楠，他也会绞尽脑汁与你和小楠周旋，尽量说服你和小楠确立‘姐弟’关系；若实在不行，他宁可在你与小楠未来的‘交往’中睁只眼闭只眼，也不愿意轻易地失去你。这就是他现在和你在一起寻找小楠的真正目的……你说我说得对吗？”

她久久没有说话，像一个犯了错的孩子傻呆呆地看着“老师”，然后她轻轻起身走过来，从背后轻轻地伸出冰凉的手抱着石英君的后背，把脸轻轻地贴在他身上：“抱抱我好吗？我好害怕……”她很乖很乖的样子和颤抖的声音能震撼每一个男人的心。

石英君感到时机成熟了，轻轻地说：“勇敢点儿面对一切。”

“求求你，当我的大哥吧！……我不能没有你！我听你的……”

“你不能什么都听我的。想明白你的一切，面对它，自己拿主意！我所有的话都仅供你参考。”

“我觉得你全都说到我心里去了。我为什么难受你知道了吧？”

“我可能只知道一半儿，那一半儿可就全靠你了。没有什么办法，一切都靠你自己，我又不能和你生活一辈子。主意真的得靠你自己去拿。女人就这样，自己觉得是自己的时候，八头大马都拉不回；跌倒摔伤的时候，又特别好面子；等一旦被别人戳穿的时候，就什么都承受不住了，纸老虎一样一捅就破！不过，这也是优于男人的优点：死拧来死拧去，最终还是循规蹈矩，很喜欢听听别人说点儿什么，特别是那种‘见效快’的办法，特别急不可耐地想一下就学到手。那我就教你一招儿：看着我的眼睛……”她傻傻地抬起头，两眼对着石英君。

“学会看着男人的眼睛说话。不论你爱他、恨他、藐视他、看不看得起他，都敢正视他，冷冷地也许是平平淡淡地看着他，不为他的任何目光所迷惑。你现在就需要这个勇气，不论送给你的是谎言还是真情，你都该平静地用你的智慧目光去面对它、挑战它、驯服它、迎接它。始终保持清醒的头脑做事、判事、处事、料事，不在万不得已的情况下，尽量不求助于他人；什么事都一样，尽量学会自己衡量，自己学着去做；在实在感到无奈时，给我打电话，我会尽力而为的。你明白我的意思了吗？”他跟她说这些话时带着几丝冷酷。

她半天不说话，又有想哭的意思。

“不是我不想管你，我必须这样管你，明白吗？这时我需要狠心！”石英君强制自己的感情不往外露，否则就会前功尽弃。

他看到她终于点点头，两眼却溢满了泪水。

这时，门开了，客房服务生推来了摆满两层西餐食品的小钢车，还有半个切成条状的西瓜摆在下边。石英君一愣，忽然明白：此时除了他和这位美丽的女人之外，还有她的丈夫，而且她的丈夫的心意里夹带着的不光是细心，还有酸涩的希望。

石英君又问她："告诉我，是不是离婚后没有见到过孩子？"

"是。"她委屈得像个孩子似的突然大声哭着说。

"你喜欢他，可你得不到，是吧？"

"是。"

"没有他的日子，你就把希望寄托在小楠的身上，是吧？"

"是。"

"如果你没有小楠，就感到再也没有生的意义和希望，是吧？"

"是。"

"你错了！"石英君突然大声厉吼！"你没出息！你混球！你无能！该承担的你不承担，不该承担的你瞎承担！"

其实这是石英君故意使出的招数。从严格意义上讲，他是在给陷入情感困境的美丽女人进行强刺激性的暗示治疗——因为他怕她这简单而短暂的释放过后，会更加重她的心理负担。由于今天她见到了他这个昔日情人后，是第一次较清醒地理理自己的头绪，她的心实际上是更乱了，始终是在一个坡没爬完，又开始爬另一个坡的阶段。过去的日子中，她形式上好像挺充实，挺快活；而实际上她是连续受着处分、离婚、别子、自杀、小楠自杀、小楠出走，还有结婚、思索等至少八个阶段在一年中对她的强烈刺激。幸亏她还有个好性格，在部队锤炼出个好身体，否则，她早完了。从某种意义上讲，小楠爸爸不管是真是假的感情波澜，是真的给她死一样的灵魂注射了一针强心剂，不然，她绝没有今天！所以，要想真正帮助她，就得首先帮助她建立起自信，重塑自我；不论碰到什么困难，都得沉着应战，自己学会处理意外事件发生时的应对办法以及所要保持的冷静态度。可对她来说，想做到这些，得一点点的来，此种"激将法"，就是先帮她"释放"一下，然后突然"将"她，使她冷静——先让她小释放一下，再一个一个地集中释放。这是石英君实施"先集中、再分裂、再集中释放"

解救“办法”的常用手段。

他还是拿孩子入手，继续对她喋喋不休，一点儿没有降温的意识：

“你是孩子的妈妈，不管怎样你也是他的母亲。为什么不看他？为什么不抚养他？就因为自己做错了事情，嘴短、理短说不出口是吗？就因为自己低人一等丢不下面子是吗？就因为自己感到自己愧对于孩子，而没脸敢去承担抚养他的责任是吗？看看、看看！一个个单亲家庭的孩子，进少管所、戒毒所、教养所、劳改所的有多少？啊？你真的就想等他将来也这样时，叫他爸爸对他说：都是你妈害得你，你没有妈，她早就死了！或者说：她不要你了，跟人跑了你才甘休是吗？你是不是母亲？你有没有过母亲？当你在成长的时候，你是不是需要她对你的呵护？想小楠、爱小楠，你爱他什么？告诉我！你为什么爱他？告诉我！你如果能说出个所以然，你对你自己的所以然也认可，那我今天还真的就算没白来，好跟你学一手！”石英君故意这样挖苦她，然后只管自己给自己倒杯水，并有意独自走到窗台，离她远远地看着她。

美丽女人半天不敢抬头，大指甲盖儿放嘴里咬着——她哪里知道：这又是“情感隐私咨询专家”的一个连环套式的“手段”——在她不知不觉中渐入式地“敲击”她心灵深处的痛处。

她因此又开始流泪——这泪有委屈，有伤痛；有不服，有思索；有无奈，有自卑……她大脑中的一切空白都被这突如其来的东西填满，没有任何抵抗和丝毫回旋的余地。

石英君凭借着自己的经验，知道她在这种训斥后已经失去平时的矜持和抗争，她的意志被震慑和瓦解了；她的思想被启蒙和融化了。

到时候了。

石英君乘胜前进，抓住她此时此刻的心理弱点，继续给她施加压力，帮她分析、解套："你'爱'小楠什么我知道！你不'爱'他爸什么我也知道！我想告诉你：你现在必须得认清自己的选择。这种选择不是儿戏，不是冲动，更不是面子和不冷静，这是人格对情感、婚姻对爱情、命运对未来的艰难选择……我知道这很难，对一般女人不容易，对一个牺牲了一次婚姻的女人来说更难！而关键的问题是，你得明白你的选择的目的是什么？你能回答我吗？'我想为他好'是吗？是想这样回答我，是吗？"

"那是责任！"她在一旁边流泪边坚定地说。

"没错！我们干什么都得负责任！不但负责任，还得负好责任！可你的这种责任是基于你的良心使然的。你总觉得你对不起他，所以你曾经对他妈妈说：'我的选择不容易，对一个刚刚走上人生道路的年轻小伙子来说则更难！我之所以重视和尊重他的选择，就是尊重他和我的年龄差异和经历的时间差所容易产生出的那些悬念结果，待他通过这件事清楚地想明白了自己，也想明白了我，也想明白了他所面对的我们一旦继续后的事实和将来，他要我做他姐姐、做他老婆、做他朋友、做他情人，做什么都行！'这是你说的吧？"

"是。"她依旧不屈服。

"可你明明知道你们有'经历上的时间差'，会给你们的将来蒙上阴影；或者说你明明知道他'年轻'选不对，你还非得叫他有'悬念'地与你生活；甚至为解脱自己愧疚的精神枷锁，而哭着喊着要'做他什么都行'！你是卖不出去的廉价肉哇？非降这档次不行？——我知道那是你发自肺腑的真心话！可你是不是也把它当成是别人唱给你的一曲带有悲剧色彩的挽歌来听听呢？想一想，琢磨琢磨，许多看似很有些道理的东西，也许一点儿道理也说不通。这关键性问题就出在了'感情'二字上了：什么事一掺杂个人的复杂'感情'来处之就坏了，那叫'感情用事'；'以情感人’那该是剧作家的事情——善者用它‘以善镇恶’；恶者用它‘以恶充善’；两者兼顾者，被疑为‘煽情’。三者中都有‘佼佼者’，我说后面的‘煽情’者：大街上常见一女孩儿脖子上挂张牌子，上书：‘拯救失学大学生’，令路人观后十分感动。其实我经常在北京的各主要商街路口见她出现，尾随至夜静时，发现她和不知是她什么人的男人，在一旅店内偷偷点钱，身旁还有从另一路线到此汇拢的小男孩儿从书包里往外倒钱。他们的晚饭比我吃得好。这就是‘高手儿’。这就是‘感情戏’的另面‘效益’。我举此例不是说你就是那种‘感情乞丐’，我是想让你反过来明白一个道理：你本不是施舍什么的那份真情，实际上就是在施舍着什么；你为之付出的那分真情，实际上承载着的就是你的沉重精神压力负担；刚做起来你能承受，时间长了，你承受的就是一种耻辱。这话你现在肯定听不懂，我也不要求你完全听得懂，我就是想让你能展开点儿联想。凡事展开地想，你一定就会有不少收获——这是我‘十年热线生活’的结晶。”

“我知道你的意思。可……你怎么能把我和这种人比。”她感到有点伤了自尊。

“这叫‘记忆深刻’，或者叫‘强化记忆’！”石英君面对旧情人这番神情，有点儿想笑，但他强忍着——其实他此时就是想伤这美丽女人的“自尊”，因为，正是她常年养成的那种“自尊、面子”，才害得她这样！当然还有其他。

“如果我们每个人，特别是漂亮女人，都能把‘面子’的伪装卸掉，那一切的问题好像都能很好解决。你说呢？”他继续着对她的灌输和“启蒙”。

“我有什么伪装！”她开始噘嘴儿看他了。

“好。”石英君拿出一副专家的神气劲儿，问：“刘晓庆你知道吧？”

“她有什么了不起？”小嘴儿撅得更高。

“只说对了一半儿。其实刘晓庆是个极聪明的女人，聪明得不能再聪明的女人。”

她听完这些话后，似乎对刘晓庆也有了重新认识，长叹一声道：“做女人真难。”

“你以为做男人就轻松吗？”

她猛一回头：“那谁都不轻松还爱个什么劲儿？”

“不知道，一个个的还爱得都挺带劲！你不就这样吗？”石英君又追问：“爱什么？什么是爱？你能说说吗？”

她垂下头，用手理着潮湿的发：“你这么一说，兴许我真的倒有点儿回答不上来了。”

“有点儿？那还剩点儿是吧？说上几句！”

“嗨！不就电视里那几句吗？有什么新鲜的！”

“还行！没叫我太失望！”石英君说到此处，给了美丽女人一个鬼脸。

她也不好意思地笑了：“讨厌！”

“你其实很聪明，只是你从不爱动脑筋思考问题，做事随心所欲，只求一时的快乐。不过优点是：真胆儿大，惹出麻烦你就敢做敢当，甚至可以随叫随到地去为对方牺牲自己，这是你纯洁的天性。可什么事情我们可都得讲究个实际。拿你跟小楠的事来说：你告诉我，你第一次见到他就喜欢他吗？”他恢复了认真。

“有点儿。”

“为什么？”

“说不大清楚。大概是一种感觉吧。”

“感觉？什么感觉？”石英君故意伸长脖子先逗逗她，继而表情非常严肃地问。

“说不清。就是有点儿喜欢吧，我也不知道。”

“你明白这是为什么吗？”

“你说这么多了。我也该有点儿明白了吧？用你要求我‘放下架子’的态度来说，我想，我是不是该补课啦？我原以为我什么都懂，可其实我是个傻瓜，是个白痴……我是做妈妈了，可我比孩子还孩子……可能小楠喜欢我的就是这一点。他爸也一样。其实小楠是他生的，他后来跟我承认了。当然他是在得到我以后才说的。他究竟爱我什么，现在我想我不说你也清楚……你们男人都一样，有一个算一个！真的。你别那样看我，如果你老婆是个性冷淡、性无知，你也强不到哪去！你说我说得对不对？”

“有一定道理。但分人，也分是谁。你说呢？”

“我看都一样。我反正也听你说那么多了，好像还真悟出点儿什么道理：女人好像大都为性而牺牲自己，还以为那是爱。”她又开始像梦游一样地说起来了。

“哎，慢点儿、慢点儿！”石英君又故意打断她的话：“我想好好听听！”

“我是想说——”她这句是随着那口叹出的大气一起出来的，“女人只要跟这个男人有了性，就自认倒霉地去爱着对方……”

“接着说。”

“男人，男人只要有性，就想绝对无休止地占有对方，然后就选择机会再把她丢掉！”

“你这不是明白过来了吗？”石英君突然跳起，俯身面对她挥舞着“指挥家”调动乐队情绪时才使用的那些动作：“女人之所以‘自认倒霉’地去爱对方，是因为聪明男人用他的‘性’套在或强加于女人脖子上的那种‘爱’的枷锁，这是最可悲的‘事实’！……真的有无数的女人模糊地这样认为：我对他有‘性’，那就是有‘爱’，因为我有爱才有性。这是对‘灵魂和肉体的美妙结合’的荒唐理解和解释——这种解释认为：‘有灵在先才有性’，这里的‘性’，就是最纯洁的‘爱’的表达。所以，我只要能不论什么原因愿意给予他性，我就是爱他！我在此郑重告诉你，也包括所有天下女人：不要被披着‘灵魂盛装’的情感所迷惑，清醒地判断自己的感情究竟来自何方？那才知道你收获的是不是枷锁和罪恶！”

此时，美丽女人似乎也受了感染，坐在沙发里自言自语道：“他爸爸好办，关键是小楠，我不知道他这辈子是不是叫我给毁了？”她没有了先前的那种眼泪，她坚强的心坎里涌动的是潮水一样的深情：“我老做梦……梦见他病了，真的，我老做这样的梦……”她流泪了，深深地从心海里往外翻滚。

“我想找到小楠。”石英君说。

她抬起木然的头，淌着两行宽宽的泪水问石英君：“你能找到吗？”

“我想我能，真的。但前提是，你必须得设法让我先见到你前夫。”

“为什么？”她的声音几乎没发出来。

“为了你，为了孩子，为了小楠的妈妈，为了小楠家的所有人，还有你前夫……”她一下把石英君的脖子搂进怀中，弄得他猝不及防，一下出溜到地毯上。

“当当当！”这时有人敲门。

石英君赶忙起身走过去开门。

是服务生。“先生您好！ 806 客房主人让我告诉你们，如果你们方便的话，可以到楼下的中餐厅先去吃饭，然后再继续谈。他说他在那里等你们。”

“好。谢谢你了啊！”

“不客气！”

石英君和美丽女人同时看表：“啊——？九点了？赶紧赶紧，

我女儿还等我电话呐！”石英君突然想起自己神圣的职责。

一出酒店，热浪“忽”一下扑满全身，没一会儿，三人的脸上就开始渗汗：“不多说了，我得赶紧回去，小孩儿今儿发烧了。”石英君急忙握着叶小茜丈夫凯鸣的手最后说。

“饭咱们可以不吃，孩子身体可不能不顾哇！赶紧、赶紧！走吧、走吧！”凯鸣非常得体，边说边把石英君推上车。

“下次另约时间再谈。不要着急，面包总会有的。”石英君朝美丽女人笑了笑，又朝她的丈夫挥手，“再见！”

反光镜里，叶小茜和她丈夫凯鸣的身影越来越小，紧握方向盘的石英君心里不由叹出口长气：真累。

来到解放军某部的一座密林掩映的大院，在半山腰，石英君找到了叶小茜说的那座小红楼。在楼下的院子里，石英君看到三个小孩儿正在玩耍，两男一女，其中大一点儿的、帅帅的、留着美国式小分头的那个男孩儿，就是石英君要找的人——叶小茜的儿子，王旭。小伙子有一米六左右的个头，瘦得有些苍白，头发则微微发黄。另外与他玩的两个小孩是谁，石英君不得而知。

这里的一切都是那么平静，除了石英君之外，没有人知道可能和即将要发生些什么事。而石英君他想到的第一步是要注意观察一下与王旭相关的一些情况，哪怕是非常非常小的细节。

王旭的爷爷出现了，是一位军衔不小的老将军。

一个与王旭一起玩的女孩娇滴滴地拉着母亲的手进了王旭爷爷住的那座红楼里。

王旭被一位中年男子接进了屋。石英君判断那是王旭的父亲，也是他所要找的重要人物之一。

这一天，石英君像位密探似的蹲在距红楼五六十米的树荫下静静观察，什么事都没有做。

第二天一大早，他又把车停在了昨天的那个树荫下，继续他的“私人侦探”。

大约6点12分，王旭与那个中年男子再次一起出现在红楼院门口。之后王旭坐上中年男子开的那辆车牌号为“京CS××××”的白色轿车离开红楼。

上面的这些“侦察情报”其实都是石英君在自己侦察时的分析和判断，因为叶小茜离家时一个纸片儿、一件衣裳也没带，她是给她丈夫打出来的。叶小茜至今身上也没有一张孩子的照片，石英君只能凭观察得出上面的这些结论。

为了与王旭接触，石英君随刚刚开出红楼的白色轿车来到市区偏西的一所学校，他终于弄明白了王旭的读书地址。下午4点45分放学时间，王旭的身影出现在校门，没几分钟，一辆白色轿车停到他的跟前。王旭熟练地打开车门上车了，然后又用力关上车门。石英君一看车牌，正是早上送王旭的“京CS××××”。

“情报”搞定。第二天下午放学前十分钟，石英君再次出现在校门前左侧的马路边准备实施“行动”。

在浩荡的放学大军里，王旭显得无精打采。

“小旭！”石英君从车窗里轻轻叫道，然后拉开车门。

王旭左右盼顾一番，最后目光回到石英君这边，“是叫我吗？”

“是，小旭。”石英君亲切地走近他，用手抚摸着小伙子的头：“不要怕，我是你妈妈过去的老战友，也是她的好朋友。”

王旭突然有些紧张，石英君肯定这是“妈妈”两个字给吓的。

“对不起，小旭，我让你受惊了。可我这儿有你妈给你的一封信，得交给你……”石英君一边掏信给王旭，一边掏出证件：“这是我的工作证和身份证。”

王旭看看证件，又看看石英君的脸，仍然将信将疑。

石英君知道时间不多，赶紧抓住机会说道：“我知道一会儿你爸爸就要来这接你。你妈妈说她不想叫你爸爸知道她托我来看你的事，信你先收好，别在这儿看，你妈妈只是惦记你，让我看看你现在长多高了，她特别想念你。小旭，想不到你已经都快追上你妈了，她知道后一定高兴坏了。”

孩子什么话都没说，只是两眼盯着那封信。

“信你先收好啊！别叫别人看见，等没人的时候再看。有什么事儿以后就跟叔叔说，我会做你一个最好最好的知心朋友的，好吗？喏！这是我的名片！你有什么事，就给我打电话，或者干脆，如果可能的话，看完妈妈的信，你就找机会给我打个电话。不过千万别在家里打，以免跟爸爸闹误会！这样吧：你们中午吃完小饭桌，不是有自己玩儿的时间吗？”石英君说着，指指校门旁的那个小卖部。“找那儿的阿姨，那有公用电话，我跟她们说好了，你不用花钱，有事就给我打手机，就名片上这个，好吧？”

王旭点点头，眼睛却盯着手里的信，石英君知道孩子的心早已在离他久远的妈妈的信上。于是他对王旭说：“叔叔先走了，你自己多保重！如果明天可能，别忘了给我打个电话。你爸爸一会儿就要来接你了！再见！”石英君拍拍小伙子的肩膀，转身钻进车子。

“叔叔再见！”王旭很有礼貌地挥挥手。

石英君启动车子后，转了一圈，又悄悄折回一个不易被人觉察的地方，并且正好用反光镜照到王旭——这是他事先设计好的。因为他要观察孩子看完妈妈的信后的反应，信的内容是他与王旭的妈妈一起商定的，而就在这时，石英君的车子反光镜里突然出现了一幕令人揪心的镜头：王旭独自躲在一个墙角处，双手颤巍巍地捧着信，看着看着，身子一下从靠在墙边的那棵树上溜到地上——小伙子用身子压着书包和那封盼望已久的信，痛哭起来。

石英君的眼睛不由一阵酸痛。因为他知道王旭手里那封信的内容。那是一个离别多年的母亲对亲生儿子用心血写就的啊：

我亲爱的儿子旭旭：

你好吗？我是你妈妈——就是你给我起外号叫“白萝卜”的妈妈——叶小茜！

想起来了吗？（你不许笑！）给妈敬个礼！……好，听妈的口令：稍息！不许笑。

严肃点儿！立正站好！不许动！就像你爸爸那张“扛枪”的照片一样，“两眼有神”！

旭旭，你想起你六岁时跟妈妈做的这个游戏了吗：妈妈有好几年没见到你了，你现在好吗？长高了吗？还胃疼吗？妈妈告诉你的话还记得吗——少吃雪糕，别吃起来不要命！爷爷不是说，生命是革命的本钱！珍惜身体，就是珍惜生命；珍惜生命，就是珍惜所有人对你的爱！妈妈的话，小旭没有忘记，是吧？

旭旭，妈妈知道你生我气了，都是妈妈不好。妈妈等你长大了，一定向你说明原因，向你认错。妈妈是当兵的出身，说话算话，对就是对，错就是错。你相信妈妈的话是吧？我知道，你一定不理解妈妈为什么不来看你，妈妈那是实在没有办法，你看到妈妈临走时写给你的那封信了吗（就那张写得密密麻麻满满一张纸的条子）？知道吗？妈妈那是躲厕所里写给你的，如果你有什么原因恨我，或至今没有看到，那妈妈就再给你写一遍：

旭旭：妈妈就要走了。妈妈有好多话要对你讲，可妈妈隔窗见不到你，你爸爸把你锁屋里不许我进去。妈怕你睡着了，不敢砸门，怕你吓着，就给你写了这张条。你记住妈妈的话：不论我走到哪里，我都深深地爱着你……不论妈妈的骨灰埋在哪里，妈妈的心永远惦记你……你要好好学习，快快健康长大。等妈活着回来见到你的时候，妈给你跪下……妈对不起你！……如果妈不在了，你一定要坚强，好好听爸爸的话，在爸爸难受的时候，给他讲故事，好好体贴他，因为他是你今后一生唯一的亲人，他是你爸！旭旭，妈手里现在只有一张纸，字不敢写太大，怕写不下。你就慢慢查字典看吧。好吧宝？妈的心碎了……妈没有别的东西留给你，就把身上带的这张月票留给你，这上面的照片是妈妈生你的那年照的，就叫妈妈的照片陪陪你吧，想起妈妈的时候，你拿出来看看，别等妈妈不在的时候，你连妈妈长什么样都不知道……爸爸会把妈妈所有的东西都……旭旭，妈妈写不下去了……妈一会儿把它藏在你的玩具里，妈希望你能看到它（不好了！没地方写了！）

——永远永远爱你、惦记你的妈妈（草于厕所）

上面的这些话妈在心里背诵过无数次，妈是靠着背诵它活过来的……两年了，每到你的生日，妈妈都会找个没人的地方，好好地哭上一场，背诵背诵这封信……旭旭，你知道妈妈有多担心你吗？……你恨妈妈没有错，那是妈妈没有尽到责任。可妈妈不会记恨你，你放下妈妈的电话是迫于无奈，是爸爸、奶奶、姑姑、婶婶他们给你施加的压力，妈心里明白。妈妈离开你这么些年，妈妈想你，你也一定想妈妈，所以，妈妈想明白了，托石叔叔给你带去这封信，叫你知道妈妈现在的心情，妈妈还活着，是为你活着。石叔叔是妈妈的老战友、好朋友，他不是坏人，他也是个当了十几年兵做爸爸的人了。他给妈妈的帮助是无私的，他只希望你和妈妈都能有一个很好的将来。妈昨天和他又谈了一个晚上，他说他想代我看看你，只是还没把握，不了解你现在的情况，就不敢给你带任何你可能想要或十分喜欢的东西……妈妈想来想去，还是听他的意见，给你一张我近期的照片，是石叔叔给照的，你看见后别哭，妈妈不是在冲你笑吗？是不是？等石叔叔了解完你和爸爸现在的生活情况，视你爸爸现在的态度，再决定妈妈什么时候正式看你。妈有充分的信心和勇气相信，一切都将会过去，有石叔叔这样的好人的帮助，我们一定会有个很好的将来！

石叔叔不许我信写得太长，怕影响你学习，可妈终于有了这个机会，几年了，实在是控制不了，生怕永远失去你对妈妈的理解，有很多话说不完。好了，听他的，亲亲我的宝贝，像小时候一样吻吻你的眼睛！其他的就让石叔叔抽时间和机会跟你说，你有什么憋在心里的话想说，就给他打电话，他会给予你很多……

再次吻吻我宝贝的脸蛋儿！愿你快乐！

牵挂你的妈妈：白萝卜

2000.8.6 于北京香格里拉饭店

此时此刻，从小与王旭一样都生活在单亲家庭的石英君特别深切地理解王旭那份痛楚的心。他真想上前用一个成人的怀抱抚慰一下孩子，可为了不影响下一步工作，石英君不得不压抑住自己的情绪。

已经四点多了，王旭的爸爸怎么还不来？石英君焦虑地朝校门的相反方向望去。

石英君看看手表，突然打开车门，飞步跑到小卖部，边掏钱边对店里的那位姑娘说："快！拿瓶大雪碧，要凉的！"

姑娘将大雪碧递给他。"别给我呀！看见没？你帮我给那个……孩子。"石英君朝王旭那儿指指："我那侄子，有伤心事，你帮我送给他，只是别说是我让你送的，快去！帮帮忙……"

姑娘真的帮忙送去了。只是王旭感到很突然，他不好意思地推辞了几下，最终还是被眼前这位聪明、善良、耿直的阿姨所感动。小家伙轻轻拧开盖子……这个安排是即兴的，但也是石英君处理特殊事件的一种能力和方法——他用这一方式来替代对一个孤独痛苦的孩子的抚慰，因为一位“阿姨”的出现，更能体现一个女性给一个单亲孩子的那种特殊的关怀。男孩儿潜意识里存在这种渴望，特别是单亲家庭的孩子更是这样。这一点石英君非常清楚。

王旭在喝完雪碧后情绪平静了许多，而就在这时，他父亲的车子出现在他的跟前……石英君的心暂时安了下来，但他仍然不放心的是王旭这孩子回家后能不能保守得住心中的“秘密”，也就是他能不能承受得住突如其来的母亲所带给他的感情冲击？为了探清情况，石英君在第二天一早，就来到昨天停车的那个位置静静观察。

7 点 20 分，王旭乘坐的那辆白色轿车准时出现，只见他从车里慌慌张张钻出来，背起书包直奔校门口跑去……这表明一切正常，孩子没有被内心的感情巨澜所压垮。

石英君胸口的那颗悬着的心也随之放了下来。

为了下一步工作，他就在王旭上学的校门口一直等到临近中午。待王旭从校门口一出现，石英君便急忙跳出车迎上前去。

“小旭！”

王旭一愣，瞪大眼睛道：“石叔叔！您怎么来了？”

石英君朝他笑笑，问：“你该准备吃午饭了吧？”

王旭表示肯定，他说：“我想先给您打个电话，然后再去吃饭。没想到您来了！”

“你们下午几点上课？”石英君问。

“1 点 20 分。”

“你看这样好吧？我今天是路过这里，正好也没吃饭，叔叔请你一顿怎么样？”

“那多不好啊，我学校里有饭！咱们就站这儿说会儿话吧！”

“那有什么！谁让我是你叔叔来着？”石英君有意表示出自己是个可以信赖的人，一手将王旭搂在胸前，俩人边走边说，“你昨天走后，我一直担心你，不知你回家后会怎么样？今天借你午休的时间，咱们一起吃顿中午饭，好好聊聊！知道吗？这也是代表你妈妈的心意！咱们一边吃饭一边聊聊。好吧？”

王旭疑惑了一下，说：“可别回来晚了，我下午还有复习课呐，快考试了！”

“没问题！你放心吧，咱们就到马路对面吃，行吧？”

在马路对面的一家杭州人开设的酒家里，石英君给小伙子要了几道南方菜。王旭虽没什么胃口，可清蒸鱼却吃了不少。吃饭时，石英君了解到王旭的爸爸没怎么明显察觉儿子有什么异常，但孩子毕竟第一次遇见如此重要的事独自搁在心里，他自个儿反倒总有点儿不对劲儿。好在王旭并没有心慌。

“你怎么看你爸爸和你妈妈的事？”石英君见孩子吃得差不多了，便顺势问道。

“他们？”王旭瞪大眼睛瞅了一眼石英君，又低下头，嘀咕道：“那就看他们俩的了！我有什么办法？”

“你希望妈妈回来和你们一起过吗？”

王旭愣了半天，没回答。转而问：“石叔叔，我能见见我妈妈吗？”

“当然可以！不过，这得让你爸爸知道并且同意才行，你有这权利，你妈妈也有。只是你们现在所处的情况特殊，暂时不具备立刻见面的条件。不过，叔叔会帮你努力的，尽量做好你爸爸的工作，让你早日实现这个愿望！好吗？”

“我爸爸要是不同意我见我妈妈怎么办？”

“为什么？”

“我也说不出来。”

石英君摸了摸孩子的头，不无慈爱地说：“你的任务是只管安心好好复习，把期末考试弄好了，其他的就由石叔叔我来帮你办好。其实，你妈妈随时都可以见你，只是她怕影响你的学习。她说还是等你爸爸想开了，高高兴兴地和你待在一起多好啊？那样你也舒服，是不是？”

王旭第一次在脸上露出了笑容。

当孩子重新回到学校时，站在他身后的石英君久久没有挪动一步，他望着渐渐消失的王旭，心头异常沉重。

2000年“八一”建军节过后，石英君再一次来到北京西山脚下的那个密林深处的红楼别墅。这次他不用再偷偷摸摸，而是大大方方、堂堂正正地前去赴约——是王旭的父亲特别约请。

把车停好后，石英君习惯性地点上一支香烟，等候着“对手”的出现。

时针转向9时整。

显然对方也是个很守时的人。瞧那一身很绅士的黑色纯棉衬衣、戴着副茶色墨镜的“酷”样，石英君有种特别的好感，因为眼前的人同他一样看一眼便知是当过兵的。

“嘟！嘟嘟！”

车笛按了几下，对方同样以“嘟嘟”声相回应，接头“暗号”准确无误。

“你好！……王一洲。”

“你好！……石英君。”

“久仰。”

“久仰。”

“劳您大驾了！”

“应该做的！”

“……咱们走走？”

“好吧！随便。”

两个男人几乎并排行进——这种方式是所有强者男士所经常

采用的。

“住得远点儿，开半天吧？”

“还行！20多分钟。”

“来过吗？”

“好像来过几回。我这儿有几个朋友，不过那已经是过去的事儿了。”石英君机智地躲开对方的某种警惕性。

“是这样啊！”

接下去是一阵长久的沉默，只有沙沙的走路声。

顺着小路，他们来到一个水塘时，王一洲示意石英君在树荫下的一条长椅上坐下，然后一起点着烟。

“你什么时候见到她的？”王一洲不愧是情场老手，在切入主题时来了个以攻为守，先给前来“做工作”的石英君一个下马威。

“20多天前吧。”石英君不傻，也不嫩，沉着回答。

“那你这么多年了，以前就没有见过她？”王一洲转过脸，墨镜后面的锐利目光直盯石英君。显然他对自己的“前妻”和石英君之间过去的那段特殊关系了如指掌。

“没有，从来没有。”石英君知道自己需要给对方诚实而肯定的回答。

王一洲重重地吸了一口烟，将信将疑。

“干你这行挣钱吗？”这话带有明显的轻蔑。

石英君知道对方是想先在心理上压倒他这个“隐私专家”。然而身经百战的石英君早已对像王一洲一类的客人们惯用的圈套习以为常了，他会自己解套。

“咳！瞎忙乎！你觉得我能挣钱吗？”石英君反冲王洲一笑。

“那你干它干吗？”

“怎么跟你说呐？头些年挣钱，后来就完蛋了。”石英君来了个干脆。

“为什么？”

“这不话费改制了吗？一个月 30 元在家随便打！”

“那你就靠这个啊？”

“不完全。”

“是不是找你的都是女的，不好意思跟人家收钱？”

“也不完全，但确实不少。”

“你怎么定价？”

咋，今儿个你王一洲真的给我玩花招呀？石英君心里想到这，于是说：“对不起，不是我定的，是国家物价局给我定的 1 分钟 3 块，全国最高价……但 1997 年开始，就改包月，一个月只收用户 30 元钱，且还不论你打多少次、多长时间，电话局照收你的市话费，我 1 分没有，所以就完蛋了。”

“那当面谈话，也就是你们所说的‘面询’多少钱 1 分钟？”

瞧，他真当上市场调查员了。石英君无奈忍着性子——他知道这是他的工作一部分。

石英君回答：“不一样。按理说，是 1 小时 100 元，可我没怎么这样收。”

“为什么？”

“你想啊，找我的肯定是些被人遗弃、甩了的主，有钱能给人甩了吗？是不是？你说，我能把他们当正常人一样，那么去死乞白赖地跟他们要钱吗？是吧？不过你可不用担心，我今天来可是完全出于志愿的。你能把我当朋友，我也就不把你当外人，虽然咱们是第一次见面。你说是不是？”

“那怎么行？我照章交费！”王一洲一听赶紧直起腰板，拿出一副君子风度。忽儿，他突然问石英君：“出过国是吧？”

“瞎溜达两年！”

“为什么回来？”

“就因为吃不惯那儿的饭，我就喜欢米饭炒菜。你说怎么办？”石英君要了点滑头。

“那倒是真的！”王一洲变得“老实”起来。只见他把头转向天空，然后长长地叹了一声，表情严肃而无奈地对石英君说：“其实聊别的都瞎掰，咱们是不是就先按你的想法，接着你昨天电话里没说完的聊？”

石英君灿烂一笑：主题开始了。

“其实，你给我的第一印象还是蛮直爽的，不愧是个当兵出身的。我喜欢你的这种直爽！”他的开场白很奏效。

“嗨——！都到这份上了，还死要面子活受罪干吗？”

“就是！男人嘛，毕竟不等同于女人，我们碰到什么事儿都得自己扛着，没有任何可以逃脱的选择。我猜想，你在处理她的事情上，也许采取的就是这种态度吧？”石英君见时机已到，便试探道。

果不其然，心头压着几座大山的王一洲终于开始敞开胸怀，他长叹一声后，说：“被你说中了。唉，这年头男人就得活受罪！平时在外面就是天塌下来也要扛着，家里假如出了点岔子还得装傻！冤大头呀！你再有理也没处向人说，你说是不是？”

石英君接触过那么多委托人，像王一洲这样的人也可以算是个顶天立地的男人，但也许正是像王一洲这样的顶天立地的男人竟然败在一个弱不禁风的女人手里，实在有些可怜。石英君瞅着痛苦得像头怒狮可又难以发作的王一洲，用一只手轻轻地按在他的肩膀上，以示男人间的一种安慰。

心头有苦倒不出的王一洲也似乎第一次找到了一位铁杆儿知己一般，在长吁短叹中，他用力地揪着自己的衣襟，吵架似的冲着石英君说：“石先生，你是分析男人女人这方面的‘大拿’，你说说，如果一个女人对一个男人好，就非得跟他脱裤子上床不行吗？那她跟动物有什么区别？啊？你石先生是她小时候的战友，你也是个当兵出身的，你了解咱部队出来的一个个的都啥样？生憋死也不会干出那种事儿呀！你说是不是？可你说她跟谁不行，她非得跟一个小她自己快十岁、都快当她儿子的人干那种事儿，你说她是不是个傻？别人知道了叫我把脸往哪儿搁？啊？哎，你说这事儿要落你身上，你受得了受不了？啊？专家？我又不是残废！”王一洲越说越来气，把报纸往长椅上狠狠一扔，整个身子跟着倒在了长椅上。那魁伟的身体如一架鼓风机在那儿“咕哒咕哒”地起伏着。

老到的石英君见此情景，继续保持沉默，他现在要的就是让对方把心头积郁的怨愤统统倒出来，只有这样才能对症下药。

“喂，老石，你给说说咱们大老爷们天塌下来眨过眼吗？可谁受得了自己的老婆好端端的不跟咱过，竟然瞒着去偷人！还绝了，去偷一个比自己小十好几的男仔！你说说这是什么事嘛？啊，你给评评理，天下哪有这等荒唐事？你说，你说说！”

石英君知道再不有所表示就不够“哥们”了，于是顺着王一洲的劲儿说道：“可不是，说白了，勾谁不行？至少找个比咱爷们酷上十倍八倍的也算没丢分，你家那主儿也真是弄不懂当初她是咋想的。唉！咱爷们堂堂七尺热血儿，谁受得了这气？这样的事轮到我头上兴许比你还沉不住。就凭这一点，王一洲先生你在我眼里算是位真正的君子。”

“是嘛，我才是真正的君子。天下能找出我这样的君子不多了，你说老石是不是？咱当男人当到这个份上也真够份了吧？”王一洲已经第二次把石英君称呼为“老石”了，他觉得多少年总算个知明理的“哥们”懂得他这颗受重伤的心。

“是，现今什么都好当，就是好男人不好当。我有时也想，当个什么不行？非投胎当男人呐？”石英君装出一副同样满心冤屈似的跟着大声控诉起来。突然，大声嚷嚷的他，猛然一下变得异常颓废地低头嘀咕起来："可话也得说回来，既然咱当上了男人，就得当出个样。男人就不犯错误了吗？我看好男人更爱犯错误！"

王一洲的脸一下沉了下来，两眼直勾勾地盯着石英君，着实有点吓人。

他大发雷霆了，但显而易见那雷霆之中暴露出了极其脆弱的一面："我是男人！我就没犯过错误！为那东西值吗？"

石英君暗暗一笑：出效果了！于是抓住机会，平和地说："你在那方面不犯错误，并不代表你就不在其他方面犯错误。我说过：好男人更容易犯错误。"

王一洲立马抢过话茬，不解道："怎么好男人犯错误？为什么犯错误？"他的话有些语无伦次了。

"那我就告诉你说吧：就因为你太自信！太自以为是！你才得到了今天的这种结果！"

"太自信？太自以为是？我……我……我什么时候自信过？我用什么来自信？如果我自信，我还至于混到今天这地步吗？我早把那小子给宰了！老石你信不信？"此时的堂堂君子早已不存在，石英君心里明白，别看王一洲现在骂得很惨烈，其实在他的声调里充满了悲凉。

"我信。当然信了。"石英君附和道，"我还是这句话：你就是因为你的自信犯了你不该犯的错误；并且又是用这种自信混到了你不敢自信的今天！如果没有这种自信……"石英君忽然把语速放慢，对王一洲说："……我想……你也早完了……"

"我完了？我完什么？我怎么完了？"他终于被石英君引入了这场他唱配角的争论中。

石英君开始因势利导："咱们来分析一下你的错误，可以吗？"

"当然可以！"对方信誓旦旦。

“那好。你还记得你和叶小茜是怎么认识的吗？”

王一洲不假思索：“当然记得！”然后便开始进入回忆。忽然，他瞪大眼睛：“这和这件事有什么关系？”他抬头愣愣地看着石英君。

“当然有关系！”石英君镇定自若：“你想，她当初找你的时候，你爸爸平反了吗？还有，你当时在38军，她为什么舍近求远，不在北京现成的干部子弟里找个相当的，而非找你个山沟沟里的大兵等你回城不可？我问你，那时，你有这么好的条件吗？你能一下像今天似的‘陆海空随便调’吗？她知道你就一定能‘调’成吗？……如果我所听到的故事和事实没有出入的话，那你告诉我，她当时究竟图你什么？你是能给她买房子还是买地？”

王一洲的眼睛开始发直。

“那好。太远的咱们就先别说了，就说点儿近的，刚过去不久的——你那肾是谁的？”石英君步步为营，而每一步都捅在王一洲的心头肉上。他悄悄注视着王一洲的表情，只见对方的额上渗出了汗珠，慢慢地那颗高傲的头也跟着低下来。

王一洲开始哭了。

开始是小声，后来哭得两个肩膀都在抽动。

石英君此时想的却是被这位男人打出家门、漂泊多年在异乡的人称“大白萝卜”的漂亮辣妹——叶小茜，也就是被眼前这位男人骂得狗屁不如但又为她死去活来的那个女人以及她可怜的命运。

也许是那个可怜的美人儿曾经与自己有过一段情缘所至，石英君今天的心情也变得特别沉重。他拍拍王一洲的肩膀，不无感叹道：“我实话告诉你，你们俩啥都没事，就是都病得不轻！”

王一洲不解地瞪大眼睛，“啥病？”

“啥病？这种病来自社会的瘟疫。你们谁也不能怪谁，其实也无法怪谁！你不想想，别人不知道小叶是个什么样的人，可你我对她是一清二楚的，要我说，纵观你和她的过去和现在，谁都有自己的毛病。她的问题出在‘环境’与她‘单纯善良的性格’的不契合上，当然还有其他；而你的毛病，就出在了你对婚姻情感的‘悟性’和‘初恋后期的经营’上。刚才我提到你的肾，没有别的意思，就是想让你能反省一下：她的‘出格’，也是因为她觉得她的婚姻和情感是上了‘保险’才出错的，这张‘保单’，就是她对你也是对你们婚姻的信任和责任！她的灵魂在‘出格’的那一刹那，其实是没有也不可能‘出格’的，只是她太自信她的灵魂了——她觉得‘她属于你’！而究竟她怕不怕她的这种丑行被你发现？怕！她谴不谴责自己那样是对不起你的失态？谴责！她恐不恐惧你真的知道这一切后会与她离婚？恐惧！那她为什么就那么轻易无知地释放自己的行为，而丝毫没有顾及她的这种行为所要给你们的家庭和孩子的将来将要带来的伤害呢？你替她也替你自己想过这些问题没有？如果没有，那我劝你还是能明智一点儿，现实一点儿，好好考虑考虑！岁数不小了，该懂点儿你该懂得的东西了！”

王一洲被石英君说得脸上一会儿红一会儿白，忽儿摘下墨镜忽儿又戴上墨镜。

“恕我直言：你们俩其实什么都不懂，虽然‘表现’出的结果不同，可你们俩同样都享受着一个词语的待遇：‘性白痴’！……‘性’是什么？‘性’是文化，‘性’是文明；‘性’是健康；‘性’是感情！……‘性’虽没有阶级，但‘性’含有纯情、快乐、幸福的属性。怎么一提到‘性’，就要单纯地和‘卑鄙’画等号呐？难道画等号的人，就真的没有对‘性’的渴望和追求了吗？……妒忌！伪君子独有的那种荒凉心境下对现实生活的丑恶妒忌！越是这种人，精神就愈加空虚；越是这种人，他就愈加渴望独占‘性’！这样的伪君子，性欲望愈强……其实夫妻之间有什么不能坦然对待的呀？可你们不呀，表面上个个还那么斯文条理，骨子里呢双方都闷得要死。所以，我现在要对所有包括你一个军人在内的中国人耐心地解释：'性'是美好的——它是与您的婚姻紧紧相连的；它是与您的爱情紧紧相连的；它是与社会紧紧相连的；它是与知识、伦理、道德、社会、修养、法律、品格甚至性格都紧紧相连的！正确地理解它，接纳它，拥有它，应用它，处理好它，是一个国家、一个民族全面综合素质的完整体现；是一个家庭获得安宁幸福的完美保证！没有它，就没有一切的存在！……你们了解'性'的这些含义吗？你们注重'性'的这些含义吗？你们支持'性'的这些含义吗？你们真正崇拜过'性'的这些含义吗？我敢说，你就可以代表所有人说：没有，真的没有！可你们这些什么都不知道的人，却知道整天怎么打打杀杀地去虐待和抗拒'性'；却又在自己需要的时候无限地重复发挥、使用、泛用着'性'！你们有权利解释清你们自己为什么还要有这种行为的动机吗？你们有享受它的权力吗？……殊不知'性'的存在绝不仅仅是科学的，'性'从某种意义上讲，在某种时刻，它还应该是独立的；而掺杂情爱混迹于社会，它就是复杂的，有高低良莠之分的。然而世界上没有最纯洁的'性'，只有最纯洁的'爱'；只有'爱'和'性'的高尚结合，'性'的到来才是最完美的！正因为如此，你需要知道：叶小茜她之所以犯下了你认为是不可饶恕的'罪行'，除了她确实有她不很健康的内因在起作用外，你的内因相对她今天的错误来说，也是起着相辅相成的推动作用的，这你知道吗？……倘若她在你那里获得不到心灵和情爱上的满足，那她就有可能到外面寻找这种平衡的那种潜意识！这可不是纯精神的，这是她自己丝毫意识不到的那种本能！你清楚吗？作为她的丈夫，你真正关心过她的灵魂吗？真正观察和体谅过她的心灵掩饰吗？你摆出与其他男人所共有的那种大男人心态，她敢在那种时刻用心去靠近你吗？如果是这样，那她能获得被你呵护的释放吗？而且你还曾亲口这样对她讲：‘搞文艺的，没一个好东西！我压根儿就从心里看不上！特别是跳舞的，一个个骚得不行！别总跟我起腻，免得给你惯出毛病，你到时在外头自己可控制不了场面！’这是你说的吧？你这样就算‘正经’了是吧？可你知道你的这番话给她在那种时刻的心里留下了一道什么样的阴影了吗？你知道这就是一道她最后能终于轰塌你家‘城墙’的导火索吗？你曾经拥有过许多她给你的爱，不光是肉体的，她抹不掉的记忆中能检索得出她付给你的明明是灵魂……这些你可能知道，也可能不知道，可就算你知道，你也渐渐地都把它给忘却了，失去了，从灵魂到肉体地失去了……可你整天的还美滋滋地向你的哥们儿和部下冲着电视机炫耀：什么呀！傻妞儿！比我老婆那腿差远了！……于是，在你心中，你觉得她就是你的，她跑不了，她也绝不敢跑！于是当你得到她的肾脏后，你只是认为那是你们的感情没有‘排异现象’，所以你很快地就把她的这种付出淡忘，总觉得那是天意，那是你命好……可她觉察到这些后，只能用一个女人的敏感和自怜，偷偷地落泪。所以她才会在不知不觉中认为：即便她哪一天稍有闪失，真的做出了对不起你的事情来，那她也认为那是你绝对可以原谅的，因为不管怎么说，你的后半生是她给的……所以她真的就在不知不觉中错了那么一回。可错了之后，你不先找找自己的原因，反倒把嘴巴扇得满天响！不管怎么认错，你连一件像样衣裳都没叫她穿，就把她赶出了你的家门！她无依无靠，最后只有选择逃生的路！而一切并没有就此结束，她在痛苦地面对死神的时候，还是没有忘记你，更没有忘记你们的孩子，于是，她揣着颗忐忑的心举起电话联络你们……可得到的结果，就是你给她单位的那一纸诉状！……你真是个正派得一点儿毛病都没有的好同志！我服了你了！真的！你们曾经在葡萄园里相亲相爱；你们曾经在手术室里经历着那种随时可以拯救别人却将可能永远牺牲自己生命的煎熬……记得在此之前，孩子从她剖开的肚皮里取出的时候，你曾对站在她产床前的母亲说：‘放心吧，我比她大，我知道我今后该怎么照顾她……’她哭了，她知道这时候哭对眼睛不好，可她还是被你的话感动得哭了……她当着妈妈的面儿不好说别的，她只会反复说着那一句她永远忘不掉的话：‘别离开我！别离开我！’……你攥着她冰凉发紫的手说：‘不会，不会，你想哪儿去了？我能那样吗？’”

王一洲再也承受不了石英君这番掀老底的叙说，自责歉疚使他无法控制自己，起身疾步直奔密林，一路晃晃悠悠，跌跌撞撞……

这回石英君动都没动，他要让王一洲好好哭个够，哭过后再好好想一想，当然是好好想一想自己身上的问题。

大约过了几十分钟，王一洲从树林里走出，显然他已经恢复了常态：一丝不乱的锃亮黑发向后拢着，宽边墨镜使他显得深不可测，但在石英君面前他这样做的目的更多的是为了掩饰自己脆弱的一面，方才的那窘境已经使得王一洲感觉在“隐私专家”面前没有什么尊严可言了，其实他也明白自己确实没有任何尊严可言了。你想，自己的老婆过去是他石先生的老熟人，现今这位老熟人又对他和老婆之间的事了解得一清二楚，问题是什么丑事都能说得过去，比如自己瞒着家里人在外面养了个情人，比如一不小心给人骗走了几百万甚至更多一些钱财，比如情人为了私生子想找麻烦等，这些在铁杆男人面前都不能算什么事，但唯一让一位顶天立地的男人受不了的是自己的女人跟别人走了，而且像他王一洲的老婆是跟了一个比自己年龄还小近十岁的小男人走了，这于理于情于面子无论如何也是难以接受的。王一洲为了这件事已经将自己几十年树立起的所有尊严扫地出门了。

王一洲在石英君面前此刻表现出的恢复状态，其实是为了掩饰，这一点石英君是最明白的。石英君没有点穿对方，倒是在王一洲走过来时，主动给了他一支烟。

王一洲接过烟，没有抬头正视这位教诲他的专家，只是在猛地吸了几口烟后，瓮声瓮气地问：“你说怎么办吧？”

石英君听得出，现在是对方彻底需要他的时候。不是有句广告词这么说嘛：男人更需要关爱。于是石英君把语气变得温和了许多，而且让对方听得蛮有希望：“我对你们两个现在都比较了解了，所以我相信你们会拥有和过去一样的生活。你不太信？那听我说完。”石英君重新点上一支烟：“这来源于你们相濡以沫的感情沉淀，源于你们的最初的真诚爱恋，也源于你们之间不同别的夫妻一样的血脉相连，还有就是你们两人内心世界共同拥有的那种与生俱来的责任感！现在所有问题的归结点是：你更需要知道和把握的是——如果小茜她，怀着的是一颗对你坦诚不变的心，那你该珍惜她的这种坦诚。我想在此送你一段我新写的歌词，是我准备将来出专辑时给大家备下的，你先试着听听，看看是不是有点儿道理？如果你觉得还有些道理，那你就顺着这种思路，调整一下心态，然后，再对你的选择做出恰当的判断和抉择——这首歌叫《如果》：

如果是你那颗坦诚的心对我不变
我将把我受伤的心对你敞开笑脸
如果是你在寒夜里送我棉衣一件
我将还给你驱除寒夜的明灯一盏
如果你错了后依然对我坦诚相见
我将把我那最后的真诚对你呈现
没有绝对的对也没有谁绝对的错

理解是你我真诚生活的真诚兑现
坦诚加真诚才是扑灭火山的天冰
理解加真情才是融化雪山的洪盐
好男人终会理解一个母性的心坎
暂时忘掉点尊严不丢咱自己的脸
抬起头咱们一起往前面的路上看
没有过不去的沟也没爬不上的岸
经风经雨那是咱收获的无价财富
不经风雨才对不起咱男人这张脸

石英君见王一洲听得很投入，便说："'不经历风雨，怎能见彩虹？'知道这首歌是谁写的吧？"

"谁？"

"哈哈哈，这样的歌在我肚子里还装着至少两三筐……"石英君着实骄傲了一次。

王一洲则很受鼓舞，原来"隐私专家"果真名不虚传！"老石你确实了不起！不光多才多艺，脑袋里想的问题，也确实跟别人不大一样：角度刁，装的问题也多。我也确实是第一次听说！"说完，王一洲有一种得到解脱的感觉，只见他伸展两臂，左右上下地活动起来，然后对天长长地做着深呼吸。

这一切石英君全都看在眼里，他觉得应该让放不下架子的王一洲重新进入几年前作为一位完整的丈夫的角色。

"怎么样？咱们是男子汉，涉世能力总比她强吧？心胸也该宽一些对吧？"石英君用非常平静的口气像是在同王一洲商量着。

王一洲也显得平静了许多，说的话也是从内心发出的："你说的有一定道理。只是我………已经习惯一个人待着了。"

"得，又虚伪了吧？其实我知道你心里一直放不下她！"石英君半开玩笑起来。

“……”王一洲自嘲地一笑，没有回答。

“其实我想，大道理冷静时谁说得比谁都明白。可就是到了这种时候，反倒谁又比谁都糊涂！你说是不是这个理儿？别的咱们什么也别说啦，我看你可能主要有两个问题自己解决不了。这不是说你不爱她啊！”

王一洲点点头，还是没有说话。

石英君知道现在是需要他彻底放下架子的时候，于是换了一种口气：“从你的经历和性格上来讲，你心里最难战胜你自己去接受的，其实不是叶小茜本人，而是你感到她对你不忠的那种非你能忍受的‘出格’的行为，换句话说，你接受不了她的身体。而这其二呢？就是你已经把事情闹大！不论你单位、你朋友、你孩子、你老子以及你的所有兄弟姐妹，无人不知是她对不起你。每当有人问起你离婚的缘由时，你早已迫不及待地在心里准备好了一句话，一句一语中的阐明与你没有任何关系的话，那就是：她跟别人‘乱搞’！以示你的无辜和清白！而现在，即便你能有个什么新的想法，你也无能为力，无论你怎样重新添油加醋，你也难以收场！这是我见得太多的那通儿地折腾完之后，弄出个尴尬场面在你身上的重现！你或许什么都可以原谅甚至去试着接受她，可你怎么也找不出你为什么就能原谅她的理由，因为，那是在你的一气之下，你自己把你所有的退路全都给堵死了，所以你没有办法来解除这种尴尬，于是，你只好问我说：‘那你说怎么办？’”

王一洲忽地站起身来：“你已经是我的胃虫了。唉，现在我就是这么回事，可我又能怎么样呢？左也不是右也不是……”

“那就拿出咱爷儿们大刀阔斧的勇气来嘛！”石英君又采用了激将法。

“不谈了，咱们先到我家吃饭吧？都 11 点多了！”王一洲突然拉着石英君的胳膊。

可不，都11点40分了！石英君一看表，想起别的事情，便说：“算了吧，我回去有饭！你先自己消化消化，别着急，这也不是着急就能一下全都解决掉的事情。这个你应该比我清楚，做了那么多年的思想政治工作，你应该比我有经验。是吧。”

王一洲不干。“不行，不行！你回去也是一个人，孩子这时不在学校嘛？走，这儿就是我的家门口，你还跟我客气是吧，小石？”他又把老石改成了小石。不容分说，他把石英君“架”起来就走。“吃完再走，吃完再走！你也认认门儿！”

俩人就顺着山坡向王一洲家的方向走去。突然，石英君的手机响起：“喂？是石大哥吗？”

坏了！是叶小楠来的电话，声音特别的嘈杂。石英君赶忙离开王一洲几步，并朝王一洲神秘地眨眨眼，那意思是说这是他石英君的“隐私”。王一洲是过来人，笑笑，有意把头扭到一边。

“是我！你在哪儿呢？”石英君对着手机说得很轻。

“我现在在海口，你能听见吗？”对方声音很杂，时断时续。

“听不清楚！你慢点儿说好吗？”

“石大哥！我被人砍了！”

“什么？！你别着急！慢一点儿跟我说！是给人砍了，是吗？”

“是！我……”手机信号断了。

石英君无奈地看着手机，有些焦急。

“怎么，你这位专家也有犯难的时候？”王一洲有些得意地冲石英君说。

“一个有些麻烦事的老客户。”石英君赶紧搪塞，一边依然注意着手机屏幕上的接收网信号，

“丁零丁零”手机终于又响了：“喂？”

“石大哥……”信号又断了。

石英君怕王一洲看出破绽，急忙开始调号，给叶小楠反拨过去：“你听我说……”

“信号老断！我听不见！”

这回石英君终于听清楚了对方在说什么。那边的声音令他担心，因为手机里的叶小楠是带着哭泣声在说话。

“喂喂，你先不要挂机，好吧？听我说，如果你碰到了什么麻烦，千万不要紧张，冷静一点！别慌！如果不是自己的错，就考虑立即报警！这样才能解决危难！不管你伤得是否严重，都先往医院跑，边跑边打电话报警！我现在也不知道你的具体情况，帮不上你实际的忙！一切就靠你自己了！坚强点儿，我相信你能……”电话又没声儿了。

“喂？你听见了吗？……喂？”彻底没声儿了！石英君把手机盖儿合上后，站在那里愣了好一会儿。

这让王一洲很同情，挨过来安慰道：“经常碰到这种挠头的事儿？需要我帮一把，尽管说。”

“哎——！”石英君长叹一声，耷拉了个脑袋：“没办法，天下的事太多，需要帮助的人也太多……”石英君心想：我还不是为你王一洲的事操不完的心嘛！

来到他的家里，王一洲的儿子小王旭和爷爷奶奶都吃完了。

小家伙见石叔叔的突然出现，显得有些掩不住的兴奋，他曾几次假装溜达到大屋里想看看他爸爸跟石叔叔谈得咋样。

石英君看在眼里，却装着并不对王旭感兴趣，一门心思同王一洲边吃边聊。

饭后，王一洲丝毫没有放石英君走的意思，他向石英君暗示有更重要的“绝对隐私”要向眼前这位已成铁哥们儿的专家倾吐。“除了你，我不可能跟任何人讲……”

石英君感到问题的严重，并预感如果王一洲能把心里话都倒出来，这对全面解决他们一家的危机将是个关键性的突破。

“好，今天我什么事都不干了，舍命陪君子。”他说。

王一洲大喜，扔掉碗筷后，立即叫小保姆把桌子给撤了。然后，带着石英君就往二楼的阳台上走去。

这儿是个风景一扫眼底的好地方，阵阵山风中夹着花儿的清香特别诱人。阳台上只有俩男人，这使他们的谈话，轻松而又可以讨论最私密的内容。

王一洲终于开始说他的“绝对隐私”了，但那声音令石英君感到大为意外，因为顶天立地的王一洲此时此刻不仅说话带着颤音，而且整个身子儿也在发颤：“老石，我今天对你讲的话，可是绝对绝对的隐私呀，你可千万千万不能对谁说。你得保证……”

石英君一边点头一边急切想得到真实情况。

“可以绝对的说，到目前为止，除了我单位的领导之外，还没有任何亲友知道这件事：我其实已经‘奉命’……转业了！”王一洲刚说完此话，就像个受了巨大委屈的孩子，吭吭哧哧地不停地抹着眼泪。

转业了？这可是石英君从来没有听说的，他王一洲是军人，继承父辈永远是职业军人的他怎么会被转业了呢？石英君知道，对一个过了几十年军旅生涯的职业军人家庭出身的王一洲来说，转业是件不可思议的事，或者说是件耻辱的事。

“说说，到底是怎么回事？”石英君有意拿出曾经当过兵的口气对王一洲说：“部队的事我清楚是怎么回事。”

王一洲摇摇头，意思是说问题并不是出在你石先生明白的那些普通事。“其实我遇见的麻烦比谁都大，老石，我这辈子倒霉透顶了……”王一洲用拳头重重地砸在晾台的栏杆上，连连叹息。

“不要紧，只要你还信任我，把我当好朋友，我愿意和你分担一切……你这时最最需要的，就是一个真真正正的朋友。不一定非得能帮你做些什么，能好好听听，也是一种帮助，说吧，咱爷们儿大活人一个，能让叫尿给憋死？”

“你别安慰我了！”王一洲依旧垂头丧气。许久才万分沉重地吐出了几个字：“我可能要吃官司啦——”

“不是组织上都出面了吗？”石英君虽还不知道什么事，但听王一洲的口气，知道他一定犯了特别严重的纪律。便故意轻描淡写地试探道。“咳！这不都是面子上的事儿吗？等人真转业了，交地方了，组织又有什么用？”

“真那样倒好了！”王一洲绝望地回答道：“啥事我都能扛得住，但唯一整在女人手里事情就难办了……”

好你个王一洲呀？石英君心想，我从头到尾一直还以为是个正人君子，原来你也不是个东西呀？好嘛，看你还能有什么话！

“嗨，还当什么事。了结女人的事我有经验。”石英君又拿出一副专家的架势，心里却在想你王一洲走到这份上也是活该了。

王一洲还是那副颓废之态。他声音很小地告诉石英君：“她不好对付，死活要……结婚！”

“想结婚？她凭什么？”

“凭……凭我有短嘛。”王一洲一脸阴灰地嘀咕道：“你没想到是吧？”

“没想到。”石英君故意道，“她也够厉害的，光追你还不行，非得哭着喊着跟你结婚不可！行！有两下子！道挺深的！”

“老石，你也嘲笑呀？”王一洲有些急了。

石英君忍不住收住玩笑，认真起来：“什么时候认识的？”

“有一段时间了。”王一洲像开始回忆。“咳！都怪我那空军的战友！他离两回婚了。听说我老婆出事儿后，就把我弄他那儿去了，整天的灌我喝酒，劝我想开一点儿。后来就经常的叫我陪他到他老家人开的什么‘驻京办’混饭局去吃，北京有名的粤菜、火锅都吃遍了，碰上俩坐大腿上的小姐，他就玩命地招呼。接触他时间长了，我渐渐开始感觉有点儿恶心这位老战友的做法，觉得他变了，不是从前的他了，也就不想跟他再来往了。可就是脱不掉！他总是很热情地帮你这，帮你那，不论年不论节的，总是挂念我的生活，一会儿三箱油，一会儿八袋米地一通送礼！后来，我也就不好意思不去了。一次，在火锅城，我碰到一个重庆的姑娘，跟小茜长得一模一样，我以为是她闯进来了，一下钻桌子底下没敢出来。我那战友以为我撒酒疯故意出洋相，就拼命想把我给薅出来。我躲在桌子底下告诉他：'那女的就是我老婆！'而且心想：天那！她怎么当上'三陪'了？他不信，借着酒劲儿掐着那女的脖子就把她给按到我脸前，满脸通红地问我：'你看清楚了啊，是她吗？如果是，我今天非捏死她不可！'我看要出人命，就爬出来：嗨，原来人家是个刚到北京的大姑娘！一场误会加玩笑过去之后，她就把我给记住了，还记住了我老婆的名字。打那以后，我回回去都能看见她，她文质彬彬，歌唱得也好，而且每回唱歌的时候，都会专点我会唱的跟我一起唱。一次，我听说她生病了没有来，不知怎么着我就开始惦记起她了。被我那战友察觉后，他就开始拿我开涮，说我终于从低谷里爬出来了，活明白了，知道怎么珍惜自己的宝贵年华了，也知道女人的味道多吸引人和拥有她的重要了！并且三番五次地总邀我去'玩玩''散散心'什么的！用他和她们那帮小姐改唱的歌词里的话说：'男人四十一枝花，不爱老婆就爱她！'。从此，我也不知怎么就开始喜欢上这个重庆的姑娘了：她总是那么冲我笑，而且不愠不火；我所看到的所有歌厅里的姑娘，其实都不如她漂亮，可从来就没人敢跟她太过分。所以，我有一种强烈的好奇心，始终想弄明白：像她这么个人，条件那么好，干什么不行，怎么就偏偏非得跟这帮人混在一起，而且干这么个行当？可我总也没能找到个合适的机会能去和她好好聊聊。她也好像能看出来我有这种想法，也总是在想尽办法靠近我。那时候的感觉，有点跟刚学会谈恋爱似的，心里痒滋滋的，回来老睡不着觉，总觉得她指不定哪天或我不在的时候，就会叫别人摸她，甚至和那帮女的一样，脱光了去伺候别人、笑着跟人家去亲热，我总觉得她有点可惜，她应该有个很好的丈夫，成立一个很好的家，生一个很好的孩子，在外企什么的上一个不错的班……她完全有这个条件！我当时就是这么想的，特别想帮帮她，只是一直没能找到个合适的机会而已。一天，我开车准备去东直门，走到白石桥路口，堵了，我就从西苑饭店南边往东奔二环路，刚走到动物园服装街，就忽然看到她独自一人在路旁溜达，我就开窗叫了她一声，她一看是我，就拉开车门上来了，她说她没事儿来这里瞅瞅，我就把车停在前面的路口，在麦当劳里请她吃了顿便饭。她非常高兴，这时她说的每一句话都能打动我。她这么说：'王哥，我打一看见你的那一刻，就知道你是个好人！现在像你这样的男人不多。你后来的表现也真的证实了我的眼睛——你果然是个当兵的！我崇拜当兵的不是一年两年了，打军训的时候，我就发誓将来一定找个当兵的大哥哥！你看我今天真的找到了！干杯！痴情的我就这么叫她个小黄毛丫头给骗倒了！我还整天的傻乎乎地到处接她送她，好几次都把孩子忘学校门口了！带她把北京的山水儿游了个遍了！就连银狐洞都带她去了三回！我那会儿真的都有点儿疯了！你问问王旭他妈！我最远带她到过哪儿？连趟十三陵我都没带她去过！再说我们儿子，整天的耷拉个脑袋想他妈，我早知道这样，陪陪他好不好！光买衣服我就给她花了有一两万了，你看看我现在整天穿的啥？她现在倒跟我来这套！你说我冤不冤？！"

石英君听完王一洲的这段低级浪漫史——说低级是因为像王一洲表面上看一副涉世很深的样儿，其实在今天的社会上，他这样的男人只能算是天真得有些傻的“童男”水平而已。这不，还没怎么“泡歌厅”，事故就先“泡”了出来。石英君见的听的这类故事多去了，像王一洲这样的人之所以能出这类低水平的风流故事，通常是他们身上具备了以下条件：一是心里极其空荡，有企图清除空荡的潜意识，再搭上有一副好心肠；二是有大量空余时间，想到哪溜达就到哪溜达，无人干预，外加有潜在“性压抑”徘徊心理的游荡；三是自身条件好（要样有样，要个有个，穿上军装就更帅），不用自吹自擂，就有人自愿“上钩”搭讪；四是自身压抑的激情或情绪无处发泄，能耳濡目染亦是痛快，弄不好就能排解“性压抑”；五是周围有无数个认为自己是个“人物”的人随时把自己当作“高人”，时不时叫自己露露脸，也能给他们提提份，于是就将计就计地弄个既来之则安之。此外，像他的那种与他的职业或者说本来修养“脱轨”的原因，也是这场“风花雪月”孕育出的结果，特别是他的那个“战友”给他引领到的“境界”，已经使他的人格都有所改变。

石英君在心里说：你王一洲其实表面上是个像人似的，其实最多也只能算半个草包。至少你妻子当年离开你，不是全错。“好了王兄，后面的故事你不说，我也能估计个大概……”

王一洲有些不服，“你只是刚听完一个开始，后来的结果，我不说出来，你根本就估计不到……”王一洲瞪大眼珠子很吓人地看着石英君：“知道吗？她自杀了……”

本想看到这位“隐私专家”惊恐的神态，但王一洲却惊奇地听石英君不轻不重地说：“后来准又活了！”

“你怎么知道的？”

石英君则一点也不感到自己有什么了不起，因为这样的不同人物却演绎的同样剧情的故事太多了。于是他平静地对王一洲说：“这不跟叶小茜的结果一样吗？有什么新鲜的，叫你那么难忍难受？你总不至于会强奸她吧？你就那么爱她？”

专家想将“老土”一军。

效果果真显现。“哼！我爱她？……我凭什么爱她？我拿什么爱她？我有钱吗？”王一洲被激怒了，开始愤慨，声音好大，忘了自己是在跟人谈“绝对隐私”。

“嘘——！”石英君连忙冲他伸出一个手指头，提醒他：“别激动，小点声，别叫你儿子听见了！”

王一洲一下变得老实了。

“这事还有谁知道？”石英君问。

“单位主要领导，还有她哥。”王一洲像头被猎人打伤的雄狮，只有喘粗气的能耐，再无吼天慑狼之胆了。

石英君点点头，明白王一洲现在作难的要害处。

他问：

“她哥在北京？”

“嗯。”

“干买卖的？”

“是！”

“赔了？”

“是！哎，你怎么什么都知道？”王一洲不可思议地瞅着石英君，心想这家伙怎么什么都知道呀？

石英君没有理会王一洲的眼神，只在盘算着如何使王一洲摆脱困境，因为只有这样才能解决他家庭的危机。

思忖一阵后，他说：“弄来弄去，你给一个无赖的骗子缠住了，是这样吗？”

王一洲连连摆手：“不不，至少我不敢肯定她是在行骗！”

“为什么？”

“我不知道……”

“这么说你还感觉她对你很好是吧？”

……王一洲没有肯定也没有否定，只是快速地眨动着眼睛，看着高高的云彩，似乎在天际间寻找着什么。

“她有多大年龄？”石英君问。

“21岁。”

“难怪，这么年轻，要真嫁给你还不知以后你怎么处置这样的小媳妇呢？”石英君嘲讽了一句，随后又说：“那就说说你现在最头疼的问题。”

“她哥哥昨天又找我谈了。如果实在不成，就给20万了结算了。”王一洲无可奈何地长叹着。

“凭什么——！”石英君反倒急了起来。

“否则就得见官司！”王一洲作狠地把拳头砸在阳台的水泥护栏上。

石英君摇摇头：“笑话！除非你钱多得当擦屁股纸，否则……呸！”他又看看王一洲，突然想起什么：“她有证据吗？”

“我不知道……”王一洲眨眨眼睛，回忆一阵后，说。

“你是不是干那事儿时喝酒了？”

“是，记得那天确实喝得很多……”王一洲有些清醒了。

“能再细致地回忆一下当时的经过？”

“有些回忆不起来了……”

“别不好意思，这可是问题的关键。”石英君紧追不舍。

这回王一洲没有回答，只顾自己点烟一口接一口地吸，那样儿让人看着既可怜又有些可恨。

石英君有些不知所措，但心里明白，像王一洲这样的男人，一到了这种时候就全都这副德行：傻乎乎地没一点儿主意了，表面上还特别硬地撑着。

“你不说，其实我知道你现在依然爱恋着她……”石英君见王一洲用眼在瞪自己，也用同样的目光回瞪了一眼：“你别这么看着我，我没有别的意思，我只说的是‘爱恋’，而我不明白的是你究竟还‘爱’着她什么、‘恋’着她什么，其实你自己现在也说不清楚！”

王一洲不说话，只管抽烟。

“还是让我来帮你说吧。”石英君也顾不了他爱听不爱听，只管作着自己的判断。“你或许不知道，其实她和你从前的叶小茜有些一样，有令男人所痴迷的‘魅力’！在你孤苦伶仃的时候，你需要她；在你平淡寂寞的时候，你需要她；在你……”石英君偷偷抬眼看看他能不能接受，见王一洲正两眼朝地的回味着什么，继续说道：“空虚无聊的时候，你需要她；在你春风得意的时候，你同样需要她……而有一天，在你最最需要她的时候，你却隐隐发现，她有点不对劲儿。她有事情瞒着你、她有想法不告诉你、她有真正的目的不泄露给你……于是，你开始感到有一种压力……这种压力最后终于袒露了——她想和你结婚，她想要你给她北京户口，她想做你的太太，她想让你明媒正娶……你傻了！你没有这种意思！更没这种心理准备！因为……你事实上并没有把你前妻叶小茜都忘得一干二净！因为你跟她在一起时间长了，你发现她身上的许多毛病并不是你前妻身上也有的！因为她一点点的开始对你的要求过分了！因为她一点点的开始跟你要混蛋了！于是，你开始感觉有点儿受不了了！可你稍微一感到有点儿孤独的时候，你就又想起她，认为你不能没有她，你不能失去她，特别是在你们欢愉之后，她的娇美，她的抚慰，她的笑容，她与你的那种感觉，令你永远割舍不掉……于是，你还是得从头再来，一次次想法子缓解着矛盾、给她认错；一次次推迟着她的想法，告诉她，你还年轻，路还长，将来会碰到自己更合适的，我比你大好几十岁，你别着急……于是她就向你提出新的要求：只许对她好，不许理你‘老婆’！不许你勾搭别的女人！不许你偷偷存钱给别人花！不许你关手机不接她的电话！于是，为证明你说的都是真的，你不惜血本给她花钱，一次次地满足她的笑脸；在众目睽睽下，去体验在大商场里自己‘小太太’挽‘丈夫’胳膊试鞋的那种光彩和虚荣！而当她再一次向你郑重提出娶她的时候，你或许刚刚为了什么吃了她一记耳光，她把你打醒了！这时你开始试图摆脱她，原因是：不论你的单位、你的家庭、你的事业、你的年龄、你的工作性质、你的政治前途，都不允许你这么干，你无可厚非地就选择了逃避和摆脱！可你逃避不了，摆脱不掉！于是，你就只好跟她没有耐性，甚至一时气恼扔她的电话！于是她就开始求你，最后开始咒骂你！你开始嫌她烦，甚至想宰了她！可你知道那是混蛋逻辑！你没有选择那么做。所以，在你还在保持沉默的时刻，政委同志不知怎么就忽然找到你。这时，你真的傻了！经过一番苦思冥想后，你还是主动给她认错。她不从，非与你结婚不可！于是，就在你无奈地想离去之后，身后传来了尖叫声，于是你把她送到了医院。现在又赶上部队正在开展‘三讲教育’，你撞到浪尖儿上给斩了一刀。是这样吗？”

王一洲眯着眼睛，直看得石英君以为他犯了什么病。王一洲说：“真‘神’了！你怎么像干侦探似的？”

“其实你在这时候，特别地想你的前妻……你甚至后悔你把她打出家门！咳！我现在说这些也没用！”石英君有意添了一句叫王一洲心绞发痛的话。

“嗨——”王一洲果然什么也没说，只是不停叹气。

石英君继续分析说：“我觉得你现在是四面楚歌，不知从哪儿下手好。我看还是这样吧：先抓单位这头，同时找那重庆的姑娘再重新好好谈谈！叶小茜的事情就先暂时往后放放！具体的策划是：先给单位写份像样的检查，同时处理好重庆姑娘的事情，力争做通她本人的思想工作，然后再叫她做通她哥哥的思想转化工作！总之，不论单位还是那姑娘和她哥哥的工作，都需要我们努力使其转化。因为，现在是八月份，离年底最后确定转业名额及人选还有一小段时间，如果你把问题处理得圆满，给组织减少名誉损失，自己也确实认识深刻，到时，先保留一段军籍，然后再想法调动一下，我看组织不会不给你这个机会和面子的，你不是还连立过几等功吗？一棍子打死你，你也不干呐！你应该有这个信心！可要想达到这个目的，首先你得有个好态度，好认识！不接受教训不行！而想实现这个结果，就必须得首先解决好那姑娘的问题！……根据我的经验，我觉得你现在直接出面不合适。因为目前她哥哥好像成了个'代理人'，你只有和她哥哥的对话机会。依我的想法应该是：先假装稳住她哥哥的要求，然后在背后抓紧时间做好他妹妹的思想工作。据我判断：要钱还不一定就是姑娘的最终想法，她的目的，可能只是想和你结婚。所以，你不要怕，等真正搞清姑娘的心理，做好她的工作，然后再说。你现在所要决定的，就是你需不需要我的出面？"

王一洲听罢，显得十分烦恼地连连摆手："不想请你帮忙，我留下你谈这么久干吗？走，到我办公室去！"他拉起石英君便走。

隔日，按照王一洲提供给的照片，石英君决定亲自找那个让王一洲伤足脑筋的"三陪小姐"，因为她是整个难题的解铃人。

在丰台体育馆附近的一个便道上，石英君如约地等到了这位重庆来京的姑娘刘丹。

石英君提前已经说好，是带她到郊外的大山里走走，去那里散散心。

一路上，也许是第一次见面，石英君和刘丹没有什么话说，俩人心事都很重。石英君是职业的习惯，他先想观察一下这个女孩有什么特别的地方，好对症下药。而刘丹不一样，她似乎心里想着其他什么，脸上时时现出令人不易觉察的几丝淡淡忧伤。为了营造气氛，石英君一边开车，一边打开录放机，悠扬的音乐便随车而飞。也许是郊外的山风和宜人空气，加上悠扬的歌声，使刘丹小姐有些情不自禁地轻声哼唱起来，后来干脆就跟着节奏唱出了声。

石英君的脸上露出了笑容，一是因为他判断身边的姑娘应该是个容易被情绪感化的女孩，性格属于比较开朗的一类；二是歌声说明他们两位陌生人之间有了一种相互的信任感。于是石英君侧过头，非常善意地对她说："你唱得其实不错，有情有感，节奏也挺好，而且乐感特好。"

姑娘受到鼓励后很高兴。"真的？上次有个音乐学院的教授也这么说我……"她脸上泛起一层红晕。

"那证明英雄所见略同嘛。"石英君开始正式"工作"了，他先做的第一步就是跟客人拉近距离感，这也是他职业的习惯。

"嘻，看来石先生对音乐也挺在行嘛！"刘丹有些惊喜。

与所有的男人一样，石英君也有些不经夸，更何况他有资本。"知道《闪闪红星》里的潘东子吗？"他说。

"知道。小时候我看过这部电影，那演员现在长得还是胖乎乎的。你认识他？"

石英君笑笑点点头："我和他、另外还有一个，当年我们曾被一起称为军中三神童，我是搞音乐的……"

"哟，你……你这么厉害呀？"姑娘惊喜不已，但很快又不解道："那你怎么干起现在这职业？"

石英君自嘲道："种种原因。不过，什么活总得有人去干吧？何况我不干这活，像你这样的姑娘真碰到点事不还找不出个头绪嘛？"

这回轮到刘丹有些不安了："要是……要是这样的话，我真不该让你这样的名人为我们这些鸡毛蒜皮的事浪费时间嘛……"

"这能说鸡毛蒜皮的事？是人命关天的大事！我觉得自己现在

不当明星做些为别人解难的事很值得，真的，很值得。”石英君真诚地。

“你真了不起。”刘丹一下对眼前这位石先生有了信任感。

车经过戒台寺路标时，石英君试图想把车拐向它所指示的左边的那条弯路里，可姑娘说：“再往前面开开吧，我想再看看大山！最好能开远点儿！……这条路我没走过，好现代啊！又这么幽静，怎么像做梦一样？‘我愿顺流而下……永远是天各一方……她又开始随伴奏带一起瞎唱起来。

“你看石先生，山底下多好看啊？咱们像是在云彩上走了，哈哈哈……这儿太好了，你有没有这种感觉？”姑娘的心情真不错，开始主动和热情起来，有点儿忘了今天是出来干什么的了。

石英君一边把着方向盘，一边侧头观望了一下山景，同样感慨道：“当然！而且可以告诉你，我在北京待了这么多年，最愿走的就是这条路！上回带我女儿来这里回去的时候，竟然高兴得迷路了！明明想奔京石路下山回去，可不知怎么着，就愣奔门头沟去了，差点儿没跑妙峰山去转一圈儿！这儿的景儿确实太美了！来了我就不想回去。我不骗你！”

反光镜里，他见她满意地露出了美滋滋的笑。

“你女儿有多大了？”她问。

“七岁！”石英君顺手拉开右边的方便箱：“这是她的影集！”

“哇，这么漂亮！”小姑娘抬眼又对照了一下石英君的脸，说：“真像你耶！”然后便开始活跃起来：“你怎么不叫她演电影？哎呀你瞧这张！多好玩儿呀？是不是这些都是你给她照的？”原来她是一个非常活泼的姑娘。

石英君心里多了几分成功的把握。“你别着急，等你要照出来，肯定比她更好看！你信不信？”他逗她说。

“唉！不行不行，已经老了。”姑娘直摇头，然后眯起眼，笑得光剩两行黑黑的眼睫毛。她好奇地问 :“你老婆肯定也特别的漂亮吧?

“我没老婆！那叫前妻——！”石英君故意拉长声音，给对方一个大大的悬念。

“为什么？你也离婚了呀？”姑娘几乎是惊叫着说这话。

石英君一脸平静 :“你是不是想说，‘你怎么也会离婚呀？’是吧？”

“就是，怎么会嘛？”

石英君坦然地冲她一笑 :“我怎么就不能离婚？哦，谁告诉你说我就不许有这个待遇和权利？”说完，他故意边跟着音乐边快乐地吹起了口哨。

“那为什么呀？“她小心翼翼地问。

石英君的脸上露出一丝不易觉察的忧伤，但很快恢复了常态。“她也是女人，我也是男人。”

“对她我能理解，可对你不理解……”她摇头。

“为什么？”

“因为你是干这一行的，专家怎么也会……”

“也会没处理好婚姻家庭大事？”石英君帮她先说出了这话。

“嗯。”

“这并不复杂。”石英君曾向一个客户回答过同样的问题。其实在石英君的内心同样充满了伤痛，他的妻子就是因为他全身心投入于帮助别人解决婚姻家庭和情爱方面的困难而顾不了家，才与他分手的。这份伤痛至今仍使他的心头在滴血，而且他也为此做过巨大努力，但常常因为心思花在了为别人解困救难上，他自己的家庭和婚姻反而不断出现裂缝，最后不得不分道扬镳。这对石英君来说也具有讽刺意味，然而生活和现实就这么真实和残酷。石英君是隐私专家和解决家庭矛盾的高手，但他不是神，在面对家庭出现的裂缝和夫妻双方各有志向时，他只能选择无奈和接受痛苦。

他将这些最简单和真实的道理讲给姑娘听。

姑娘深深地产生了惋惜和同情感。

“你自己都这样，还出来帮助别人……”她有些内疚。

“这个世界需要人与人之间的谅解和宽容，真诚和友谊。你说对吧？”石英君发自内心道。

姑娘重重地点点头，然后长叹一声，陷入了不平静的深思。

车子到了一个大岔路口！

石英君一个刹车：“你说咱们奔哪儿？”

“你看吧！奔哪都行，凭你的感觉！”姑娘不假思索道。

“好啊！”石英君猛地一踩油门，车子顿时飞驰起来。

“好家伙，你开得真快！真带劲！”飞车使姑娘从沉重中回到了现实，回到了属于她那个性格的欢快之中，“哈哈哈，我就喜欢刺激……”

“要得！”石英君借此说了句重庆话，又加了一个挡。“扶好！坐稳喽！”

“哈哈哈……刺激！刺激啊！”她欢快得像只突破笼子的鸟儿，一个劲地笑得前仰后合，嘴里不停地嚷着。

石英君的车技得益于他曾经从事国家安全工作期间的实战。没有想到这样的车技在他从事“隐私咨询”业务中起到了不可替代的特殊作用。一个原本对他毫无印象甚至充满戒备的、在王一洲看来是比“刺猬还难对付”的“三陪小姐”，竟然把他看成是可以将命运和苦恼和盘托付的“老大哥”了。

她一路的欢快正是来自于这种信任。

飞车越过一个个掩映在丛林中的村庄，又爬过一道道险峻山岭，在一个陡坡前，突然有棵硕大无比的参天大树！

“停下停下，我们到树荫下凉爽凉爽吧？”刘丹建议道。

“好，这么大的树我几次来这却没有碰见过，真是怪。凉爽凉爽去！”石英君也激动于眼前的新发现，跟着姑娘飞步向大树奔去。

刘丹更不用说了，她像一只欢天喜地的小鸟，伸开双臂忘情地扑向大树……当她终于抱住树体时，把脸紧紧地贴在树身上，又不停地用手抚摩着，用脸厮磨着，此情此景，不由令石英君收住脚步，尽情地欣赏着，并乘机偷偷掏出相机，连连按动快门。

刘丹是个机灵女孩，当她意识到石英君举着相机时，便十分得体地做着各种婀娜姿势，配合默契地表现起来。

等爱好摄影的石英君收起相机时，调皮的姑娘毫无顾忌地张开四肢躺在草地上，然后招呼“石先生”过来坐在她身边。姑娘只管仰视着天空，嘴里却像背诗似的说着：“知道吗？在没见你的时候，我就在心里给你这个人画像：眼睛不大，戴副眼镜，小脸儿白白的，瘦瘦的，长得高高的……可我又一琢磨你那天电话里的声音，又觉得你应该是个高大的，魁梧的，长得黑黑的，眼睛不是很大，但很是有神的那么一个男人，嘻嘻……人嘛，很睿智，又很憨厚质朴，但总让人感觉有种深不可测，很是神秘的味道。可我一见到你，就傻眼了：我只猜对了一半儿。哈哈哈……你确实让人感觉深奥得很，但又让人感觉特别的容易亲近！神是神点儿，可不像有的男人那么叫人感觉到害怕，和你在一起，我能找到点儿安全感。所以……我就跟你到这儿来了。你问吧，反正这里也没第三个人，你既然用心带我到这么远的深山老林里来，究竟想知道点儿什么呢？说吧，我听着……”她侧了一下头，又只管仰视着蓝天。

石英君觉得跟这种聪明和直率的姑娘不用绕圈子，方才“飞车翻越”的过程已经圆满完成了一个极好的前奏，于是石英君也很随便地靠在刘丹旁边席地而坐。

他开始进入正题："真怪啊，此时此刻，这个世界好像真的就咱们两个……不是朋友，也不是敌人，而是结伴同行的路人。我们向着各自心里的目的地前行。现在离各自的目的地不远了，我们或许都在向一个目标进发，我们或许就要在这里分道前行。路还有，我们因为同行过一段，有过值得记忆的地方，而就在这彼此都默默感觉即将要分手的时候，我们又好像都忽然想要问彼此一句：你这是要去哪里？可路人中的男人没敢说话，路人中的女人却先开口，于是，这个男人很感动，他急切地对这个女人说：谢谢你的信任和关照，我回家。请问，你要去哪里？"石英君说到这儿突然停止，轻轻问了一声："你明白我的意思了吗？"

寂静，仰天而卧的姑娘除了线条优美的胸脯在不停起伏外，一动不动。

石英君静静等待她的开口。

"我去哪？我也不知道。你……总不会带着我走吧？"她说话了，声音里有些颤抖，眼睛却是闭着的。

石英君面对聪明的痴情女，只好实话实说："如果我换一种职业，也许我会带你一起'回家'！可现在不同了。打个比方啊：就算我虽然'离'了，可我得尊重你的选择，如果你的想法可靠，而且和现实也能吻合，那我认为你有必要找我个'二婚'的；可如果你的想法是天真的且不切实际的，那我真的得建议你还是能早早的明智点儿，赶紧给自己解套儿！以免更长期地伤害你自己。其实那样也伤害别人！"

"你是指王一洲是吧？我知道。可我现在恨他！不想再提起他！"刘丹侧过身子，将后背朝向石英君。

"其实指谁都一样！在你们现在的女人眼里，只要是个男的，他就得是个成功男士！"石英君长叹一声，说："不是吗，看看，现在市面上的男人，像点儿样的、‘成功’的，全都是些个已经结婚或正在离婚的人！假如你挑一挑，十有八九都有主或正在有主。你想插进去？那好，就算你真有这份心，你也得先小心着点儿你自己，怕自己白白地套进去！明白一点儿的，完事儿之后，抹两把鼻涕眼泪，别跟自己个儿较劲就得了；昏头的主，非得把自己命搭进去不可！你可以瞧瞧电视，也可以瞧瞧你周围，哪个追男人的女人，不是最后自己把自己给弄得灰头土脸的？为什么？你刘丹也是个聪明女孩，可你自己想过这个问题吗？是的，你心里恨透了王一洲，不想提他，这我能理解。可我不用他的例子，对你也没有说服力。所以，就先委屈你将就点儿，让我拿他来说：就算他原来跟你说的全都是真的，你也不好好想想，他凭什么就敢穿着军装娶上一个小他二十几岁的小姑娘？你也许说这有什么？但我只能告诉你，刘丹你太不了解中国的军人了，中国的军人是不太可能像世上一般的男人和女人那样想怎么浪漫就怎么浪漫的。王一洲什么人，他是一个军人世家出身的军官，他凭什么爱谁不行就非得爱你一个没正经工作干的人给别人看笑话？再说你们有基础吗？你们有共同的经历和感受吗？你们有一样理想和追求吗？你们俩真的凑在一起就合适了？谁信？再说，他真的爱你、追你、喜欢你，如果像你说的是，那么理由是什么？你有把握说，他是真的爱你吗？你知道他爸爸是个什么地位的人？对，是个将军。可他绝不仅仅是个将军，他还是个地道的老共产党员！老爷子还没老糊涂到家。虽然老爷子离休不在位了，但他的余威足以让那些比他职位高的官员理会老爷子的每一句话。他就这么一个威震中华的老将军，能准许一个整天做别人思想政治工作的儿子为了捍卫一个女人的温床，而去不惜一切代价地毁掉父辈的荣誉？”

石英君有意说到此处观察了一下刘丹的反应。

背对着他的刘丹一动不动，显然她是在认真听。石英君继续滔滔不绝："我再问你：你知道王一洲现在在想什么？你知道他现在在懊悔什么吗？是的，你可能根本不想管这些，但假如你要跟他一辈子的话，你又怎能不管这些呢？你又不比别人笨，你明白这些对你来说太重要了，你不能不考虑王一洲现在的想法和他内心的真实感受。"

石英君再一次停住话音，好让姑娘认认真真地思考上面他提出的这些问题。

刘丹缓缓地翻动了一下身子，平面地躺在地上，眼睛茫然地看着深不可测的蓝天。

"其实，我接触你刚刚几小时，就非常深切地感到你是个心地善良、性格开朗的好姑娘。"石英君继续说着动听的话，但又锋芒一转："可这绝不代表你就是个完整的好女人。因为你只有21岁，经历得再多，在我看来你也只能算是个孩子，我实话跟你说，别看我的女儿才刚刚7岁，我就整天给她灌输她目前这种年龄还听不懂的思想：别总做梦！一下成不了天才，一下也变不了富翁，一切只能靠你自己的能力和力量去拯救你自己，真是等到有个人能给你买汽车买房子那样的'爱'你，那你也只能是只落在人家厨房菜板上的小鸡！我不止一次这样对她说，时间长了，她也听懂了。有一天，她很认真很认真地，一字一句地告诉我这个爸爸，说：'爸爸，我知道等有一天我长大后离开了你，就没人能真正帮助我，只有靠我自己帮助自己。什么事情都得自己去做，自己去努力，不然，有一天，我就会对着镜子里的自己哭……'我现在很认真地也问一问你：你觉得孩子的这些话，有没有点儿什么道理？"

刘丹突然哭了，非常伤心地哭了，但没敢发出大声，她在努力地克制自己。

石英君暂时什么也不说了，静静地倾听着她的哭声。后来他干脆也躺下身子，仰面看天。

静静的，只偶尔有几只鸟儿从视线中飞越过去。耳边依然是姑娘的低泣声，石英君并没有去理会，只管看天。呵，天真蓝，真美。

“我就都跟你说了吧！”突然，姑娘坐了起来。只见她理理散落的长发，把红肿的眼投向远处的山峦……可她又忍不住哭起来：“呜呜……你不知道的，我……我在16岁时，我爸爸他就……”刘丹终于大哭起来，哭得身子都在颤动。

“你爸爸？你爸爸他怎么了？”石英君没有料到这桩本来就错综复杂的私密事件又多了一个谜团。

“这事我跟谁都没讲过，如果你想知道……”姑娘仿佛下了天大的决心，又感觉不太放心地用陌生的锐利目光盯住石英君：“那你就是唯一的一个知道我一切的人，可你……”她分明需要一种信任的承诺。

石英君没有用语言回答她，只是庄严地点点头，示意对方相信他是一个可以信任的人。

“……我至今也搞不懂。”刘丹终于启开了她心头的那扇从未打开过的门扉：“那是一个星期天的早晨。我习惯每天休息完一夜后早上先洗一个热水澡。就在我洗了一半的时候，我爸他轻轻推门进来了。他对我说：‘来！爸爸帮你搓搓后背，你自己够不着，来！’……我赶紧背过身，连忙不好意思地说：‘不用、不用，我自己够得着！’……可他已经拿起了棉纱，向我的后背揉了起来……我的脸腾地一下红了，说：‘爸爸，我自己能行，你赶快出去吧！’他赶忙说：‘没事儿，我是你爸！谁让你没妈呢？别不好意思！爸只是喜欢喜欢你，顺便教你玩玩’……那天我哭了一整天……”姑娘说不下去了，只是一个劲儿地哭。

石英君的牙咬得紧紧的，声音是从牙缝里发出的：“他是你亲爸吗？”

“我只有这一个爸爸……”姑娘的回答不容置疑。

这样的“故事”对于从事自己的职业十余年的石英君来说，以前不是没听说过，但在他的“隐私热线”里，他听过的那些饱受屈辱的姑娘所说的都是她们的继父、养父或叔伯、姨夫、姐夫之类欺负她们，而从来还没有听说过一位自己亲生父亲会对自己的亲生骨肉犯下牲畜般的罪行！

“这是真的？”石英君满脑的热血冲击着他。

姑娘胆怯地点点头。“石大哥，你……”

石英君长久地盯着姑娘的眼睛，突然他自己的眼睛一阵发酸，两行无法忍住的泪水“哗哗”的直流而下。

“石大哥……你怎么啦？你……”姑娘反倒急了，站起身来安抚他。

“别管我！”石英君一甩手，很凶的样，随后背过身子，只管自己呆呆地站在那儿一通流泪。我们的“隐私专家”其实此刻心如刀绞，方才刘丹姑娘的话，使他联想到自己女儿受委屈后的那般揪心情景……石英君是个多愁善感的男人，也许正是他的这种纯真的多愁善感，才使他倾心从事现在的这份职业——在中国独一无二的职业。

自古道，男儿有泪不轻弹，当我们的隐私专家自己完全进入情感角色时，着实让旁边的刘丹姑娘吓得不轻，她完全不知所措，默默地转悠在石英君的身后，生怕他出些什么事似的。大约十几分钟过去后，石英君恢复了常态，而刘丹姑娘却变得胆怯怯的，连正眼都不敢抬一下看石英君。

“来，我放一首歌给你听听……”石英君打开录放机，说：“这是一首我作的老歌，歌名叫《哭吧》，希望你喜欢。”他有意学着电视里那些明星们的语气，冲姑娘夸张地一笑。

磁带“吱吱”地转动起来——

哭吧，哭是诉说……
哭吧，哭是寂寞……
哭吧，哭是摆脱……
哭吧，哭是沉默……
哭是伤悲！哭是难过！……
哭是无奈！哭是寄托！……
想哭你就哭吧——用哭来解脱寂寞！
伤心你就哭吧——用泪来尽情诉说！
我们说：别难过，难过也不会有个结果；
我们说：别寂寞，寂寞像心里加一把锁。
我们说：别再错，再错就将更没有结果；
我们说：别失落，失落是你情感的迷惑！
想哭你就哭吧！难受你就哭吧！哭是一种解脱！
有泪你就流吧！病痛快快流吧！流泪你又没错！
哭吧！想哭你就哭吧！用哭来冲刷寂寞！
哭吧！伤心你就哭吧！用泪来洗清对错！……

磁带还在“吱吱”地转动，刘丹姑娘却突然扑倒在石英君的怀里：“石大哥……我好委屈好难受啊！呜呜……你知道不知道，我心里太难受太委屈了你知道不知道？呜呜……你帮帮我吧，只有你才理解我，你为什么就不能像你对你女儿那样地好好用心来安慰安慰我、抱抱我呀！啊？啊……我……需要你知道吗……”

这一幕有些突如其来，让经验丰富的石英君也有些措手不及。他悬在半空的双臂等了许久才落在了姑娘颤动的后背，双手轻轻地拍着她的后背，像对待自己的女儿一样：“对不起，刘……丹丹！你别伤心，你别怪我！我也有女儿，我能知道你的心：你想投入到一个真心爸爸的怀抱；你想拥有一个好爸爸的心来靠近你！是吧？我懂，我知道了，你哭吧！好好地抱着我哭吧！这也是我所期待的让你到这里来实现的一个梦想！哭吧，痛痛快快地哭吧！这样你也是种解脱！是吧？我真的希望你能好好地活着，重新找回一个你新的自我；我真心希望你能健康地活着，重新树立起你自己一个崭新的形象；能有一个很好的心理和满意的生活！你明白吗？！这是我从事这个职业最理想的一种愿望，当看到你时，我就有这样的愿望，我觉得如果这个愿望能够在你身上实现，那我也没有枉干这份职业。真的，我是这样想的，你相信吗？嗯？”

石英君一边说着，一边感觉怀里的姑娘顺着他的话也在一遍又一遍地乖乖点着头，又一遍遍地用手背抹着滚落下的涓涓泪流……他趁势说：“知道吗？干我们这行的，最怕也最忌讳的，就是被一个求助者喜欢上自己。当然，你没有这个意思我知道，你是真心诚意地把我当成你的一个好哥哥，甚至好父亲来尊重、对待，是吧？因为这是你心里的渴望，是吧？可我已经无意中养成了职业习惯了：一到这种时候，我就会努力地控制住自己，搞明白自己，不给对方的情感河流投下一丝涟漪，因为，我只能是一个仅供受伤的心灵小憩一下的靠椅而已……所以，我就没有那么做。别怪我！啊？”

刘丹抬起泪眼，极其认真地看着石英君，说：“石大哥，我不怪你，也没权利怪你。真的，我真心觉得你这样才能让我感觉到你的存在，你的真实。你所从事的职业和你为我所献出的真情才最有价值！我现在才明白，正是有了你这样的人，有了你这样的职业，才有了我们这些心灵和肉体的受难者得以慰藉和获得新生的希望。对不起，刚才我可能叫你感觉到有些失礼了！”她塞着鼻子说出的这一番话，充满了甜美的女人味。

“现在你可以给我讲讲你的过去？”石英君平静地接受了一个女孩的真诚。他扶她重新在草坪上坐定，然后说。

刘丹点点头，平静和超脱了许多。她开始回忆起自己的不幸岁月：

“原先我们家不在重庆，而是在成都的一个小镇。那时，我爸爸还是个泥瓦匠。妈妈是个镇办小学教师，他们是自由恋爱结婚的。妈妈勤奋好学，总想通过自己的努力，考上个什么‘工农兵’大学生之类，想来改变一下未来小家庭的命运和生活。爸爸曾告诉我说，我妈妈怀我的时候，就是整天地在锅台边复习。发榜的时候，是从月子里跑出去晓得的。我刚生下来还不到半年，妈妈就把我交给独居的外婆抚养，一直到她毕业。妈妈毕业的那天，正是个好天气，她特别骑上爸爸给她装饰得五颜六色的‘永久’牌自行车，带上给我买的动物饼干，直奔几十公里外的小镇而去——她想把这种成功的喜悦早早地带回家里，送给我，送给外婆，也送给我那个爱恋思念着她的傻爸爸……可就在妈妈揣着这些梦想，正行驶到离小镇还有不到一公里的时候，她却突遭横祸，给一个拉煤的大货车撞到了桥下的河里……那年，我可怜的妈妈刚刚 25 岁……”

姑娘又哭了起来。

石英君递过一块纸巾。

姑娘擦着泪，重新讲述：“爸爸他特别地爱妈妈，虽然他只有高小文化，却常给妈妈写首小诗啊，编首小曲儿啊什么的，妈妈性格开朗，总爱跟爸爸一起打闹，爸爸开始舍不得她走远，不想让她去到外面学习，每次妈妈放假的时候，总想叫妈妈能多在家待几天，他们俩的感情很好……可妈妈的这么一个突然的灾祸，一下打击了爸的神经，他整天拿把斧子，屹立在妈妈送命的那座桥头，不论春夏秋冬……后来人们才知道，他是想亲手杀了那个残害他妻子的货车司机。可他做的这些没一个人知晓：他反而常常因为认错人给人打得鼻青脸肿……终有一天，他气急了，一刀捅进了一个人的肝脏，听说那人后来虽然得救了，可再也不能生活自理。爸爸就这样被抓起来了！那年我只有4岁，可怜的爸爸在监狱里苦苦呆了11年，等他出来的时候，我已经都15岁了。在此之前，谁都没有带我瞧过我爸爸一眼，因为外婆说，别给孩子的心里抹一层阴影，本来这孩子的命就够苦的了，谁也不许告诉孩子，就说她爸爸当兵去了，十年以后回来，免得她受人欺负！爸爸有一天真的回来了，可我不认识他！他的脸蜡黄，和我想象的军官爸爸差了天上地下！简直像个囚犯！我捂着脸就跑过去喊外婆，哭着跟外婆说：你不是说我爸爸是个军人吗，去越南了，怎么弄这么一个爸给我？我不要，不要！外婆哭了。她抱着我的头说：'知道吗丹丹，你爸爸是为你妈妈才沦落成这副样子的。'外婆哭得说不下去了……她来到爸爸面前，一字一句地说：丹丹，他是你爸爸……你妈妈不在的时候，是他要为你妈妈报仇才把人给捅了。那时你小，我们不敢告诉你。现在你长大了，爸爸也回来了，才不能不对你说。你知道吗？要不是你爸爸想你妈想疯了，最后给人家诊断出说他有神经病，要不你连这么个傻爸也看不着了呀！丹丹啊，你过来，替你妈妈给你爸爸跪下！啊？好好代你妈谢谢你爸爸！快！听话，外婆不会骗你！面对眼前这突然的一切，我脑子一下变成了空白……"

席地而坐的刘丹说到这时，两眼发呆。石英君赶紧塞给她一瓶矿泉水。

她摇摇头，没接，只管接着讲述自己的"故事"：

"……可这还不算是对我最大的打击，更叫我承受不了的，是爸爸回来后的第三天，外婆就不幸与世长辞了。她在弥留之际对我说：'丹丹，外婆可能真的扛不住，不能再照顾你了，外婆非常牵挂你，过来，拉拉外婆的手……孩子，你可要坚强，好好照顾好你爸爸，也好好的照顾好你自己，这也是你妈妈的心意……外婆这就要走了，能给你留下的，只有这攒下的70块钱。'”

刘丹说到这儿，哭着一下把石英君抱住，嘴里大声喊着："石大哥！你知道我当时才15岁，15岁呀！呜呜……我怎么能承受得了这么大的打击呀？！啊！啊…你知道吗？外婆她是我十几年来的唯一一个亲人，爸爸出事后，他家的人没一个去看他。只有外婆她省吃俭用地用她的退休金抚养照料着我，还得偷偷照料着狱中的爸爸……她就这么一撒手就不管我了，我可怎么活呀！我从小跟她一起长大啊……”

姑娘的哭声回荡在空旷的山野，同时也震碎了“隐私专家”石英君的心！他此刻想得最多的是深感自己的职业在中国是多么的重要和必要，因为刘丹这样的姑娘何止一个？

他用手轻轻地捋了捋姑娘的秀发，听着她继续叙说。

“打那以后，我就知道了我妈妈为什么没有了，我又怎么忽然有了个整天见谁都不说一句话的怪人——我那傻爸！”姑娘似乎从异常悲伤中缓解了一些。接着说："知道吗？我爸从监狱里回来之后，一直因为他判过刑而长期找不着工作，奶奶家里就剩奶奶一个人跟姑姑过。爸爸在这个小镇实在是混不下去了，就想把我带到重庆去打工，因为他说，他在监狱里练了很好的木匠手艺，他想凭他的手艺去到外面挣钱。我由此没了生活保障，弃学随他一起来到了陌生的大城市重庆。可是，当来到重庆后，我们就傻了眼：满街全都是蹲地下举个烂牌子找活儿的人，没个三亲六故的，你是别想找到点活儿！无奈之下，我们被逼上了绝路——我们只好沿街乞讨，他用外婆给我留下的仅有的40块钱买了一把破二胡开始卖唱，我跟着收钱。一次，一个过路的老爷爷站在那里看了我许久，一声不响地放在我手里100块钱，是两张50的，然后，他什么话也没说地就转身走了。我哭了，看着他远去的背影，心想，他一定是我爷爷……我老有这种幻觉，可爸爸他什么都不知道，一个劲儿地闭眼装瞎地拉着他的二胡……我流着眼泪跟着他唱着那首《世上只有妈妈好》……后来，我又看到了那个老爷爷。这回，他是躲在一辆吉普汽车的车窗后面，戴着一副墨镜，静静地站在那里看着我……我又有那种幻觉，就觉得他是我爷爷，像我那傻爸爸一样，不知老天又从什么地方把他给‘变’回来了……这大概是我长这么大没见过自己亲爷爷的缘故吧？”

“可后来的事情就真的跟梦一样：他一直跟在我们的身后，直到我们第二天从施工工地里的一个小窝棚里出来，还能看见他的身影……这更令我确信：这就是我‘爷爷’！再后来，就是真实的梦：他终于了解了我的年龄和我的故事，他听完后，流下了酸涩的眼泪，先嘱咐爸爸不要气馁，然后就拉着我的手，把我跟爸爸一起领进了他的家门……原来，他是一个回乡的海外游子，五十几年前离开大陆，从没有回来过一回，这是他在重庆自己的老家购买的别墅，他是想在这里安度晚年……而眼下，他在这里还没有找到一个自己过去的亲人，正在苦苦地寻觅之时，却意外地碰到了我们一家，他希望我们能相信他的真诚，留在这里陪他说说话，在我们还没有找到合适的工作之前，先在这里住住，陪他一起生活……我们面对这突然从天而降的‘大馅饼’感到恍然大悟！爸爸他阴沉着个脸一直不说话，他好像在琢磨：这天底下哪有这种好事？无亲无故地就这么一片好心？他不信，我也有点儿犹豫！可一顿饭下来又到晚上的时候，我倒很想住在这里，好痛痛快快地洗个澡，然后，有什么事情等明天再说！可爸爸不同意，执意要回到我们搭的那座窝棚里，说是要好好琢磨琢磨再说……是后来他跟我那样之后才跟我说实话：他当时是怕我让那老头占上便宜给毁喽！我们就这样糊里糊涂地在他家住了一夜，睡觉的时候，我爸爸一直盯着我，最后他说他睡不着，偷偷跑我房间里跟我挤一起睡了……实际上，他这一夜根本就没睡着，我迷迷糊糊地总觉得他在抱着我似的，生怕别人把我抢走了，有时一醒来，还发现他一下又把偷偷抚摸我的手从我身上拿开……可人家老爷爷其实什么歹意都没有，早早地就把早点做好，在餐厅里等我们吃饭。后来，他在吃饭的时候，告诉我爸爸应该找一个能发挥自己特长的工作，并且希望爸爸在生活逐渐稳定下来之后，能再给我找一个妈妈，这样他的帮助才有意义。我渐渐信任并且喜欢上这个我心目中的好爷爷啦，开始帮他一起洗碗做饭什么的。可爸爸却开始盲目地在楼上楼下瞎溜达……我知道：他对这种像梦一样的生活不会习惯，他毕竟刚从监狱里出来没几天，享受不了这样的奢侈。在他看来能住上这样洋房的人，都不会是什么好人；做些靠体力挣钱的活儿，那才是他自己所要追求的生活。我刚才跟你说的那件事，就是发生在这段等待找工作的日子里。那时爷爷整天地往外跑，给我和爸爸到处联系工作，又时不时地下乡联系建学校的事情，叫我们好好待在家里看看电视，休整休整。于是，爸爸整天地待在家里无所事事，就在我早晨起来洗澡的时候，他就产生了那种念头……他后来还反复跟我说，不信你看，我不跟你这样，那老头也不会放过你……我觉得他有病！心理变态！在监狱里跟那帮地痞流氓没学好！他谁都不再相信！我当时都有心宰了他，然后我就自己跳楼去死，不想再看见他那张丑陋的脸！可是我一想起妈妈和外婆，我的心就软了……我甚至再重新看他的时候，都觉得他活得很可怜，总觉得他毕竟还是我爸爸，他不是故意想伤害我，不是有意想对我那样，而是他生了一种什么病在作怪……后来他又给我跪下……我的心都哭碎了，不管怎么说，他还是我爸呀！所以，我才极力地自己调节安慰着自己，然后，就这么忍气吞声对他不了了之了。”

"可老爷爷他什么都不知道，一天一天的除了帮助我们找工作、买米买菜、张罗吃喝外，他啥都不想。后来，在老爷爷的鼓励帮助下，爸爸先在花园小区的门口摆了个修车摊儿，一天下来能挣个一二十块的。我呢，就在爷爷给找到的那家酒店里当上了服务员，后来还当上了个领班。一个月后，在我的提议下，我们就用我的第一笔工资，报答感谢一下救助我们的爷爷：将这一个月来挣下的共计 990 元悉数交到爷爷的手中。老爷爷笑了，他说：这些钱对我来说，值不了什么；可对你们来说，那可是你们新的人生的第一次收获啊！他说着，闪着泪花地笑着……我哭了，我真的因为我能看到这么一个与我没有一点血缘关系的爷爷的眼泪而哭了……后来，我在他的家里，看到了许多许多国外的书籍，最让我感动的，就是爷爷的那本《回忆录》。我终于知道了：他原来是一个混血孤儿，是一位四川的大姐把他养大的。然而这个与他相依为命、把他带到国外去闯荡的母亲，却在他事业腾达的时候，在一次空难中丧生！这一下使他猛醒：他要回到母亲降生并抚养过他的土地，去寻找他内心的根……我真心地祝福他老人家，能在有生之年实现找到他母亲姊妹儿孙的这个夙愿，圆老人家一个欣慰的梦。打那以后，爸爸就再也不操心爷爷看着我的眼神了。爷爷一如既往地像对亲孙女一样的待我，我的所有衣裤都是他给我买的。一天，我们酒店里的常务总经理找我谈话，说我不够年龄在这里上班，如果被旅游局或劳动局给查出来，他的星级饭店就得降格。他说我表现不错，条件难得，就是文化素质差点儿，准备考虑送我到外事学校去进修一下，想问我有没有在重庆这里长期发展的打算，因为他说这可是酒店出钱，一年 3 万多。我当然愿意，也很珍惜这样的机会。可我又觉得这又像是一个'大馅饼'从天上掉下来！我真的有点抱不动它，因为我这样就欠人家酒店的了。我不知怎么就又像被吓着似的哭了……这位英俊的总经理不解地问：‘你是不是有什么困难，不想在这里发展吗？’我连忙说：‘没有呀，只是觉得我的心理负担太重。’他感到莫名其妙，问我为什么？我说：‘我觉得我没有那么好的命。’他笑了，说：‘原来是这样！其实，我看中的，就是你的这一点——不求奢华，踏实做人！如果你没有什么别的困难和要求，并且同意的话，你就在这上面签个字。’他拿过一张纸，我一看，这是一份合同，是送我去学习然后回来继续工作的保证合同。当时我又激动又茫然，不知所措地就签上了自己的名字。”

“回来后，我就把这件事告诉了爸爸跟爷爷。爷爷说：‘好！有出息！女孩子就得这样，为了自己的将来，勇敢地去拼、去闯！这样才会有更大的出息！爷爷真为你高兴啊！’可爸爸不怎么愿意，他十分担心我，因为我这一去学习就是三年，他又想起了妈妈的经历。可不管怎么说，在爷爷的耐心说服下，爸爸经过一夜的思想斗争，还是勉强同意我去了。这样，我的三年学习任务开始了，爸爸在酒店经理的安排下，也获得了一份楼层清洁员的工作。我们新的一家人就这样在快乐和幸福中，不知不觉地迎来了我的毕业。由于我毕业成绩在全校名列前茅，回来的那天，是总经理亲自驾车到离酒店很远的那所学校来接我的。那天的风很大，可我的心和他的一样，一片春光明媚。他说：‘你回来后，先在大堂当经理，然后你再到客房部和餐厅部里实习一段，等你把酒店的业务都弄熟了，再到我的办公室，那时，你可能是个助理或者副总。好好干吧！时间长着哪，成不成功，就看你的了！’他一连串的话，听得我有点儿心花怒放！我真的觉得我的命运变了，这一切都将归功于爷爷！因为没有他，就不可能有我今天的一切，我真是太感激他老人家了！当然了，也不能忘了现在坐我身边为我接风的这位帅帅的总经理，是他的慧眼识珠，才使我的潜在才能得以显现。我也该感激他！”

“一切都按部就班地进行着，我的实习考核成绩一路优良。可就在我全身心投入工作的时候，一双神秘的眼睛在我的身后一直盯着我……他就是这里的总裁，一个瘦瘦的、对我客客气气的合资酒店的外商大老板，他叫 Mr. Kang。终有一天，是我到客房部值班的晚上，他给我打来电话，他说：‘某某部的领导刚刚吃完饭散去，我陪他们有点儿喝多了，你能不能到我房间给我泡点茶，我有点儿不舒服，服务生都睡了……’他的声音突然出现在这后半夜里，真的使我打个冷战！可考虑到他的身份和我的职责，我还是战战兢兢地提着暖壶来到他二楼的房间门口，哆哆嗦嗦叩响他的房门后，里边半天不出动静。轻轻推开半掩的房门，我一步步朝昏暗的房间里走去……就在我放下暖壶的一瞬，他从我身后的浴室闯出来，一下抱住我，不容分说地就把手伸向我的内裤，用嘴寻找着我的双唇……这一切的动作相当突然，也相当熟练，令我猝不及防！可是房门没关，我不敢大声去喊，于是，他的动作越来越过分！我突然感到一阵疼痛，本能‘啊！——’一声尖叫出来！可能声音特别大，又突然，那家伙立刻停下手，放开了我。我就趁机转身疾步奔出他的房间……回到我值班的房间后，我发现裙子里面的内裤湿了，就跑到卫生间一看，吓坏了：怎么有血了？我哭了：因为我在外事学校里学了这一课：这不是姑娘们说的‘好朋友’来了？完了，我就这么完了！天那！我只有 19 岁啊！这可叫我怎么办呀！他怎么这么混呀！我坐在马桶上，独自一人哭了好久好久……”

“那一夜叫我想了很多很多。许多从来没有想到的问题，我都开始一一地想到了。甚至有种赶紧离开酒店的打算。可是，我不敢把这件事当作理由，去跟爸爸或爷爷说，因为我怕爸爸的老毛病又犯了——再去用刀子捅人！因为他的脾气跟爷爷不一样。可我也不敢跟爷爷说，这份工作可是他帮我找来的，他可是好心，我不能那样去随便伤他的心。即便他知道后会很痛恨这个外商，可那不更给他添麻烦吗？想来想去，我还是决定先把这口气给偷偷地咽下去，只要他不再这样来骚扰我，强暴我，我还是该好好的把工作做好，这样或许会给他带来点儿自责或者感动？打那以后，我开始汲取教训，对待上司既不冷也不热——这是我学会的办公心理准则。一天，我发现自己的工资竟然一下翻了四倍！这是怎么回事？是不是财务给弄错了？于是，我来到财务室。等到的结果是：这是总裁和总经理的一致意见……我心想，这难道真的是我感动了他？还是他另有企图？怎么连常务总经理也跟着起哄？莫非我真的令他们俩都感觉到处处满意？一连串的问号搅进我脑子里，我几乎神经都有点儿要崩溃了。看着那张工资单，我越是惊奇，越是摆脱不了心头的阴云……我的压力越来越大，不敢把实际的收入告诉爸爸，于是，我还像以前一样，除了给爷爷买些补品，剩下的，就全都用爷爷的名字给偷偷地存进了银行……可那天爸爸回来就显得特别的不高兴，满脸的阴沉。我问爸爸你怎么了？他半天不说一句话。无奈之下，我只好对自己说，算了，不理他了。他就这脾气，一有点儿什么风吹草动，他就会浮想联翩。我好像都习惯了。可吃过晚饭后，他还是把我叫到他的房间，关上门，用两只浑浊的眼睛看着我，问：'你是不是爱上那老头了？'我不知他在说什么，便反问他：'哪个老头？'爸爸恶狠狠地说：'就那总裁！'我还是不明白。于是回答他：'什么总裁？没有哇！你听谁说的？'其实当时我心里有些慌慌张张。爸爸没有放过我，又追问：'那你那天晚上喊什么？'我说'什么时候？'他说：'你别忘了我那天晚上也值班！'原来他是为那事呀？我赶紧掩饰道：'噢，爸，我那是给总裁到房间里送水，倒水的时候不小心把脚烫了一下，我就喊了一声。哎，爸你别担心，没什么事。'我虽然这么搪塞他，可心头还是忐忑不安。他半信半疑地看着我，最后只说了一句：‘小心点儿！我一看那老东西就不是好人！如果他敢冒犯你，我敢扒了他的皮！’我忙抱着他说：‘放心吧，谁也不敢动你的女儿。你女儿长大了，是吧，爸？’我趁机撒娇似的晃悠着他的身体，这才使他消了气。”

“尽管这事没有闹出什么风波，但我整夜睡不着，因为实在担心爸爸把我看得太紧了。我知道他是真心在护着我，可真是这样下去的话，我担心今后的日子可怎么过啊！万一再闹出个什么误会来，你说可怎么办呀？我爸那脾气，唉！我整天提心吊胆。有一次星期天下午，常务总经理刘均达——酒店的姑娘们都偷偷管他叫帅哥，请我和他一起去参加一个例行酒会，主办方是旅游局。回来的路上，他手扶方向盘一脸灿烂地跟我说：‘明天你就提总经理助理了！跟我在一个房间办公，怎么样？我说话算话吧？’他的话，我没表示出太大的兴奋，可也没有扫他的兴，便说：‘我知道您说出的话没半句假话，只是我可没多大的本事，早晚会让您感到失望的。’我说这话是一种戒备，也是对他的一种提醒。他似乎听懂了，笑笑说：‘你别担心，我吃不了你，就怕你把我给管起来！现在不都说是女人的天下吗？阴盛阳衰，我得意不了几天儿！不信你走着瞧。’我听出他话里有别的味道，就反问他：‘为什么会是这样？’他不看我，继续热情地开着他的车：‘没那么多为什么，这是不可抗拒的历史潮流！’我更有点儿听愣了。他却依然潇洒地开着他的车，那神情很令人着迷，我不知怎么就开始有点崇拜，甚至好像有点儿喜欢上他了。再侧目看看他：依然一副帅帅的样子……我动情地想伸手摸他一下……这时，我忽然看到爷爷在路旁晃悠，就叫他把车靠边停下，他问我怎么了？我没顾得上理他，就下车冲爷爷跑去。原来爷爷是从乡下他资助的小学校那里刚刚转车回来。我把爷爷扶上车，叫他把爷爷一起送回家。他一路狂开，没多长时间就把我们送到了。爷爷想叫他进家喝杯茶，让了半天他也没下来，很礼貌地跟爷爷道声谢谢，说他还有事情，就匆匆地离去……看着车的背影，我不知怎么鼻子发酸了……爷爷好像读懂了我的面孔，会心而神秘地笑了。”

“这天晚上外面刮风了，我又有点儿睡不着，因为他找我谈话决定送我学习的那天就刮风；因为我从学校毕业他接我回来的那天也刮风；因为今天他带我出去回来的时候又是刮风；还因为他今天说的一些话和他那张笑脸，以及他说的明天我就要到他的房间里去和他一起上班……我有了一种前所未有的幸福的冲动感，一种莫名的心慌和无奈，你一定说这是我爱上他了，没错儿！我承认。这是我有生以来第一次暗暗地喜欢上一个男性，暗暗地，一直暗暗地，就是那种暗恋吧？”

石英君看到刘丹在漫长的回忆中露出了第一个笑容，很甜美的笑容。这是百分之百的爱情。

她带着这种百分之百的甜美，重新回到了往事：

“他有家，有一个很不错的妻子，有一个很可爱的儿子，从深圳过来时，他带着他的妻子和孩子，那时候孩子才两岁。他是从美国一所著名大学毕业的工商管理学硕士，曾在美国一家大酒店里担任助理，两年后被公司派遣到深圳，联办一家酒店获得成功。后来听他说是因为人际关系问题，又来到目前的这家酒店。他的妻子是个香港人，后来移居到了美国。我认识他的时候，他妻子不上班，在家做全职太太。他儿子聪明漂亮，是他的命根儿和宝贝。他妻子靓丽豁达，与他也恩爱和美。我就是在他的这种条件下，慢慢喜欢上他的，也非常羡慕他的家庭……总有一种想加入他们行列中去与他们一起生活的憧憬。每每看到他驾车回他那个小家去时，我都会在心里哭上一阵……就这样，我开始默默地感觉到自己十分的孤独，因为我只知道，他是我命中注定要去喜欢上的那种男人。”

“就这样，在工作中，我们彼此加深了相互间的了解，逐渐认识了对方的一切。他工作非常的严谨，从不在大事小事上放松对我的要求，而且几乎对我的错误不讲情面。他知道我喜欢他，他也十分欣赏我、关心我。只是他一直就不肯开口说他爱我。直到他有一天终于跟我发生了性关系，他也没有说出一声‘我爱你！’他只是这样说：‘你还是个孩子，我不能跟你说得太多。等你成为一个真正的女人的时候，你就会明白我为什么会不在这种时候对你随便说出那三个字。因为我对你负责任！你懂吗？’我不懂。我只知道我非常非常爱他，可他好像并不十分爱我，只是他感到冲动的时候，需要我的时候，他才那样对我。可他越是那样不明不白地对我，我就越是放不下他。其实，我并不是想占有他，鼓捣他离婚，那样不道德。而我无法拒绝自己的情感只是想默默地喜欢他，奉献给他，甘心做他一辈子的情人。但他跟我不一样，他内心的多疑状态，使他总是既躲躲闪闪，又不抗不拒，即便是在一起偷情的时候，他也完全避开这些敏感的话题，专心致志地去欣赏我的身体。有一回我终于鼓足勇气问他：‘你觉得我比你老婆哪点强或哪点不好？’他趴我身上老半天不说话。最后来上一句：‘咳！老婆是老婆，情人是情人，你们各领风骚！’你说他这不跟没说一样吗？可我就是永远都恨不起来他，不知道为什么，一见他我就高兴，就想咬他的脸，想将他身上的每一处都含在嘴里溶化掉……一旦见不到他我就心慌，即便现在说起他时，我也有那种感觉。真的！”

“一天，他请我到一个咖啡厅喝茶，漫不经心地跟我说：‘你应该找一个比我更好、更强、更出色、更实际的男人。’他总说他会耽误我。一和他说起这个话题的时候，他就总是这么不自信。我问他：‘我又没有逼你非得跟我结婚，你为什么要整天跟我胡说这些？’他说：‘你想去吧！’转而又说：其实男人最需要女人多多的爱，来一万个也不嫌多。他说他就不行了，因为他说他这个人干什么都太认真。他说反正每次和我在一起后，当时挺痛快，可回过神来再仔细想想，又就总觉得自己不是在小偷小摸，而是在犯罪！可一到那种时候，又总是不能控制，也不知道这到底是哪头出毛病了？他说上面这些话时显得很颓废很脆弱。我看他那个样，就对他说，你不用任何担心，我不求你给予我什么，只求与你在一起能快活就行。可他听后总摇头，长久地不说话。到最后时他会发誓地说：'如果中国的法律准许我能再娶一个老婆，我一定毫不犹豫地娶你！可是目前……'一到关键问题，他就这样给你不知是故意还是怎么着的卡壳。正在我整天为他的事情苦思冥想，在办公的间隙凝望他的时候，他不知怎么就一下突然地失踪了！我，我们酒店的所有职员，还有总裁的妻子，全都疯了似的到处寻找他。可一切努力都没有丝毫的结果。最后，我们只好向公安局报案。"

"石先生，你知道后来出现了什么吗？"刘丹突然停下自己的往事叙述，盯住石英君问道，她脸上冷冰冰的。

石英君略加思考后，说："只有三种可能：一是他自杀了；二是他跑了；三是他被人给暗害了……"

姑娘随手拿起一瓶饮料慢慢拧开盖子，然后显得十分平静但又异常痛苦地把脸又转向另一个方向，带着几分沉重，她说："其实你猜得很准，他死了。是总裁利用我爸爸的手把他干掉的……目前案子还没有完全了结，我爸爸还关在监狱里……"她的眼睛又湿润了。

"那你怎么跟你爷爷说？"石英君想把她赶紧拽回故事的要害中。

她抹着泪，十分悲哀地说："爷爷至今还不完全清楚这件事。爸爸是在单位里给人抓走的，我是最先知道的。爸爸他临上警车的时候对我说：'丹丹，不要去监狱看我，不要跟你爷爷讲这件事，这里你干不成了，你得想办法孝敬好你爷爷，他是你唯一的亲人了。’……”刘丹又一下控制不住自己，站起身跑到离石英君至少几十米处，在一边哭着。

面对这样不幸的姑娘，石英君心头烙下一道又一道印痕：我不管她，谁能来管她？靠公安局？居委会？工会？妇联？还是其他什么单位和组织？可现在社会的许多人员几乎都是游离于这些组织之外的，恰恰她们和他们中间有许多人是有很多隐私与情感方面的危机，即使是组织与单位，也未必能解决得了。石英君几乎都是在这样一个又一个活生生的人面前才感到了自己无法放弃他手中这个不赚钱“出力不一定讨好”的活儿——“隐私咨询”。听起来“咨询”两字是义务服务，可现实中各种各样的“咨询”其实都变成了有偿服务。但唯一“隐私”咨询是无法进行“有偿服务”的。既然是赔本买卖，还有谁冒傻气去干？石英君不是圣人，他同样需要食人间烟火，一次次赔本是因为那些与他根本毫不相干的人来找他，而每一次他必须全身心投入，时间、精力、智慧，外加经济支出。除了个别有钱人为了了结一桩私事比如像婚姻什么的，出手先交钱委托他办事，一般情况下找他的人都是火急火燎，而且多数是败落得连命都快保不住的主儿，你还好意思谈“费用”的事？石英君十年来，通过做各种事情赚过几十万元钱，但为了支撑他的事业，又不得不花去了比赚回的那些更多的钱。他因此现今都时时刻刻处在穷困潦倒的境地。为这，我采访他时，亲眼看到了他只能请我吃面条和稀粥的一幕，也看到他向我讲述他艰难的生活时痛哭不已的一幕……这是外人并不知晓的石英君的另一面。可在那些咨询和被委托人面前，他石英君总是表现得那么像模像样。

“不这样行吗？我能干得下去吗？再说人家来找我，是信得过我，我有什么权利跟人谈价钱？救人救命要紧啊！看到那么多饱受感情折磨的人，你无法甩手不干。既然干了，就得帮人家把难题解了才行嘛！我就是这样整天这么着生活和循环着，常常由不得你自己……”石英君不止一次这样对我吐露他的真情。

现在面对刘丹这样的姑娘，他内心又涌动起那份神圣的意念。

他默默地走过去，对姑娘掏出心里的话：

“其实，我一直不讲话，专心致志地听你讲完，就是想搞明白你，也搞明白你身边的所有人。咱们先不说你爸爸。咱们就说追求你的这些人。我想告诉你，任何人，你都得对他有个看法或者说法。世界上原本就不存在任何一个坏人，谁一生下来也不会就带着一颗坏心活着。只是变坏的人都有一个共同的特点，那就是他十分自私！他们又都有一个共同的欲望，就是拼命地满足自己的私欲。我不在道德上去评判什么，我只是提醒你：任何男人伪装自己去向你进攻，其实就都为一个目的，那就是享受你，充分地享受。可他们不这么讲。他们动不动就会在自己的婚姻、爱情、恋情、激情、欲望、贪婪、性欲上都贴上个‘爱’的标签，以掩饰自己内心的那种获得快乐享受后的窃喜。当然，一个人完全没有自私行为和想法，那是根本做不到的也是不可能的。单就享受的权利而论，我们人人都有自己的世界观、价值观和人生观的选择。怎么去享受，该享受些什么？那可就‘仁者见仁，智者见智’了……那好，咱们再往下说，就算他恪守‘仁、智’那他也得公道些才是。这种公道，就叫‘灵魂’。人类之所以区别于动物，就是我们拥有了灵魂。这个问题看起来极其简单，可要我们每个人做起来时，面对它时，却是件非常不易做好的事情。那到底是什么事情在作怪？你不清楚，我想有一半儿的人都不是很清楚。要想真正地认识、解决这个问题，那该是完善一代两代人的教育才能从根本上解决的问题，咱们在此不做详细讨论。那么，我就想问你一句话：你究竟在你讲给我的这个故事中扮演着一个什么样的角色呢？你用哭声回答我是必要的。我们必须学会哭，我们必须学会从哭中找出我们为什么会哭的根源才正确。你没有看出？我现在实际上是把你当作我的孩子或者是亲妹妹来看待你：现在你之所以会来到北京，甚至会搅和到歌厅、酒楼、酒吧、所谓的什么招待所之类的地方去混，就是因为你没有找到真正哭的原因！我不常流眼泪，可我一旦流一回就得叫它流得清楚，流得明白！绝不白白哭一回！我教我女儿就这样，她长这么大轻易不流一回眼泪！为什么？因为我们凭什么就非得让眼泪伴随一生呢？凭什么？就因为我们是女人？就因为我们承认我们自己是弱者，是吗？凭什么？”

石英君其实也是个性情中人，易激动，也直爽。他对刘丹说这番话时，越说嗓门越大，姑娘有些被他吓着了，本来就已经陷入感情崩溃的她两眼泪汪汪地看着他不知如何是好。

石英君称自己的这一套叫作“打一巴掌揉三下”中的“打一巴掌”心理战术，真是委屈了姑娘。

“训”完后，石英君又开始“哄”：“好了好了，来，咱们坐下来慢慢说。”

刘丹回过神后，努着嘴解释说：“我不是不恨我爸他那样做，可……”

“不一定。”石英君打断她：“因为你没有完全理解你爸爸。其实他自己都不知道自己究竟在干什么。我不是说他杀人就对，可他为什么会接二连三地杀人？难道他天生就喜欢蹲大狱，挨枪子儿吗？难道他就不知道有个幸福生活多美好吗？不是，都不是。这是因为他接二连三地受到刺激、受到打击，再受到监禁、再受到不公正待遇、再受到别人的利用，才一步步促成了这种自己不知荣辱美丑的行为。其实他的病始终就没有好，只是你看他还会吃饭、还会睡觉、还会上班、还会关心你、还会有性要求，你就觉得他什么毛病也没有。其实他活得很艰难也很可怜，只是他自己不能意识而已；他所有的反应以及他的要求其实都是机械性的、没有理智的、没有选择的，这就是他为爱付出而又得到的令人感到惋惜的沉痛后果！说实话，我深为他的不幸命运而悲戚……所以，你应该努力争取学会怎样面对生活和怎样对待‘爱’，不然，你爸爸的命就将白送……”

刘丹似乎明白地点点头。

“你知道吗？我骗爷爷说，我来北京是为了能找到更好的工作。可在来此之前，我已经为我爸爸的事情和刘均达的死，痛苦得自杀了一回……”她又捂住脸，哭泣着。

“用什么办法？”石英君立即追问道，并用一种严肃的表情——这是他在试图打断刘丹的思绪，以训练她控制、调整自我心情的能力。这看起来很残酷。

“是一种不由自主的行为……”刘丹顺着他的思路回答道。

“投河？”

“嗯。”

“太一般了！”石英君故意用一种调侃的口吻说，“然后就被别人给救了？”

她点点头，“我就是在那个时候进的酒吧。起初是一个人喝酒，后来就认识了现在的这帮人。他们带我来北京之后，我才知道这是些什么样的人。开始我很不习惯，几次想走。可大姐她人很好，给我讲了很多的道理，其中印象最深的是：别自己对不起自己。可我绝对没有卖身，我向你保证！”她忽然转头看看石英君，“你不信是吗？”

“我了解你，打死你你也不会干那事儿。但不排除你利用这种办法捞钱，因为你内心觉得假如生活需要的话，这并不可耻。”

刘丹把头低得很低，喃喃道：“是，我实在很需要钱……可我心里需要的是那种比金钱更值得去追求的东西……”

“这个时候你就撞上王一洲啦！”

“是。可我把他也想得太简单了。”

“为什么？”

“我以为离婚的男人会更懂得和珍惜爱，其实不然。”姑娘对天叹息一声。

“你这是现在的想法，还是见我之前就这么考虑？”

“我不是一开始就跟你说了吗？我只想跟你说说我的故事，目的只有一个：让你知道其实我不是一个坏人。”刘丹有些委屈道。

石英君感到是把问题的关键捅破的时候了。

“那你还叫你哪儿蹦出的‘哥哥’来要挟他干吗？”他两眼直盯着刘丹。

“‘哥哥’？我哪儿有个‘哥哥’？谁要挟他了？你什么意思呀？”她莫名其妙地瞪着石英君。“开什么玩笑嘛？我还不至于那么无耻吧！”

“啊？可……可你不是还把王一洲给告了吗？”这回轮到石英君大眼瞪小眼了。

刘丹跳起来了：“我告他！我什么时候告过他？我凭什么想告他呀？他单位在哪我都不知道！我上哪儿去告他？这都是哪儿跟哪儿呀？你……”刘丹气得胸脯不断起伏。

“那就怪了，不过你先别急，让我想想……”石英君一边劝说，一边思忖起来，忽而问道：“你跟他的事情都跟谁说了？”

姑娘想了半天，猛然抬起头：“对了，有一个人知道他的电话……”

“谁？为什么？”

刘丹的眼睛眯了起来，若有所思地：“原来是这样……”她陷入了又一个梦境般的现实中。

石英君此刻像福尔摩斯，当听刘丹这么一说，顿时已经明白事实真相。这对解决整个王一洲一家错综复杂的“感情巨案”可能是一个决定性的转折点。

现在第一个要解开彼此误解的是刘丹与王一洲之间的疙瘩。自从听了刘丹的诉说，石英君已经完全明白王一洲与刘丹之间的隔阂纯属误会。所以没等刘丹开口讲出她那个所谓的“哥哥”的由来，石英君便赶紧把她从地上拉起来，收拾收拾东西上了车。然后他抓紧时间与王一洲联系，约他见面，但并没有告诉他什么事。倒是石英君在车上给刘丹下了点“毛毛雨”，比如希望她能做好心理准备，万一见了王一洲，王一洲可能因对她的误会而感到愤怒时，她应能理解他和体谅他等。刘丹得知王一洲因为她的那个冒充的“哥哥”而在部队上吃尽苦头的事后，心里仿佛也觉得自己对不起王一洲，以前认为他“无情无义”的看法也顿时烟消云散。姑娘同意“配合”石英君。

“好，我要的就是你这句话。”石英君满意道。

汽车开至王一洲家附近的营区，王一洲通过手机约石英君在上次他们两人见面的地方碰面。

当王一洲出现在石英君的面前时，他简直惊呆了，因为他看到了刘丹——这是王一洲没有想到的。石英君在电话里没有告诉他，而且他和刘丹也有些时日没有见面了，两人彼此在没有见面的日子里相互伤害得够惨的了，可当这对情人一旦见面，两人之间那种恩恩怨怨、情情切切交织在一起，顿时有种说不清道不明的味道。

当这样的四目撞击在一起时，仿佛周围的空气也全然凝固一般。双方的那股渴望与迷茫并存的情感叫两人都极不自然。

石英君不得不出面打破这种局面。他对王一洲说：“她是给你道歉来的！”

王一洲的身子一震，神情慌乱地捋了捋头发。顷刻，他反应过来后，长长地叹了一口气，然后有气无力地转身坐在长椅上，皱着眉头说：“怎么回事儿？”那意思是在责问她。

刘丹站在原地没敢动，她明白王一洲是为自己受到部队的种种处分而在责怪她。因此她像犯了重罪似的低下头：“对不起，我是在最痛苦的时候给你惹了这个祸……”

石英君听到刘丹能说出这样的话，大为兴奋，忙招呼道：“来来，刘丹，你跟他慢慢说。”并一把将她拉到长椅上。

接着，就是刘丹忏悔的哭泣：“和你吵架后的那段时间里，我心情不好，就一个人待在家里睡觉，有一个多星期没有去上班。后来，经理给我家里打电话，怕我是出了什么事。我以为是你打来的，就没有接。他晚上就找到了我住的地方。我看到他来后，很感动，就不能自制地把你跟我的事一口气全都跟他讲了。他说他也是个离过婚的男人，知道你是什么心理，告诉我说这种事不要太着急，如果我信任他的话，他答应帮忙做好你的工作。然后就跟我要了你的电话。我由于太着急想叫他帮上这个忙，就没有好好考虑其他问题，当时就把电话号码给他了。后来他说他跟你谈了几次，又到你单位周围了解了你一下，说你这种人绝对不可能跟我结婚，叫我放弃你就算了吧！用他的话说，追你的女孩子有一个排，说你特别花心，只是装作一个伪君子的样子到处招摇撞骗。我一听，就开始拼命地给你打电话，想约你出来！那天你终于来了，可是你并没能好好地跟我聊聊，而是只顾你自己快乐，然后什么也不想跟我多说一句就要穿衣服走了……我就是在这种情况下，才不得已割了自己的手腕。这是我今天第一次有机会告诉你，后来你把我送到医院，又不放心地来过几回，我就再也没有见过你的影子……我今天能跟你说的，就是这些，你想怎么处置我，你就随便处置吧！我一句怨言都没有，是我……对不起你……”

姑娘哽咽得说不出话了。

王一洲仍旧怔怔地坐在那儿一动不动。

刘丹继续说：“我想告诉你：由于我的过错，使你蒙受了巨大的事业和精神上的损失。这确实不是我的本意。如果你不相信，你就可以亲自去我现在工作过的那家咨询公司调查，他就是那里的经理。其实，我后来一直瞒着你又找工作了，当然这是在你的说服教育之下。可由于不是家外企，而是家很小的私营企业，我就没脸告诉你。可这毕竟是我迈出的第一步。你知道吗？进外企不很容易，我又是外地户口……算了，这些我就不跟你说了。我只希望你能很快地把事情搞清楚，然后能像石大哥分析的那样，赶紧把我给你所造成的这种严重后果挽回到最小的程度，这是我现在最最迫切的心情！不论你怎么去想我，这些现在对我来说都不是很重要。我只希望你能活得很好，别把自己给耽误了……”说到这里她又哭了。

她见王一洲的脸色在缓缓起着变化，进而恳切地说：“你是个好人，我永远都不会怨恨你什么，请你记住我的话：不论走到哪里，不论我生活得有多么艰难，我都不会忘记你对我的帮助，并且用你鼓舞我的话去抗争！我也绝不会做出任何对不起你的事情来降低我自己的人格！你有什么不清楚的问题，现在就可以问我，我会很好地配合你。这是他的手机号码和他单位的电话，我绝不会再到这种地方去上班了，你可以去找他核实清楚，如果我的话有半句假，我愿为此承担一切责任。再次向你说声对不起……”

刘丹边说边抹着眼泪，忽儿想起什么似的，从口袋里掏出一张纸条，在上面写下一个电话号码，塞给了王一洲。

王一洲接过纸条一看，然后两眼冒着火光，问石英君：“石先生，你的意见？”

石英君明白他是对电话号码上的这个家伙仇恨在心，于是便说："先送刘丹回城里，吃完饭后咱们就奔那小子家！你看怎么样？"他试探着问王一洲，因为如果对方答应他的做法，那么意味着王一洲已经彻底原谅了刘丹，这对"冤家"的事就迎刃而解了。

"走！"王一洲什么多余的话也没说，抬起屁股就走在前头，一路奔向他的那辆白色轿车。

石英君朝刘丹眨眨眼睛，示意一切圆满成功，现在你刘丹用不着担心什么了，只要去将功折罪就是。

刘丹的脸上露出了灿烂的一笑，轻松地跟着石英君上了车。

一场紧张的"决战"拉开序幕——

两辆车子一前一后地直奔城内。在行至西直门外大街的南侧便道时，王一洲下车与石英君商定，他们一起先进"郭林家常菜"。

逮"狼"行动就在这里进行。

石英君看出王一洲内心的愤怒已经到了想宰了那个骗他的刘丹的假哥哥才解恨的地步。为了怕他控制不住自已，石英君要求他必须保证以下两条："第一，不论怎样，一切都听我的，不能有一点儿的蛮干和冲动。第二，按照我的策划，不许走样，他开场白过后，就由我主谈，谈完就走！"

王一洲半天不说话，最后点点头："只要把这小子治了，我什么都答应。"

"那好，刘丹，你现在的任务是引蛇出洞……"石英君对刘丹说。

姑娘点点头。

他们通过刘丹留下的信息，先把电话先打到她工作过的这家公司，并从在这家公司里看门的老大爷之口，套出了这个"经理"家的电话，还了解到这个"经理"家的住址和该公司的相关背景信息等有关详细情况。

晚9时许，石英君先把刘丹送回住处，自己和王一洲来到“经理”家楼下。经过观察，里面有人，只是不知何故房间内所有灯都关着，唯有卧室里渗出点儿昏暗的灯光……上楼进一步观察，能听到一男一女时起时伏的放荡声响。

原来如此。石英君和王一洲继续在门外观察等候。约20分钟以后，石英君让王一洲下楼用手机给里面的“经理先生”打电话。

电话响了，但没人接。过了半天，正在做美事的那个家伙极不情愿地从卧室跑了出来。

“喂？谁呀？噢，是你呀？怎么？考虑好啦？”那家伙听出是王一洲，便做起了他的美梦。

王一洲按照石英君说的回答道：“我已经准备好了。”

那边是只贪心狼，一听这边说准备了，便追问：“你准备了多少？10万？少了一点。你困难？哎哥们，你当初跟我妹干那事儿时你怎么不感困难呀？是不是？好好，算了算了，我看你确实也一时凑不出那么多……那就先这样！可咱们得先说好了，余下那10万，你可得抓紧点儿，不然你可得吃不了兜着走呀。什么？这10万先给？行！你说几点吧？你现在就在劲松路口呐！你到我家来？也行。不过你得过半小时过来，你记一下啊！见红绿灯往右拐，对。17楼，三单元，三层309。好，不见不散……”

对方把电话挂断了。王一洲看看石英君，问他下一步咋办？

石英君悄悄拉过王一洲，示意他下楼。

俩人在楼下抽了两支烟，约半小时左右，便一起重新上楼。

王一洲开始敲响309号的铁门，石英君则躲在一侧。

门被从里边慢慢拉开，“经理”隔着防护栏冲王一洲笑笑，说：“你来啦？这么快！”说着，他把防盗门打开。见王一洲身后还站个石英君，有些不快，但很快又变得很热情：“怎么还带来一个？请进请进！”

里面的客厅内灯泡挺亮，映得主人的脸惨白惨白。石英君注意观察了一下对手模样：大长脸，尖下巴，眼睛小得像两颗绿豆，长而脏兮兮的乱发裹着瘪瘪的小脑袋……一个标准的好逸恶劳的"二瘸子"。

他有些慌乱地叫王、石二人先坐下，然后好像是要到门厅里去倒水……石英君起身观察着他，王一洲见他的"债主"忙着倒水，便说："你别忙乎了，赶紧抓紧时间咱们把事儿办了！一会儿我还得陪我们这位哥们儿去机场接人呐！"

主人还是很假心假意地端上两杯水："茶水总还是要喝一口嘛！"

王一洲没有理会他，只管把石英君那只鼓囊囊的手包放在茶几上，用手指指里面，说："总共10万，是我这哥们先给我垫上的。这不，怕你不相信，我就把哥们也一起给带来了。不过，我得有个条件——你得先给我写个字据：如果我把今天这10万给了你，我以后就得用你的这份字据跟你说话，免得你以后没爹没妈地跟我要起个没完！你能给我写个条儿就行！这条儿嘛你一是得给我写明你为什么跟我要这10万的原因和理由；二是得保证在我还没有给你剩下的那10万元之前，你不得在这期间对我采取任何报复行动；三是如果在这当中我把那剩下的10万也给了你，咱们的事儿可就算彻底了结了！而且你必须注明是人民币，而不是外汇！不然我给你这10万后跟没给一样，你再给我长成美元了！你说是不是？我得有个保障！怎么样？以前你向我提的条件是这样吗？"王一洲装出一副极认真办事的样儿。

那家伙听这番话后，欣喜若狂，连声说："成成成！如果你实在困难，那10万以后再说！大家谁现在活得都不容易！你说是不是大哥？再说，我妹妹毕竟也跟你们朋友一场！"他回答得干净利落，一边四处找着笔和纸，一边用不安的目光不停地朝王一洲和石英君扫来扫去。

“没事儿！你该怎么写就怎么写！别听他的！能表达出你的意思就行！”一旁的石英君为了不让“狼”紧张，故意又再给他吃了一颗定心丸。

那家伙连声“好好”，很快伏在桌上认真地写了起来。这时的王一洲反倒有些紧张，因为他们张开的网即将网住往里钻的“狼”……俩人双双屏住呼吸，等待着成功的一刻。

这是一个文化程度有限的“贪狼”，老半天才直起身子。“OK！你看看是写这些内容吧？”他把纸条交给王一洲。

王一洲接过来验看了一遍，然后让石英君也看了一遍。

“没错，这样就行。”石英君看完后帮王一洲把纸条叠好，又放进自己的口袋。然后两眼正视写条的“贪狼”：“你叫毕小二？还有其他正经的名字吗？”

毕小二一听有些慌张地分辩道：“这就是我的名字！”

“那把你身份证拿来我看看好吗？”石英君的表情很严肃。

毕小二弄不清石英君为什么要这么盘问他，便急忙翻动着上衣下裤，最后从裤兜的一堆烂纸里找出个证件给石英君：“你看，就叫这个名儿！……”那小刀削脸儿上的肌肉翻滚着。

“知道我为什么陪他来吗？”石英君一边看着证件，一边问道，突然他把证件往桌上一扔。“你这身份证是假的……”

“你不是……他不是管你借钱了吗？”毕小二语无伦次起来。

石英君步步紧逼：“我先告诉你，我不是警察，我也不是他的朋友。我是一个尊重法律的一位普通公民。我知道你还当过几天兵，而且回来后还开了个门脸儿，一开始干得还不错，挣了点儿钱。可你后来把这些钱都给花没了……干什么用了你自己清楚。现在弄出这么个没营业执照的‘咨询公司’，都咨询些什么，怎么咨询，你自己也清楚，不用我说，给你前面后面这些个烂事儿都加一块儿，我看你自己也能给自己攒上几年。你懂我的意思了吗？你这些烂事我不感兴趣，也不归我管。但你跟王一洲之间的事我是管定了。在这中间你是怎么个做法，你自己清楚，有你写下的纸条为证……我这一层意思你又听明白了吗？我想，如果是我的话，现在就去自首还来得及！……而你，我就不想再说什么了。我看你小日子过得还蛮不错，那你就自己掂量着办吧！王一洲，咱们走！”石英君说到这里，拉着王一洲就往外走。

那家伙可慌神啦，赶紧上前拦住：“大哥，二位大哥千万别走！别走！钱我不要了！我什么都不要了还不行吗？你们千万别报案！给我一次机会！千万给我次机会！大哥，咱们有话好商量！给我个面子！好不好，大哥？”

“不好！”王一洲转身一把捏住他的脖子：“小兔崽子！你欺负到我头上了！”

石英君见早已愤怒的王一洲铁叉般的双手捏在那小子的脖子上快弄得他半死时，赶紧掰开王一洲的手。

这时，吓得魂飞魄散的毕小二“扑通”一声跪在王一洲跟前，像小鸡吃米似的磕着响头：“王大哥你就饶了我吧？！我给你赔礼道歉认错还不行吗？你就打我一顿！往死里打！只要你解气就行！啊，大哥，你饶了我吧……”

王一洲真的又抬起手要抽他，结果被石英君挡住了。

“起来起来！”石英君把熊成一团的毕小二强行拉起来，然后指着他的鼻尖：“你听着，咱们有话明天再说好吧？现在这么晚了，别影响楼里人的休息！给，这是我的名片，今儿晚上你一个人好好想想，想明白了，明天早起就给我打电话。从现在起，我已经是王一洲和刘丹的被委托人，有什么想说的你就冲我说，我会考虑给你改过的机会，但如果你愿意再要你的小聪明，那你的去路就不归我管了。你听明白了吗？路在你自己的脚下，你想怎么走就怎么走，随你的便！不过后果你可要先想好了。走！”石英君拉着王一洲就这样出了门。

毕小二呆在那儿不知说什么，眼看着“客人”下了楼道。

一切进行得很顺利。

第二天一大早，毕小二就给石英君打来电话，说希望与石英君面谈。于是他们约定当日下午两点在天坛公园门口见。

按照策划安排，王一洲也陪着石英君一起去，只是他暂不露面，在暗中等待。如果谈得顺利，毕小二也有悔过诚意，便按既定方案了结此事。

下午两点，当石英君准时出现在天坛南门的大门口时，毕小二老远就快步跑过来：“大哥，我早来了！咱们是不是进去？我买好票了……”

“不用，你把票给退了吧！咱们在外面谈。”石英君说。

“那……”毕小二犹豫一下，“咳！那就算了！退什么退呀，没多少钱！那咱们上哪儿？”

“走！上我车，车里谈省时间！”石英君不由毕小二分说，便带他上了自己的车子。

毕小二刚坐下，便自个儿结结巴巴地说了起来：

“……起初我不知道刘丹她有感情上的事儿。她刚来公司里时间不长。她这个人挺能干的，也有人缘儿。我就安排她接电话、接待什么的。本来干挺好的，我也指着她，答应一个月先给她 900 块，管饭。她也挺愿意的。可不知怎么搞的，还没到月底领工资呢，她就忽然不来上班了！可我这头刚有点儿起色，她这么一不来，好多冲她才来的顾客没影儿了！我就特别着急！我翻出她登记时的履历表，查出她的电话和住址，就在当天晚上去看了她。开始我还以为她生病了，就安慰她半天，并保证如果她愿意让我帮忙，看病的钱都由我给她出。她听着听着不知怎么就哭了，一直不讲话。我觉得她好像碰到了什么难事儿了，就给她讲了好多我当兵的事儿，主要是想让她了解我、信任我。她后来好像觉得我可信，就把她跟王一洲的事儿都跟我讲了。我一听是这种事儿，就满口答应她说交给我来办！这种事儿我在行！因为我跟她说，我也早就跟我老婆离了，我知道男人心里是怎么回事儿，并且跟她要了王哥的电话，说我保证能给她做通工作，叫她别着急，在家等我的信儿，完了我就走了。可回家一琢磨，我怎么给她做工作呀！谁能听我的？我自己的事情还乱成一锅粥呐！我想着想着忽然想起我自己在头些年碰到的事儿：由于我跟一个有夫之妇胡搞给她丈夫按被窝里了，她丈夫叫人把我狠狠地打了一顿！而且还敲了我有一万多块钱！”

“所以你就在你现在也没钱花的时候，借机敲竹杠？……你这么干了几回啦？”石英君问。

“没有没有！头……一回，头一回！真的……”

“那你进局子几回了？”

“没有没有！……就……一回，就一……回！”毕小二看看石英君，知道这主儿厉害，于是浑身不由哆嗦起来。

“算了！你这样的混混，我在北京见得多了。这样吧，我们长话短说：你打算怎么办？”石英君边抽烟边把头扭到一边，一副根本不把毕小二放在眼里的神态，反倒使毕小二心里越发紧张。

“您说吧！大哥你是道上的人，我……听您的！”毕小二一副老实巴交的可怜相。

石英君这时转过头，问：“去到部队告发王一洲那女的是不是就昨天跟你睡觉的那黄毛儿？”

毕小二一听这话，额上顿时冒出冷汗：“大哥你咋啥都知道呀？我……”

“你现在把她给叫来！怎么样？不就住西三旗么，不远！个把小时的路程嘛！”石英君斜眼盯着毕小二，看他反应。毕小二毕竟是个混混，那小眼珠儿一转，可见石英君两眼直盯着他，便无可奈何地伸出手：“那你……借我手机用一用，……她昨晚把我手机拿跑了！”

石英君没理，因为他知道这小子是想耍滑头——突然用别人的手机打给“情人”，对方容易发现意外情况而引起警惕。

“走，下去！……跟我到对面的公用电话去打！”石英君说。

毕小二只好垂头丧气地跟着到了电话亭。

下午4点，毕小二的“一夜情人”——“黄毛儿”出现在金融街的花园里。她手里提溜着一个小坤包，正在那里左顾右盼。

“是贾纯吧？”戴着墨镜的石英君突然站在她身旁微笑着问她。

女人恍然，透过蓝色墨镜瞧着石英君问：“你是谁呀？”

石英君摘下墨镜，说：“石英君。对不起，是我叫毕小二约你出来的。”顺手递给她一张名片。

女人瞅着名片，诧异地说：“哟！你也出来约小姐呀？嘿嘿，真想不到。”

“咱们坐下来谈吧，好吗？”石英君没有理会她的大惊小怪，指指不远处的一组漂亮座椅。

“好吧！”女人一甩脑袋上的黄发，坐到座椅上。“有什么话你就说吧！你今天不回家接热线电话啦？”那声音里夹着几分挑逗意味。

石英君掏出烟，自己点上一支，又递给女人一支：“你今年多大了？”

“21！你呢？嘻嘻，能告诉我吗？”女人有些放荡地盯着石英君。

“快40了！”

“没有吧——！你肯定骗我！顶多三十一二！”女人的口中吐出几个烟圈儿，向上飘着。

“我基本上不会骗人。”

“偶尔也骗一骗？是不是？”

“迫不得已的时候会是这样。”

“那就得了！……连你这种人都骗，你说天底下还有个男人老实吗？”女人不屑一顾地说。

“所以女人就更得学会去骗，是吧？”石英君反问。

“那当然！不骗白不骗！”女人跷起二郎腿。

“你也打算骗我？”

“不一定，那要看你了。”

“为什么不一定？”

“……我也不知道。反正谁骗我，我就骗他！没什么好说的！”

“开始烦我了是吧？”石英君有意放松了一下，改用微笑对话。

“你来找我就谈这个？……咱们不能说点儿别的吗？”女人扭过头不，忽然问：“哎，对了，你有老婆吗？”

“当然有。”

“她对你不好吧？说说，跟她有劲吗？”女人的小细舌头开始从嘴里出来向外游荡上了。

“你想表达什么意思？”

“不行就别硬撑着啦！把旺盛的精力交给我这么个妹妹多好！哈哈哈……”她放荡地笑起来。

石英君将头转到一边。

“怎么？瞧不上我是吗？”女人扭动屁股转到他的面前，几乎用身子贴着石英君的脸。

石英君轻轻推了推，说：“其实你如果不刺双眼皮儿，或许更有魅力……”

“真的呀！石先生，你品位不错嘛！是这样的，我现在挺后悔当初听别人话把眼睛弄成现在这样，气死我了……”女人欣喜又自恼地嚷嚷道。

“你是不是独生女？”石英君把话题一转。

女人瞪大眼睛：“你问这干啥？”

“想起了一位作家对美女的评价……”石英君笑起来。

“他们一定是说像我这样去整容肯定是没教养、没文化是吧？”

“也不全是。”石英君摇摇头。“其实，我知道你家庭条件还是挺好的。你从小不缺吃不缺穿，要什么有什么！可你……就是永远不满足！这大概是因为你条件太好了，长得又漂亮，优越感强了，爱你、娇惯你、捧你的人多了，你自己也就不用努力了。可能高中你都没有上完，你就开始跟某一个人到外面同居了。后来你就开始不信任男人，报复男人，戏弄男人……这样你就开心，这样你心里就平衡了！是吧？所以你就干起了这种白天躺家里睡觉，晚上出来穷忙乎的‘工作’，特别是像这种来钱更快的‘工作’，你好像干起来还挺顺手，可对后果却从来都不管不问也不顾！这就是你，是吧？那么，我今天为什么会来这里见你，并且想和你聊聊，你明白是什么目的了吧？”

女人听到这儿，烦躁地站起身：“先生你如果没有别的事情想跟我谈，那我看咱们今天就先聊到这儿吧！我还有事儿呢！”说话间她就要起身，甚至小声在自己嘴里嘟囔着：“我还以为你是给我送钱的呢！嘁！”

“慢点儿！我有最后一句话想告诉你：你就这么走了的话，可别后悔！”

女人的腿顿时像灌了铅，过一会儿，她慢慢抬起头：“昨天是你带人找的毕小二是吧？”

“虽然你现在一分钱也没能从中得到，可你诬告他人的性质和后果可是非常严重的。更何况，你们合谋诬告他人的目的，是想捞取钱财。这种案件一旦立案，你可就犯了‘敲诈勒索罪’了，你懂吗？我约你来此的目的很明确：就是想救救你！你才刚刚20岁出头，有那么多的事情等你去做，可你偏偏就要过这游手好闲的生活！如果你父母知道你整天就这么在外边瞎胡混，我相信他们是不会眼睁睁地就看着你这样下去而不管的！而等你真的有一天被送到良乡或者东北、天津之类的什么地方的时候，你不会为你今天不听我的劝告而感到后悔吗？如果真的是那样的话，那你不是自己把自己给白白地毁了吗？21岁，多好的年龄，多好的年华啊！多少人做梦都想回到这个年龄！可你并不珍惜……你想想，咱俩无亲无故，大老远的我跑这儿来干吗？不就是想为你今后能好一点儿吗？愿意听你就听，真的不愿意听，那我也真的就算替你父母尽到了这份责任！你愿咋地就咋地吧！”石英君做出副极其生气的样子，起身欲走。

这一招果然灵验。年轻的女人再也沉不住气了，快步走到石英君前面，低着头检讨自己：“我不是故意的！可我也没办法……”她把头转向一边，委屈地抹起眼泪。

“能告诉我，你为什么要顶替刘丹去部队诬告王一洲，而且还带着怀孕的化验单吗？”

她开始不说话，过了好半天，才在嗓子眼儿里说：“当时确实是怀孕了……”

“孩子是谁的？”

“我也不清楚……好像是毕小二的……”

“那你为什么说是人家王一洲的？”

“因为我知道怀孕的时候，正好跟毕小二住一起……我跟他要钱，他说他现在手头紧，后来眼瞅着就快过月份了，他才打起敲诈王一洲的馊主意。我开始死活儿不同意，可他说就让我跟着他去一趟就行，如果我能把化验单一起给他们领导看看，他就给我两万！我问他这王一洲是个什么人？他说是他在当兵的时候的一个仇人，他原来的老婆就是叫这个姓王的给生生抢走了！还说他了解部队，只要女的敢告，男的就不得不承认，何况那姓王的他本来就跟刘丹有一腿，怀没怀孕他哪知道？并发誓跟我说：你只管放心，人家部队绝对不会去调查，现在都什么年代了，谁还有那份闲心？你有他家的电话、手机号码跟化验单就足够啦！我一听这不很简单吗？不就是到那里哭哭、闹闹吗？这对我来说也太容易了，何况这么瞎溜达一趟就能白白得到两万，我干吗不干？所以他简单地教我几次，我们就去了！事情就是这样。对了，他到现在为止，还欠我6000呐！”

“什么钱？”

“这个不好对你说，就算是提成吧！”年轻女人有些为难。

“如果和这个事件没有什么直接关系，那我就不问了。”

石英君不想把这个女人逼得太紧，所以换了一个话题：“你跟毕小二是怎么认识的？”

“他们公司招聘的我呀！”她理直气壮。

“干什么工作？”

“陪聊，哇！你不知道吗？北京现在不就兴这个吗？”她不相信像石英君这样的男人不知道这类事，白了他一眼。

“噢，我明白了……”石英君觉得自己还真不比这位“三陪小姐”见识多。“噢，对了，你那化验单上开的谁的名字？”

“我的呀！……噢，不对！后来是毕小二特意带我到另一家妇产医院重开的，名字改成刘丹了呀。”她的意思是这些都跟她没有直接关系，而是毕小二一手策划的。

“那你在这之前用你自己名字化验的那家医院，你还记得吗？”

“当然记得！就在他们家楼后头那医院……”

“那刘丹的身份证是哪儿来的？”

“是他用刘丹在公司备案的身份证复印件仿制的。”她回答得相当肯定。

“在什么地方做的？”

“不知道！好像听他说是在人大门口要不就是双安商场过街立交桥底下取的货。……噢，对了！我记得他说花了200元，是带防伪标志的。当时他钱不够，第二天又去取的。”

“好！这事咱们就说到这儿。我问你：对这件事儿你打算怎么办呢？”石英君两眼直逼这位干了不少风骚事的年轻女人。

“哪件事儿？”她不明白。

“就王一洲的事儿！”

“那你说现在该怎么办？”她抱着自己的双肩看着车流说。

“首先得是出自你的自愿：怎么给人家去制造的影响，怎么去给人家消除！如果你把利弊都考虑好了，那你就照原道再回去好好跑一趟！你说呢？”

“那你叫我再好好想想……”

“不着急！对。你想好了，考虑成熟了再说，不能勉强。”

“那你可不能骗我！”

“如果在咱们接触后，我有什么不妥、不当的地方，你可以行使你的权利，对我的一切不负责任的行为诉诸法律，我愿意为此承担一切法律责任！”

“那好吧，你告诉我，怎么做才对我有利？”她仿佛第一次认真起来。

“只要你有颗诚心，什么事情都好办！”石英君也拿出一副公事公办的样儿，口气很硬地说：“但是你必须得真正地从中汲取教训！否则，我现在是帮了你，如果你还和从前一样，不认真从中汲取教训，那我叫你去这样做，也同样是害了你！你可千万不能得过且过呀！我已经跟你说了那么多的道理，你该明白我的心意吧？”

她点点头：“谢谢你了，大哥！”眼睛里含着感激的泪花。

2000年8月某日的上午，石英君和王一洲带着毕小二、贾纯一同来到解放军某部机关大院，直奔A楼三层郭政委的房间。

他们把案件的整个情况都报告给郭政委和陪同他一起听取这一事件最新结果的保卫干部，希望他们能进一步了解事实真相并做出相关决定。

2000年8月中旬，王一洲恢复正常工作。

2000年8月下旬，王一洲调到陆军某部，重新开始他新的军旅生活。

然而，他的爱情生活却在刚刚结束这麻烦后，又陷入了新的艰难选择……

就在王一洲刚刚恢复工作准备上班的头一天晚上，他在给趴在桌子上复习功课睡着了的儿子整理书包时，忽然发现了儿子写给自己妈妈的一封信——

妈妈：

我特别特别地想你！你现在在哪儿呢？

我现在觉得人活着真没有意思。我不想上学了。我想到一个没有人的地方。你能跟我去吗？如果不能，我就看你一眼，完了我就自己走。如果我见不到你，就把你的信和照片放在一起，想你的时候，我就看看。妈妈，我再等你两天，你能来吗？如果不能，我就把这封信留给你，我也把它放在过去的玩具里，好吗？妈妈，我可能会在大山上看见你，或者是森林……

吻你的眼睛——妈妈！你不许哭，我也就不哭了，妈妈。

你的儿子：旭旭

看到这里，王一洲两眼模糊了……他翻来覆去将儿子写得工工整整的这封信看了足有三四遍。他突然想起什么似的，忙又翻了翻儿子的书包：从一本厚书里，他找到了小旭妈写给儿子的信……两封信使王一洲心潮起伏，再无法平静了，他轻轻将儿子抱到卧室安顿在床铺上，出了家门无目的地走向丛林深深的大院。

忽然，他看见一双闪亮的大眼睛在自己的面前闪动。

他揉揉眼：不对呀，我没在做梦吗！王一洲的心一下收缩起来。

他疑惑不已地继续往前走。这时有人从身后将他突然抱住，并直扑向他怀里……“谁？你，你干什么？你……”王一洲的心怦怦直跳，一身冷汗。

“一洲！……是我，是我呀！啊，是我……”一个犹如从天边飘荡而来的女人的声音，那声音中夹着哭泣。

王一洲觉得耳熟而又陌生，连连后退了几步：“你，你是谁？你……你想干什么？”

“我是谁？……”黑暗中，女人悲切地反问道。

“你是……小茜？刘丹——？”慌了神的王一洲，连起码的判断都失去了。

“啊，你连我是谁都不知道啦？你……”女人愤愤地一甩手，扭头就跑，很快消失在茫茫夜幕之中……

王一洲这才意识到他遇见的并不是鬼，而是“她们”中的一个。“你停下！有话好说啊，停下——！”他朝着人影消失的方向追去。

追至一片银光闪烁的宽阔地带，王一洲愣住了：原来前面是个湖塘。当他再细细看去时，不由大吃一惊：一个女人的身影正向湖心走去……

王一洲从那个婀娜的身影，终于看清了她是谁。于是大声喊了起来："丹丹，你这是干什么呀？快往回走，危险呀！"

水中的女人突然"哈哈哈"的一阵神经质的大笑："你王一洲还知道我的名字呀？哈哈哈……我不会死的，我想玩玩水，瞧这水多美……可惜今晚没有月光……"

"她这是咋啦？"王一洲浑身打了一个冷战，刘丹真得神经病了？想到这儿，王一洲全身僵直：这可怎么办呢？如果她一头真的扎进去，我可就跳进黄河里也洗不清了啊！她不是前几天还好好的吗？这可怎么办？

"丹丹，你有什么话尽管说，我保证全听你的啊！你往回走，往回……"说着，他也顾不得脱衣服，直奔水中。

"停！你要是再往前走，我就永远不上来啦！你停！停，哈哈哈……"刘丹真的说着疯话，做着疯事。

王一洲愣在浅水里不知如何是好，急得直打水面。突然，他想起了石英君，于是赶忙从口袋里掏出手机。

不用细说石英君这位"隐私专家"有多倒霉，也不用说他接到王一洲的电话后是怎样飞速行驶在夜幕下的北京城内，然后再赶到西郊，也不用细说他一赶到现场如何拼命地抢救失去理智的刘丹有多费劲，好不容易将她拖上岸后，姑娘死活挣扎着还要跳河。

被折腾得连气儿都快没有了的王一洲，突然"扑通"跪在地上，使出最后一丝丝劲儿，连连哀求道："丹丹，听我一句话，……我，我跟你结婚！结！我跟你结婚……"

接下去是刘丹被送进了一家部队医院，这期间王一洲抽时间偷偷照看着她。石英君还在忙着这宗错综复杂的"感情"纠纷之战。但令石英君难以承受的是，他还没有时间安抚好刘丹，从南边又传来坏消息：小楠被人毁容了！

正在病中的叶小茜得知后也险些自杀。

石英君又是一通“救火”。

说“隐私专家”这顿忙乎是因为他不得不这样做，因为这一宗“案件”虽然是王一洲家庭的事，但却连着几个人的命，处理不好，很可能演化成为京城一大命案。所以他既然插手了，再累也必须关照到每一个细节，这是他的职业道德。

问题是“案件”的主儿——王一洲这阵子也变成了另一个人，整天像失了魂儿似的三摇两晃，就差没有吹来一阵风，否则他就可能倒下后再也起不来了。也难怪，现在到了在自己的孩子、过去的老婆、现在的情人和家这四者之中作出最后选择的时刻了，而且绝不能再像过去一样拖延了。

王一洲整天失了魂似的，几天下来原本方方正正的脸也没形了。这个时候他才知道石英君帮他做了一件事：刘丹怀了他的孩子，是石英君帮着做工作让刘丹做掉了，签“父亲”一栏时，石英君为让王一洲“清白”，便填上了自己的名字。那一天，刘丹从妇产科病房出来后，石英君坐在她床边，姑娘眼盯着天花板，脸色苍白，泪水如小溪般地流淌着：

“不管怎么说，我是喜欢王一洲的……石大哥你给我作证：我不会要他一分钱，这次住院的钱也不例外。你告诉他，我不是个无赖，也不是个没有一点自知之明的孬种。我知道我的半斤八两，更知道我除了有个不成档次的学历加上个不招人讨厌的脸蛋儿外，其他啥都没有。可我知道我已经地地道道地做了一次妈妈！21岁，仅仅才21岁，我为一个男人当了一回妈。我什么都可以忍耐，真的，你叫他把心放下，好好工作，好好带孩子，如果他真的愿意，那就好好满足孩子的要求，把他过去的爱人叶小茜给接到孩子身边。其实我什么都能感觉到，我只是不会说。他……他其实跟我在一起的时候，就经常把我的名字叫错。我知道他不是故意的，也知道他那时心里只有我，可他那么长的婚姻里只有叶小茜的影子！他习惯了，他喊顺口了……我能理解他，更能理解他的无奈。他其实不是一点儿都不爱我，他确实是无奈。他是男人，他需要女人，离婚的男人更需要个女人！我理解他，我知道他当时是怎么了，更知道他为什么会在这种时候答应和我结婚。他是个有责任心的男人，他是个好男人，只是他有他的难处。他太像个军人了，太直率了；可他又是一个普通人，一个心胸不太开阔的普通人；他也有他自私的一面，也有他优柔寡断的地方，这是他的不足，可这又不是他的什么太大的缺点……总之，他还算是一个挺伟大的人，不是很虚伪的男人。我拥有过他，这就足够了。真的。我不会忘记他，永远都不会！就算我真的哪天活不下去了，我也不会怪罪他一分，这是我的实话。所以，我拜托你能代表我好好跟他谈谈，我什么都不想跟他再说了。就这么好聚好散，什么也别说了，好吧？你能答应我吗？……”

刘丹说完上面的这些话后，又抹干泪水，对石英君说：“从现在开始，我不会再掉眼泪了，我的心正式从王一洲身上撤出……”

石英君在那一天也极受感动，姑娘的话几度让他泪水溢出了眼眶。

“我现在唯一希望石大哥凭你的能力使王一洲一家重新团聚。”

石英君握住刘丹的手向她保证：“我一定。”

过了几天，石英君将刘丹希望他做的事和她说的话给王一洲重复了一遍。那一天王一洲听后死活要拉着石英君上饭店喝酒。石英君不会喝酒，王一洲一定要灌他，最后两个人喝得全糊涂了。席间，王一洲一把鼻涕一把眼泪地向石英君说：这一辈子没白活，有这么好的姑娘爱过自己，后半辈子要争气，把家弄得温温暖暖，和和美美。

石英君说，这才是男人该做的事。

另一边，石英君也总算熬到叶小茜出院了。他把她带到自己的“咨询公司”里。因为让她回到王一洲的身边，还有一个重要步骤是她必须与小情人断了那份情才行。然而这是个非常难的难题，一是小楠已经不在人世了，意外地死在南方某城。二是石英君估计，把这个消息告诉爱着小楠的叶女士只能让她永远地离开王一洲。感情上的事，石英君有经验，像叶小茜这样清高的少妇，一旦得知自己的“小情人”不幸意外去世，她会把一生留给死者的，只有在一种情况下她才能回心转意，那就是让她自己明白“小情人”真的已经不爱她了。

石英君现在要做的就是这件事，但这也不是件那么容易就能做到的事。

石英君动起脑子，他知道要让一位坠入情网的少妇能从感情中解脱出来，就必须“如此如此”。

在以后的几天里，石英君一直在想着和谋划着这件事……

一天，他当着她的面，与远在另一边的小楠通上了电话，接通后他把耳机交给了她。

她激动得喘不过气来。

“小楠，是我……”她的眼泪哗啦啦地落下来，“……听到我的声音了吗？”

然而她哪里知道，与她通话的那个“小楠”其实是石英君精心“克隆”出来的。电话那边确实有个“小楠”，而所有“小楠”的话全是石英君用此前小楠与他的通话录音剪接复制好的，所有的短语从一个“喂”开始，都被石英君这位“热线”专家精心地编配到他的那台多媒体声讯设备系统里了。这边的她说一句话，坐在身边的石英君便按事先编辑并背熟的按键代码在她不觉中按下……碰到难以回答的问话，他就用小楠在与他过去对话时不好回答的那种叹息声来顶上。

沉浸在自己情感之中的女人，根本不知道这一切是石英君这位专家绞尽脑汁，估计到所有的她要问出的问题然后编辑合成出来的，一切做得天衣无缝。

下面是她的真实话语与“隐私专家”代替小楠发出的“同步声音”的精彩回放：

石英君（小楠）：“我知道……你说吧……”呼吸很重却语气平稳。

叶小茜：“你好一点了吗？”

石英君（小楠）：“还行……你说吧。”（后半句操作错误，更正，……没找着。立即用7号键代替）“咳——！”一声不是很大的叹息声。

叶小茜：“你别想那么多了！……我担心的就是你可别出什么事儿！……可是你真的就……”她哭得说不下去了。

石英君（小楠）：“没什么。……你不用担心。（接5号键）真的。”

叶小茜：“（哭声……）其实你真的不必要想得太多了。我不在乎你的容貌，这真的不重要。你在我的心里永远是个合格的小弟弟，我会永远永远地用心爱你。只是我生病住院了，没能去看你，过几天，石先生答应我一起陪我去看看你，并想办法把你接回北京来。你爸爸也说了，不论怎样，他都会接受你和我的感情，我过几天就跟他办手续离婚。石先生为这事跟他谈了好几天，你回来后，我就跟你到外面去住一段时间，等你调整好了，我们再一起回家。你知道吗，老房子退了，我们现在不住那里了，你爸爸说，等你回来，他给你买一套三环路附近的房子，他住单位里去。我想，如果我把孩子的事情处理好了，你会高兴地跟我住在一起，到时候，如果你真的不恨我了，我就一直陪你住下去；如果你还恨我，我就搬出去住，只要你心里平衡就行……（哭声……）”（一直按动1号键：小楠重重的呼吸声……）

石英君（小楠）："我不会回去。……（加 11 号键：）永远都不会。"

叶小茜："为什么？……你还恨我，是吗？"

石英君（小楠）："我不想再见到我认识的任何人。永远都不想……"（加 1 号键：）重重的呼吸声。

叶小茜："为什么？……"

石英君（小楠）："……"（没有找到应该回答的话题，立即用 7 号键代替）"咳——！"又一声叹息（加 1 号键）和重重的呼吸声……（找到菜单提示了：用 19 号键）："……我谁都不怪，只怪我自己。……（接 8 号键）我现在活得挺好！……（接 5 号键）真的！……"

叶小茜："我怎么听你说话怪里怪气的？而且还带着口四川味儿？……"

石英君（小楠）："（料定会有这样的话，于是使用 18 号键——基本使用原录音）是为了你们找不到我。……这是一种最无奈也是我最好的选择。你放心，我现在谁的话都不会再相信，我只相信我自己。谢谢你的关心，我知道我今后会怎样生活，苦是一定的，可我会去坚持。如果我活不下去的那天，我会告诉你，但绝对不是今天。……你的好心我领了，请不必为我担心，我所有的寄托，就是玩命的唱歌！瞎子戴副墨镜不还能卖唱吗？我戴个黑礼帽怎么就不可以生活呢？……"

叶小茜："你就再也不想见我了吗？"声音十分可怜。

石英君（小楠）："起码现在不想。"

叶小茜："为什么？"

石英君（小楠）："因为我还没想好。（接 9 号键：）我想一个人活着。"

叶小茜："那等你想好了就一定给我打电话！……好吗？"

石英君（小楠）：“我再考虑考虑再说。”

叶小茜：“那你记一下我的手机好吗？……喂？……”

石英君（小楠）：“(一下慌了没找到代码）……”

叶小茜：“喂？……”然后自言自语道：“是不是没有笔呀？”

石英君（小楠）：“(找到代码了：3 号键）你说吧！”

叶小茜：“……1300117（略）……你记下了吗？……”

石英君（小楠）：“我记住了。”

叶小茜：“那你就记着到时候就给我打电话好吗？……”

石英君（小楠）“(2 号键）好吧！……”

叶小茜：“你缺什么吗？……”

石英君（小楠）：“(8 号键）我现在活得挺好的！……”

叶小茜：“你多保重你自己好吗？别叫我总惦记放不下心！……”

石英君（小楠）：“(4 号键）行。”

叶小茜：“那……你还有事吗？……”

石英君（小楠）：“(6 号键）没有了。”

叶小茜：“那好吧……我随时等你的电话！……”

石英君（小楠）：“(4 号键）行。……”

叶小茜：“那……再见！……”

石英君（小楠）：“(0 号键）再见！…”

录音对话到这里结束，坐在一旁的石英君出了一身汗。还好，没有出现任何漏洞。

可美丽女人在放下电话后无比伤心地哭了起来。

“看来他真的把我给忘得一干二净，冷冰冰地对我就像个陌生人！我真不敢相信电话里的他会是这样对待我的心，可他就是这样对我了”她战栗着双唇抹着满脸的泪水站在那里愣愣地咧开嘴：“他真的变了一个人……他为什么就那么看不起我！啊？石英君你说，他是怎么啦?”她伤心至极。

石英君慢慢来到她的身边，把美丽女人扶到沙发前。此刻他真的很想告诉她：小楠他现在不在了。可他无论如何也不能对这位情感已近崩溃的女人张开如此残酷的口！看着她这样想念小楠，石英君真的怕再也瞒不住她，使她真的再崩溃了！那样孩子和王一洲就更可能受影响！就连刘丹也一样，会因为自责而连带受到伤害。石英君好不容易才把王一洲、王旭、刘丹的情绪稳住，也好不容易才把她给瞒过了，而此时石英君不敢多想，他眼下的所作所为只有一个目的：叫她慢慢忘记小楠，可当这一目的现在达到了，面对着她石英君又好不愧疚，他转过身去拿来一块毛巾，递给她轻轻地说："坐下吧。"然后就坐在她斜对面，久久地看着她。

10月1日，孩子们放假了。

"妈妈!？"正在看电视的王旭看见妈妈突然出现在门口，一下丢掉手里的面包，光着脚就奔妈妈跑去。这一幕令石英君的女儿也瞪大惊奇的目光，看着突然出现在自家门口的这位陌生阿姨。

"旭旭!"叶小茜的脸上除了百感交集之外，还有变了形的扭曲。她一下俯身抱起王旭："旭旭，妈妈来了！妈妈来看你了，旭旭!"

"妈妈!"王旭咧开大嘴就哭了起来。

这边，石英君的女儿毛毛下意识地跑到父亲的身旁搂着爸爸的腰，含着眼泪看着他们。

"妈妈，……你跑哪儿去啦——妈妈!"王旭死死地抱住妈妈的脖子。

"旭旭，妈妈回来了！妈妈不走了！妈妈永远都不再离开你了旭旭！啊宝贝！……抱着妈妈，妈妈对不起你，妈妈不走了！真的不走了旭旭！……"

与此同时，王一洲带着刘丹来到他们曾经去过的地方——妙峰山。

在一家农舍的土炕上，他与刘丹最后话别：

“……这是我最后一次拥抱你。其实，我真想就这样永远一个人躺在这个土炕上，面对着大山，永远睡着。可是，这样不行。我有你，我有孩子，我牵挂你们……”王一洲的眼泪流到了耳朵里。

依在他怀里，两眼瞪着天花板的刘丹淌着眼泪，一句话也没说，只是静静地、静静地听着……

“如果有一天我还能再带你出来，那我希望不再是你一个人，我希望你能带上你的……先生。”

她依旧什么话也没说，静静地枕着他的胳臂，把泪水一行行咽进肚里。

……

后来石英君从刘丹那儿听到了这样一个极其重要的讯息：“我想跟叶小茜谈谈……”

这是求之不得的事，石英君觉得此时已将水到渠成。

10 月 2 日的早晨，长城人满为患。交通台广播说：目前前往八达岭的汽车已经排到了昌平环岛。

“算了吧！咱们奔十三陵水库得了。”石英君透过深色墨镜看着眼前反光镜里的叶小茜，她此时在喂儿子王旭吃奶酪。

“随便，你看吧。”她随手给儿子喂水，不慌不忙地说。

“那我就给一洲打个电话啦？”石英君说。

“行！”她转头看看车后：“他好像不明白你想干什么。”

石英君拨通他的手机：“一洲啊？咱们干脆改道吧！我看仨小时也过不去！咱们奔十三陵吧？或者去密云水库？你说哪？好！……跟上我啊！”

向右打灯，石英君他们从停车带超车慢慢蹭到昌平环岛出口，然后直奔北开去。

车快到十三陵水库还有七公里左右的路上又开始堵了。王一洲下车来到石英君车前，说他的车缺水快开锅了。石英君下车给他拿了一个大可乐瓶子，那里有备用水。帮王一洲灌完水，三排车还是堵的，王旭就下来方便。这时石英君看到刘丹也从王一洲的车上下来，活动活动腿脚，然后就走到路旁的一片芦苇丛里揪几只绿绿的苇叶闻着。王旭也凑近她，折断几支苇茎，低声与她交谈着什么。一直在注意观察的石英君意识到，王旭显然不知道她是从爸爸的车上下来的，他根本就不认识她，是刘丹主动跟他讲的话。他们都对这少见的绿色植物感兴趣，她显然是在为接下来的"郊游"做着情感铺垫……就在这时，前面的车流忽然开始移动了，他们各自上了自己的车。

穿过层层林海，他们来到十三陵水库北面的山腰，山下的湖水一平如镜，一会儿蓝一会儿绿地从树丛的缝隙里一次次闪过。

石英君他们把车先一口气开到了库坝上，叶小茜跟王旭在亭子的石台上蹲下照了两张相。这时石英君叫躲在一旁的刘丹也过来，她啃着王一洲给她买来的老玉米，大胆地站在了镜头前。

过一会儿王旭说："妈妈，咱们下去玩水吧？你看那边有人抓鱼！"

石英君听见了说："好，咱们都上车，把车开到下面的滩里，你随便玩，怎么样？"他摸着王旭的头说。

王旭高兴万分地边跑边快乐地叫："哦！抓鱼喽！抓鱼喽！"

车子按原路从北岸下山，终于找到了去水库北岸潜水游乐区的入口，一路俯冲下去，七拐八拐地就驶进了沙滩。一农民妇女拦住他们："到这玩得交费，每人10元钱！""我这有零的！……"叶小茜抢先掏出50元递上。车子摇摇晃晃地就驶到了水边。

这时所有人都有一个愿望：赶紧脱鞋下水。好像王旭这时才醒过闷儿来：原来这个阿姨是跟爸爸一起来的！他边揪着裤衩，边把眼睛小心翼翼地瞥向她，明明是想问："这阿姨是谁呀？"

石英君最早摸到了一条小鱼，嘴巴宽宽的，身上褐色有黄花。王旭听到石英君先摸到，噼里啪啦就跑到石叔叔身前，裤衩背心全湿了，还溅了满脸水。石英君小心地帮他将鱼放进妈妈拿来的可乐瓶里，孩子高兴得竟有点儿傻乎乎的："爸爸你看！这么大呢，哎！你抓到了吗？"王一洲正聚精会神地伸出并拢的十指，猫腰准备下手，没有回答他。刘丹看了一眼王一洲，也学他的动作，想摸得更多。

这时，石英君回车里取出一个大一点儿的可乐瓶子，把它的瓶底儿剪掉，然后放在细沙窝里，把一群群贴在沙土上游动的鱼骗进去再取出。王一洲知道石英君的窍门儿后，叫刘丹也给他做一个，于是，刘丹就跑到石英君的车旁，坐在别人不知什么时候开来的一辆黑色桑塔纳车的保险杠上看石英君咋做。

"躲远点儿！你看我怎么骗它们吧！"石英君开始慢慢掏一条沟，把大瓶底儿口冲外，泥沙沉淀后，一群鱼就开始向瓶口游来……石英君极轻极轻地慢慢把手贴近水面，突然一个猛虎扑食，七条三寸长的苔草鱼被他拿下！"我看我看！……"王旭挣脱妈妈的手拼命向石叔叔奔来："哇——！这么多！妈妈你看！"他转身举着瓶子冲妈妈喊。

其实不光王旭，现在这四个大人的心情都还算好。说好，其实又都是装出来的。可石英君最明白：大家现在都还是冲着王旭——只要他高兴，其他什么事情都还好说。现在，还有一个特殊的安排，那就是刘丹要求与叶小茜对话。

此时，王旭要把衣服脱掉叫爸爸陪他游泳。这可是10月份，虽说太阳老大温度也很高，谁也不敢答应他。这时，细心的刘丹把王旭身上湿漉漉的背心给脱了下来，转身从车里的挎包内拿出件事先为王旭买来的卡通图案T恤衫——看来她对这次会面早有准备。于是，王旭穿上它后就要去爬山，说是非要看看从天池（北面山上最高处的一处人造湖景）上飞下来的降落伞是怎么飞到这里来的。无奈之下，一行人只好又开上车，一路打听，绕了十余里的盘山险路后，最终到了山巅——海拔有千余米的十三陵天池景点。

一下车王旭就控制不住了：他忘记了要来到这么高的地方是想来干什么的了，冲着白云和山峦傻叹："我的天呀！怎么跟登上太空一样，这么高呀！"

望着脚下一览无余的重峦叠嶂，再看看浩渺无垠的十三陵天池美景，大家的心情顿时感到格外地清爽。王一洲站在一处石盘上对王旭说："看见没有？山那边还有山，永远也数不完。不信，你给爸爸数数！"王旭皱着眉头数着，一会儿的工夫，就笑开了颜。"知道吗？一个人的心胸就应该像这山峦世界一样，你心里越开阔就越好受，男人更应该这样：没有宽阔的胸怀，就没有一点儿幸福感！这种宽阔，就是一种博大的情怀！"他搂着站立在身旁的儿子，看着脚下绿绿的山丘，不无感慨地说。忽而一转身："算了！等你长大了，你就知道爸爸为什么会告诉你这些了！"

这特殊的一行人借着耀眼的阳光，在清澈如洗的群山峻岭的衬映下分别留影，之后，石英君就和王一洲一起有意带着王旭跑到了一旁去看热闹：这里正在进行着"千米滑翔表演"，看得王旭目瞪口呆又跃跃欲试。

石英君回头看到在一条蜿蜒的山路上，刘丹主动给叶小茜撑起一把太阳伞，这一景让他喜悦满怀。

这时的叶小茜忙说不用，然后十分关切地从大背包里掏出一瓶饮料和小食品，邀她走进长亭里——叶小茜知道她此行的目的并不仅仅是陪孩子到此开心，而是要接纳刘丹的一片情谊：

“小茜姐。”坐下后，刘丹红着脸说出第一句话：“我很喜欢你的性格。这些不光是我听王一洲和石先生说的，今天第一次看见你，我也体会了。你真是个好妈妈，也是个我十分喜欢的好姐姐。你能宽容我，这是你的为人品质。我很感动。石先生说了，他叫我代表王一洲给你认错。我想，他其实不是这个本意。他真正的目的，就是想叫我们俩能很好地谈谈。我文化水平不高，又是个外来妹，说得不好，请你别在意。其实我有很多话想要对你说，可是真的见到你，我又不敢说了。好在我们都是女人，我想你能理解一个小妹妹此时想要跟你说的话，我……我想请你原谅我，也能原谅王一洲。我今天来到这里的目的，一是想见见王旭，二是想见见你。王旭还小，他最需要的是什么我可能比更多的大人还知道孩子的心。我现在也可以说是个孤儿了，可我毕竟已经长大。但他不同：他正在成长时期，一点儿生活情感上的瑕疵，他都觉得出、看得见，稍有不慎，就会给他带来一生的影响。也就是因为这个，我才来看看他；而我见您的目的，就是想能当面和您聊聊，只代表我自己，求求你，不要记恨王一洲的过去。他是个好人，一切的故事都是我的过错。昨天他跟我谈了：他离开我。我想他的选择是对的。我今天来想当面向您做出保证：不论我今后的生活怎样，我都不会再搅乱你们的情感生活；不论你们今后生活得怎样，都请不要忘记我对你们的诚心祝福！这是我最想要说的话……”刘丹终于抑制不住地流出了伤心的眼泪。

叶小茜把她搂在怀里：“我从来就没有怪罪过你。甚至，我真的从心里感激着你！如果没有你的出现，王一洲说不定会沉沦到什么程度！是你在他最困惑的时候帮了他一把，我应该代表他感谢你！是的，我们都是女人，我们有女人共有的东西——为爱付出感情，直至我们的灵魂和肉体，我也有同你一样的情感经历，我也有同你一样的经历后的辛酸感受。没有对与错，只有我们醒悟的良知。情感是什么？爱情是什么？其实我们每一个深爱着别人的女人没人能说得清！这是上帝的安排，我们做女人的好像就得先不明不白地这么胡溜达瞎闯荡一回才罢休！你错了吗？他错了吗？我们都是女人，谁也没有错，谁也不是故意的错！只是我们做女人的最后才忽然明白：男人啊，其实你已经失去的，就是你最想要得到的。可是，我们没有再拾起的机会了，等待我们的仍旧是别人的无奈选择。我告诉你：现在咱俩是平等的，没有谁让给谁，谁非得去享有绝对占有权的地位之分。我跟王一洲之间是同志关系，因为我们已经离了婚。你在此之前与他的一切交往都是正当合法的。只是我和一洲之间有个孩子存在，我们必须尽到培养教育抚养孩子的义务。这些我想石先生他也一定都跟你谈了。我现在的心情你可能还不完全能理解：我其实没有一丝想故意拆散你们的意图。这你或许不信，可我能这样跟你说明：倘若王一洲他真的舍不得你，你也真心实意地舍不得他，那我还是劝你们俩都好好想想，真的，不然你们将来都会感到后悔。石先生给我讲了无数的例子也都证明：只是图一时的冲动，觉得对不起孩子而匆匆丢弃自己的情人来复婚，这是极不成熟的表现。等冲动劲过了，平淡的日子又将从无谓的烦恼开始的时候，重蹈覆辙的痛苦会越烧越旺，到那时，永远的痛苦煎熬就会降临。我们不论谁再去后悔，都没有一点价值可言了。我想安慰和提醒你的是：你们之间到底真的是什么样的感情，是责任，还是别的什么东西？你不要匆忙把你的结论告诉我也告诉你自己，你一定得好好用心地去冷静想想。……记得我刚知道小楠出事和给人毁容的时候，我也和你一样，又是投河又是自杀地死过那么两回。可等我一觉从梦中醒来，我忽然明白过来：这仿佛不是爱，这分明是一种责任的天平倾向了爱的一边；其实这不是爱，这是一种自责和无奈。或许因我们同属女人的缘故，我们总是在梦里生存，为梦去爱，这种女性的天赋，造就了我们的灵魂和肉体的相连，我们不知不觉中就投入了那种爱。我想这一点，石先生他也一定会像教育我一样，给了你不少提示。总之，我们谁也不该再冲动地做出每一个选择，我们不再拥有可以再出错的机会和时间，命运告诉我们：我们可以错一次两次，我们绝不可以再去错三次五次！我们真的都没有这样的精力和时间了！数数余生，我们还有多少天的日子可熬，珍惜这最后的几万天，那是我们给自己命运的重新安排！你如果真的最后觉得还是跟他相伴一生就是你的夙愿，那我仍旧可以做你一生的姐姐，叫王旭喊你妈妈！……”

女人与女人之间除非不说心里话，一说就能让高山大海都化为坦途。

“小茜姐！”刘丹一头又扑到叶小茜的怀里，紧紧揪着她的衣襟说，“你别说了，你别说了！都是我不好。希望你能理解我当时的心情，我跟王一洲的感情是一步一步发展起来的。我有很多的故事，我只想找到一个亲人。你就原谅我吧，好吗？我不会再找王一洲！不会，不会，真的不会——你就放心跟他复婚吧！我不会再给你们的生活添一点麻烦，不会，不会！……我不会——！我求求你啦姐姐——你们就复婚吧！”刘丹声嘶力竭地冲她哭喊着。

石英君此刻有一种成功后的满足，他看到王一洲也掉下了眼泪，叶小茜的眼泪也和刘丹的搅和到了一起。

不知什么时候，王旭手里多了一只风筝，他在群山峻岭的高空中，放飞着一只绿色的大蜻蜓……

故事讲到这里已经够长的了，但故事并没有真正结束。然而，属于石英君的任务已基本结束。可以告诉大家的是，这个错综复杂的家庭故事和感情纠纷，终于有了比较圆满的结局。故事的几位主人公后来都有了较好的情况：王一洲成熟了，叶小茜也真的长大了，王旭也快乐了……只是刘丹的生活是谁也没有料到的：

她为了偿还王一洲和石英君的感情账，为尽快赚钱，竟然在她爸爸被枪决的那天，毅然“离家”出走了。后来石英君在北京的王府饭店里找到她——她已经成了一名京城小有名气的“高级贴身女管家”。属于她的新一轮的故事又将开始……这也是石英君的“热线”永远断不了的原因之一。

石英君还在京城忙碌着，甚至是在人们根本不经意的视线里起早贪黑地忙碌着。中国隐私情感世界里有太多的人需要他去帮助。

第 3 章　拯救美丽的未婚妈妈

1999 年 11 月 22 日凌晨 4 点，守着热线的石英君听到话筒里忽然传来了一个嗓音颇显异常的女孩的声音 ：“是石先生吗？”

石 ：“是我！您是哪位？”

电话突然断了。

经验告诉石英君 ：这又是一个特例。等等再说，肯定她还会再拨打电话来的！

石英君熟练而果断地将所有外线都技术性“封好”等待那个声音的出现，可一个接一个的求助电话虽不乏是些女性，但唯独她再也没来电话。

职业习惯反倒使石英君有些内心不安，因为一般这样中途突然断线的热线咨询更具问题的严重性。也就是说，这样的人问题都比较复杂和严重。

石英君不敢眯盹，整整等了一夜。

晨 7 时许，她的声音终于出现。这一回，她只是刚冒出个“喂”，就被石英君给“截住”了，并三下五除二地扯开了她的心理防线，伴着随机播放的一首歌曲《爱，没有协议可签》——这是石英君新写的一首歌，他以惯用的手法撬开了她久久封闭的心门。

女孩终于在沉闷许久后哽咽着对石英君说 ：“其实，我是一个很懂音乐的人，我们之间有一种默契。从您的歌声里我读懂了您的用心良苦，更知道您对我的‘教育’是在不言中。您的第六感觉不错，我很佩服您，就像佩服我爸爸……”

音乐就是这么富有魅力，它可以使一个人荒芜的心田，在音乐旋律的牵引下，迅速产生多种多样的意外联想，这不，她就终于想到了自己的父亲，而且还伤感落泪了。然而，职业的敏感让石英君更加确信，她这只是暂时的“内紧外松”。

在热线电话的这端，石英君隐隐约约听见了婴儿的吮奶声，这使他已猜出几分“那边”的状况了。一个稚气未脱的她，怀里竟然有位吮奶的婴儿，生活中又多了一个“烦心人”。他听得对方轻轻挪动了一会儿身体，然后继续在热线里哭诉着：“爸爸他非常地爱我。在我 3 岁的时候，他就早早地给我买了一架钢琴；11 岁的时候，我就考上了军艺；15 岁的时候，就提了干，成为一名令人羡慕的军总部歌舞团舞蹈演员。我个子高，身材好，外形条件和内心素质的结合，使我成为领导和老师们娇宠的对象，本来好人缘儿的我，却一天天地被妒忌的人莫名其妙地孤立起来，生性倔强的我，渐渐开始封闭自己，觉得这样也不错，独往独来的我就一天天地把目光转向了外边。外边的世界很精彩，真是这样。于是，在一个偶然机会，我就终于认识了这个精彩世界里的精彩的他——一个有别于那些‘除了有钱别的啥都不趁’的另一种十分时尚的 40 岁男人！”

热线里看不到对方的面容，但石英君凭借经验，已经知道世上又一位能歌善舞的漂亮女孩被不幸的生活践踏得痛不欲生。

多情的女孩总为情所困，这几乎成了一种规律。

而导致这种规律产生的总是一位令这些美丽的女人们倾心的风流男人。

她的“他”又是一个什么样的男人呢?

她是这样痴迷地描述着他——而石英君对此太熟悉不过，凡是打这种电话的女人，一提起心中的那个“他”，准会不厌其烦地说个没完，并且通常总是将“他”描绘得那么狰狞的同时又把“他”当初的才情描绘得那么令人心动，似乎只有这样，才能让旁人觉得她们当初并不那么傻，或者她曾经拥有的感情是那么令人陶醉，以此来稍稍弥补一下后来她们遭受的那么多不幸。

为了节省时间，每当此刻石英君总要先打断对方，说“我知道他是什么样”一类的话，而对方听后也总会发出惊诧的声音：“你怎么知道的？你认识他？”

后面就轮到石英君解释了：“其实我不认识他，但他们这种人在生活中不算少，尤其是在漂亮美丽的女孩周围。”

“对对。我的那个他就是这样的呀。石先生你真神了。”

以后的话题里，就是她们把整个心都交给了石英君——因为在她们心目中这个“热线主持人”有可信成分。

“您看过那个‘手机广告’吧？……对！就那副样子！”今天的这个她便是又一个新的“她”。你听，她与石英君几句开场白后，竟然就不哭了。

“我给他画个像吧：一米八几的个子，爱穿蓝西服。”石英君代她描绘她的那个“他”。

“对呀！爱穿蓝西服！……您怎么什么都知道啊？您认识他？”她高兴极了。

石英君听到这样的天真的“鼓励”，也有些按捺不住了：“我更知道接下来就是‘故事’即将‘开始’，他是如何如何让您体验了‘高品位’，让您过足了‘众星捧月’的瘾；让您明白他与您的邂逅是上帝的安排，与您相拥是多么的‘相见恨晚’；他是多么的‘事业有成’，他是多么的‘善待友人、善待社会’，他为多少贫饥‘捐款’；继而，他的家庭又有多么的‘不幸’，妻子多么的贤惠可就是不懂得‘爱情’；他是多么的‘痛苦’，然而只因‘可怜孩子太小’还要顾及‘社会名誉’等诸多现实问题，只能暂时随大流‘搭帮过日子’凑合着；正在这般度日如年的时候，您却像‘天上掉下来个林妹妹’般的出现在他眼前，宛如这一切都是上帝的安排；待您‘拿人手短、吃人嘴短’时，他会把您搂到怀里亲切地说：您的天赋那么好，部队是压抑人才的地方，况且舞蹈艺术不是商品，还没到‘阳春白雪’的时候，没有资金投入就等于永远没有机遇；于是，他说等你真正了解了他是为了您热爱的舞蹈艺术，而不是为了您的身体，拿出100万来捧您够不够时，您就紧闭双眼，流着感激的泪水附和了他的吻……然后……”

然后的谈话中，一边是石英君滔滔不绝地说着，一边的她却终于泣不成声了。

“……经历了那么多周折和付出后，我还知道，你现在除了对他心存一分爱意和恋情外，其他的什么也没有了，当然你有了本不该有的孩子。可这孩子来得实在太早了些，因为你自己其实还是个孩子呢！你的事业、你的生活也仅仅刚开始！所以你现在感到了问题的严重和不知所措……”

“呜呜呜……是这样的，你怎么都知道了？我，我现在不知怎么办。我要是一个人的话就死了算了，可我还有孩子，他没有罪呀，而且我太喜欢他了。呜呜呜……”她已经完全忘了这是在热线电话里与一个陌生人在说话，也许真是这一点，压抑了不知多少苦和泪的她才在此刻一下将内心的痛楚像放闸似的倾泻而出。那哭比嚎还厉害，简直到了歇斯底里的状态。

石英君能做的只有倾听其哭号，这是他从事隐私热线的重要内容之一。几乎有困难的女人们都会这样发泄一通后才能归回正题。

“哭吧！好妹妹……你不是说咱们之间有默契吗？我今天一直接听你的电话，就是想让你哭，想让你痛痛快快地当着一个陌生的男人哭！报纸您不是看了吗？那就彻彻底底地哭！这样总比你一个人流泪强，因为在这个世界里，没人知道你内心的痛苦，我帮你说出来，正是想让你能得到彻底释放。我之所以不用你再说，就能倒背如流地把你并没讲完的故事帮你讲完，这不恰恰证明了这个世界上并不是只有你一个人有这样的苦难的事吗？记住我的话：凡是重复多了的故事，就有它不成文的规矩；只要我们投身于这个世界，去用心体味和研究它，就不愁出不了解决措施！而且我还要告诉你的是：只要你陷入了别人为你埋下的伏击圈儿，你就不能怪罪你挨了打是‘命运对你的不平不公’！要知道，在这大千世界里：天上徐徐飘动的，绝不仅仅是人间彩虹。”

突然，她不哭了，反问道：“您怎么知道我有了孩子？”

石英君只能这样解释：“我能感觉到你在给我打电话的时候，怀里一直抱着个孩子，他刚刚吃完奶，你流泪时一直用手绢擦拭着掉在他脸上的泪，看着他，诉说你的故事，你有一种更加需要抚慰他的憧憬，越抚慰他，你就越想哭。而且，他一定是个男孩儿。”

她又感惊诧：“为什么？”

“是一种感觉，又似乎是一种必然。”

她又哭了，哭得更加伤心：“石先生，您一定抚养过孩子。您知道吗？我已经苦苦等了他一年！为了这个孩子，我想找到他，可我没这个勇气，更没有这种条件和能力！现在，我连我自已吃饭的能力都快没有了。……部队已经把我除了名，现在孩子生了，可仅有的那么一点儿积蓄也都花光了。原来，我很自信很自傲，声称要在未来的舞蹈世界里一统天下！可今天，一切又终于变成了她们的笑柄！……妈妈刚刚来了个电话，我知道，那是出于一个母亲的直觉。可我还是骗了她，说我现在是在一家影视中心工作，是借调的，每月酬金一万！石大哥，我骗得了谁，还能骗得了妈妈吗？可我实在是不忍心叫妈妈再受到这么大的打击！她真的知道这一切准会疯的！石大哥，您能想象我现在有多苦吗？您知道女儿为什么会睁眼跟她的妈妈说瞎话吗？您能代替我妈听我说几句吗？啊——妈妈！我不敢也不能活下去的理由有无数条，用死去解脱全家人的痛苦才是对的选择……可我只是因为看孩子太小、太可怜又太可爱，才一直狠不下这个心离开他的呀，妈妈！您知道吗，我放下您的电话后，就哭成了一个傻子似的抱着孩子乱转，他还用小手摸着我的脸，冲我一个劲儿地傻笑呢。妈妈，看到他的笑，我的心就碎了呀，你说我可咋整嘛，呜呜呜……”

突然，另一种哭声震得热线电话差点从石英君的手中掉下。“呜哇——！”原来是她的孩子被妈妈的哭声吓得大号起来，随即两种哭号交织在一起，简直把热线电话的话筒搅得震耳欲聋，一塌糊涂。

石英君接过数以万计的电话，但这样乱成一片的热线还是第一次，他因此有些为对方着急。“我不知名的小妹，你听我说好吗？如果你相信我，就告诉我你现在在什么地方？小妹！小妹！”

对方依旧哭得死去活来。让她哭吧，不然她会真的崩溃。

“小妹！小妹！你听着：我12岁时还尿炕时就和你一样离家当了兵，我是一个有十几年军龄的老同志！我现在命令你听我讲话！”——被她逼上绝路，石英君只好使出“对付一个犯人”的策应办法，来对情绪混乱中的她实施“有效震慑”！

果真，石英君的话音刚落，对面的她出现了只有当过兵的人才有的那种军人本能的反应：“是！……您说什么？”听得出，她声音里透出一丝惊慌，有些不寒而栗。

“我、我现在在……”她终于将自己的住处告诉了石英君，将一个从未向外人透露过的隐私告诉了她认为信得过的人。石英君知道对待这样的“小妹”不能像对待那些情场失意的有妇之夫或者有夫之妇的成年人那样可以等上三五天再处理。对这样的女孩子必须立即帮助她解决困难。于是他买了一些她和孩子所必需的生活用品和营养品，按她所提供的住址，迅速驱车而去。

一路风驰电掣，石英君的车停在了她居住的武警总部大院附近的一栋灰色塔楼前，他迅速拨通她的电话：“我到楼下了，可以上去吗？”

“啊，这么快就来了？上来吧。”她惊喜地说。

石英君进门的那一瞬间，一下被屋里的情景震惊了：这间中间厨卫、两头“卧室”的早期建筑估计有半个世纪没装修了。她的“卧室”兼“客厅”的一间在左手，头一眼见到的，就是躺在地上一个大双人床垫子上紧闭双眼、盖着一床绿军被的六个多月大的男孩儿；地上是一部拨盘式电话，旁边是一大堆的暖壶、奶瓶、锅碗瓢盆之类的生活用品搁在报纸上；靠墙边儿上放有几只旅行箱、提兜、手提包之类的东西，门旁是两个凳子，上面是一摞孩子的衣服、尿布，最上面是一台早期日本松下收录机……这是一块简直没法落脚的地方。

石英君刚刚将目光落到那个可怜的婴儿身上时，她转过头来轻轻说了声“石大哥，谢谢你！”便跑到厕所背靠着门号啕起来。

石英君没哄她，只管拿出自己管孩子的本领逗着张着一双惊诧大眼的婴儿。那可怜的小东西，竟然一会儿就冲着石英君笑了起来，那笑脸非常可爱。这反倒使石英君的鼻子酸酸的。

“好宝宝，宝宝好，你妈妈给你养只小猫猫，小猫猫长大跑天桥，天桥过了是地道，地道那边有阳光……”石英君半俯着身子逗着婴儿，颇显慈祥和老练。

不知是什么时候，突然一声惨叫把石英君惊醒！他清醒过来后转身推开厕所的小门：奇怪，没人！再奔到厨房一看：天那——她正用一把尖刀割腕！

“干什么呢你！”石英君一声怒吼，迅速将她手中的尖刀夺下。而鲜血却已从她那白嫩的手腕上流出。石英君一手攥紧她的手腕上方，一手搂住她的肩膀：“你还嫌孩子不可怜是吧？你怎么这么自私！”

她什么话都不说，只有闭着的眼里淌满了泪水，然后昏倒在石英君的怀里。

此刻，旁边屋里的一位女孩被吵醒了，只见她穿身长长的睡衣跑过来惊呼起来："怎么啦？她怎么啦！……"

"快快，帮我扶她进屋！"石英君吃力地扶起受伤的她。

那位女孩这时才发现屋里多了位男人。"你是谁呀？噢，你就是那个把人家肚子搞大的什么狗屁'孙总'是吧？"这位漂亮的女孩说话带着浓浓的南方口音，不怕死地对石英君怒目而视。

"等会儿再向你解释，快！救人要紧！"石英君没有时间马上作解释，只顾着指挥她救人。

俩人并没有太费劲地将伤者放在这位不知姓名的女孩的床上。石英君又使劲地一直攥着她那只流血的手腕，还好，伤口离动脉隔着两毫米，要不石英君可就要当一回嫌疑犯了。

十多分钟后，一位十分年轻的女大夫穿身白大褂提着急救药箱闯进来……她训练有素地清创、注麻、缝合、包扎好伤口后，就瞪着一双警惕的大眼睛问石英君怎么回事。

"我……"

正在石英君不知从何说起时，伤者睁开迷蒙的双眼，又无力地闭上，然后轻轻说道："我没事儿。林医生，您先忙去吧！等我好一些的时候再去谢您！……这位石先生他是个好人，他不是'孙总'。石先生是一个热线的主持。好人……"

石英君也赶紧拿出自己的名片交给这位刚得知她姓林的女医生。女医生和那位漂亮小姐一样，一边翻看着名片，一边又抬头端详着石英君的脸，想寻找某些"嫌疑"，最后她们都笑了。

"对不起石先生，我们误会你了。"女医生歉意地冲石英君解释道："我们都是许娜的朋友，她受的伤害太多太大，我们都很同情和可怜她，不希望她再受什么罪了，所以……请勿介意啊！"

"怎么会呢？我的工作几乎都是在被别人的误会中完成的，你们不必多说。我倒是想了解你们的这位好友的情况。”石英君恢复了他的职业习惯。

“许娜是刘芳的朋友，我是刘芳的小学同学，我们都知道许娜的遭遇。可许娜天生好强而且脾气古怪，她不接受我们的劝阻，一味地相信她的那个什么‘爱情’，为了这些，我和刘芳都和她发生过争吵。她太好强、好胜，相信自己的什么‘感觉’，整天地幻想着什么‘明星’‘名模’的海报铺天盖地的全都是她！现在都这副样子了，还死要面子活受罪，就是不跟家里人说，整天叫我们一起骗她妈妈说她‘忙’得一塌糊涂，没时间打电话，净忙‘事业’，气得我俩现在谁都不理她！她可倒好，还真能过得去，三天两头地方便面，厨房从来不进。刘芳要不是可怜那孩子，早就气得搬出去不在这儿住了。念她们从小一起当兵十来年的感情不容易，刘芳才暂时这么‘顺着’她的，要不然……”

“我明白了。”石英君朝女医生和身边那位叫刘芳的女孩子点点头，说：“我首先代表不成熟又不懂事的许娜向您二位道歉！相信总有一天她会真正长大成熟和明白这些的。你们的好意，相信从今天起她会一点点地验证明白。一个女孩儿孤身在外，还需有朋友的帮助。人不论混到哪一步，不论你混得多高、多好，要是混得都没一个朋友了，那这个人活得也就差不多了。”

林医生不仅长得漂亮，还比较健谈。她趁许娜休息的时候，便对石英君介绍起一些她的情况来：“石总，关于你的情况我也看过报道。许娜的事出了后我也曾经想帮她打电话给你。可是，许娜的事情毕竟是她的个人隐私，我们只是知道她怀孕后被除名转业，那时，她就自杀过一回，被刘芳发现了，没死成。”

“怎么自杀？”

“是服安眠药。”

“咳——！无知嘛！那样会对孩子的……”

“是呀！我也这样和她讲过：你既然发现自己怀孕的时候已经有五个多月了，那你当时要是跟我们说，引产还来得及。”

“那你当时见到她就没发现？为什么不帮她想想办法？”

“您知道她一米七三的个儿，长得又那么苗条，六个月的时候我都没看出来！刘芳当时和我说时，吓了我一大跳！我还以为她逗我玩儿呢，还特意把许娜的长裙撩开，弄得许娜差点儿没跟我急！”

“那她为什么非得要这个孩子呢？”

“我也不知道。她从那以后就一句话也不说，整天地关在房间里不出门。后来刘芳学外语准备出国，提前申请转业，就找朋友在我们单位附近租了这套房子。”

“许娜的爸爸是干吗的？”

“是副省长。她妈妈是省军区的……”

“噢——我明白了。谢谢你给我的帮助！”

“我这不是想多让您了解一些情况，您才能进一步做好她的思想工作嘛！”

“谢谢，谢谢啦！”

石英君悄悄和女医生商量好，一会儿让她和刘芳帮忙把孩子抱那屋里玩，自己一个人跟许娜谈。

下面的一切都是在他的安排之下有条不紊地进行着：林医生给石英君倒了一杯水，又给许娜沏了一杯牛奶，便对刘芳使了个眼色，又从许娜的怀里抱出孩子，举起小家伙的小手晃悠着教他对石英君说‘大大’好，给‘大大’点个头说谢谢之类的话。

“小家伙长得真俊，叫什么来着？告诉大大。”从来不犯错的石英君这下冒了一次大傻，当他意识到自己说漏嘴时为时已晚。果然他的话音落下后，屋里忽然鸦雀无声。林医生和刘芳相互对视了一眼，一起朝石英君白了一眼。

石英君自知错误，便装着很轻松地说了句："哟，还没起名字呐！"

许娜终于用一声不大不小的声音，打破了这种突如其来的寂静。到底还是石英君见的世面多，他赶紧把孩子抱到妈妈跟前，耍起嘴皮子来："好嘛，咱们就叫'大宝贝'！谁问俺姓啥，俺就说姓'大'，将来上户口时，俺们就这样告诉派出所：俺姓'大'，名'宝贝'。是不是？看俺长得白白胖胖的，多神气呀！啊？"石英君一口电视里说相声的腔调，逗得手中的小家伙"嘎嘎嘎"直乐。屋里的气氛自然也跟着一下子变了，就连方才哭得泪人似的许娜也平静了许多。

这时，屋里的电话铃突然响起。刘芳抢在前头接了电话，一声"喂"后，刘芳忽然又捂住听筒惊讶地压低嗓音悄声说："娜娜，是你妈妈！"

许娜一只手抱着孩子一只手刚要接电话，忽然看到自己捆绑着纱布的手臂又渗出鲜血，两行热泪开了闸似的流。

石英君见状忙示意刘芳代许娜告诉她妈妈说许娜不在，可孩子一扭头看到妈妈便哇哇哭了起来，许娜下意识将"好宝宝好宝宝"一句喊出声来。

石英君无奈地摊摊双手。

许娜一边困难地伸手示意她要接电话，一边用另一只手抹着孩子眼角的泪珠，把战栗的双唇贴近话筒，泪水划过双唇又滴在孩子的脸上。她越抹孩子的脸，滴在孩子脸上的泪滴就越多："妈妈，……是我……我是您的女儿娜娜……"

听了许娜的话，在场的几位都忍不住落了泪。

"妈妈，妈妈，……"此时的许娜则由于过度的悲伤，泣不成声："妈，我好想你，好想你。妈妈……"但其他的话她怎么也说不出来。

林医生和刘芳只一个劲地抹眼泪，不知所措。石英君见此情景，便轻轻走过去，抚摩了一下许娜的头，示意她把电话给他。许娜竟然呆傻地转过头，毫无知觉地把电话听筒递了过去。

石英君开始投入了自己的工作，握着话筒说：

“阿姨，您先别着急。……我是许娜的战友石英君。您可能没见过我。您先别哭，听我慢慢告诉您好吗？娜娜她最近生病了。北京这几天忽然连降十几度，娜娜她因拍电视广告整天穿得太少，路上着凉了，现在有点儿发烧。38 度多，没事儿！这不？我爱人生完孩子一直在家待着嫌闷得慌，就搬她这儿陪着她呐！对，就是我儿子的声音，响吧？就是。小感冒几天就好。您的宝贝女儿就是娇气，为这点儿事还值得哭鼻子。对，人一生病就想家，没事，这不林医生刚给她打了一针，我真没想到，扎针时她还哭了，您以后可得叫她好好锻炼锻炼，不然以后单位献血她还不昏过去……噢，她本来小时候就怕打针是吧？好好，那叫她好朋友——全军护士扎针比赛‘一级神枪手’林医生跟您汇报！”

石英君把“戏”演得天衣无缝。一旁的林医生配合不错，从石英君的手中接过电话后也一个劲儿地阿姨长阿姨短胡聊了一番。这时，石英君又不失时机地凑到许娜的身后对她一番劝慰，要求她无论如何不要在这时向妈妈吐露真情，并向她承诺：15 天内，一定帮她找到那个“孙总”，待见到那个人后，再视他的态度采取最佳解决办法，然后再慢慢找时机向她妈妈吐露实情。刘芳脑子快，得到石英君的示意后，一口南方普通话聊了没几句，就蹦出诸如“那我真的就做您的干女儿了”之类的撒娇的话，不愧是学过表演的人。

一旁的石英君怕刘芳坏了“主题”，便故意开玩笑地大喊：“刘芳你怎么那么没出息，竟敢当着娜娜的面跟人家抢妈妈，太不像话了！”接着又朝林医生和刘芳使眼色，示意现在可以让许娜接电话了。可是许娜接过电话后说的话令石英君他们惊得不知如何是好。

许娜像下了天大的决心似的，只见她上牙紧咬着下唇，晃动着身上，对着话筒突然大声哭着喊着道：“妈妈——！您就别说了……别说了。我怀里抱着您六个月的外孙在接您的电话您知道吗？……啊——！……几次我憋不住都想和您说，可就是怕您受不了，才没跟您说啊！可今天我实在是快憋疯了您知道吗？……妈妈，快来救救我吧——！您恨我、打我、骂我怎么都行！……您就来看看我吧！看看您这没个名字的外孙吧！啊……石先生他们都是好意，他们骗您全都是为了您，怕您受不了，您就代我谢谢他们吧——妈妈！”

屋里，石英君、林医生和刘芳同时瞪大着眼睛，又几乎同时紧紧闭上了眼睛，每个人的泪水都无尽地流淌在脸颊上。

而这一刻让石英君感到特别紧张，因为他没有想到许娜会突然把如此大的秘密告诉了自己最不想告诉的亲人——她的妈妈。

此后的一段时间是漫长的，甚至是极其残酷的。石英君抹了抹泪痕，见林医生和刘芳早没了主意，只在一边帮着许娜哄孩子，手持电话的许娜则完全处于天塌下来的状态，只有瘦削的双肩在剧烈地颤动。

完了，彻底地完了。石英君想他前面做的一切努力也许就被许娜对她妈妈最后说的几句话给毁了。因为现在摆在许娜面前所有的困难中能越过她妈妈这一关是最最主要的，这也是许娜心堤所能承受的最后一道底线了。妈妈的态度决定着许娜对生与死的抉择。

石英君见过无数在情感和隐私问题上的生生死死事件，知道当一个女孩一旦出现类似非婚生孩子时，最惧怕的莫过于亲人们的态度。许娜正是在这关节口上，她这一年多来与“孙总”和自己进行不懈的争斗就是为了避免在自己的父母面前出现尴尬局面。

但没有想到的是由于石英君这位“情感隐私专家”的出现，竟然将她原先恐惧的一幕提前暴露给了自己的母亲。

这样的结局是石英君不曾设想到的，然而石英君却同样没有想到下面的结果也是他不曾经历过的。

“娜娜，我的好孩子，你别哭了……妈妈知道了……也明白了为什么这么长时间一直听不到你欢乐的笑声……你要明白，不管什么时候，不管生活里有多难，我是你妈，是最爱你的妈，什么事妈妈都会原谅你的，知道吗？啊，娜娜，你听着妈妈说话吗？”

“听着听着呢，好妈妈，娜娜在听着呢！”这是石英君的话，他从哭得泪人似的许娜手中抢过话筒凑上去这么说。而他在说这话时也早已两眼泪汪汪——他太感动了，他听到了世上一位最伟大的母亲在用心血安抚着受伤的女儿。

“……好孩子，不论你长多高、长多大，在妈心里都是孩子。妈是搞舞蹈教学的，送走了无数个心爱的孩子，也没能将你留在身边。妈是希望你能独立成材。这事要是你爸爸先知道了，恐怕不会轻易地就原谅了你。可我是你妈妈，你为什么不早跟妈妈说？你是妈心头上的肉，磕个疤妈都心疼。妈听你告诉我这一切并不感到十分意外，妈有这样的心理准备。一个女孩子，还不到11岁就一个人出门在外闯天下，没有个磕磕碰碰怎么可能？你能告诉我，妈很高兴，妈觉得我的女儿终于长大了！成熟了！知道碰到问题该怎样面对和处理了！……现在你也是孩子的妈妈了。正因为你做了孩子的妈妈，才知道了一个当妈的整天心里想的是啥，‘妈妈’二字的分量你终于体会到了！我为我有这样的女儿而感到骄傲……没有什么！在哪跌倒了在哪爬起来！人总有从不成熟走向成熟和更成熟的必经阶段，妈像你这么大的时候，还傻乎乎的，连封正经的家信都不会写，就更别提爱谁、给谁写情书、搞对象了。女人的脑袋在恋爱时是最糊涂的。既然选错了、路走错了，调整过来不就得了吗？你别担心我，都已经这样了，妈妈会正确对待，妈妈马上就动身去北京……你不用担心，我不会跟你爸爸说的，可你知道爸爸他是个好人，他比我实际上更疼爱自己的女儿！……我就说是你们部队要出国访问演出，我给你送钱和棉服去！好吧？……我要好好抱抱我的大外孙，将来退休了，和他一起去打保龄球，玩儿过山车……好好休息吧，啊，娜娜！妈妈马上就到！啊……快别哭了啊！妈妈什么都受得了，妈妈就是受不住看见我心爱的女儿流眼泪，妈就怕你背着妈在遥远的地方受委屈，更怕你挨人欺负………”

妈妈的最后这句话，终于刺破了女儿的心防，许娜终于爆发出一声撕心裂肺的呼喊："妈——！娜娜想您！"

"妈妈也想你，好娜娜……"

如果不是石英君和林医生、刘芳千劝万劝，许娜是死活不肯放下她手中的电话的，因为这电话等于是死了一百回的许娜终于获得了生的希望和曙光，她能舍得放手吗？

第二天，许娜的母亲准时出现在首都机场。石英君代表许娜前去迎接。一路上，石英君想要不要让许娜的妈妈知道她女儿目前的处境，因为许娜求他无论如何不能把部队"除名转业"的事情告诉她妈妈。"这可不是办法，你妈是部队里的人，她能不知道你出了这样的问题部队会怎么处理吗！"石英君是当过兵的，他觉得许娜想掩饰这个要害问题是不太可能的，这样的事瞒是瞒不过的，必须面对。当然问题最严重的还是那个没有名字的婴孩。在昨天的电话里许娜和石英君他们并没有把许娜生下的孩子及孩子到底是谁的情况给许娜母亲说得那么清楚。许娜的母亲也是明白人，电话里没有更多的问女儿，她说等她来北京后再说其他的事。现在她真的来了，该把许娜的全部问题告诉她了。这是石英君的意见，他明白对这样一位母亲来说，只有让她了解女儿的全部情况和困难，才有可能获得她更多的支持和帮助。

石英君这样想着，突然在候机室门口有人用非常温柔的话语问道：

“你是石先生吗？”

石英君抬头一看，只见一位身着校官制服，戴一副浅白色细边眼镜的女军人正微笑着站在他面前。

“你是……”

“我是许娜的妈妈。”女军人伸出手来。

石英君心里惊叹了一声：天，这么年轻呀！

“石先生，您今年三十几？”许娜的妈妈坐进石英君的车子后，非常友善地轻声问道。

“别别，您别这么称呼我！您就叫我小石吧！我称呼您首长！”石英君说，“你是我叫过的首长中最年轻的一位。”

“是吗？”许娜妈妈微微惊诧地侧过头看着石英君。

“是的，如果不是知道许娜是您女儿的话，我是不会轻易叫跟我同辈年龄的人首长的。”

“我跟你石先生是同辈吗？”

“我看不光是同辈，而且您看看我这张饱经风霜的脸，准没法对得起我的同辈朋友。”

“石先生真幽默。”许娜妈妈笑了。

石英君的心里顿时放下了半块石头，因为许娜妈妈的笑容，让他看到了事情能够妥善处理的一半希望。

“石先生，你辛苦了！……我的女儿没教育好，是我当妈的失职。这么多年了，我只顾忙于工作，心想，把她送到部队，我就放心了……可是，现在社会上许多的东西，都在无形地向每一个阶层渗透，部队当然也不例外……娜娜她最钟爱的一直是她的舞蹈事业，她曾向我发誓：她要做中国军队最好的舞蹈演员，她每次回家，都给我带来一本相册，里面全都是她自编自演的舞台剧照，她身上有我的遗传基因，创造能力非常强；只是性格随她爸，过分倔强自信，有一点儿不撞南墙不死心的劲头。当她想实现一个愿望时，一个女孩子，难免经验不足，可能会出现很大的闪失……但是我想，她的愿望再好，如果收获的是罪恶的结果，那她也该为这种结果付出代价！无论她现在怎样，我都会尽一个妈妈教育和帮助她的责任，这就是我此行的真正目的。所以，石先生，请你放心，为了娜娜的将来，……为了……”她哭了，“可怜……的小外孙……，我希望你……能帮帮她……”说着，她从皮夹里掏出一沓百元人民币，放在石英君身旁的副座上。“你是很有出息的，不过……你干这种工作费用开销很大，你还得生活……这些钱不多，不过是我的心意……”

石英君本想坚决地推辞，但当他转头看到一位母亲如此慈爱的目光和回味刚才那番话语时，不知怎的，竟然鼻子一阵发酸……他赶紧将头转回一边。

是啊，有谁能真正理解他这样工作的人呢？太少了，只有那些曾经接受和正在接受他帮助过的人才会理解他，而这样的理解在石英君看来比金钱要宝贵不知多少倍。这也是他十年来苦苦坚持下来的精神动力。

车子从机场高速路下来后，在京城宽阔的大道上飞驶。

接下来由林医生和刘芳精心安排的许娜抱着孩子与她妈妈见面的场面没有出现任何差错：热烈，融洽，而且达到了超出预想的效果。因为许娜的妈妈不仅没有在女儿面前露出一丝不快，就是对许娜的孩子也是倍加喜爱。

这使石英君、林医生和刘芳大为轻松，尤其是许娜，见妈妈如此喜爱小宝宝，简直兴奋得像个顽童，不停地在妈妈面前撒娇，惹得她妈直朝石英君他们说：“你们看看，她就这么孩子气，还想跟小宝宝一起叫我姥姥不成？”

“哈哈哈……”石英君、林医生和刘芳笑得前仰后合。

这种气氛太有利于下一步计划了。

当晚，在一家某部队所属的宾馆里，石英君与许娜在客厅进行了彻夜长谈。

石英君这时才从许娜嘴里知道了孩子的“父亲”是谁。原来，这位人称“孙总”的人，不是一般意义上的坏男人，而是个有黑社会背景的“老大”，之所以说他是“老大”，是因为他不仅有钱且有势。当初他第一次见到许娜时，许娜正应某饭店活动之邀，表演了一段自编自演的现代舞——许娜身着半透明的超短裙，如痴如醉地表演着独舞……台下，贵宾席里，孙总的眼睛从此就盯上了她……一天傍晚，许娜的宿舍门前忽然站着一个陌生的男人，他不是孙总，他是为孙总说的那句“谁能在15天之内把这个北京市最漂亮的舞蹈演员的所有背景搞定，我赏他十万”而来的……然而他不提孙总一个字，旁敲侧击地就套来了许娜的情况。他从“外围”其他认识许娜的某文艺团体的某个“爱玩儿”的女孩子口里，先“套”出许娜的“基本情况”，而且绝对不叫这个女孩子有丝毫的感觉……某“女孩”就是在这样有意安排的一个不眠之夜，在“灯红酒绿”过后的“睡眼惺忪时”，将许娜换装时不经意露出被她看到的内裤颜色、内衣尺寸等“秘密资料”都透露给了他。然后他又“进攻”一位与许娜同单位的某“爱玩儿”的女士，以交友为名把她顺利“拿下”，顺便把许娜的身家姓名、社会背景完全搞定！……而今天这位先生还不到领功“提款”的时候，他要做的事，只离“提款”还差最后的那么一小步。他自称是与许娜过去有过一面之交的“朋友”的朋友，请许娜去参加一个格调不低的酒会，并许诺出场费1万元而且“事前支付”。这就不能不使一个月薪仅三位数且正处于需要花销打扮年龄的漂亮小姐——自尊心很强的许娜成为这种诱饵的俘虏。

她就在这关键的时刻错走了一步。

经过一阵紧张而兴奋的梳妆、打扮，许娜就随这位开着大奔、身材高大的先生来到了这个汇集全国各路英豪的聚会，坐在与各著名企业家交流寒暄的餐桌上……当晚回来后，她收获的不仅仅是1万元，还收获了几十张有“英豪”亲笔签名的金光闪闪的名片和一大摞的“礼品”。然而，令她做梦也没想到是，在这几十张名片背后，始终深藏着那一位表面看着仪表堂堂、自称为某一级“人大代表”的他那双“热情”而“火辣”的眼睛。他——这位后来许娜称为“孙总”的人，为什么总是那么“深藏不露”“气质翩翩”呢？据许娜讲：这个人太了不起了！他想做的事，就没有做不成的！不论是哪家才女，也不论你是哪路“明星”“大腕儿”，更不论你有何“背景”，只要他看上了，就绝跑不了！逃，也逃不掉！他时刻将自己隐藏起来，从不在公众场合高调。他看上的女人，就算在他眼皮底下溜过，他瞟都不瞟一眼，弄得全世界美女都觉得他好，上赶着找机会要往他的身边靠。这样“欲擒故纵”的最终目的，就是把这个女人“拿下”！其结果是：你追他他还对你不完全“感冒”，能睡在一张床上，那全都是你女人一厢情愿的结果，用他的话讲——那纯粹叫“自找”！

那么许娜自己又是怎样“钻”进了他的被窝呢？他对她又使的是哪路“高招”？……石英君这几日一直在稳定许娜的情绪，同时想了解更多可以帮助她处理整件事情的关键信息，他几乎寸步不离许娜和她妈妈。这一天他正计划向许娜进一步了解“孙总”的情况时，许娜房里的电话响了，石英君本能地迅速接起：

“喂？喂？”

对方不讲话。

“喂？”石英君意识到这是“他”打的……经验告诉他，像这类做事心虚的男人，一旦知道被自己玩弄过的女人出了事后，总要借故打打电话，并不是真正的关心，而是侦察情况看看事态是否对自己不利。当他们一听“自己的女人”那儿出现男人的声音后，会特别紧张和警惕。方才的“他”在电话里不说话，正说明了他的这种心理。

他现在就在北京？石英君在思忖着告不告诉许娜？因为一般情况下，这种电话不超过五分钟他会再打过来的。

石英君看了一眼正在另一间屋里跟母亲一起逗孩子的许娜，决定暂时不告诉她，不能再刺激她！

但敏感的许娜在里头问道：“谁来的电话？”

石英君赶紧掩饰：“不知道是谁打错了。没事，有事我会告诉你的……”警报暂时消除，可不足五分钟，茶几上的电话铃又响起。这回许娜听到电话铃声后便从里屋走了出来。她像是意识到了什么似的，见石英君正拿着话筒，便问了声“是谁打来的？”

“噢，是我刚才呼的。”石英君撒了个谎，依然若无其事地只管自己对着电话筒说着：“喔，你还真准时哈！咱们就有话长说，无话短说……”一旁的许娜见状便回到了里屋的孩子身边。

石英君这下可以正式开始与那位“孙总”摊牌了：“我知道你是谁，尽管你不说一句话。来吧！老弟，告诉我你现在在哪儿？如果就在宾馆楼下，你就上来，如果在外地，你就立马明天晚上飞回北京见我，这事由不得你拖了，再拖对你绝没有好处。具体时间由你自己选定。我告诉你我的两部手机号码和车牌号，你听好了啊……”

对方忽然又挂断了电话。

石英君冲话筒笑笑，心说：算了！这家伙鬼似的那么精，不用告诉他什么他也会知道我的一切。他也“哐”的一声把电话给挂了。

“你到底在跟谁打电话呀？”许娜又从里屋出来，颇为慌张地小声追问。

“一个当年一起当兵的家伙。够赖的，说好请我周末上莫斯科餐厅吃西餐的，结果他跑到深圳去了。”石英君瞎编一通，但心里却十分虚。因为许娜在朝她笑——漂亮女人的笑就是知道了你在对她说谎。但石英君不傻，他必须保守这个电话的秘密，好进一步帮助许娜解决难题。

这一夜，石英君还是陪许娜聊到了天亮，为她扫除了种种心理障碍，使她能从容地和他一起面对即将到来而并不是很可怕的明天。

清晨，石英君拖着疲惫的身躯回到单位，期待着与那个害得许娜这样惨的，有“黑道”背景及有身份的大人物能如期会面。

这一天整个北京城里到处都张灯结彩，人们以前所未有的激情准备欢庆 21 世纪的第一个春节。石英君抽空还了欠女儿的账——半个月前就答应她吃的一顿“肯德基”。

晚上，整个北京城华灯齐放时，女儿用小手为父亲系好围巾，然后说：“早点回来，我等你看春节晚会呢！”

石英君听女儿说这话时，嗓子有些哽咽，他突然想起自己不知有多少个春节晚会没有看了，因为通常在这个时候，他这位隐私战线的神秘勇士是最忙的了。记得有一年的大年三十，他不但没有看上一眼春节晚会，而且差点因为上北京郊外的顺义救一个自杀的姑娘而在半道上冻僵在雪地里。当他只剩下一口气来到一个加油站求助时，人家怀疑地问他大年三十不回家出来干啥，当他把自己的事说给人家听后，谁知人家反瞪他一眼，说你这个人是不是有神经病啊！

石英君当时真想哭一场，为了别人的幸福与困难，他有多少次这样被人痛骂为“神经病”了。

在那万家团圆的时刻，他的这份心变得尤其沉重——因为他不仅仅是自己一个人，家里还有一个失去了妈妈的宝贝女儿。

从肯德基店里出来，刚刚把女儿安顿完毕，石英君车上的调频收音机告诉他，在他附近，有人正在拨打他的手机。

时间正值19点整。

19时03分，“是石先生吗？……”他的手机里再次传出“他”的声音。

“您现在有空吗？”那人友好地问。

“有事吗？”石英君知道对方已经有些耐不住了，便故意反问道。

“有，我想单独跟您谈谈。”

“可我现在身边还有一位副省长呢。”

“啊？……”

“别害怕！逗你玩呐。”

“噢，石先生您误会了。因为我虽然知道您的车牌号，可您的车贴着膜，我怕这种场合有她的出现有失你我的身份……”

“谢谢你！我早替你想到了。”石英君在心里骂了一句，“就你还有什么身份！”可嘴里却忍住愤怒道：“你出来还是我进去？……”

“我在您车子左边的那个大饭店，您一进来我们就可以见面了。”

“OK!”石英君答应后，心想今天的对手果真是个场面上的老手，安排见面的地址和方式都早在计划之中。

这是一家四星级饭店，当石英君步入酒店大厅时，一阵流水般的钢琴声便飘荡而来，长笛那甜美的音符穿透所有的空间。他再往前走时，那个正在吹长笛的小伙子竟然边演奏边冲他连连鞠躬点头。

这是谁？石英君有些想不起来。

"石总吗？"这下令石英君更加吃惊，那个吹长笛的小伙子不但停下了吹奏，而且直奔他而来毕恭毕敬地对他说："我们的老总在北边的那个贵宾厅里等你呢。请进吧！"

原来如此。这家伙还是个北京城里有头有脸的人物哩！

"石先生……"在那个明亮豪华的贵宾厅内，石英君看到了一位确实气度不凡的"孙总"。

此刻，宽敞的贵宾厅里只有两个男人，从他们第一眼的对视中双方都明白了一件事：那就是今天他们的较量都为了一个女人——许娜。

谁都想当胜利者。他们彼此十分清楚今天各自必须有"战果"，于是优雅的饭店气氛也似乎一下跟着变了味。

"哦——石先生爱喝什么？"

"我什么都不喝，您就别客气啦！"石英君笑着说。

他掏出备好的一张名片："孙光磊！……请笑纳！"

"石英君！……请赏脸！"石英君也递上自己的一张名片。

接下来孙总满脸堆笑地："听说石先生12岁就'出道'了，当的是什么兵啊？"

"傻大兵！"石英君一边应酬地说着，一边两眼注视着眼前这位令许娜吃尽苦头的孙总面目：与许娜提供的照片相比，年龄显得大些，那张四方大脸虽说还算英俊，但透着点儿干瘪，一双浑浊的大眼里闪着一种好像刚从大狱里放出来的那种惊恐，并在拼命用"微笑"来掩饰内心的惊慌。

石英君嘿嘿一笑，说："还是我来先谈主题吧，孙总你看如何？"他故意把这个"主题"后面的"内容"没有直接先说出来，而是拖延着看对方的表情变化。

"嘿嘿，石总见识广，我洗耳恭听。"

石英君喘了一口气说："你孙总真的很博才啊！既通晓天文

地理、佛祖经法，又精通政策法律、红头文件；还听说你会讲四国语言……可……孙先生你不知有没有空儿研究研究《犯罪心理学》，那上面的东西如果能反着看，或许对你现在的处境能有帮助……这是我的心里话，能听懂的话，那咱们也没算白认识一场。对不起，我还没吃晚饭哪，我是从大山里走出来的人，不像你。我啥也没见过，既然你诚心诚意地请我喝点儿啥，那我也就不客气了：给我来碗鸡汤吧！……”

孙总也不是吃闲饭出身的，照旧一番赞美给石英君灌了一通迷魂汤。再后来拍着石英君的肩膀不停地说他如何诚心诚意地想与石总交个朋友，甚至想聘请石总做他那家“中国”字头的总公司的什么“高级顾问”，但对许娜的事，却始终只字不提！

石英君强压住心中的怒火，他知道再这样下去就得耗到明天早上，便加重了口气说：“我今天来，就是想当面给你提出一个问题：对许娜及你的私生子，你到底打算怎么处理？”

他忽然瞪大眼睛看着石英君……

“因为这既是许娜的隐私问题，也是你的隐私问题，所以，我在没有任何其他人在场的情况下，给你提出这一问题，这也是受我的委托人许娜的委托，才在此向你正式地提出的。委托人说：如果你现在很难回答这个问题，她可以给你三天的时间慢慢考虑。她还说，虽然已经等了你整整一年了，但最后等待的日期，就从今天算起！……此外，你偷拍的那盘录像和那几卷准备要挟她的照片，她说你随便怎么办都可以，但你如果敢再犯一点浑，她说她准备用法律手段来对付你！只不过是，她想在送你上法庭前，再给你一个与她‘幽会’，的机会，她说她想让你再好好尝一尝女人那迷人的‘味道’……”

昔日风度不凡的孙总此时此刻那宽阔的额头上渗出了冷汗。

“我同意你提出的方案……”他无奈地对石英君说。

三天后，一笔惊人的六位数存款单经石英君之手传到了许娜手上。

许娜颤抖的双手捧着的好像不是存单，而是捧着泪、捧着耻辱、捧着对不懂事的儿子和受到同样精神煎熬的妈妈的背叛和负债！

她一步步呆滞地挪向窗前。

石英君不顾一切地冲上去把她紧紧地抱住："你这是干什么？事情都办好到这个份上了，犯得着吗？"

她却几乎疯了一般地边挣脱边撕心裂肺地喊道："难道我就为得到他这么几十万块钱才为他献身吗？他这不是把我当成了妓女了吗？啊——我还活个什么劲呐！妈妈！——啊……"她哭得死去活来。

"你不要损自己了。明白吗，你还是你，在我看来什么都没有变：美丽，漂亮，年轻，而且比那些同龄人更多了份成熟和心灵的财富，这是最宝贵的，可以说在我见到的女孩中你是最值得男人们追求的。"

突然她停住哭泣，两眼死死地盯住石英君："真的？"

"真的。绝对是真的。"石英君肯定地点点头。

她破涕为笑。

再后来，她在地球的另一边有了新家，之后给石英君打来电话。她由衷地感谢说："能将一朵揉碎的花叶粘合起来并让它重新闪耀光彩。石先生，你是我在世界上最崇敬的人。"

石英君放下电话时淡淡一笑：这个评语不算太坏。

第4章 与甘当情人的女人电话倾谈

她是一个大学毕业生，因为上司的一次特殊的关心，她竟然心甘情愿地当起了他的情人。一个23岁的女孩，无法离开一个50岁的老头儿，这中间既有情爱也有性爱。石英君教导这种“甘心当情人”的女孩，需要运用比弗洛伊德更超然的理论和更具体的操作能力。

这个女孩很有个性，石英君从热线电话中听到她的口气便知这又是一个特例。她自己也非常坦率地承认了这一点。

“我就是这样一个人。不奇怪。女人的本钱就是自己，这年头，你看看大街上的书摊，有几本的封面不是袒胸裸腿的女人？女人就是本钱，美丽女人的本钱就更加可贵了。三条腿的蛤蟆找不到，两条腿的人还不满大街都是？您说是不是石先生？”

她在讲述自己的隐私时丝毫没有回避的地方。她说现在她是一个大她一倍还多的老男人的情人，而那个老男人一边搂着她，一边又舍不得或者更确切地说是甩不掉自己的老婆，于是由此惹出一些令她很不愉快的事情来。日久天长后她开始异常烦恼。

“再有了，你听你老婆的，那你就听吧！谁非得要嫁给你了不是？难道你就不想想：我打17岁时就开始谈恋爱，跟你的时候是黄花姑娘吗？我没非哭着喊着叫你负什么责任，你紧张什么？……你是有家，有老婆有孩子。可你老婆对你有我好吗？她有我年轻、漂亮吗？……谁叫你非得离婚了？我逼你了吗？”

“啊？您问我有多大呀？23！他多大？50多了吧？噢，对了，您有多大了？您说我图他什么是吧？我告诉您吧：他是我的领导。我呀？上大学了呀？学黑色金属的。其实我觉得我的性格当个外交官比较合适，可我没那命！我呀？西安的。我老爸是个搞了一辈子飞机的人，非说女孩子学理最好。如果我当初不听他的听我妈的，指不定早成了歌星、影星了！真的！我小时候就是少年宫的尖子，经常上电视！咳！跟您瞎说这些干吗，咱们还是说他吧！您知道吗？刚刚他老婆还给我打来电话，问我他去哪啦？我哪儿知道哇？我看她就是整天吃饱喝足了撑的没事儿干！我开始还一直很尊重她，觉得自己很愧疚，对不起她，总在他来我住的地方时，催他早点回家。可她倒好，还没怎么着呐，就鼻子不是鼻子，脸不是脸地在电话里对我一通乱骂！气得我第二天他再来的时候，干脆就一晚上没叫他回去！他可倒好，干完那事儿后，活像个胆小鬼，猫儿似的‘绵绵细语’给他老婆打起电话：‘我正在外面跟人家谈事儿哪，崔总跟老梁都在。我呀？是在卫生间里给你打的电话。真的。……’我转身夺过电话：‘他在这儿正跟我睡觉呢！别死乞白赖地打扰我！还没完事儿呢！’‘咣叽’我就把电话给挂啦！……他好一个脸儿绿，头一回尝到我的厉害！等他转身摸烟的时候，汗珠子都下来了……我哭了。他递我一根，我不知怎么就抽上了，凉凉地说：‘你不是给我吸大麻吧？……’我没好气地看着他。他眼泪也含眼圈儿里了。我抹把眼泪，吭吭地咳起来，赶紧把烟捻灭，转身抱头不理他。他喃喃自语道：‘……恐怕我老婆今天一晚上也甭想睡了。我还是给她打个电话吧？啊？宝贝儿？……’‘谁是你宝贝儿？你搞错没有？’我一下推开他的手！……他半天没说出话来。许久，他慢慢起身在地上溜达两圈儿：‘我还是回去吧？’他无奈地瞧着我。我斜眼看着他：好家伙，人家已经把衣服穿好了，手里还拿着手机。我背过身儿：‘你走吧……’声音很小。他不知怎么又来到我床前，撩起我的被子，自上而下地亲吻着我的身体……我麻木，我恶心；我失落，我无所适从。”

“他那天晚上没走。准确地说，是他有点儿舍不得走。他一直吻着我的全身，继而就又脱光自己的衣服……正在兴头上时，他的手机又响了。我不许他接。他看着手机，然后再看着我，心不在焉地装作投入。我觉得他好可笑，也好可怜……在一片手机的鸣叫声中，他三下五除二地就解决了战斗！同时慌张地流着满头大汗喘息着抓起电话：‘你什么都甭说了，回去后我再跟你说！’‘啪’地就把手机盖扣上了！‘你后悔吗？’我捋着他打湿的头发问他。他好半天倒过口气儿来：‘你爱我什么？’他闭着眼问。‘我不知道。’我不知该怎么回答他。‘那你瞎问什么？’他仍旧闭着眼睛。就是，我问他这干吗！……什么？您说我爱他啥、图他啥是吧？……好吧，那就从他怎么把我弄上床说起吧。”

我是大学毕业分配到他们单位的。那时他是我的处长，人都说他对他老婆特好，我也觉得是。可有一回，单位里给有家的人发虾，他全都给我了，说：“你一人在北京，离家又那么远，父母照顾不到，你就自己拿回去做了吃吧！不用油炸，烧点儿开水一浸就行！再放点儿盐！……”我不好意思：“您给阿姨留着吧！谢谢您啦，我不爱吃虾！”他不容分说：“客气啥？哪有女孩儿不爱吃虾的？这不胡扯吗？”说完，他就头也不回地走了……望着他离去的背影，我好不感动。

那天晚上我真的就按照他的“指示”，在楼道里煮起了虾……忽然，楼道里的公用电话响了。快春节了，大家都忙着出去约朋友、买火车票什么的，单身楼里就剩下我一人儿，我从来没一个电话，即便妈妈有事儿找我，她也是往我办公室里打，可这电话响起个没完。我就抓起一听：是他钢铁一样的声音震着我的耳朵！他问我虾煮好了吗？叫我弄点儿姜，再倒点儿醋，如果没这些佐料，他说他从家里给我带点儿过来。因为他正准备到院儿门口拿晚报，顺便可以来看看！我很心慌，告诉他：不用，不用！我都有！

他真的来了：还给我带来了一盆儿红烧肉！还有两瓶酒。

那天晚上不知怎么的大冬天的竟忽然下雨了，而且还下起个没完！我第一次跟个领导、父亲一样年龄的男人单独吃饭、喝酒……我醉了，人不醉心自醉……他慢慢靠近我，把我搂在了他的怀里。我哭了……我开始想家，想起我爸爸和妈妈。他也醉了，醉得开始说胡话了：他说他老婆对他根本就不好，他根本就不喜欢她，嫌她是个上海人，碎嘴唠叨……我害怕了，把紧紧地抱着他的手松开了。他哭了……他把酒瓶子给砸了！我更害怕了，怕什么我不知道……他又过来了，两眼血红血红的……灯终于给他关了……我只听到他在我耳边喘着粗气说："没事儿小瑜！……我不会伤害你，我只是想抱抱你，亲亲你，疼疼你，喜欢喜欢你，别的我什么都不会做，你别害怕……你是个好女孩儿，我很喜欢你，我从你的档案一到这个单位的那一天起，就开始天天盼着你来，想能及早地把这些告诉你……知道吗？你眼睛里有一种迷人的、叫人怜惜的那种忧郁的美，你天生就该爱上一个比你大的人，那个人不是别人，那个人就应该是我。我等待这双眼睛已经等了有整整20年了！你就相信我好了：我会给你真正的幸福。你知道，我在这个单位说话还是有点儿分量的！一个女孩子，要想在这种机关单位里混下去，你不入党、不提干是不行的，这些我都替你考虑好了，我会暗暗甚至公开地去帮助你，叫你去一步步实现你的那些梦想！躺下吧，宝贝儿，我一定会使你快乐的……真正的快乐！"他边说就边把我抱到了床上。

打这以后，他每天下班后都给我打一个电话。他老婆在我们院的资料室里工作，虽不是很忙，可一天到晚地还得在岗。我们的工作也很闲，白天只要他老婆上班，他就在家里给我打个电话，把香蕉、苹果、柿子一大堆洗干净等着我。我一进门，室内的光线就变得特别的柔和，浴室的水温也是他为我特意调试好的，卧室的气氛就更甭说了……整个一个水晶宫……我一到他家，就成了个快乐的公主，他把我抱在腿上，喂我香蕉，喂我葡萄；还左边一口，右边一口地亲起个没完！我们就这样快乐地秘密相处了一年……在这期间，他真的把我给捧红了：局先进个人，部机关模范团员，最后半年的时间我又入党了。后来，他怕我与他的关系给别人看出来，就把我调到九处，但还在一个大院儿里上班。这样一来，我去他家里的次数虽然相对少了点儿，不过他基本上是每周都能抽出大半天的时间来与我幽会……在这一年多的时间里，我们从来都没有出过什么事儿，我与他太太表面相处得也算平静、友好。因为第一次在他家里碰到她时，他就给她垫好了底儿，告诉她说："她叫小瑜，是我们处新来的小孩儿，是杜院长家的亲戚。她家是西安的，院长叫咱们得照顾着点儿……"

正在我得意扬扬的时候，一天，他太太突然给我打电话："小瑜呀？你抽时间过来一趟，我给你看一样东西！""董阿姨，什么东西呀？"我听她声音脆亮，还十分亲切，就惊奇地这样问她。因为不论在单位还是在她家里，我从来碰见她时都喊她"董阿姨"这是她丈夫教我的。她神秘地说："先不告诉你！这样吧，等你过来我再让你看！你现在有时间吗？"我想，也许是她丈夫给她使了个什么花招她自己不知道，我猜他很可能是托她给我带来一样什么礼物。他有这样的先例。我就快乐地答应她："我今天还好，不太忙。那好吧，我马上过去！"

她的办公室不是很大，但是收拾得跟她家里一样的干净整洁。我推开玻璃门，她很恬静地看着我笑了："这么快你就过来啦？来，坐！"天很热，她给我从冰箱里拿来一杯刚冰好的柠檬汁递我，看着我的眼睛说："你今年有多大啦？""怎么，您是不是还想要给我介绍个对象？”我开心地看着她。她很不自然地边笑边看着我的眼睛：“你真的没有朋友哇？”好像心里苦滋滋的。我觉得她的表情有点儿不对劲儿，就冲她试探着说：“没有哇！这不等着你给我找吗？”她起身走到文件柜前，拿出一个文件夹，慢慢坐在我对面，一直盯着我的眼睛：“告诉我，你喜欢什么样的人？”我大概是自己心虚，看着她射来的这种目光反倒有些紧张，也就是在这时，我才第一次这么近距离地长时间看她：她是个标准的上海人，皮肤白白亮亮的有点儿直往外冒水儿，都快50岁的人了，脸上一个皱褶也没有，眼睛大大的向外鼓着，像要掉出来……我只是在她家床头柜的镜框里，如此近距离地这样看到过她的这双眼睛，可今天再看到时，却有种莫名的心慌：“随便……什么人都行！”我能意识到我说这句话时脸红了……她还是那样死死盯着我的眼睛：“你不说实话。”“没有哇？我真的没有什么条件。一般就行了！我又不是北京人，还瞎挑什么？您说是不是呀？”我在极力地摆脱着我的这种心慌。她慢慢地把文件夹打开，看一眼后，又慢慢递到我手里看着我说：“你自己应该看得懂，有这么一个人他一直就这样爱着你，是吧？”她的语气十分平缓，但还是不乏那种神秘中的尖刻！我默默地、实际上是惊慌地看着她送给我的这一沓东西——一大堆的裸体照片！不一会儿，我的眼泪就下来了。

她给我拿来毛巾，替我擦着眼泪：“我谁都没有告诉……我只是觉得你年纪太小，现在又是在事业和成长的风口浪尖儿上，你父母离你又那么远，我的儿子都快比你大啦！我想我该好好地跟你谈谈：他这可不是第一回……”她说着说着就也悄悄地转身哭了。

我起身来到窗前，看见她的家就在这栋楼的斜对面，此时如果用望远镜推过去，卧室里的景象恐怕是一览无余。我不知怎么就一直想这样哭下去，而且控制不住……可她却在我身后一直不停地说：“……其实我开始时是不相信你们的这种事情的，更不会相信自己的眼睛。因为，他过去的情人可是个与我年龄相当的人。可你……才仅仅二十几岁，他怎么可能就那么大胆呢？你可是个黄花姑娘啊！你怎么就一点都不计较他的年龄呢？出事儿怎么办？他可是个50多岁一把年纪的人啦！你能不能告诉我：你这究竟是图的他什么？看看他给你拍的这些照片，你能相信你自己的眼睛吗？他这究竟是爱你还是在玩儿你呀？你好好想过没有？我是他的第二任太太，这么多年啦，我知道他的为人，可我一直在忍气吞声，只是为了我的女儿和他的儿子，如果不是考虑到孩子和他的政治前途，我早就跳楼死八回了！可我过来啦，一天天的给他洗衣服做饭、烫西服熨领带地过来啦！图的什么？图的不就是能叫他过个好晚年吗？我只希望他能受人尊敬，别再临老临老的弄得不招人待见！可他不知道这些！不知道……你今天把这些东西都过过目，看看阿姨我今天找你谈谈对还是不对？我是个已经有两个女儿的女人啦，我知道一个做女人的心，我把你当做我的孩子犯了错儿一样地这样对你，就是希望你能知道自己改正。如果你能明白我的心，那你就什么也别说了，把我当作你的一位朋友看待，希望你真诚地对我。请你相信，这样我也会很真诚地对你。今天的谈话我不会对任何人说，这也包括他在内。如果你不想叫我失望的话，那你就赶紧找个朋友正经结婚，如果有什么困难，就跟我说，我会帮你介绍一个像样的好人，你尽管跟我提条件好了！我只希望你能尽快地脱离他，不要再影响你自己和别人家的生活啦……”她终于有些说不下去了。

我冰冷冷地站在那里，什么话也说不出来。隐隐缠绕我心头的，就是一种耻辱，可我还是不想当着她的面去承认！我深深地知道：其实，我真的离不开他。

后来他老婆跟我谈完后，他就始终再也没给我打来电话。我开始陷入了迷茫。2000年春节前夕，单位里又开始发东西。这就叫我又想起了那盘虾……其实我是大年初二出生的，转眼我就跟他相处有两年了！我也大了一岁。可这最后的一个多月里，他忽然就开始躲避起我，而且哪怕是周末，他都不肯再来个电话，他从前每个周末都来看我。于是，我就开始独自一人把自己关在屋里喝酒，没有了那盘虾的味道和陪伴。

一天，我来到单位附近的玉渊潭公园里瞎溜达，恰巧碰到一个瘦瘦的小男孩儿走到我跟前，他喃喃地冲我说："阿姨，买一束花吧！送给你的朋友！"

我一愣，看着他瞪着的那双乞求的大眼睛，怜惜地摸了摸他的头："你叫阿姨买花，那阿姨送给谁呀？"我看着他，心里难受却面带笑容地问。

"送给你自己！我看你就一个人走，你看别人都有男朋友送花，你就自己也买一束吧，那样走在这里不孤独！阿姨你买一束吧！你自己送给自己！"他认真地说，然后小声嘟囔道："今天是情人节！"

我眼泪一下就下来了："谢谢你小弟弟！就算你送我的吧！好吗？"我递给他 50 元钱，然后转身就走！

我终于来到了一个荒凉的地方：在一片落叶黄花的树丛里，我放声大哭。

就在我席地而坐靠在一棵树上继续犯呆的时候，一只小鸟一跳一跳地来到我的跟前儿。我一动不动地坐在那里看着它，看着它。它小心翼翼地跳到我的脚下，继续觅食。

忽然，我感觉身后有一种奇怪的呼吸声向我耳畔袭来……女性的敏感使我慢慢地把头转过去，然后抬起眼帘：天呐！一个女孩儿正翻着白眼珠、张着嘴巴冲天喘着粗气……我看到她的上衣给人掀翻开，露出白白的肚皮和乳房……背对着我的那个男人正吻着她的耳朵、抓挠着她的胸脯……我再仔细瞧：天呐！那男人穿的浅灰色风衣和有点儿花白的头发怎么那么眼熟？我傻啦：啊！……这不是他么！

我抑制着慌乱的心跳，把头埋在鲜花里……许久许久，我背对着他的脑袋在树根底下说话了：“……刘绪光，你在干吗呢！”语气相当的“温和”。

我身后急促的呼吸忽然就没了动静……我慢慢起身，转过头站在他眼前……他像在云里雾里瞧见我似的：“哎？你怎么在这儿？”他们同时把惊恐诧异的目光投向我，本能而慌乱地收敛着衣裤。

“大概是因为我对这里太熟悉了！拿着吧？你们这时候好像缺一束鲜花！”说完我就把花放在他身前的树丛上，大踏步地踏着脚下过膝的干草离去。

……

回来后我就一头倒在床上，一星期没起来。

他大概觉得我要出事儿，就偷偷试着给我打电话……我见转移到手机上的号码是他的，就始终没有接，他就派我同一办公室的孙大姐来看看我。

我什么也没有跟孙大姐说，只是告诉她，我不舒服，过两天就能上班了。

我知道他这时心里整天在想什么，更知道他防范我的对策是什么！可我没有心气儿再去面对他，只能自己惩罚自己：这一切都是我自找的。为了我自己的将来，为了不叫爸爸妈妈知道这一切，更为了我们曾经的感情，我只好这样忍着……忍受着……

可他的心事却没能躲过他那个“精明”的“上海太太”的眼睛……她终于按捺不住，偷偷过来看我啦：“……小瑜，可能是我太着急了，前几天跟你说得有点过火儿了。……可我是为你好……我知道你心里很难受，这样冷不丁一下把你给断开，你可能也不适应！可我相信你是坚强的，想明白过来后，你就会好的。……来，吃一点东西，不然，你会脱水的……”她给我端来一杯像是在家里事先冲好的麦乳精……好像还有煮鸡蛋什么的。

我哭了……可我一句话也没有跟她说，只是在心里反复琢磨这么一句话：知道我不好受，为什么还这么对我？

其实坦率地讲：他不像他的真实年龄那么老，只是在不焗油的时候，能看出头上有几根白头发！

那个女孩儿我后来想起来是谁了……她是银行的。和我当初一样，也是新来的，管信贷。我原来呆的五处是管项目的，刘绪光掌握着这里的大权，他们是最近几个月通过业务关系才认识的。其实他用的什么招儿我知道：他一定是许诺她，半年内把她调到我们局里来……不管是为了房子还是为了待遇，那女孩儿肯定特别愿意！她是巴不得，他上面又有人，这不正好吗？……可条件一定是：她得甘心情愿做他的一辈子情人！就是那种“不带提离婚的”！

我知道他们的事儿后，就开始痛恨自己，上班以后，我就开始玩命地看我的英语……您不知道：我英语在全校可是拔尖儿的，当时部里上学校挑人的时候，看中的就是我的这一点，不然不会把我给分配到这个局里。知道吗？我想出国。

然而，没过多久，从我原来的五处里就传来消息：那女孩儿的男朋友雇人把刘绪光给打了！他开的那辆高级轿车也给人砸了！我听了后一阵心惊！

一天，他老婆突然又过来找我：“蒋小瑜！是你干的吧？”眼睛大得又是那种要冒出来似的看着我。

我忍无可忍：“好哇，我好不容易才把他给忘了，你又来了！那好，你有本事你找你自己丈夫算账去！不就是怕你跟他离了后你没吃没喝没高级房子住吗，整天的算计着你的那点儿小心眼儿！

你给我听着：你图他什么我比你清楚！其实你跟那帮围着他转的年轻女人没什么两样，要不是为了你内心的那点儿丑恶目的，你能忍到今天么？别再把我当小孩子耍啦！你的那个情人，不就是个开车的吗？你养活他可真上心，整天给他喂得肥头大耳的！你还整天哭爹喊娘抱怨你冤屈，你是受害者！

“你不要这样血口喷人！……”她真的凶相毕露摔起了碗！

“我血口喷人？你问问你自己吧：在我那一阵忧伤的时候，他是怎么知道我跟你丈夫的事儿的？他又是怎么知道你跟我谈了？你不是保证说连跟你丈夫都不说吗？这你怎么解释？而且我还告诉你：他跟我讲出你们的那种事儿时，可把你形容得一针见血，就连你回回都得要他两回方才罢休他都跟我说了！难道不是吗？他为什么把你这些可耻的事儿都跟我说了？他玩儿腻了你，你知道吗？他这是想换换胃口，用同情怜悯你当初时的那种做法，来企图勾引强占我，你知道吗？你就是在这种时候上的钩，而他说是你自愿的！我不想知道那么多，我只想这样告诉你：你之所以还想要拼命地维护你的那个所谓的什么‘幸福’家庭，那是你一个‘精明’的上海女子对你亲生子女和你自己个人未来生活的一种漂亮选择！我服你了：吃着喝着你全占了，而且还能表现得叫外面不知底细的人特别同情你，特别体谅你的‘正经’！你正经吗？如果你真的那么‘正经’的话，那你还要一个那么烂的、那么一个不争气的、那么一个不爱你的丈夫干吗？你这不是自讨没趣儿地自己甘愿活受罪吗？有人逼你吗？你倒恬不知耻地跑到我这里气哄哄地找我谈，你来干吗？你想找我谈什么？我告诉你：你不来找我还好一点儿，你这么一来，我倒变得更清醒了，更明白了，更认识你到底是谁了！你原来的所作所为也更加暴露无遗了，也叫我看清楚了！这更加坚定了我的决心：我现在忽然觉得这个世界上的女人好像就数我好点儿，就数我还没一点儿什么私心杂念！我也不出国了。费那劲干吗？！我今天就跟你较上劲啦：我继续爱你的老公，看你老公选择谁？看你这条老狐狸能把我这个黄毛丫头给怎么着！你若明智的话，就赶紧给我从这个屋子里滚出去！不然我非'花'了你不可！”她见我拿起了酒瓶子，就哆哆嗦嗦地溜了出去。

其实所有女人都一样，都有一个致命的通病：只要她跟这男的上了床，只要她敢在这男人面前袒露自己的性高潮，那么她就敢把自己所有的隐私都袒露给对方……这是因为她已经冲破了自己心灵禁区的那种防守极限……是她已经进入到了自己控制不了自己的那种企求与信赖对方的情感边缘！当然了：故意隐瞒、欺骗自己丈夫的那种人不在其列……而异曲同工的是：当一个男人去讨好（或勾引）另一个女人时，在没有得到她之前，只要这个女人对他施以雕虫小技，或“蓄意诱导”，他就敢把包括他自己老婆在内的所有隐私都吐露给她……这是因为他想得到她！不信你就试试！当然了，前提是：你是他的“目标女人”……（其实，小瑜这次能获得窥探成功，就是灵活掌握、运用了这一方法。）

其实我是给她招的。本来我确实拿定了主意想出国不再回来啦。可她这么一闹，却又把我的心给搅乱了！一种逝去已久的寂寞、思念和幻想又死灰复燃。

果不其然：他们经过了一夜的吵闹之后，他终于给我打来了电话：“小瑜，我对不起你……我想请你原谅我……”他在电话里第一次冲我哭了。

一听到他的声音，我就浑身起鸡皮疙瘩：那是一种不知是慌是喜是悲是痛的内心复杂感受……我从前接他电话时一直这样。

一个女人如果真的到了这份儿上，那她就完了：完全没了自己，每每面对对方的一个小小的恳求，哪怕是听到一声重重的呼吸，都会把它视为是一种情感的寄托和诱惑……而不再去计较他曾经给自己带来的任何伤害……这是所有善良女人所共有的那种天然本性！（小瑜她当然也逃脱不了这种可怜的本能反应！）

这天下起了小雨，没有一丝风的痕迹。他的心就像这天气一样，阴沉沉的……我的心情却不然：爽爽的，透心儿地感觉到凉快……就是啊：整天地关在办公室的空调屋子里面，都快把人给憋闷死了！

他搂着我的肩，为我撑着一把黑色的大雨伞，我们走在空荡的西长安街上。

信号灯好像比平时亮了许多，辉映在积水的地面上和我们的脸上，一种从未有过的温馨感受洗过心头，他胸膛的温度温暖着我疲惫发凉的肩，透过雨的味道流进我的心田……我们就这样依偎着，转来转去地朝前走着，小雨它也像理解我们心情一样一直这样陪伴我们下着，一直这样下着……这时，他的手机在他怀里忽然鸣响，他慢慢掏出看看屏幕，然后就静静地把它关上……我们就这样静静地走着，静静地，彼此没说一句话。

在军博的一个僻静处，他忽然转身拉着我靠在一棵大树上，然后就用力把我搂在怀里……我乖乖地两手垂着看着远处的灯光。任他释怀……他哆嗦起来……我僵硬地倒靠在他的怀里，依然没有对他讲一句话……我知道：他哭了……

许久，他终于开口说："咱们重新开始吧！条件是：……你等我离婚。"他见我头依然没有对着他，就继续艰难地对我说："如果没有这种保障，你是永远也得不到公平的！……我想好啦，提前退下来，自己开家公司，把我原来的关系都用上，赚钱恐怕是没有一点儿问题！我这都是为了你。我也该自己给自己干干啦！只是两个孩子倒霉，我不能再管他们了！你不知道，小芸和小岚有两个多月没有回家啦！她们是要和我断离父女关系……”他放开我的手又紧紧地把我给抱住哆哆嗦嗦地抹起了鼻涕。

我的身体也开始哆嗦起来……说不出的感受令我心颤。

他就这样抱了我许久。此时，我有许多委屈的话袭向心头……可我一句也没能跟他讲出来。

雨渐渐地开始下大了……他把雨伞高高举过头，看着天空：“老天知道：我对你是最真诚的！起码是现在！我是做出过对不起你的事情，你就原谅我吧！”雨在他的脸上流淌着，冲刷搅拌着他的泪水……我把头抬起，仰望着他，任天上的雨水和着自己的辛酸一起流淌……

他捋了把头发上的雨水继续说：“那个女孩儿你没有必要去想她，也犯不上去跟她较劲！我把她已经全都给忘了！她是个骗子！我已经给了她十万，跟她了了！”他又低头看着我，见我依旧流着泪，目不转睛地看着他，他就捧着我的脸继续对我说：“本来我是打算情人节那天能约你出去的，可我老婆早就盯上了这天，步步紧跟，气得我只好编瞎话，说是到银行里办件公事……可我来到银行后，一眼就看见她坐在那里……不然我不会在那天跟她偷偷出去约会……她了解我的弱点，不到三天的工夫她就把我给整晕了……可后来我特别后悔！一想起你一年多以来一件像样的东西都没跟我要，我心里就感到难过！”他再次把我紧紧搂在怀里：“你就不要再难过了，我等着与你结婚！真的！”他几乎是颤抖着声音跟我说。

我感动得说不出一句话，只是在心里拼命地哭。

那天晚上回来后，我考虑了很久。他的复现真的搅乱了我的平静，我总感觉我对他的那种依托绝不仅仅是精神上的。

不瞒您说，我过去交过男朋友，全都是大学里的一帮傻学生。第一个是我17岁时在校门口儿碰到的……那是个星期天。我到水房里去打水，“扑哧扑哧”热水管一下从灌满的暖瓶口里直往外喷，吓得我惊叫起来，躲到一边不敢再上前去关它！这时，一个英勇的身影出现在我眼前：他不顾滚烫的开水溅湿全身，三下五除二地就把水龙头给关上了！然后冲我一笑：“没事儿，拿走吧！”那是个大热天儿，他只穿一件背心。“没烫着你吧？”我担心地问。“没事儿！走你的吧！”他的脸上还带着天真……就这么着，我们就在这千军万马的苦行求学路上相识了！之后就是他的那些故意给我在教室里占位子、排队帮我打饭之类的不凡表现……然后就是我们一同去郊外游玩儿……第一次稀里糊涂做女人的时候，我就是跟的他。可人家一个月之后就又弄一个到手啦！而且还一直没有被我发现……我后来才偷偷听到一帮男同学笑侃说：“纪风波？他可是个老手。”可我却傻乎乎地就把自己的第一次交给他了。

第二个好点儿，是校排球队的，身高1.81米，南京人。他长得黑黑的，小眼睛往里抠着，有点儿当年汪嘉伟的味道……他对我特别好，我也十分喜欢他。我们是在花园里有的第一次……可别看他人高马大的，跟我都一年多了，就成功过一次。他简直就是个笨蛋！当然，我们分手还有其他原因：他中途因故退学了。

第三个是我快毕业的时候开始的，他是我们的英语老师，湖北人，有家但老婆在外地。他暗地里追求我有一年多，从教我滑冰到陪我游泳，整个一个运动健将！可能因为我们都是外地人的缘故，常年生活在这校园里，都有一种想要摆脱孤单寂寞的渴望……我以为他能有点儿经验，身体又那么结实。可后来我才从书里头知道：……他……他……他那原来是一种病！……咳！我从此就再也不想这种事儿了！……什么爱不爱的、好玩不好玩的，没劲！我再也不想交朋友了！

可自打我跟刘绪光之后，我就开始真正喜欢上男人了！真的，跟他在一起，我特别的高兴！“爽”得不行！您说这是怎么回事儿呀？我几天不见他就感觉心里慌，有种想哭想让人抱的感觉。而且有时还爱做那种梦！对不起，真不好意思！您在听吗，石先生？可我明明知道他不是真正的属于我，可我不知怎么的就打心里头离不开他，总想从灵魂到肉体全部占有他，甚至还特别恨他的老婆，不许她碰他！您说我……这是不是爱上他了？我真的搞不懂我自己，书上也查不到个正经答案……您能给我说说吗？石先生？

石英君：“其实这是一种‘误像’带来的情感感受……就像海市蜃楼。而之所以你会在识别‘物像’的清晰与真伪时产生误差，那是因为你大脑里出了问题。你有淳朴天真的个性，这种个性还掺杂着单纯和幼稚，如果你把这种个性用在其他方面，那可能会显出你的特别，并会受到他人（健康正常人）的喜爱和尊敬；可你如果把这种稚气带到或者用在与异性间的交往和情感袒露（寄托）上，那你的这种个性可就显得缺乏些成熟啦。要知道：你所有不经意的表达，都会给追求你的异性带来误解，而我们可以在其他事情上去‘不经意’，但唯有在情爱的表达上不可‘随意’，更不能把它用在对异性的冲动和喜爱上。为什么？因为异性间的吸引就是从这种没有意识的表达行为开始的，我们如果没有戒备，随意放纵自己的习惯，那一则会使你在对方的心目中留下个打折的印象，减少你对他的冲击和吸引力；二则你会自觉不自觉地习惯于这种释放，而一旦你的这种释放碰到了个什么高潮，那你就会不可抑制地把这种冲动当作是你的爱来发挥！而我要特别提醒你的是：女人跟男人大不一样，男人的这种冲动可以急来急去……因为他完全可以把性的吸引跟情感和爱情分开；而女人就大不相同了，一旦自己投入了，不管什么原因，这种性的冲动就会很自然地升华成‘爱情’，那种与性的本能剥离不开的缠绵就会随感情一起融入血脉，翻江倒海的激情里澎湃的就不仅仅是性的快感了，而是释放自己情感的内心渴望……将自己全部的信赖、赌注和寄托都注入这个时刻，转眼间就会把自己拥抱着的人认定是自己的一生所爱！这种一次性成功的性高潮一旦出现，对一个女人，特别是对一个没有充分性生活体验和经验的年轻女性来说，那可能就会一步到位地步入这种情感的误区，这个误区实际对大多数女人来说，就是个陷阱，一旦闯进它，就会不能自拔……从你目前所提供的情况看，是你生理的或者是潜意识性格里的‘不成熟意识’，导致了你在青春期和恋爱期的某些思维混乱，从而放纵了你自己的情感惯性。这是因为你在此期间没有对自己的心理和生理进行科学的调理所造成的，在你释放的时期又正好碰到了一个比你有‘常识’的‘人物’，所以就导致了你‘爱’上了一个大你几十岁的男人这一结果！这不是爱，这只是一种客观存在反映出的客观现实，只是你没能意识到，他拣了个便宜而已……而事实证明：他对你是有预谋和目的，其实你对他（在他向你进攻之初）只是一种尊重和感激，而他却利用了你的这种信赖与感激。记住我的话：他对你是一种渴求，你对他是一种报答；而你的生理需求恰巧又在这个时候‘到点儿了’，他又正巧在这时适合你灵魂里所追求的那种条件：‘呵护感、安全感、责任感、信任感、成熟感、优越感、依赖感’……，他一应俱全！所以你就有了这种情感感受。我之所以叫它‘情感感受’而不叫它‘爱’，那是因为这仅仅是‘感受’，是你的一种‘体验’而已。你为什么会错把它当成是‘爱’，那是因为你性的需求和满足在作怪。人的爱就是一种需求，当这种需求得到满足，爱也就产生了。性的渴望与获得的过程，恰巧和这种爱的渴望与获得的过程相吻合，所以人们就常常把这两者混淆，一味地以为：只要他（她）与我有性，那他（她）就一定是爱我。其实我告诉你：不论她是谁，只要她是个女性，只要她自己赶上了这种闹饥荒的时候，对方又大致符合了女性上述所追求的那些条件，换谁都一样！有一次关系，就会有这种感情（‘情感感受’）！就这么简单！你听明白了吗？”

她：“我明白。其实你这么一说，我好像什么都懂。可我就是不能抑制我自己。你可能不能完全理解女孩子的心。你知道吗？但凡一个女子爱上一个男人，她首先是得从观察他的外表开始。如果她首先认可了他的外表，那她就可能会继续观察他的其他……其实，我特别爱看男人的眼睛。一个好男人的眼睛是深邃而感人的，它不一定很大，可它得有神，有一种强烈吸引你的感觉……这种感觉是说不出的，形容不好的，总之，它是迷人的。我看男人就看眼睛！这是我的一种直觉。他就是有这样一双眼睛。而开始我并没有特别注意到……那是因为他是我的领导，我那时刚来，又是他的部下，所以没有心思考虑这些，只是隐隐感觉到他有些与众不同。可自打他拥抱我以后，我就一下想起了他的那双眼睛：它确实不大，可它让你看了后，就会胡思乱想，甚至会叫你感觉到心慌……石先生：您体会过这种感受吗？他真的特别有意思……不知怎么的，看着他我心里就发麻……”

石英君：“这是来自心灵的感受，是你成熟已久的‘梦幻偶像’在现实中的偶然‘兑现’。这种‘梦幻偶像’可能打你一懂事就开始累积记忆了：也许是父亲，也许是一个大哥哥，也许是一个小学音乐教师，也许是一个电影演员……是男人给你的最初的完美影像。随着你年龄的增长，你的这个‘影像’会更加充实和完善，会随时代的变迁调整、取舍，更加有你自己所认可的那种味道……于是，当这种‘影像’真的出现在你眼前时，你就会为之怦然心动，只要靠近你的这个‘唯美标准’，你就会猛然觉得谁都不如他好，谁都没有他完美，谁都没有他可爱！这就是‘偶像心理’的诞生过程。当你带着这个心理去看这个世界里的他时，你就看不出他的一丝不完美，这就叫‘萝卜白菜，各有所爱’……而从严格意义上讲：你的这种心理，就是一种轻微的病态！‘唯美主义者’就是这么一点点产生的……而当你带着这种心态去欣赏他时，你当然觉得他最好，这种‘最好’的心理感受就是：幸福和喜欢。但这绝不等同于爱情！你把观察和体验这种感受集中于他的眼睛上，这是正常反射。人们不是常说：眼睛是心灵的窗口吗？一个人的所有经历几乎都写在了脸上，而唯一的灵魂，却只写在眼睛里。眼睛能映照出人的所有，眼睛甚至能反映出一个人的文化乃至他的为人……但你若想观察出他的全部内涵，那是得需要具备一定的生活阅历、经验和时间的……你相信你的直觉我很欣赏，但我不赞赏你的过激判断。因为，你的经验虽是你一点点积攒的，可这份经验却是年轻的、幼稚的甚至是固执的……你若想对他做出正确判断，或许还需要经验和时间……至于你说的‘不可抑制’，我前面讲了：他只是个‘影像’，只是你不领会你的那种‘不可抑制’的内涵，我说过了：其实换谁对你都一样！这是你的‘生理性格’所决定的。你想他，我知道。这是一种依赖，是一种适应了的‘惯性依赖’。人没有十全十美的，在个性上每个人又都有每个人的特点。我觉得你的特点是：冷静下来你很沉着；混起来你很没边儿……你是个文化底蕴不薄的人，可你天生性格里又特别女性……总爱幻想；不时地就会追求享受浪漫……偶尔你还有点儿神经质……这是给‘逼’出来的，经验多了，你或许就会好些……但如果你还一味地去满足你的这种依赖，时间长了，你摆脱起来就更困难了！这是我的经验：凡是两个情人在一起待久了，男人的激情就会一天天下滑，女人的激情反而会一天天上升。我的调查证实：单从性心理而言，新一对儿情侣的吸引力（指异性间的性新鲜感‘保鲜时间’）……已婚的……是三个月左右（个别有半年以上的……这要看原来的个人生活背景）；未婚的……是一年至一年半左右（最长的三年……这也要看个人的生活背景）。这是因为：男人特别地注重视觉（感受）感官刺激，而女性则特别地注重内心感受。只要不是‘牛郎织女’，天天在一起的时间越长，这种‘保鲜日期’就越短。其实若想改变这些，是有非常的办法的。除两个人的感情之外，了解和掌握一些必要的性心理最新知识和手段，是当今每个人都必须补上的一课。而女人常常认为自己是动情的，是真心地爱恋着对方的，所以才有这样那样的激情和渴望。而男人则不然，他的心里不光是存在这些，他还有比女人更直接或更复杂的想法，甚至会有某些‘性比较’……而往往女人是不会在这种时刻抓住这个机会的，只见他对自己的‘感情’（女人常常是会用做爱来感悟或者观察男人对她的感情的）一天天地下滑，而自己的感情却一天天地攀升（更加爱恋珍惜着对方），可自己却不知这是为什么？只有等到这时，女人才会隐隐感觉到危机和悲哀，这时就会更加注重表现自己，依赖对方，甚至会不惜牺牲自己的感受而力求得到对方的欢心，倘若自己的诸多付出得不到回应，这种依赖就转变成暗暗地责怪甚至愤怒，直至谴责对方没有尽爱的责任！……小瑜，等你这时你就痛苦了，你原来的幻想美梦一旦破灭，你唯一的选择就是纠缠他、不放过他！所以你未来的故事就会艰辛而曲折起来……不过我相信你将来会变……因为你骨子里还是蛮聪明的……但你现在不成。你现在是处在不大正常的特殊时期。你没有那个判断。可他有经验，所以，他很容易欺骗你……你明白我的意思了吗？”

她：“是的，被你言中了。他并没有真的跟他的太太离婚。当然他说是为了等他办完退休手续之后……那样‘退得光彩’，不然会影响他今后的买卖……他说他需要名声，他在这个圈儿里可是个不小的人物……你可能又会说，这是他有意在编造谎言欺骗我。没错！是这样，我知道！可我倒反而有点儿不在乎这些了！其实，你没有言中的一点是：不是我离不开他，而是他离不开我……你明白我的意思了吧？我们在那方面简直是太完美了！他离不开我，我也离不开他……现在更是这样！你想到了么？”

石英君：“这跟我的解释并不矛盾！我不是说‘除了牛郎织女之外’吗？你们现在还不仅仅是‘牛郎织女’，你们这叫一对儿‘野鸳鸯’！我说过：再好的一对儿情人，只要一天天地滚在一起，‘新鲜感’最多就仨月！可你们是天天泡在一起吗？他那头顾着单位、这头骗着老婆地跟你东躲西藏岂不是更刺激？这样的男人需要什么？需要变化！需要惊险！需要玩新！需要你给他的意外刺激！你以为你多快乐，占了什么便宜、得到什么宝贝似的。你就快完蛋了，知道吗？不信我们‘Help you’给你包所房子，供你吃、供你喝，你们俩一个月也别出屋，不出七天，你们俩就得打起来！你信不信？什么道理？那叫‘距离美’！人与人之间之所以有吸引力，那是因为彼此的不完全了解。知道什么道理吗？那是因为距离远、有神秘感、有差异、有激情、有刺激你懂吗？一个人了解、接触你的秘密部分越少，孕育的这种神秘感就越加强烈！你懂吗？你谈过恋爱。我问你：有一见面就‘啃’的吗？不都得是千篇一律先逛两天马路，再溜几回公园，然后再跑电影院的犄角旮旯里偷偷摸摸的吗？其实这段儿还不是最美的。最美的应该是谁也摸不着谁、不很认识、偷偷开始观察接近对方的那一段儿，心里忽悠忽悠的，总缺氧，既想躲着对方的眼睛，又想长时间地看着对方的那种感觉……你现在是只顾来实惠的，不记得罢了。其实你现在的这段儿，就是那段儿的延续。我还要告诉你：如果你对他的那段儿时间短，你今后的这段儿也就不会太长！”

她："对不起，激怒您了。也许您的话有一定的道理，可我现在确实不会全部听得进去。或许……将来您的话都会在我的身上得到验证，但是我肯定会自觉不自觉地非得去试试！就像您说的：大概这就是我的个性和性格！也许是给生活'逼'出来的……但我很想再去试试！"

石英君："为什么？"

她："我觉得我不能就这样白白败于他老婆手下！虽然这不是很道德，可这很公平！"

石英君："你觉得这样折腾下去，你们会有结果吗？"

她："我不要结果。我只要这种形式的存在，我心里平衡就行！"

石英君："这是一种病态心理。"

她："没错！我懂。我知道我这是有点儿变态！快进安定医院了！哼哼！"（不知她这是自嘲的，还是苦苦的默默傻笑）

石英君："那你为什么还非得这样？"

她："是我想报复他们。"

石英君："谁？我在电话里辨别不了！告诉我男他女她？"

她："都有。"

石英君："怎么样，说实话了吧！"

她哭了："我确实特别爱他！可他其实并不能真正跟我在一起！他整天谎话连篇，时不时地就和我发一通脾气。想我的时候，要我的时候，什么'宝贝儿呀，亲爱的呀'乱叫一气；不高兴的时候，他又是'她比你可怜'吧，'你理解理解她吧'，我倒成了个累赘！其实，说心里话，我不想也不会去破坏他的家庭，如今大家活的都很不容易，又都很明白，干吗非得闹得鸡犬不宁的，我又不是找不着别人、没人要了！可是他不明白这些，总考虑他自己；他那老婆就更没法说了，吃里爬外还死不承认自己在外面也有人，还动不动就自杀给她这一家老少爷们看看！可我就没看见过她真死过一回！她的两个女儿就更甭说了，一个在前一个在后，哭着喊着说要去部里告她后爸！现在是搅得街坊四邻不得安宁！有一回，处里发鸡蛋他忘拿回来啦，他老婆硬是非说都给我了！她最近打探到我在外头新租的房子，房前屋后地一通瞎转悠，就跟个神经病似的，惹得'小脚侦缉队'天天来查我！我刚才接的那个电话，就是她今晚第三次打来的，您说她闹不闹得慌啊！还叫不叫人活了！"

石英君在电话中打断她："所以你就气得把电话打我这儿了？"

她："哦对！您说气不气人呐！给我出个主意吧石先生。您说我该怎么办啊？"

石英君："你倒蛮像个地道的北京小姑娘啦！……其实做人家的情人就是件蛮痛苦的事儿。我接这种电话也八九年了，碰到这种情况也比较多，就我的经验而论，有这么几条请你自己衡量把握一下：

第一，搞明白自己的位置。你知道你自己现在的行为是不理智的，而且是自愿的。这就奠定了你的位置。既然知道自己处于这种位置，那你说你应该怎么办呢？

第二，搞明白自己的心理。你知道你自己现在的心理是属于不正常的，而且是混沌的，这就是沉沦了。既然知道自己是这样的心理，那你该不该去调整一下呢？

第三，搞明白自己的后果。你知道你自己现在的行为是没有理由的，而且是混账的，那就是知道你的后果。既然你已经知道了这种后果，那你还非得去试试干吗呢？

这三条你自己好好想想。如果想明白了，你的问题也就解决了。这是个复杂的心理问题，需要你自己去认识解决。可说是心理问题，这其实又是一个人整体心理素质健康状态的表现。它看似反映的是一个人对情感的思维模式，实质上反映出的是一个人对情感问题的灵魂认知本体。爱是单纯的，爱又是复杂的。爱的本身脱离不开社会现实，更脱离不开每个人的认知差异。爱虽没有具体的等量标准来供大家去衡量和购买，可爱的感知却是每个人都有所共识的，那就是：爱是幸福，被爱是满足；你感觉到了这种幸福和满足，那你就付出并获得了爱。但你的故事提示我也提示了你自己：你幸福吗？你真的感觉到满足吗？如果回答是否定的，那你现在究竟又是在追求着什么付出、获得了什么满足呢？难道这就是你所要追求的一种‘爱’么？”

她又不吱声地哭了……许久，她茫然地说：“我再好好考虑考虑吧……那你还会接我的电话吗？”

石英君：“那当然！你随时都可以给我打电话，只要你还信任我。”

她：“那你的意思是不是叫我撤出来？”

石英君：“对！越快越好！”

她：“我试试吧！也许很难，也许很容易，我不知道……”她好像又要哭了。

石英君：“你肯定有反复！这是正常反应！毕竟一两年了嘛！就在你拿定主意又坚持不了的时候，你可以给我打个电话！你需要有人看着你，盯着你。这样你才有动力来表现你的誓言和决心，自己也就能战胜自己了！”

她：“我尽量不叫您失望好吗，石先生？我努力。谢谢您的真诚帮助！我会谢您的……”她悄悄地挂掉了电话……

我问石英君，关于这个女孩的后来情况，他说：“已经很长时间没有她的消息了。”

“这是不是意味着她的老毛病又犯了？”我问。

石英君笑着摇摇头："正好相反。一般来说，这样甘心情愿当别人情人的女孩在她不能自拔时会给我打电话，而一旦她完全恢复了自信和自我，能处理好问题就不会再找我了。这是通常的情况。只有那些需要帮助的人才会找情感热线，如果他们的感情问题已不存在什么危机，还有什么必要再花钱给我打电话？"

也许石英君说得有道理，然而我想到了另一个问题：

"你为人家做了那么多好事，可以说常常是帮助一些人解决了燃眉之急，但她们了结了难事后连个回音都不给你这个恩人时，你会不会感到有些失望和伤感呢？"

石英君低头想了一想，说："这个问题在我从事情感热线初期时有过，可后来我就不这样看了，而且明白过来后更感觉不能这样看。那些在我帮助下处理好了问题的人不再给我打电话是极其正常的事，这是由隐私的特点和我的工作性质所决定的。一个已经没有了隐私困难的人为什么还要时不时地给我打电话？他们和她们已经幸福、快乐、平和地生活了，为什么还要另一个不相干的人再插在他们中间多事呢？从这个意义上理解后，我就再不感到失落了。能够在无言中知道他们在平静地生活着，这是我最大的愿望，也是最大的满足。"

瞧，情感隐私专家的快乐感和满足感也与别人不一样。

留洋美女瞧得起谁

就像吃了一瓶发霉的醋，当我离开北京，去北美那个遥远的地方享受冰天与雪地的美丽时，我不曾想到会遇见一群包括从北京来的美女们，竟然会愤愤地向我控诉“罪恶的男人”——而这些“罪恶的男人”不是长着一丛丛汗毛的欧美男性，恰恰是漂洋过海的华裔男性。

对数位旅居海外的中国女性的采访中，她们对自己的男性同胞所表现出的那份怨情，令我不得不动恻隐之心。

端木女士当年曾是北京某医大医院的著名外科手术专家，因为医术高明且又长得漂亮，自然成了一位京城各界都瞩目的人物。她骨子里的那种“女人味”，令多少男士倾心倾情。她当然也有自己的丈夫，然而那个没有多少文化修养又异常蛮横的丈夫却把她当作私有财产一样捏在手里、看在家里、关在笼里、裹在被窝里从不撒手。开始端木还深深地被这种强制的“爱”所感动，并自觉地俯首听命。别人请她跳舞，她怕丈夫吃醋总谢绝；与男同事一起外出办事，她要先征求一下“先生”意见，否则就不出去；后来发展到给男性看病她都尽量避免，以免“沾腥”。那些岁月里，她把丈夫的这种极端自私的行为错视为“全心全意的爱”。正是在这种认识下，她甚至最后连班都不上，辞职在家开私人诊所。她为自己这样的决定而自豪，因为在她看来从此就可以日夜厮守在丈夫身边，做个最出色的妻子。丈夫让她做什么，她就做什么。她以为这一切都是丈夫对她爱的终极表示，她对所有这些不仅不感到反感，相反认为是非常非常的幸福。直到有一天她丈夫把几张与另一个女人鬼混的裸体照片放在她桌上时，她方才恍然大悟。当这种痛楚再也无法忍受时，她选择了出国。而今已是数年，至今她都没有告诉那个野兽一样的丈夫，她是怎样带着儿子历经千难万险出国的，又到了哪些国家。她说她永远不想再见到他。

“唉，不怕你生气。我对中国的男人是彻底地失望了。”在同去纽约的路上，她叹着气对我说。也许是长途旅行的枯燥，使得我有机会听到一个旅居海外的中国女人对华裔男人的那份极度失望。

以下是她自己讲述的故事——

我从小是个失去亲生父母的苦孩子，后来有好人把我抚养长大，我念了大学，当上一名外科医生。故而当有那么一个男人出现在我面前时，我便感到无比的幸福。他的一分情意，总是换得我百分的回报。但正如有人说我的那样，或许我给得太满，反倒让他不负责任地任意伤害我。到现在我都记不清楚是如何逃出他的魔掌，被人带出国的。

W是我出国碰到的第一个男人。尽管我今天终于认识到在海外再也不能找中国男人做什么事了，但当时我确实认为我自己也是中国人，找自己的中国同胞会从心理上安全些，何况我出国又是在特殊情况下走的，我想谁都能理解我的这份心。W就是我出国后第一个认识的中国人。那会儿我刚到加拿大，人生地不熟，几乎所有的事我都做不了，原本在国内能说的几句英语，到了国外来也根本用不上，加上我这个人过去依赖性特强，啥事全靠别人，尤其是生活方面。W对我表现出了一个男人少有的那份关切心，我应该承认从一开始都是他帮助我找住的地方，帮助我给孩子找免费的学校，带着我们找中国的餐馆，就连我到银行存钱也是他帮我办的信用卡……总之我这个本来就没心没肺的人，把整个儿属于我自己该办的事全都交给了他办。日子就这么一天天地过去了，直到出境快三个月了，身上带出来的钱也开始有些紧张时，我才发现自己出国三个月，除了人在国外，其他什么都跟在国内一样。我接触的还是那么三两个中国人（其中W和我儿子就占了两个），而全部认识的那几个洋人也都是W介绍的他的朋友。至于为了生存而不得不从事的几个生意上的事也都是W在建立关系，而我依然还是一个赤裸裸的什么都没有的我。开始的那些日子我似乎自己都没有感觉到这有什么不对劲，W照常天天到我那儿吃，在那儿忙乎他那些见不到影子的生意。补充说一句，每次他到我住处总是先找吃的，然后没了没完地打他的电话，或者就是向我馋嘴的儿子介绍又一家新的中餐馆——然后我们又三人同行去吃个够为止（当然是我付钱）。我这个人在国内时就不爱讲究这一类小事，再说我总认为人家帮助我这个初来乍到的人办了不少事，顺便吃顿饭，用个电话也不算什么，于是就一直没把这些芝麻粒子大的事放在心上。但终有一天我发现自己信用卡上的钱快没有了，而这时我的信箱里却又收到几张数目吓人的账单。我一下傻了，怎么会有那么多电话费？房租怎么也比原先说好的贵了近一倍？我急了，除了我知道自己快不能过日子之外，我不明白为什么比想象中的开支多出好多呀！我紧张地找到W，问他是怎么回事，并希望他想法解决。谁知W好像根本不在乎似的对我说："这是在加拿大，当然会比国内要贵些。"我知道自己尽管没有多少自理能力，但还不至于傻到连基本的事实都不懂呀。但我还是忍着性子对他说，希望今后我们不到外面吃饭，少打些没用的电话，住房也找个便宜一点的地方。W一听就急了，跟我大声嚷嚷起来，说我不是在有意说他多花了我的钱吗？"那好，从今天起我可以不来吃饭，不来打电话，但你必须付给我每个月4000元工资，记住：是加元，不是人民币。"他临出门时这样气冲冲地对我说，我的天哪，4000元一个月工资！我当时看了看自己的信用卡，那上面清清楚楚地写着还有2430元钱，不要说付他的"工资"，就是我结清自己的几个账单都恐怕不够了。而这时的他却一连几天反常地不到我那儿去，也不来一个电话。我急得差点跳楼。你说我带着儿子两个人人生地不熟，既无工作又无后路可走，眼看着从国内带出来的钱都花光了，这不就等着被人抛到荒郊野岭么？我不得不求助于W，半夜里我厚着脸皮给他打电话，希望他看在同胞面子上，帮忙帮到底。你道这家伙说啥？他说你的忙我已经帮了好一阵子了，可你还没付一分钱工资给我呢，咱们把前期的账结清了再说。这个混蛋！我当时就差没气昏。别的不说，光我到加拿大这三个月里，我天天为他做饭买菜的钱就不下两三千元，可他呢，口口声声说帮我办定居手续办企业移民却没真正干一件事，再有所谓的帮我联系生意，天天说得天花乱坠，但我从没见过一个真正的外商来与我见面，可电话费他却在我这又花去了两三千元。最气人的是，我住的那套房子本来一个月只有五六百元租金，而他却说得一千二百元一个月，这些事都是我后来才知道的，当时我心想也算了，人家多少也帮助过我忙，吃亏就吃亏吧。一句话，谁让自己没长本事呢。从那时起我就准备独立闯路子了，这既是生活所迫，又是我想要在国外待下去的必由之路。

“W到底是什么样的人？你摆脱他就是了。”我对端木女士说。

端木女士告诉我：“我开始并不知道W是何许人也。因为开始看他帮助我办出国手续挺卖力，像那么个讲义气的男人。后来才知道他是个十足的可怜虫。他出国十几年，却没干件像样的事，凭着在国内学的一点武术，就靠这在加拿大教些武术爱好者，每月收些学费过日子。其实没本事不要紧，人学着勤奋点也总能有出息日子过。可W偏偏不走正道，总想赚那些不费劲的但又让人腻味的钱。按说W也是个有些学问的人，是80届的广州中山大学毕业生，出校门后他就在舅舅的帮助下到了加拿大。也许由于他早到国外，所以随着后来中国国内出国潮的不断高涨，W凭着自己熟悉外面世界的优势，几乎不费什么心思地赚了一笔又一笔“中介”费。本来帮助发一个出国邀请书也就一张邮票和一张信纸的钱，而他要向国内的同胞收取 500 ～ 1000 元不等的钱。办一个移民手续三四千加元的费用，他一开口就要人家一万、一万五的，而且还是美元（当时美元与人民币的比值高出加元与人民币比值的 30%）……那几年，在外的中国同胞不多，而想出国的人如潮涌，故 W 在这方面的收入很丰厚。日子一长，他对其他什么事都不感兴趣，成了“职业”骗钱专家。国内有人请他在国外注册一家公司，这本来按照国外的法律基本不要什么费用的。可 W 却借同胞不了解情况而大开虎口，少则三五千美金，多则几万几万地收取“服务费”。渐渐地随着中国同胞在国外的人也多了，什么出国邀请、注册公司、办移民手续大家全明白了是怎么回事，这样 W 一类人的“中介”骗术不再有很多的人相信了，于是 W 的日子就每况愈下。假如 W 聪明一点的话就应该赶紧改行做点正经事，可他不，还一门心思做他这类坑蒙拐骗的勾当。他每年总是要回到国内好几次，在北京、广州等城市设点拉人出国。一旦拉到一个人就成了他敲诈勒索的对象。许多由于种种原因急着想出国的人，有时明知被敲诈也无奈地把大笔血汗钱交给 W，而且回头还要向 W 说声谢谢。我就是其中的一个。大概看到我是一个女的，又在国外举目无亲，于是他便处处把我放进他设定的圈子内，直到榨尽我身上的全部油水。”

“真可恶。”我听了端木的话不由跟着生气。不料端木这样说：“如果 W 能到此为止，还并不算怎么样。许多比别人先出国的中国人几乎有相当比例的人都干过像 W 做过的这类‘中介’生意。W 的可恨之处是对于自己的同胞，反而是越到后来越变本加厉地欺诈。”

端木说，当她三个月后发现自己上了 W 的当后，便决意不想再与他发生什么联系了，先前吃的亏也就权当交了一笔学费。她开始自己独立地安排生活与生存环境，可万没想到 W 并不就此罢休。端木说："在我行将搬家离开他的那一天，他叫上了好几个'三脚猫'，这些人都是跟他学武术的徒弟，当时那场面是明摆着想跟我玩'黑'的了。W厚颜无耻地对我说，离开他可以，得满足他三个条件：一是向他交三个月为我'服务'的'工资'，每月3000元；二是交还当时他给我发的出国邀请书，不交也可以，另向他交1000美元费用（其实在出国时我已经给过他1000美金）；三是凡我今后在北美地区从事的化妆品生产与销售收入，必须有他30%的利润。最后这一条的理由是，因为我假如能在北美把生意做起来、做成功了，都是由于他W当初给我办了出国的手续，故而我所有之后得到的收入必须有他一份。那天如果不是另一位中国朋友叫了当地警察，我恐怕早就已被他逼得跳楼了，或者最多也是老老实实继续在W的麾下做个任他敲诈的可怜虫。我从W的身上体会到了什么叫做'穷凶极恶'。那天，在一群加拿大警察的护卫下我总算摆脱了W的魔掌。你问我哭了没有？当然哭了，我当时哭得差点没背过气。但我绝不是为自己白白浪费了几个月的时间，也不是为自己傻乎乎地丢了一万多美元而悲伤，我是为我们的中国男同胞而沮丧，我不明白一个问题，那就是我们中国的男人为什么可怜到这个程度？为什么没有一点点君子风度？"

"为了摆脱W给我留下的阴影，我从加拿大最东边的城市搬到了最西边的城市。"端木继续向我讲述她的故事。她说她在这之后明白了一件事，那就是到国外能自己做的事尽量自己做，不然会掉入各种可怕的陷阱。端木说她通过一个加拿大朋友开始正式做起了她的化妆品生意，且销路不错。随着业务的不断增长，加上东方化妆产品的特殊性，端木认为自己的公司需要一个懂东方文化和东方语言的中国男性当她的业务总经理。经过招聘，一位具有五年国外居住经历和国际商贸研究生学历的加籍中国人坐上了这把交椅。事先她对这位"总经理"说，可以按照超出一倍的工资付给他年薪，但条件是他必须尽心尽职为公司的发展服务。这位姓陆的出生在中国的先生对着《圣经》庄严地发誓道：如果有半分私心，听任上帝惩罚。合作就这么开始了，姓陆的那股工作干劲着实让端木从心里感到满意，而此时市场的形势也令人喜悦，产品销售成倍成倍地往上长。照理这时的公司账面上也应该跟着成倍成倍地增加利润才是呀。可端木的财务却总告诉她应该出现的利润没有出现，销售的收入与实收的利润大不成比例。端木找来陆总经理，希望他说明一下市场的实际情况。陆哭天叫地说“情况就是如此”：必须以最低的批发价出手，才能让那些销售商们感到满意。端木没有说话，第二天她亲自跑到“陆总经理”的批发点一摸情况，方才知自己的产品不仅很受青睐，而且批发价格也并不低。原来公司得利少的原因是“陆总经理”从销售商那儿又把 20% 的回扣放到自己口袋里。按照国外公司法规和惯例，以年薪方式受聘的经理是不能在业务中收取年薪之外收入的，而且这种有违于职业道德的行为是被西方商业社会看作一种人格缺陷而一向被公众所鄙视的，因此任何一个有修养的管理人员是绝不允许做出这类事的。然而当端木向这位先生指出其问题时，不料具有高等学历的陆先生竟直着脖子、涨红了脸说道：“我是中国人，中国人就按中国人的方式做事！你有什么理由指责我？”

端木说，她从听到这一句话开始，就对在海外的男性华人失去了信心。她说她至今仍然解不开这样一个谜：好端端的一批中国男人，为什么一到西方世界，一接触金钱，就使自己的人格变了味？

临别时，端木女士认认真真地问我，你也是男人，说说这是为什么？我笑笑，说我搞不清，因为我只是个出来作短期访问的中国男人，而不是长期出国在外的华籍男人。

认识阿娇是在多伦多市。那天朋友说到了多伦多，一定要去看一看尼亚加拉大瀑布。从多伦多到尼亚加拉大瀑布约两个小时的路程。在没有来加拿大之前我就从书本上知道在美国和加拿大交界处有一闻名世界的尼亚加拉大瀑布，但到了尼亚加拉才知道这里除了大瀑布外，还有一个全球著名的大赌场。如果说这里每天有数以万计的游人来此观看大瀑布的话，倒不如说他们中更多人是为了来此痛痛快快赌一把的。

平生头一回进赌场，而且是进的世界头号赌场，我真是大开了眼界。那上上下下两大层赌场，足足可以容纳万人之多。什么老虎机、大转盘、21 点……所有世界上正式用于赌场的赌具在此都能见到，而且赌场也不像我们印象中的那样森严，倒像一个庞大的超市，你想进就进，也不分有钱的和没钱的。你假如只有几块钱也可以很痛快地赌上几把，你假如带上几万、几十万来也可能转眼便输个精光。总之这儿既是谁都可以去过把瘾的大众场所，同时又是那些贪婪的职业赌徒的陷阱。进赌场后除了那庞大而激动人心的场面令我惊叹不已外，另一个感受便是我看到的两个现象叫我吃惊：一是参与大赌的多为东方人，二是在赌场上女人不比男人少。陪我的友人回答了我的第一个问题，他说全世界所有赌徒中本事最大的是大陆人、台湾人、香港人，以及韩国和日本人，而赌性最大的也同样是上面这些国家和地区的人，故而大赌场里赌得最惊天动地的自然也就是东方人！所以在西方社会里有句对我们东方人的评价，叫作东方人能把一个子儿掰成两半花，也能把万儿八千当作一口痰吐。但女人为什么也有那么大的赌性却令我百思不解。历来在我们的“赌文化”中，好像从没有把关于女人也能当赌徒的这一条写进去过。这自然引起了我的特别兴趣。说来也巧，在友人进赌场去“过把瘾”的过程中，我独自坐在的那个咖啡厅里，却意外地碰上了一位东方女性，且是位会说汉语的“北京老乡”。

“怎么你们女同胞也喜欢赌呀？”

“为什么你们男人能取乐我们女人就不能享受？”后来我才知道这位小姐其名阿娇，她当时这样回答我。

我一时反倒没了话，但却有时间细细观察了一番阿娇小姐的衣着与神态。她穿得不像我想象中的那样讲究，而且可以说是十分随便，从她那连口红都已经透色的嘴唇上多少可以看出这一点。她长得不算难看，但有明显的憔悴感。这一点说明她生活得并不美满。

“你这位先生倒是会些看相。”阿娇淡淡地一笑。当听说我是位来自北京的出访作家时，便似乎有了些想与我交谈的意思。

我当然不会放弃这样难得的机会。于是就有了我对阿娇为什么也上瘾赌场的隐秘的了解——

阿娇告诉我她今年28岁，出国已近6年。她说她经人介绍认识了她的前任先生、一个在多伦多开中国餐馆的广东人。她说她嫁给他是因为一则可以解决加拿大的“绿卡”，二则是能有钱在异国生存。“老公”开始还是位很敬业的小老板，开一家不大不小的中国餐馆，生意蛮兴隆，一月下来收入几万元不成问题。可谁知这腰包有些鼓了的小老板开始不安分起来，终于有一个节假日的早晨他从门外兴高采烈地回来告诉当妻子的阿娇说，他昨晚一个晚上赚了6万加元！阿娇听了又喜又惊，寻思这不等于开两个月饭馆的收入么？哪那么容易赚的钱呀？一问，老公告诉她是上尼亚加拉赌场里赚的。阿娇一听就急了，说你好啊，竟敢上大赌场了！说着，她把老公包里那一大包崭新的钱给扔在了饭厅里。老公急了，说你这个臭女人，我给你挣大钱回来你都不会说一声好的，还跟我发泽，走过来就给了阿娇一巴掌。从此这小两口的日子就变了味，一个里里外外整日整夜忙乎，另一个白天匆匆忙忙干完手头的活后，晚上不等客人走光就开始收拾厨房，一准没等手背上的腥味洗尽，就开了车便往赌场奔，谁也将他拉不回。开始阿娇好说歹说他就是听不进去，还振振有词说自己没输开饭馆挣来的一分血汗钱，到赌场花的都是那赢来的本钱。他从此整日无心做手头的生意，常常做出来的“潮州风味”被人讽为是“潮州屎味”。他不在乎，说开饭馆能挣得几个钱？不如上赌场玩一把，转眼工夫挣它个万儿八千的。谁的话他都听不进，阿娇不知跟他吵了多少回架，但老公像着了魔似的九牛拉不回。突然又有一天，阿娇见老公两天两宿没回家。她预感不妙，于是赶到尼亚加拉，她寻遍了整个赌场却没有见着老公，最后在大瀑布的河滩旁边的草地里找到了已经喝醉的他。他清醒后哭天哭娘地告诉阿娇自己一下输了 8 万元。还有什么说的，阿娇似乎早知道有这么一日，便安慰地对老公说输了就输了，以后不赌就是了，回家好好开饭馆把输了的钱挣回来不就得了？听妻子这一说，阿娇的老公像是一下悟出什么道理似的，连连自言自语道：对，把输了的钱挣回来！挣回来——！阿娇说，那一夜这该死的家伙整夜在梦里不停地说这句话，开始我还以为他从此回心转意了呢，谁知一早醒来，连他的影子也没有了。阿娇说，当时我又气又急，怕他出点什么意外。你不知道在海外死了倒清静，可要是给车什么的撞伤撞残了那才倒八辈子霉哩，那看病的医疗费贵得你跳楼。你说绝不绝？我最担心的事偏偏就摊上了我，第三天早上，一个医院给我打电话，说你的先生被车撞伤住在医院，要我带上 2 万元押金去。当时我真想让他死了得了，可一转眼想了一下总归是夫妻，于是就带了钱赶到医院。走到病房一看，伤势倒不算太重，可那条腿却从此成了拐子。原本以为别人撞了他的话多少可以找人家要回些补偿，嘿，你说人家警察怎么对我说？说你的先生是违反交通规则而被人撞的，按照交通处罚条例，你先生应该罚款

3000元。加拿大的警察可是不讲啥情面的，我冤大头似的又白白交了3000元罚款。这一折腾，前前后后共花去我们开饭馆三年的全部积蓄。事到如此，一个有些责任感的男人也该清醒了吧？可他不，说干脆别干饭馆了，那成天又忙又累的一年也挣不了几个钱，还不如我们俩一起上尼亚加拉赌场，我如果赢不了，说不准你就能赢，总不会老输的嘛。他还像模像样地说，这回只要我们看到赢一回把本钱捞回来就住手。我说你可以去赌，但条件是等我们离了婚。

"真离了？"

"这是注定的事。"阿娇对我的问题回答得异常平静。

"后来呢？"

"后来我们达成一个协议：那个饭馆归我，我每月负责给他3000加币作为他对饭馆的入股分红。照理这也算我跟这个冤家了结了吧？可不出两个月，他就跑来说让我提前把全年的股红给他。我坚持不给，因为知道他肯定又上赌场去输钱了。他就跟我大吵，不管是开业时间还是打烊时间，闹得客人们不敢进店吃饭。没法，我只好给了他一年的钱。说实在的当时那3万多中有一半我是到一个朋友那儿借来的，为的是想平息那冤家的无赖行为。可我完全想错了，一个上了瘾的赌徒是很难自拔的。果然，没过半年他又来找我要钱，这回我没给他钱，一则我自己的债也没还完，二则我知道给他多少就会输多少，想断了他的赌路。没想到他一纸将我告到法院。本来明明是他的不对，谁知这'文明'的西方法律却判我不对，说因为我曾是他的妻子，在他没有工作和重新成家之前我仍是他的监护人。你瞧瞧这西方法律的'文明'程度！这倒好，一个无赖可以什么都不干，天天泡赌场，却让我一个妇道人家把辛辛苦苦挣来的钱供他去挥霍。我想不出什么办法去对付法律，却想到了一个多少可以治他的办法。我知道西方的赌场内一般都设有‘禁赌中心’，这是赌场为了专门对付那些有赌瘾且不能自控的赌徒而设置的。一旦成了‘禁赌中心’的成员，就无法再参赌。当他们一进入赌场，电视监控器里马上可以根据你的长相查出你在‘禁赌中心’存有的档案材料，立即会有工作人员走过来劝你出场。如果你不听从，赌场工作人员有权采取强硬措施，或者交警察处理。你先不要说这就万事大吉了。其实‘禁赌中心’是防君子不防小人的。这尼亚加拉的大赌场你也看到了，大门对所有的人都是敞着的。不管你是白人还是黑人，不管你是东方人还是西方人，只要你带着钱进来他们就欢迎你。所以这‘禁赌中心’有时也形同虚设。我的那个冤家就是靠他简简单单的化妆便每天照样混进赌场，而这些赌场老板们经常是睁一只眼闭一只眼，再说对他们而言，只要有利可图才不管你死活呢。你说反正是他自找的，我可以不管他死活？唉，没那么简单。我是可以不找他们，可他们会找你呀！这不今天又是他们打电话让我来的，说你那监护对象又在这儿输了钱闹事，让我领他回去。我怎么把他领回去呀？我们已经离婚了，再领回去算什么事？唉，无奈，我是又来为他交款的。虽然出点血破点财，但总比死不死活不活地在你身边要好受些么！”

阿娇在一声长一声短的叹气声中结束了她的话。最后我问她：“老这样下去也不是个事，不是把你坑苦了么？”

谁知她发狠地盯了我一眼，说：“那有啥法子，谁知你们这些中国男人的骨子里长的什么东西？”

这不是理由。我回敬了她一句：“别忘了，你也是中国人哟。”

阿娇站起身，头也不回地离我而去，只给我留下一声凄婉的叹息：“是啊，我怎么就也是个中国人呢？”

当时我长久地没从咖啡椅上起身，但我全身的血管却在剧烈地膨胀。我注视着尼亚加拉大赌场那霓虹灯闪亮的如虎口一般的红色大门，恨不得冲进去把那个不争气的中国人揪出来狠狠揍一顿——替阿娇狠狠揍他一顿！可我始终没能动一下身子，因为我看到如潮水般涌动的人流中，我们黑头发、黄皮肤的东方男人太多了，而且我知道我的朋友也在赌场里面。

凌阿银是我接触的海外华人女性中的另一种人。她连一句完整的中国话都讲不好，因为这近几十年里她基本都生活在非华人圈子里。凌阿银这个名字是她父亲多年前为她起的，而之后她基本用那个“Mary Mohammeg”的英文名字，而这个名字在当地居民中是个人人皆知的著名人物。凌阿银说，如果不是因为何先生你不懂英语，平日里从她口里不会吐出一句汉语。听得出，这位老华人的中文水平远比她的英文口语要差好几倍。

我们的对话于是只好请我的朋友做翻译才能进行。

“我的父亲是1898年从广东开平那边渡海到加拿大的最早一批华侨。那时渡海非常非常苦，在海上漂了一个多月才到了美国的旧金山。后来父亲又和一起出来的弟弟到了温哥华。那时华人在北美很受人歧视，只好这儿待几个月，再到另一个地方谋生。最后的落脚点是父亲的弟弟开着车从加拿大的西部到了加拿大最东部的城市哈利法克斯。”凌阿银的开场白一下就把我带到了那段遥远而又辛酸的岁月。

她说她的父亲是1924年到哈利法克斯的，那时这个大西洋边的加拿大东部城市里还没有一个中国人。当地洋人不习惯看到有个黑头发、黄皮肤的东方人出现在自己的城市内，所以凌阿银的父亲凌山洪先生及其弟弟只能在离哈利法克斯城十几里外的一个地方落脚。农民出身的父亲喜欢种地，而加拿大又到处是肥沃的土地，所以在人少地多的加拿大生存对勤劳的中国人来说也就不成什么问题了（至今许多出国的人都愿意到这个枫叶之国仍然是这个原因)。虽然父亲和弟弟不能成为当地的合法居民，但他们的农场开得不错，所以日子还算过得不错。

她父亲早先在老家有个妻子，也有一女（现在仍活着，叫凌命彩，是凌阿银的同父异母姐妹)。当时因为交通不便，女人是不可能随男人一起出洋的，所以后来父亲又在加拿大找了门亲，那个后当了凌家媳妇的姑娘是位被人拐卖到温哥华的中国妹子，叫陈秋瑞。陈氏生下7个孩儿，其中男儿5个女儿2个。凌阿银便是其中的一个。父亲没有什么文化，但却愿意自己的孩子有出息，所以都送他们到当地的学校读书，可在那洋人的天下，凌阿银的兄弟姐妹们自然受尽了歧视。他们不敢单独出门，单独出门就会被洋人打。当地人把他们这些中国人当作怪物一般，任意讽刺打骂，孩子们上学校读书天天都是提心吊胆的。凌阿银说她的同学家长不允许自己的孩子与她一起玩，更不让她上同学们家去。有一次她的一个同班同学在放学后把她带回了自己的家，后来那同学的家长回来后看到小阿银，便不由分说连打带骂地将她赶出院子，推倒在雪地里，并不停地骂着“中国佬”等难听至极的话。为此，小阿银吓得大病一场，并在她幼小的心灵深深地烙上了创伤。她甚至不明白地问父亲“为什么自己是中国人?”“为什么不长黄头发、白皮肤?”她发誓来世不当女孩，要做个有力气的男孩，那样就可以不挨别人的拳头。日子就这样一天天地过着，时间一长，凌阿银开始被自己的同学所接受，慢慢地她与不同肤色的同学们相处得越来越好，甚至由于她与众不同的肤色，反倒在一些集体活动中受到特别的照顾。如学校组织文艺活动、上教堂唱歌等，她常被安排特别的角色。而凌阿银自己也感觉除回到家外，她没有一点与当地人不同的地方。她与她们说共同的语言、学共同的课文、做共同有趣的事，甚至她觉得自己已是完完全全的加拿大人——到现在她仍认为自己有理由这样认为，因为她说她出生在加拿大，从小与当地居民生活在同一环境里。而且还有一个原因是：在家中，父亲让自己的儿子必须学中文，而对她则另眼相待，说女儿反正是要嫁出去的，所以不教她学中文。这使心灵上本来就有创伤的小阿银，比兄弟们更多了一层创伤。

岁月匆匆，小凌阿银长成一朵出水芙蓉般美丽的姑娘了。那时她所在的哈利法克斯也多了许多华人，当然绝大部分是男性，而且其中青壮年占多数。虽然那时华人的地位比凌阿银父亲他们刚到哈利法克斯时要强不少，但毕竟仍是受歧视的外来少数种族。因此华人中通婚一直是十分盛行的风俗，客观原因是华裔男人找不到当地姑娘。在这种情况下，凌阿银自然而然就成了华人圈子内那些男人的注目对象。长期受外来歧视，使得海外的华裔男人们也养成了偏见和狭隘心理。特殊的环境，使他们无法找到称心如意的洋媳妇，而同族中的女性又显然少得不成比例。于是假如同族中有女孩嫁给了洋人而不是嫁给自己的同胞，这些华裔男人就会怒斥而群起攻之。偏偏我们的主人公凌阿银成人后，并没有按照同族兄弟们的意志去做，18 岁那年，她认识了一位到哈利法克斯来实习的印度大学生，他们深深地相爱了。这还了得！华裔男人们知道后，愤怒地找到凌阿银的父亲，要老人家制止这场“伤风败俗”的婚姻。他们指着老人的脸说你还是第一位到哈利法克斯的受人尊敬的中国前辈，可你女儿却找一个洋人还嫌不够现眼，偏又找个“黑洋人”（印度人的肤色为深棕色，接近黑色）。父亲本来就生气，经众人这么一吵一闹就更气不打一处来。他坚决不让阿银与印度小伙子好。里外受打击的凌阿银从来没有感受到也根本没有想到自己的同族同胞会这样对待她，她第一个反应是“为什么华人尤其是华裔男人那么爱管别人的事？”她不明白，她本希望在华人中有声望的父亲能为她撑腰，然而她得到的却是父亲拒绝她再进家门的态度。凌阿银怀着无比的痛苦离开了自己的家，离开了从小伴她成长的美丽城市哈利法克斯。她与温尼泊完婚后便到了加拿大西部谋生，开始自己的甜蜜而又艰辛的生活。而温尼泊也因为娇妻而主动放弃了攻读研究生的学业，小两口一边工作一边生儿育女。后来丈夫因工作需要又回到了哈利法克斯的加拿大海军基地，凌阿银本以为事情已经过去了好几年，她的这桩婚姻不该再受到同族同胞的非议了。可事情并不像她想象的那样，只要她与丈夫一起出门，走在大街上碰到华人就有人朝她翻白眼，更有甚者当着面骂她什么“找个黑人，丢死中国人的脸”云云。白眼、辱骂也就罢了，可偏有那么几个有闲心的华裔男人还在她丈夫出去工作时间里，跑到她家对凌阿银说些厚颜无耻的“野情话”。

“这样的事，直到我孩子十几岁了还有。”如今已是花甲之年的凌阿银女士这样对我诉说。看得出，这位外表高贵的加拿大籍华人女士，虽然从她的仪表、姿态和语言上已经找不到半点东方人的特征，但在她灵魂深处仍隐埋着对自己同胞的那种说不清道不白的幽怨之情。只有回忆往事时才用中国名字的凌阿银女士向我坦言道，她说她的血管里虽然流的是中国血，但就其信仰、习俗、语言、文化等方面，她可以说已是个纯粹的加拿大人，但回忆起所走过的半个多世纪的岁月，她从没有走出过中国男人给她设置的那些具有东方色彩的阴影。她说她有时常常自问，也常常用眼睛观察，也常常想与“明白”的中国男人们交流交流，这到底是什么原因，但一直找不到答案。至今她仍认为，她所看到和见过的中国男士身上仍然没有从根本上丢失那些曾令她厌恶的习性。如果从个人的爱憎角度考虑，她说她更喜欢西方男性，因为他们虽然没有中国男人聪明与勤劳，但他们直率、坦诚，心胸宽广，也能信得过，可以成为那种丈夫之外的和亲人之外的可靠朋友。而这点，中国男性同胞却常常做不到，这是一种非常遗憾的缺陷。

作为一名中国男性，当我走出凌阿银那座豪华的别墅、走出红枫遍地的加拿大回到自己的国家时，我一直在思考这个问题，为什么走出国门的中国男人就这样不受人待见？难道我们东方男人除了聪明与勤奋外便没有一点值得女士们喜欢的豪气、侠胆、真诚和大度吗？不！无论如何我不会承认这一带有普遍性的结论。然而我却不得不承认，在今天的海外世界里，中国的不少男性确实受到相当多的包括自己同胞在内的许多女士的看轻。它是华裔女士们的怨恨，也是我们中国男人的悲哀。我在这里向海外的男性同胞呼吁一声：请拿出东方男子汉的形象和气质来吧！

拥抱另一个世界

哈利法克斯，我梦中的情人

去加拿大之前，我根本不知道这世界上还有个叫哈利法克斯(Halifax)的城市。提及枫叶之国的加拿大，我们可以报出一大串城市，如温哥华、渥太华、多伦多、魁北克、蒙特利尔等，或者还有白求恩什么的，却从来没有人告诉过我还有个哈利法克斯。

中国人应该知道加拿大有个哈利法克斯，就像我们知道自己的国家有青岛、大连那样。哈利法克斯就是加拿大的“青岛、大连”，而且是比中国的青岛、大连更美的城市。我说这话虽然有我自己对这个城市的那份特殊情感在内，更重要的是哈利法克斯的确是个有画一般美丽和诗一般浓情的城市。

初到哈市，正值第一场冬雪降临，满街的枫叶金黄中留着几分残红，更加鲜艳夺目和引人激动。走出房间，漫步街头，清风吹拂下的残枫金叶，或静静地伏地栖息，或在你的脚跟前伴着你的步子厮磨着，就像久别的情人与你轻声细语地诉说着她的欢快与不悦。你不可能拒绝它，拒绝它就会有种罪过感。加拿大整个国家都是枫叶世界，它们的国旗上是红枫，它们的国歌里充满着对红枫的赞美，那手掌般的枫叶既是一种崇尚自然的精神体现，又是加拿大国家的形状，我想更可能还是加拿大人对和平的一种特殊向往之情和那种博大胸怀的体现。加拿大有“枫叶之国”之称，与加拿大人自然、憨厚、热情、大方的性格多少也有些关系。哈利法克斯我想她应该无愧地属于“枫叶之国”里的“枫叶王后”，因为我看到的哈利法克斯其环境保护和绿地覆盖率是加拿大其他城市无可比拟的，而且哈利法克斯还是个靠近大西洋东岸的海滨城市，特殊的海洋气候和地理环境，使哈利法克斯拥有别的城市无法相比的天然优势。据说这儿常年雨水充足，阳光普照。即使是三九冬天，这儿的气温也不是那么奇冷。我在离开中国时，曾看了一下地图，用手比画了一下，心里不由倒抽一口凉气，加拿大离北极太近了，这个叫哈利法克斯的城市就更不用说了——不仅在加拿大的最东边，还临着冰天雪地的大西洋，于是我想象的哈利法克斯有点可怕。老实说，如果不是那儿有我的一份特殊情感，我想我无论如何也不会选定那儿作为我初次跨出国门的第一个目的地，而且那空中近 20 小时的漫长旅行对从不怕飞行的我来说简直到了无法忍受的地步。但是我完全想象错了那个大西洋岸边的城市，当我踏上这块美丽之地时，发现自己对外面的世界太缺乏了解了。哈利法克斯由于受海洋性气候的影响，不仅常年有潮润的天气，有充足的雨水，还是个冬不结冰的港湾。后来当地人告诉我，哈利法克斯还是加拿大海军最重要的基地，第一、第二次世界大战时，正是因为这儿有支令希特勒惧怕的盟军舰队才使法西斯的铁蹄没能踏到这块美丽的土地上。今天的哈利法克斯港仍是北美重要的军事基地，据说海湾战争时，以美国为首的盟军动用的军舰都是从这儿出发的。对军事家来说，哈利法克斯是一艘永不沉没的军舰，也是个无法替代的绝妙的供给大后方。我一直以为自己在军队里干了十几年而有资格谈论些军事方面的事，现在看来只好闭嘴，因为我过去连哈利法克斯这么著名的军事基地都不知道。因此再伟大的人物也有数不清的对世界不了解的事，知识对一切好学者永远是朋友，我们不该自己把自己封闭起来。

枫叶在脚边发出“沙沙”的响声，以致使我联想起北京的香山红叶。这儿的华人一听我这话，就马上发出“啧啧”声，道：“到了加拿大看枫叶，那香山的红叶简直就没法再提了。”我再爱国，但事实面前也不得不承认这确实是天壤之别。与哈利法克斯这“枫叶王后”相比，香山那点红叶只能留给小学生作夹在书中的书签。令我奇怪的是，在哈利法克斯，无论大街小巷还是市民的宅前屋后，遍地的枫叶却没人清扫。大约在我到这儿一个星期以后，才发现有市政环卫工作人员开着车子，先把枫叶残枝收拾到一只只塑料口袋之中，然后统统拉走。昨天还是满地金红色的枫叶地，转眼就变成了干净如洗的柏油路。仿佛一切都是有意的安排，刚刚拂去红枫残叶的大地，接着迎来一场飘飘扬扬的大雪。呵，大西洋东岸的雪啊，是那样不驯地飘洒，是那样欢腾地飞扬，是那样多情地亲吻大地。

本来就那样清新的城市气息，在雪后更叫人心怡神旷，似乎每呼吸一口空气都能把躯体内的污杂吐净，而换进的是一腔来自大自然的芬芳与甘露。你会在雪地里陶醉，你会在陶醉中倾情，进而你便想伸开双臂，情不自禁地投向蓝天与大地，就像忘情似的扑向自己久别的情人。

雪景里依旧是行人匆匆，红男绿女仍在追逐，洋娃娃一般的小学生们手拉着手连成一条长长的线在试图拦住飘扬的雪，老人们则眯着双眼静待着汽车从自己身边掠过。

啊，雪，你再有力量，你再魁梧，可在这大西洋东岸的天地间，你无法挡住英勇的人们的步履，他们不惧你这冰冷，而喜爱你那洁净如银的肤色与心灵。在哈利法克斯人心目中，雪是位不灭的情种，是位永恒的女神。只有以百倍的热情拥抱才有可能获得你的芳心；只有千倍地爱抚，才有可能感受你那绝妙的温存。

飘落在哈利法克斯的雪，你可否听到我的呼唤与乞求？

我想你是会听见的，因为你的感应比我来得更加强烈。一日，当我挽你漫步走进市中心的维多利亚公园时，你不是也亲眼见着一只银白如你的猫毫无惧色地轻步走向我，之后又在我的脚边娇俏地滚动起来，仿佛在向我表露一腔久抑的情怀。我断言这就是你的化身——总之我认为那猫的灵性就是你本身。那就是你，那就是我梦中的和现实中的你。

我不能不提及哈利法克斯的绿地和海岸。

也许在世界上很难找出比加拿大这个国家更注重自然环境保护的国家了。那儿的山，那儿的水，是天然的绿。在高速公路一天的行驶中你可能寻觅不到一块裸露的空地。人均占有土地面积的巨大，使加国人可以在这个地球上自豪地拥有别人不可能拥有的自然条件，但注意土地的绿化与保护是加拿大人的传统。我在哈利法克斯看到的一切首先证实了这一点。不说哈利法克斯城郊那无尽的绿色林带，也不说城内一个又一个的公园，单说这个城市的每一条大街上那连绵不绝的绿荫和每一户居民宅前屋后的草地，你若不是亲眼所见，我说出实际人均拥有的绿地面积，你一定会说我是在过于渲染。但这是明摆着的现实，在人口仅为30万人的哈利法克斯，即使你在最繁华的商业街上，也看不见人头攒动的场面和长安街式的那种只见车、人、天的赤裸裸的通天大道。这儿的整个城市，当你置身其中时，你似乎就像迈步在一个巨大的海边公园里。那一幢幢耸立在绿色草坪上的居民住宅，与其说是市民的生活居室，倒不如说是一幢幢充满北美风情的工艺建筑物。你看，那差不多同为由三角形和长方形构成的木结构建筑，以及走廊、过道和门口挂放与摆满的各式各样的装饰物，使人不用联想就明白自己置身于一个充满童话的世界。加拿大这个国家有句先祖流传下来的名言，叫做“从海边走向海边”。这话告诉我们，加拿大是个四周都是海洋的国度。无论是当地的土著印第安人还是后来移居来的英国后裔，他们最早生活的地方都是与海相连。印第安人以海为生是为了获取鱼和海鸟蛋，而说英语的“侵略者”则是由海登陆的。他们当时共同的居住地则都是在依山傍水的海滩上，且均是那种尖顶的帐篷式居屋——特别需要说明的是这些居屋无不建在可以避风挡雨、隐蔽良好的绿林草地之中。看看今天的海滨城市哈利法克斯的居民建筑，你就会明显地感受到他们非常注重空间和周围的环境。这种先天的生存选择意识，在进入后来的文明社会后，便有了十分注重自然生态环境的意识。故而我把加拿大人这种对自然和环境的注重意识，视为骨子里天生的“传统观念”。人类任何一种意识一旦成为“传统”就很难消亡，别人也很难取而自用。加上像哈利法克斯这样的城市又一直重视控制人口和工业环境对自然生态的影响，因此它在近一个世纪之内基本保持了现在这样充满诗意的绿色环保原生状态。

有一天，朋友约我到哈利法克斯的海岸公园去闲逛。从我下榻的地方到那儿不算远，十几分钟的步行路程使我心生感慨。首先是哈利法克斯那湿润、清新的气息，着实叫人心醉。其次大街上不多见的行人，对长久生活中人头攒动、交通拥挤的北京人来说，甚至多少有些不太习惯。所以我一出门，便感觉四周空荡荡的，除了绿叶、鸟啼和阵阵清风与残雪外，就是蔚蓝色的天空，让你想尽力伸伸胳膊舒舒服服地透一口长长的新鲜气儿。当你吸一阵这样清新空气后，你会顿觉每一根神经与血管都重新补充了一种纯净的东西，就像一台用惯了低劣柴油的车子一下更换了轻质汽油一样，那马达声是脆亮和有力的。大街上见不到几个行人，你不管走在哪条街上，都没有车横冲直撞过来。在哈利法克斯可以绝对地说，你见不着有哪辆车对你不礼貌，即使明显是你有意抢道，他们都会在离你好几米远的地方停下让你先行。如果你还在疑惑，他会微笑挥手示意你先过。我习惯了在北京城内见车便让，所以刚到哈利法克斯时，一见前头有车便忙着止步。后来发现每当我停下时，前面的汽车似乎比我更先停了下来。后来我才明白那些开车的人都是在礼貌地让我先行。这真让我感动。开始我以为他们加拿大人见了我这样的“老外”是出于礼貌相让，但几次后，我明白了在这个城市，无论是谁，只要见了行人，所有开车的人都会十分礼貌地让行人先走。像纽约、多伦多这样的北美城市尽管也有很高的文明程度，但在汽车让人这一点上，它们都没法与哈利法克斯相比。当然，我知道像汽车让人这样的事要在一个人口十分拥挤的大都市是很难做到的，这不仅仅有文明水平的问题，也有客观条件的限制。但哈利法克斯人能做到这样并不全是因为它城市人口少，更重要的是他们从根本上营造了这个城市的文明。你或许还可以从这么一件小事中体味他们的文明程度：为了保证儿童和小学生的交通安全，在每条街的十字路口边，都有一根木电杆或水泥杆子，在这样的木电杆和水泥杆下端，都装有一个专为儿童用的按钮，小朋友只要轻轻一按那钮，原来的红灯便会变成绿灯，所有行驶的车子都得统统让道。你说说看，像这样细致而有效的做法除了哈利法克斯还有哪个城市能做到？

我关注的还是身边的那些与我同样行走的人。在这个城市的大街上，行人真的是太少了，以至我每次一上街就有些不太自然。在这个城市的大街上，凡是步行走路的人大概有三类：一类是我这样的旅游者，一类是学生包括留学生，再一类便是跑步健身者。最后一种人所占比例很大，特别是年轻的姑娘占很大比例。我的朋友开玩笑地对我说，你没有注意到这儿的女性双腿和臀部是多么有力与圆润？我忍不住观察了一下，嘿嘿，可不是嘛！于是我认为，西方人的健美不光是多吃牛奶的关系，还有更丰富的内容，那就是他们十分注重运动。健美运动在中国好像是那些爱美的姑娘们的事，但在北美它是项人人喜爱的运动。这里的健身器材价格比我们国内至少要便宜一半以上。当你走在大街上，稍稍留神，就不难发现像我们这样慢悠悠行走的人很少见，即使有步行的当地人，也总是步履匆匆。我常想，那些人真的是有什么急事还是习惯快节奏？但有一点可以肯定，西方人比较注重时间观念，不像我们东方人的许多时间是属于“公家”的。然而我还是觉得像清新幽静的哈利法克斯这样的大街上如果走得太匆忙了，实在是对不起这个城市的美丽景致了，确切地说是一种“浪费”。

言归正传。爱室外活动的哈利法克斯人是幸运的，他们不仅在城内拥有巨大的空间，而且有更辽阔的郊外地域，当地居民一到周末节假日，总要抽出相当多的时间到郊外进行滑雪、狩猎等活动。在大空间的自然环境下他们尽情享受着天伦之乐。我要感谢朋友汤先生的特意安排，使我有机会在风景如画的北美进行了有生以来的第一次狩猎活动。那是个天气尚好的周末，我们驱车驶出哈市，向郊外进发。可以说，在这之前对我这样十分熟悉农村自然景况的人而言，“郊外”的概念就是极其乏味，因为我太熟悉那种散发着动物气味与稻禾麦土腥气味的所谓“郊外”是什么样儿了。然而哈利法克斯那迷人的郊外简直又让我重新审视了一下自己以往的认识。这才是真正意义上的城市郊外：那长长的高速公路也触及不到边缘的绿色丛林，那起伏连绵的丘谷和清澈见底的河溪连成的画面，以及画面上那飞来飞去的鸟儿，接地连天的虹霞所组成的景致……你不可能不入迷，不陶醉，不心旷神怡，不感受到自己进入的是油画之中。这里的郊外，不像我们在中国所看到的那些城市边缘的所谓城不城、村不村的景致，这儿一出城，你就像是到了另一个世界，远绝了城市的喧哗，见不到一个人影，就只有溪水的流淌声，鸟儿的啼鸣声，再就是木与草的摇曳声。在当地虽然有很多林区与山谷，但政府对狩猎是有严格规定的，如一般只允许在11月到12月的一两个月内进行。汤先生是位狩猎爱好者，他先带我到了一个做葡萄酒的农庄主家。汤与主人很熟，一般这儿有规矩，你到一地狩猎必须经得“地主”同意方可，因为这是他们的领地，如果随便进入，主人就可以到法庭告你，说你进入私人领地。与这家主人打招呼后，我们便沿着这个农庄的葡萄园向一片野林进发。加拿大许多地方允许狩猎者打野生动物，汤说他不太忍心打那些可爱的生灵，所以带我到这葡萄园边的野林里打些野鸡。我说这正合我意，真要打动物我还真惧怕。林子茂盛，长着不少野苹果树，能吃。汤说野鸡爱吃葡萄，所以一般靠近葡萄园的林子里总能打到。果不其然，只听丛林里传出“扑扑扑”的响声，随即飞出一只野鸡。汤赶忙举枪射击，但为时已晚。经过一个多小时的紧张搜索，我们又在一片水塘边听得一阵急促的“扑扑扑”声，这一次汤的动作要快些，可或许是太激动的原因，枪响了却未见野鸡落地，倒把一位怒气冲冲的加拿大汉子给惹来了。那汉子朝汤好一阵怒斥。后来汤告诉我，我们没注意已将一只脚跨进了这位汉子的领地。不过这“插曲”并没有影响我们的狩猎情绪。我们绕过一片丛林，又越过几个水塘，几乎搜遍了整个林子。多少也觉得有点累了，便准备打道回府，可就在这个时候出现了情况——在距我们不足 20 米的前方一堆草丛中突然飞出一只野鸡。我惊喜万分地夸张大叫了一声“快打——！”这回汤反映异常敏捷，随即只听一声枪响，那刚刚起飞十来米高的野鸡重重地摔到我的脚跟前。我简直乐坏了，没想到此番异国郊外的狩猎圆满收官。

通过狩猎及在这儿住了一段时间后，我才真正感受到为什么加拿大人越来越把这个东部海滨城市当作休闲的明星城市，据说近年欧洲人更是把哈利法克斯看作移民和旅游的首选地。

从地域位置看，我把哈利法克斯比作中国的青岛或大连，但哈利法克斯优于青岛和大连的地方是它的海域更大、生态环境更美，更重要的一点是它近百年来始终保持着恬静的氛围，它不大也不小，虽没有几百万人口的大都市那种繁华，但也不像一些边远的小城市那样冷落与偏远；它有一种适中的怡情，适中的繁华，甚至是适中的色调。它的容貌、它的胸怀，它的神情，就像一位多情但十分高贵的少妇。你走近她时，你不会因为她的过分热情而受不了；你拥抱她时，也不会因她过度的臃肿或消瘦而不适；哈利法克斯是一首恬静的诗，是一篇淡雅的抒情散文，更是我新结识的让我梦牵魂绕的情人。

关于这一点，当我漫步走向海岸边的绿色公园与壮丽的海岸线时，这种情感就显得更加强烈。

与中国的诸多公园相比，这儿的公园内容似乎有些单调，除了成片成片的绿色松林外，基本没其他什么东西。中国的公园就大不同了，花木不多，但各式各样的建筑物、游乐设施倒是应有尽有，游公园就像逛超市一样热闹，你很难找到那种休闲的恬淡与宁静。哈利法克斯的这座公园实际上完全是一片树林，你一踏进去，所感受到的便是不绝的鸟语声和穿梭在林间的各种小动物。有许多小动物是我从未见过的，因而不知其名。但有一种动物是我熟识且在北美最引人注目的，它就是可爱多趣的松鼠。这儿的松鼠太多了，随处可见。那高高扬起的大尾巴和一双明闪闪的眼睛，以及那灵巧的身子与动作，使得小家伙异常惹人喜爱。这儿的松鼠可爱之处还在于它同任何一位行人都十分亲近友善，特别是对我们这些远道而且是第一次见到它的游人格外亲善。它似乎知道我们口袋里总带了些面包一类的食物，所以当我们一踏到林间时，小家伙们便纷纷从树上、从树洞里、从厚厚的枯叶子搭起的“小房子”内窜出来，直奔到你跟前。它对你大方地向它抛洒食物表示出纵情的喜悦，会发出“吱吱吱”的尖叫声。如果看到你手中的食物不多时，小家伙又显得特别狡猾，它会尽量把你手中所有的东西都抢到它手里。每当此时，小松鼠会非常有心眼儿地跟你“斗智”：它一边用小爪子逮住你刚刚扔下的一块食物，溜溜圆的小眼睛早就又盯好了你手里的另一块食物，稍有机会，它便大胆地出击，弄不好吓你一跳。如果它没有吃饱，而你又站起身想远离，这小家伙可不干了，会一直“吱吱吱”地叫着直追出好几百米，直到你不忍心又掏出一块更好的食物才罢休。可爱的小松鼠是北美的一道最让人开心的风景线。后来我发现，几乎在所有北美城市与乡间，都随处可见蹦来蹦去的松鼠，在纽约、在美国总统的办公所在地白宫旁边，都有它们不受任何约束的身影。当我回来向女儿讲述这一幕时，她不满地埋怨我为什么不给她带只小松鼠回来。我说那儿之所以有那么多小松鼠，就是因为那儿的人们十分注重自然保护，尤其是对小动物的保护。女儿说知道知道，可就因为她太爱小松鼠这样的小动物了，所以期望得到。但我带给她的只能是一张在哈利法克斯街头的一只小松鼠的照片。其实，即使看看照片，你也会一样开心。

如果说这个公园有什么特别的地方，那恐怕就是我到哈利法克斯后最着迷的大西洋海滨了。是的，哈利法克斯之所以美，是因为它是一个海滨城市，一个北美的大西洋海滨城市。而加拿大之所以美，也因它是一个“从大海走向大海”的沿海国家。与海结伴的地方总是异常的美。哈利法克斯是众多美丽海滨城市中最美丽的海滨城市之一，这是由于大西洋的特殊之美造就的。我不是地理学家，也没有学过海洋学。在我看来，太平洋虽然也巨大无比，平静时它像早晨熟睡的一位少妇那样温情脉脉，发作时它虽然也有醉汉般的脾气，但不管什么时候，假如你会欣赏的话，太平洋永远是首歌，是幅画，是位不会使你魂飞魄散的东方式女性。但大西洋则不然，你瞧一眼它水色的蔚蓝也能感觉它与太平洋的不一样，那是一种深幽的、凝重的、雄浑的，就像我们欣赏的吉卜赛姑娘那样，虽然也是一种美，但那是一种充满了野性的、摄魂的和令你每根汗毛孔都在膨胀的美。正是由于大西洋的这种独特的冷艳之美、雄浑之美、野性之美，所以靠近它的海滨城市的美也就显得与众不同了。作为大西洋著名的海滨城市的哈利法克斯，据当地人介绍，在它最初形成海滨城市时，她的这种美便几乎像所有海滨城市一样，饱含了一种悲壮色彩。在哈利法克斯的海岸线上，我们可以看到不少供航行用的灯塔，然而哈利法克斯的灯塔与其他海岸线上的那些普通灯塔有着不同的标志意义。传说当年一艘出海的航船，行驶于大西洋中，碰上了风暴，船上所有的男人都死了，只有一位美丽的姑娘活了下来。后来这位姑娘上岸后，就嫁给了岸边的一个单身汉，这样一代一代传下来，直到后来这儿便成了哈利法克斯。这个故事在当地就连小孩都知道。灯塔，在哈利法克斯人的心目中，它不单单是航海的标志物，更是哈利法克斯人心目中的那位圣母般的姑娘的灵魂，是他们生存与祖先的根，是他们象征生命意义的神。出于对灯塔的特殊情感，哈利法克斯人在传说中的那位姑娘上岸的地方建起了一座高高的灯塔。那灯塔，面对苍茫雄浑的大西洋，似乎在诉说着一个永远诉不完的悲壮故事或默唱着那曲动人的爱情乐章。这座灯塔，现在不仅是当地人的一处神圣之地，也是著名的旅游景点。世界各地来的旅游者凡到哈利法克斯，必定要上灯塔看一看。在那座灯塔下面有一个据说是世界上最小的“邮局”，我上前一瞅，果然，只像一间浴室那么大。“邮局”里也只有一名当差的，星期六和星期天还不开张。别小看这个北美最东边、世界最小的“邮局”，它在集邮者心目中可是极为神圣的——谁要是得到从这个“邮局”发出的一件邮品，那可就是珍品了。我们去之前带了好几封准备发出的信，可惜那天正好是星期六，邮差没上班。但我并不感到遗憾，因为我在这儿不仅了解到了哈利法克斯的历史，更体味到了什么是大西洋。也许从那一天开始，我将永远记住大西洋是什么样子。我自然看到了它那连天接地的宽阔和深墨色的面孔，以及感受到像从地狱里刮出的风……然而这些都不是主要的。我所感受到的是与之相比人的渺小、脆弱与胆怯——那便是海的力量。在灯塔周围，是一片一望无边的由巨石组成的海岸，可就是这样的巨石，竟在阵阵拍岸来的海浪面前，犹如一张薄纸、一块脆饼，简直不堪一击，死死地躺在那儿，整个儿粉身碎骨、皮开肉绽，找不出一块像样的还可以说是石头的硬物。那惨劲，你看到后会双腿发颤，因为就在你踩的那块比足球场还大的巨石躯体中央，或许正有一条深至海底的大裂缝；而你认为足下那块比磐石更坚实的地方，或许正巧是一堆早已发酥的粉末……太惨了！我从没见石头流过泪，但这儿的每一块石头却都在流泪。那泪，流裂了石头本应壮美和坚定的面庞；那泪，流断了石头接天连地的筋脉。然而正是这石头的惨烈，似乎才更显大西洋的壮美与伟大。自然界的这种不可逆转的现象，早已为人类社会印证了这样一个普遍真理，即诸多幸福总是建立在某种痛苦之上，诸多成功者同样是由于踩在无数失败者的白骨堆上才直起身的，美丽的花朵是因为旁边总有刺人的荆棘才显得格外妖艳招人，那些迷人的芬芳不都是靠粪土的培植才有了自己的价值？呵，不管是自然还是世俗的人世间，所有的命运都早已安排好了，你何必去作那些无畏的挣扎呢？

啊，哈利法克斯，你那壮美的海滨、恬静的城市、多趣的郊外，使我不仅获得了感官的愉悦，更重要的是使我多了几分关于东方与西方、人与人之间许多值得思索和回味的内容。为这，哈利法克斯，我要拥抱你，一直到苍生永恒！

教堂里的爱国主义课

走在北美的都市里，你经常可以看到在我们中国看不到的许多特别的建筑，那就是与“麦当劳”一样多的各式各样的教堂。像哈利法克斯这样一个仅有30来万人口的城市，据说教堂就有不下二三十所。虽然在宗教自由的西方社会里，教派是没有贫富之分的，但贵族有高雅的教堂，移民区有移民的教堂，农庄主有农庄的教堂，黑人也有自己独立的教堂，自然华人居住的地方也有华人自己出钱修的教堂。而各种不同时期的教堂建筑，都可以使人一目了然地看清它所体现的这个地区的历史变迁。

在西方社会，教堂是公众活动最多的地方，因而特别受到当地政府和居民的重视。除了每星期的礼拜外，人一生从出生洗礼到成人仪式、到结婚、到死后的悼念活动，都得上教堂。生活在西方世界里的人们在平时可以因自己不同的兴趣选择生活方式，但在教堂里所有的人都必须接受同一信仰、同一模式、同一准则，都得规规矩矩地在上帝面前俯首。

教堂，在西方世界里是个神圣不可侵犯的地方，同时又是人们心中的一座座寄托灵魂的不朽墓碑。

也许正是这一座座神圣的教堂耸立在街头巷尾，所以我对西方人把一大片一大片的墓地安然地建在城市大街中央或居住区内有所理解。在中国人的思想里，死人是不可以同活人再生活在一起的。然而西方人则不同，他们把死者的墓地一个个都建在与活人一起生活的城市大街上、居民区域内。如果不是我们觉得那些墓地的墓碑异常好看和引起我的兴趣，真难以想象那些居民怎么能睡得着——我看到那些墓地旁边就是居民的住宅或是高档的宾馆饭店。生者与死者同在一个城市或一个庄园内住着，这就是西方人的又一种生活方式。要我的话肯定不行，别说是一个根本不认识的人死了我害怕，我在这里可以很惭愧地告诉大家——就是与我很亲近的人死了我都不敢再看最后一眼。每逢不可避免的亲属遗体告别时，我都千方百计或假装很悲伤地躲到一边。虽然如今我也在教自己的女儿不要怕什么鬼故事了，可我仍然会在回到老家时想起爷爷死时的情景，很害怕老人家会晚上来找我……哎，我，胆小鬼一个，所以我在西方世界待不了。

一日，汤说有位加拿大长者愿意带我们去一次教堂。这一定很有意思，我当即表示愿去。当晚，那位女长者很愉快地带我们到了哈利法克斯最大的教堂去。我们去后才知，这一个礼拜天是教堂举行纪念“二战”的宗教活动。据说在北美很多国家，每年都要为纪念“二战”死去的人们举行盛大的悼念活动，我算赶上了。

因为去得早，我有机会细细观赏一下教堂内部。里面很大，尤其因为那没有横档的大厅就显得更大，足足可以容纳上千人。在大厅的四周像戏院似的有一层阁楼，里面的灯光设备也很先进，而在过去是全靠蜡烛照明的。如今不仅灯光是现代化的，就连音响也都够水平。这一天真是太热闹了，后来才知道这是当地一年一度最隆重的宗教仪式，且有政府官员出席。七时，盛大的纪念“二战”的宗教活动开始了，我认认真真地扫视了教堂一遍，只见教堂内座无虚席。有趣的是在上千人的教徒中，只有我和汤是异教徒，且还是“老外”。我感觉这个也算非常开放的北美名城的基督教徒们，对我们两位外国异教徒竟多少也有些好奇。作为一名彻底的无神论者，本来我完全是出于好奇而进入教堂的，但我没想到这一晚上我在全程了解教堂仪式的同时，还深深地接受了一堂西方式爱国主义课教育。

“鐺！——鐺！——鐺！——”随着一串雄浑清脆的钟声响起，所有来宾开始徐徐入座。歌班的全体歌手便唱起歌来，那歌曲我叫不出名来，总之是明显的为圣母玛丽亚而咏。歌班的队员都是些业余歌手，虽不拿钱但都很卖力。带我们来的那位女长者也在其中，她已经六十多岁了，但精神极佳，那些歌班队员大多与她年龄相仿，甚至有比她还大的老人。她们一首一首地唱着，随之是两队举着各式各样旗帜的旗手走向台上，并分列站在两旁。这时我看到在我们身后的后台响起一阵古罗马时期的号角与击鼓声，哇，太有意思了，你道我看到了什么？原来，代表英式传统民族文化的古代军旅出场了！头戴拿破仑式帽子的军人很威严地持枪佩剑并迈着整齐的步伐向前台走来，在他们身后是身穿二战军服的老军人，他们今天看上去特别英武，那胸前别着的一排排勋章异常醒目，一眼就能使人想起当年他们在与法西斯分子的残酷战斗中拼杀的英雄气概，叫人肃然起敬。我看到老战士们一个个雄赳赳、气昂昂的，尤其是那几位拖着残腿的老兵，以及队伍最后面的两位女军人，瞧他们今天气壮山河的神态，让人联想到当年战场上这些勇士是如何的了不起！所有这些英雄都是主宾，被安排在前排就座。

歌乐一阵高过一阵，终于，红衣主教大人出来了，在他身后是很多神父。这种庄严神圣的宗教仪式是我从来没有见过的，因此我格外感兴趣。由于我一句英语不懂，所以不知仪式的整个内容是什么。但这种神圣的场面，是我前所未见的。我们中国也有许多爱国主义教育活动，也有从上到下举国行动的大规模仪式。然而我要说的是很难有一种形式能像西方社会这种宗教仪式让人刻骨铭心。这种完全宗教色彩的庄严与神圣能让你从灵魂的最深处去体验，那种天国里传来的音乐和众人发自心灵深处的此起彼伏的和声，就像大海汹涌的浪潮在撞击你的肺腑。教徒们超凡的虔诚以及主教大人诵咏圣经的洪钟般的声腔，都给人以无限的神往与激情。

仪式从开始便不断地推向高潮。当主教大人手中的权杖指向天地的一瞬间，整个教堂内一片静寂。所有的人都跪倒在圣母像下，向所有在“二战”中献身的烈士们默默哀悼。之后，随着歌班队员们的激昂歌声，全体教徒起立，高唱圣歌。听得出，这是一首专门献给英雄们的赞歌。这时我看到那些当年参战的老战士们唱得格外起劲，他们个个昂着头，挺着胸，犹如刚刚从战场上凯旋，那胸前一排排勋章闪闪发光，叫人既敬仰又羡慕。

我记不得到底唱了多少支歌，也不知教徒们背了多少段圣经，反正到后来我竟有些顶不住了。特别是一次又一次地跪地，我真难受极了。我有生以来除了同新婚的妻子第一次回老家补办婚礼时在老祖宗面前跪下过，还有一次是参加岳母大人的葬礼时跪下过外，在这异国教堂里是第三次跪。好在这首次进教堂是有特别的纪念意义，在仪式上每一次跪，差不多都有四五分钟，甚至更长。我既不会唱，也听不懂别人在唱些什么，所以不免走神起来。“你在看什么？”一旁的友人轻轻捅我一下，问。我半真半假地说：“看看有没有人掉了钱包，我想捡一个。”不想我的朋友很有些生气地说：“这个时候不该有这种想法。”可不，在这么神圣的地方、神圣的时刻说这样的话，我不该被雷劈嘛！我很懊悔不该开这样的玩笑，在友人面前一向君子的我怎么就成了个拎不起来的小人了？这不仅是丢面子的事，更重要的是我太缺乏基本修养了。

然而整个宗教仪式实在太长了，从七点开始一直到九点才结束。我感到有意思的是，仪式的最后一个内容是主教大人与两位高级神父分别拿着葡萄酒和土豆片代表上帝和圣母给教徒们“布施”。我不清楚那葡萄酒与土豆片各代表什么意思，但看上去所有参加仪式的教徒们都非常认真和虔诚地排着队走向主教与神父，我不得不也以同样的神情随队而至。尽管我不想那样做，可在当时没有别的选择，否则我想我一定会受到全场人严厉的目光谴责。我又好奇又十分无奈地朝台前走去，轮到我上前受施的正好是红衣主教大人。只见他很慈爱地给我嘴里塞了块薄薄的土豆片，说实在的，那土豆片也没法吃，尤其是经“神”之手后，我更觉吞咽困难至极。

“吃”过土豆片后是一个更有趣的“节目”：只见几位神职人员各拿一个网兜，走到每一排座位，开始向所有参加仪式的人要“赞助”——我友人说这是所有基督教教堂仪式中都有的一项内容，意为上帝的天下之子都要奉献一份爱心。“给多少钱？”我不由问。友人说这是象征性的，多也行少也行，只是不能不给。我马上想起到西方后日常生活中见到的什么事都要给小费的现象。

这教堂里竟也有同样的内容，是西方人收小费的形式源于教堂的教仪呢？还是教堂的教仪形式源于收小费的经验？哈，恐怕是前者吧。那天我身上根本没有任何一张加币和美钞——我借此要控斥一下我的友人，因为我的一切经济自进入加拿大后均受“控”于他。“怎么办？人民币他们收不收？”瞧我那着急的样子，友人好笑起来，说：“什么都行，只要是钱币而不是卫生纸就行。”我想大笑，但不敢笑。那网兜终于向我伸来，我赶忙把准备好的两张一元钱的人民币塞进了网兜内，顿时如释重负。

仪式终于在一曲众声和唱中结束。我以为可以马上回去了，不想带我们进教堂的那位老妇人一定要留我们到教堂底层喝咖啡。没法子，我们随她而去。进去一看，哇，里面真热闹。刚才还是一派严肃劲的所有教徒们，此时此刻全都放松了神经，露出了欧美人特有的豪放性格，他们尽情地唱呀跳呀，完全是一幅乡间丰收图和一幅水手狂欢曲。不分男的女的，搂在一起边喝边跳边聊，一点也看不出都是些七老八十的人儿。我虽然不懂他们跳的唱的是些什么，但有的却是西方电视电影里经常出现的。有位老军人告诉我们，说这都是他们的传统节目，谁都会。我想也是。要不只要音乐一起，所有的人都浑身像弹簧似的动起来，那种情势叫人立即进入狂欢状态。

呵，这是一个难忘的夜晚。一堂难忘的特殊爱国主义课。

“汽车旅馆”的神秘面纱

“汽车旅馆”在出国门之前就有人向我介绍过，说在北美洲有两个地方你不能不去感受一下，一个便是黑人住的贫民窟，另一个便是滋生罪恶之源的“汽车旅馆”。前者因为时间关系未能实现，后者则由于此次北美之行是我一个人单独行动，故有了数番体验机会。其实，被我们东方人传得神秘的“汽车旅馆”，并非像我们传闻中那样可怕，不过它确实也有许多令人想象不到的地方。

北美人出行离不开汽车，而北美人又非常喜欢外出旅行，大概正是由于这个原因，在北美地区便有了一个很热门的行当——汽车旅馆。

我的北美之行，先到的是加拿大，后去的是美国。加美两国山连山、水连水，来去十分方便。对于中国人还必须到美国驻加拿大的领事馆办签证后才能前往美国。哈利法克斯市就有美国领事馆，办证的是位黑人女性。在我过去的印象中，我对黑人并没有好感——首先声明这与种族歧视无关。但这位美国年轻的黑人官员给我留下了很不错的印象，她属于那种非常性感的漂亮女人，然而主要的还是她永远微笑的表情，使得我第一次接触美国人就有一种不错的感觉。办证过程中，我的一部新出版的书起了很大作用。我的朋友汤先生用流利的英语向美国黑人小姐介绍我，看得出她对“著名的中国作家”抱有好感。“如果你的书的封面是绿色效果会更好。”末后，汤说。我不明其意，问这是为什么？汤说，红封面有太多的“红色共产主义”成分。我们不由笑了起来——“美帝国主义”也太看重我们共产党人了。签证并不算复杂，交了 20 美元手续费和 30 美元咨询费就完事。接着就是我们自己租车，据汤说租一辆跑长途的车需要每天 50 美元，实际后来知道也就是 30 多美元一天。其实北美地区的租车业相当热门，而且有不少优惠。如租一天与租一星期就大不一样，后者优惠得多。

从加拿大东部城市哈利法克斯到美国最发达的政治与文化中心，我们计划旅美的第一站是波士顿。此间的行程不短，120 公里的速度整整开了 12 小时方才到达目的地。大都市的饭店住不起，我们的目标非常明确：找汽车旅馆。

很顺利，在距波士顿百把里的一个地方，我们找到了一家汽车旅馆。

与我原先想象中的“汽车旅馆”大不一样。我以为所谓的“汽车旅馆”，应该是那种类似集装箱式的大汽车的车厢改装而成的房间或者有的甚至是一台破旧的车厢内搁上一张或两张床；没有洗澡间，只有一个用油桶改成的放进些热水跳入即可的水桶；也没有床，只有一块褪了色的但很柔软的旧毛毯外加一块硬木板；可能有电视，但屏幕小得只有手掌那么大，半夜里说不准你突然被一阵急促的枪声所惊醒，继而几个彪悍的黑人勒住你的脖子令你交出身上所带的金钱和贵重物品；当你清醒过来光着身子逃之夭夭时又有人像抓小鸡一般地把你抓进“旅馆”，老板会非常抱歉地向你说声对不起之后，让你留在另一个房间。这就是我在没出国门前对美国“汽车旅馆”的想象。还有，价格肯定很便宜，10美元就能解决问题。

可是我完全想错了。

首先，“汽车旅馆”的概念被我搞错了。它不是由汽车改装成的某种“建筑物”，而是专为那些驾车出行的人临时性过夜的旅馆。在美国或加拿大，从城市到城市之间，即便是高速公路，有时也要开上一整天说不定还没有到达目的地，西方人即使是很富有的人也十分注意精打细算，哪种东西优惠便宜，他们会算得分毫不差。再者，西方人几乎家家甚至人人都有汽车，出外的主要交通工具是汽车，又加上他们都爱旅游，所以在城市边郊或根本就是在前不着村后不着店的地方设一处“汽车旅馆”，成了西方旅游业的一个热门行当。美国的“汽车旅馆”业极为发达，各式各样的“汽车旅馆”比比皆是，其中最为突出的是一个我称之为“8”字头的全美“汽车旅馆连锁店”，它在全美地域内都有自己的分店，就像“麦当劳”那样遍及各地。你在任何一地，只要打一下它的免费咨询电话，就可以在离你最近的地方找到他们的分店。

我们第一天住的“汽车旅馆”离波士顿约 2 个小时的路程。这家店每个房间的收费是 38 美元，属于中档水平，早晨免费供应一顿便餐。房间内很简单，两张床，一个卫生间，一个电视，其他的基本就没有什么了，像住我们中国一间 30 多元的招待所房间水平。不过一般汽车旅馆旁边都有一定的配套设施，如加油站、小商店什么的。集中一点的汽车旅馆内，还有“麦当劳”一类的快餐馆和小超市。

后来几天住的汽车旅馆越住越令人不堪忍受。第二天我们赶到华盛顿附近，因为路不熟，又想找一家我们能承受得起的汽车旅馆，所以汤先生整整在高速公路上带我们走了两个多小时。又累又乏的我们实在有些支持不住了，50 多美元一夜的房间我们也住了。最倒霉的是在纽约那一夜，已经很累了，可我们还没有找到一家便宜些的旅馆。纽约市附近就像我们北京的城郊一样，又乱又脏，可汽车旅馆的价格却高出很多。有一家小宾馆模样的旅馆要 80 美元一夜，我们只得另寻地方。问了几家，都是在 50 ~ 60 美元一天，实在不敢入住。一间黑乎乎的房间又潮又有味，要你几十美元相当于住一天北京王府饭店的价钱，谁不大呼上当！无奈最后我们只好住进一家“黑店”——真正的黑店：房间黑、厕所黑、电视节目也黑——尽是些“毛片”，最主要的是价格黑，这么个破地方连早餐都不备竟收走了我们 120 美元！

在美国我一共住了 5 个“汽车旅馆”，可以说各种不尽相同的旅馆都有所体验了。如果说好的也不是没有，但你住着心里也异常别扭，因为那价格让人心里发毛。差的就不用说了，黑吃黑，外加又一般都是黑人经营，你想发作吗？先得问问自己有没有那个胆量。

赌场体验

到北美这个被称为“自由世界”的地方，虽然不敢（其实也没有见到）到“红灯区”走一走，但普天下有赌性的男人自然我也算一个。既然来了，不进西方的赌场体验一下，那对西方“文明”的了解就少了一个很重要的方面。经不住诱惑，在到加拿大数天后，我就由朋友陪同平生以来第一次进了真正的赌场。英文的“赌场”两个字音译过来叫作“卡西诺”。我跟友人外出，每当车开到一个十分气派的地方，他们总要提醒我那是“卡西诺”。这样几次下来，就是没有赌性的人也被吊出了胃口。

我决心已下，而且告诫自己：第一次进去主要是看看，当然后面还是有话的——如果好玩，无妨也试一把。只是这后一句留在心里没说出来而已。

我的这位从中国过来的友人看样子平时对“资产阶级赌场”早已看透了其险恶的一面，故而不是十分有兴致地带我到“卡西诺”。他说我们一起吃过饭的那家中国餐馆的老板就是个吃尽赌场苦头但依旧不能自控的大输家。那个老板我见过，很瘦，瘦得像根竹竿，他的老婆也是个中国人，看样子很厉害。“能不厉害吗！”我的友人接着说：“那老板也是我们广东人，开始生意做得蛮好，因为没有什么文化，想泡泡洋姑娘是不太可能，老婆也管得严。后来他就迷上了赌场，又偏偏爱大赌。有一回他赢了6万元！这下可就红了眼。你想，在加拿大一般一年的收入也就三四万加元，他一晚上就赢了6万，这可比开饭店不知省力多少倍。这一赢就赢出了毛病，他从此就天天往‘卡西诺’里跑。谁都知道这赌场是庄主早先就定了线的，十赌九输是人人都知道的‘赌规’。但赌性上来后就谁又都想当那‘一’而不希望自己是那冤大头的‘九’。那广东老兄就是怀着这种心态又进了‘卡西诺’。这回不但没赢，反而大输了一把，8 万元就是一个晚上的事。照说这小子也该休了吧，可他不，而且一直想赢回来。这一年多来，他老婆告诉我，说他现在天天一下班就往赌场走，却从来就没有赢过。不仅没赢，而且天天把白天开饭店赚来的钱都扔进了赌场的‘老虎机’里去了。谁说他都不听……”友人的这番话，恰到好处地给我灌了一通清醒剂。在踏进“卡西诺”大门之前，我仍谆谆叮嘱自己。

喔——真是个庞大的世界！这就是“卡西诺”！这就是赌场！

好热闹呀！可，可怎么不见那乌烟瘴气的场面，也不见那露着胸脯走来走去的妖女，也不见那吹着口哨横冲直撞的小流氓，更不见哭天喊地的大输家和狂笑烂醉的大赢家？一切是那样安静，那样井然有序——一排排整齐的“老虎机”，有 25 分为一个赌单位的，有 1 元的，有 2 元的，也有 3 元、5 元为一个赌单位的。之后还有转盘式的赌机，有扑克牌式的，有我叫不出名堂的……真是热闹非凡。大门口有个门卫，大概看到我们是中国人且又是陌生客，于是便向我们说句英文，我友人回答后我们便直进赌厅。里面很大，粗略一看，足可以安置几百个位子。据说赌场是 24 小时全天候营业，一天一般要接待几千人次。H 城的赌场并非是个大赌场，但就是这样一个赌场，每年就要向政府上缴几千万税金。加拿大和美国在对待赌场问题上曾有过争执，但争执的结果是大部分地区允许开设赌场，即赌场合法化。加拿大和美国的州政府可以独立制定法律，所以有关能否开设赌场的问题各个州政府都有自己不同的法律，到现在为止也不是所有的州都允许开设赌场，不过随着已开禁的州在赌场上获得暴利后，许多过去反对开设赌场的地方现在也基本上开禁了。这就是资本主义社会的一大特征——只要有利可图，什么事都好办，法律为资本发展服务，资本为法律当先导。

作为一个人性的一部分，赌似乎又像人的好色那样并非是一种制度、一种法律所能管得了的。中国内地现在没有赌场，但中国又是目前世界上拥有最多赌徒的地方，不仅如此，中国还是发明赌具、赌文化最早的国家，其中最为突出的便是全民皆会的麻将牌。谁能说麻将牌不是赌？一夜下来千儿八百，百十块的就不是赌？而且中国人的赌是一家人祖孙三代、四世同桌的赌，成天整宿的赌，从百姓到官员，从小官到大官统统赌，从大年初一直赌到大年三十，赌得天昏地暗……这难道不是事实？

看来，赌本身并不属于哪个阶级，而更多的是人性的好斗性格所决定的。人类社会有文明历史已经几千年了，但有些习性看来并不是靠改造所能解决得了的。赌，便是其中之一。

言归正传。开始我并没有想真玩，因为有友人一番真经——逢赌必输。但后来觉得既然到了赌场不赌一把，就好像是到了战场不玩枪一样没出息。因为在赌场里有个现象让我感到意外，那就是参与赌的人很多是上年岁的妇人与老者，且她们（他们）大多守着 25 分的老虎机大战不息。相反却很少见到年轻人，无论是男孩子还是女孩子，这是个非常有趣的现象。友人告诉我说，在西方年轻人一般都忙于工作或上学，很少闲在家里没事干，更谈不上出来上赌场参与赌博一类事了。相反，老人们则要悠闲得多。许多老人退休后很孤独，玩股票又太需要用脑，所以赌场就成了他们消磨时光的好去处。老人们上赌场还有一点也比年轻人好的地方，就是她们（他们）从来不下大赌注，故而我一进去看到的为什么在 25 分一单位的老虎机跟前有那么多老人站着看。友人告诉我，他在多伦多的那位在国内当过教授的母亲也是位平时喜欢到赌场的赌友，但从来不多带钱进赌场，每次最多带 20 块钱，如果输了，就拍拍屁股走人；如果赢了，就先把 20 块本钱放进口袋，然后再把赢来的钱作本钱，这样赢了最好，输了也没有输掉自己带进来的本钱。瞧，老人们玩赌还真有绝的！输，输得不惨；赢，便是顺手得来的便宜。有这样的心态自然反倒不太容易赔本，故久而久之，赌场就成了老人们常去的地方。而血气方刚者自然与老人的心态不一样，他们都是想捞一把的，因而心很急，很不平静，在这种心态下赌就成了一个魔鬼，时而让你赢得疯狂，时而又让你输得精光。

看着一个个认真有趣的赌徒们——其实不全是真正的赌家，在赌场有很多是我们这等为好玩才进门的观光者。这样的观光者都是凭兴趣这儿看看，那儿瞧瞧，一脸无所谓。偶尔玩一把，被老虎吃掉也哈哈大笑，即使赢了也哈哈大笑。但真正来赌的人却不一样，他们就像上班一样，脸上看不出任何表情，特别是那些上了年纪的老妇人——看上去她们就如上菜市场一样认真，然而在这平静的表情下面又隐藏着多少惊涛骇浪。相比之下，似乎只有中间年龄层的那些赌者脸上才最富有表情，或严肃庄重，或开怀大笑。这些人大多在“打 21 点”和翻牌一类大赌的庄上。赌场虽然很大，但由于有众多的老虎机，所以显得很吵。那老虎机会发出阵阵响声，伴着这种响声我看到的是一张张放着光的脸，在一张张放光的脸的后面，是一颗颗剧烈跳动着的随时期望可能出现奇迹的心。真的有奇迹吗？彻底的否定是不客观的。如果赌场上没有一点点奇迹出现，那么赌场恐怕就不会火爆。奇迹是有的，我也亲眼看到了奇迹——突然大厅内一阵警铃，这时全场几乎所有的赌者均一片兴奋与高亢，并且目光一齐投向那个大赢家。这个赢家此时此刻是个英雄，因为他也许只用了几个硬币就换来了万元、几万元的暴利。那响彻赌厅的警铃就是对胜利者的一种最高赞誉，其实在我看来与其说是赌场老板对赢者的奖赏，倒不如说是赌场老板为了从所有赌徒口袋里掏出更多钱财来的号角。正是这种诱惑与让你血管膨胀的激动，赌场才有了源源不断的人流与收入。刺耳的警铃响过之后，是更多的想赢的赌者更疯狂的表情，那是一张张谁都想获得奇迹出现的面孔，使得高坐在大厅楼阁上的赌场老板的脸上露出丝丝笑意。

“既然来了，也试试手气。”在友人的鼓动下，我手中的美元也终于变成了赌资，并且开始向“老虎机”喂进一个又一个25分的“硬蚕豆”。开始我以为血气方刚的男子汉进了赌场经不住诱惑是可以理解的事，但我却发现女人进了赌场比男人还要心急。这不，还没有等我反应过来，一起入场的B女士不知什么时候已经坐在那台转盘上玩了起来。哈，她第一回赢了10加币，等于60块人民币呐！刺激！我急忙又向“老虎机”喂进数个“硬蚕豆”，但却不仅没出现任何奇迹，反而消失得没一点儿声音。转眼工夫，数十个“硬蚕豆”所余无几，正在这当儿，“奇迹”还真的出现了——不过太可怜了，也就是进账了10来个子儿。如此反复几回，赢赢输输，最后我两手空空出了门。哈哈，我们一行三人，每人输掉了近20元，不多，但似乎兴致未尽。最重要的是我有了第一次上赌场的感受，这感受便像吸了口鸦片，想放可又有些舍不得放。

于是便不可避免地有了第二回进“卡西诺”。在我心里这样认为：第一次进赌场只能算作是观摩，真正参赌应该算不上。这个下午，我和B相约正式进“卡西诺”玩一回真的，而且总共只玩30元（B10元、我20元），输完就走。就像那些当地有经验的老赌手，以免输得回不了中国。

赌场的一切设施均极为先进，你拿的纸币首先得到服务台去换成专用的赌注，这些赌注与硬币基本一样大小，也分面额，有25分和1元、2元、5元、10元等不同面值。你可根据自己所想下的不同赌注而换取不同面额的大小赌币，然后再选择想玩的赌法。我们是初战者，自然不敢去大赌，于是选择了25分为一单位的“老虎机”玩。看那些常来的赌者似乎多少有些讲究，故我们也非常认真地选择两台自认为不错的“老虎机”作为战场，并在其面前摆开阵势。开始不会玩按钮的，于是只好用手动操作。那动作就像操作汽车的挡位一般，你一拉，那“老虎机”就出现一种图案，其图案十分讲究，对准了，可能是赢1元，也可能是2元、5元、10元，也可能是20元、30元、50元，甚至最多的“满堂红”就是1万元呐！赌场的诱惑也就在这里，你放进一个25分的赌注，说不定会赢个30、50元，甚至1万元回来！这对谁都是个巨大的诱惑！于是，那一个又一个赌注扔向“老虎机”嘴里……尽管谁都明白这种游戏的输赢概率是赌场老板早已人为地定死了的，但人们还是乐意期望那万分之一的希望与奇迹出现在自己身上。所有的赌徒几乎是无一例外地怀着这种心境走进赌场的，我们也不例外。虽然并不想怎么样，但总是希望在玩一把的那一瞬间也冒个奇迹出来。我们毫无经验，但你其实也根本不用任何经验，一学就会，甚至不学也会。但我和B还是坚持认为赌具与操作是有经验之分的，正当我们玩的时候，旁边来了一对年青夫妇，他们各自背了一只包，好像就是来背钱似的。果不其然，就那么十几分钟，紧挨B身边的那位女士操作的那台“老虎机”突然出现三个红“7”（一种“满堂红”），于是只听那女的一声尖叫，然后搂着那一起来的男士兴奋得热泪盈眶。这时，赌场大厅内顿时响起震耳欲聋的警铃，于是全场的人都为这位幸运的女士欢呼。这位女士被赌场工作人员礼貌地请到赌场内室，去领取赢得的万元奖金。我和B好羡慕，于是也便加劲地给“老虎”喂食，但却从未出现像那位女士的幸运。倒是那位女士不知使的什么法术，没几分钟又把“老虎机”里的钱币都倒尽也不够支付她的奖金。赌场工作人员只好又出来为她放钱，我见那年轻夫妇的两只书包装得不能再满了。可就在我悻悻地看到别人大获丰收之时，我和B手中的30块赌注已全被“老虎”吃掉了。“不行，还得碰碰运气！”在我的坚持下，B又到柜台换回20元筹码。虽然这回我非常认真，可怎么就还是玩不过那可恨的“老虎”，最后只得无奈地挥挥手离开了“卡西诺”。

这是一次清醒的赌，所以我对其结果的认识也十分清楚。走出赌场，我随即有了两个想法：一是逢赌必输几乎是真理，二是一旦有了赌瘾可不好改。对于后者的担忧，我的加拿大友人告诉了我一个有趣的赌场规矩：在“卡西诺”里面，专门设有一个“禁赌中心”，它是专门对付那些不能自控的赌徒的。对那些有严重赌瘾却又总输且输得家破人亡者，或自己有戒赌意愿者，赌场就在他清醒时或让其家人或由自己本人，到“禁赌中心”登记，一旦作为“禁赌中心”的对象，以后就不能再进入赌场。为了防止这些赌徒入场，赌场有先进的电脑设备，只要那些在“禁赌中心”登记过的人一进赌场，电脑上就会发出信号，这时赌场保安人员就会及时赶到现场，直到将赌徒劝出赌场为止。而且各赌场与赌场之间也有电脑联网，赌徒很难再陷魔境。赌场的这种“文明”又让人觉得很滑稽，因为它让人感觉它的存在与赌场的宗旨多少是相违的。不是吗？

在离开加拿大前的最后一个下午，我赶到了多伦多市。到多伦多必要去世界著名的尼亚加拉大瀑布观光。去尼亚加拉之前，我只知道这里的大瀑布很闻名，但却不知这儿还是世界最大的赌场。

尼亚加拉河位于加拿大与美国的中部交界处，从多伦多到那儿需要三四个小时，为赶回多伦多而不误第二天回国的飞机，我们一早就从多伦多出发，到尼亚加拉时已近中午。也许老天知我赌兴未尽，竟在我到达尼亚加拉时倏然下起大雨。许多游客纷纷从车子内出来后直奔车站旁那座气势非凡的大饭店，我们尾随而人，这时才发现这里面是个巨大无比的大赌场！友人此时向我告知，此为世界著名赌场，五洲四海的游客到这儿观光大瀑布之余必进赌场玩一把方算到了尼亚加拉。有朋友此话，我自觉不在此体验一下多少是个遗憾。为了两不误，我令朋友赶紧想法从商店买一件雨衣，先把尼亚加拉大瀑布看个模样后，便匆匆赶回赌场——因为连吃饭我们只有大约三小时时间。

走进这世界闻名的大赌场，真有些激动人心的滋味。整个四层楼的大饭店，除一层商店和四层客房外，二、三层全为赌场。那上上下下的电梯上几乎站满了人，进进出出的游客此时全成了赌徒，你只要有时间就开开心心地往里走。尤为令人怦怦心跳的是在赌场的一层入口处，放着一辆崭新的红得发亮的奖品——最新型的奔驰跑车。据说这辆奔驰跑车价值几十万美元，而且不是你有钱就能买得上的，它是奔驰公司限量生产的，这就更使游客们赌兴大增。与其到这大赌场参一下赌，倒不如说让我先饱一下眼福。我先是上楼浏览了整个赌场。相比之下，这尼亚加拉赌场不仅在规模上要比我前两次在哈利法克斯去的赌场大得多，而且赌法花样也要多和齐全。什么角子投币机、21 点、纸牌、投骰子、轮盘、刮币……还有不少我叫不上形容不出的赌法，总之我想这儿可能是世界赌法之大全。我在这儿最大的发现是，这里不仅赌场的内部服务一流，而且有电影与戏剧中才看得见的大房间。所谓大房间就是专为那些一押几千几万的大赌手准备的赌房。那大赌室内有七八张桌，环境不像其他赌厅那么吵闹，显得很安静。除了参赌人外很少人进进出出，所以当我和友人进去时，里面的工作人员和参赌人用异样的目光看着我们，让人有些紧张。我扫了一眼，看到的竟全是黑头发、黄皮肤的东方人！都说东方人（特别是日本人、台湾地区的人居多）钱多、出手大，在这里真的验证了。那些人一个个都像电影里的杀手，脸上无一点表情，只有眼睛里发着阴森的光。倒是那个赌场的操作手是位性感的洋妞，很中看，也很随意。我不明白这是不是赌场老板有意的安排，好让赌场的气氛轻松一些。

看看手表还有一些时间，朋友说是不是再过一把瘾？我说行啊，权作到此买了一张门票。如果不是想赢钱而来，这赌场里还真能放松一把，因为那里面的气氛真可谓有些狂欢的味道，笑可以放松地笑，骂也可以痛痛快快地骂，不同的语言，不同的性格，不同的种族，在这里可以找到共同的行为，那就是要么开开心心地赢，要么大大气气地输，这对游客们而言，都是无关紧要的，只要过把瘾就算没有白来。当然对那些专为赌而来的人就不一样了。据说，尼亚加拉这个地方不大，每天到赌场的人数却在十万人以上，特别是一到周末，来自美国、加拿大，甚至是非洲、亚洲、大洋洲等地的大赌徒们会蜂拥而至，他们租下豪华的别墅或饭店，不分昼夜地赌，前年在这儿曾经出现过一个赌徒一夜输掉一千多万美金的，当然也听说有人在此最多赢过上千万。正是这不绝的传闻，使得更多的赌徒怀着贪婪与冒险心理，从四面八方涌向尼亚加拉这迷人的大瀑布城。

当离开尼亚加拉时，夜色下的赌城更是另一番景致。各种建筑物上的万千支霓虹灯齐放光，我特意回头再看了一眼那灯光下的大瀑布，此时此刻的大瀑布仿佛是个巨大无比的梦幻世界，那忽隐忽现的波浪犹如捉摸不定的影子，好看又叫人有些胆怯，销魂又暗含一种险境。

啊，别了——赌场！

我当“老外”的窘相

第一次只身出国，我多少有些紧张，问题出在我不会一句外语。加拿大那边的朋友硬说不会有问题，并告诉我一路上已有人给安排妥当，用不着操心。虽然我是老出差，但出如此远的门还是头一回，家人的担心自然比我还多。怎么办？近万元的往返飞机票都买好了，再说办护照、签证都不是件容易的事，再想不走似乎没有什么退路可言。

走，横竖一趟生死之旅何所惧？出门那天我给妻子女儿留了张近似"遗言"的条子，上面有我难见的"壮语"：我走了，你们自己照顾好自己！

进首都机场后，就有种已经出国的味道了，因为我坐的是加航，一上飞机后就一下见不到中国"空中小姐"那微笑与娇美身形了，取而代之的是几个加航"老大姐"和一个加航"老大哥"。这第一感觉就实在让我感到虽脚未离祖国大地，身却仿佛已入了异国他乡。后来我才发现几乎所有北美的航班上都是些年龄大的"老嫂子"与"老伯伯"，根本看不到一两位像中国"空中小姐"那样年轻的服务人员，这是一个很大的反差，我一直有些不习惯。我特别看不惯的是飞往温哥华航班上的那个加拿大男服务员，五十多岁人，一副油头滑脑的样子。坐在我右侧的是位长相不错的年轻中国女性，能说一口流利的英语。那男服务员便异常热心地经常走到那女孩面前问这问那，有事没事尽量找些话茬搭腔，而对一边坐着的我们这些男同胞则不问不闻，连茶水都似乎懒得倒一般。特别让我看得浑身发冷的是那男服务员竟有一次单腿跪着给她递东西。我是老土一个，但也不了解西方的礼仪，然而我无论如何也接受不了这种人在自己的女同胞面前那么一副酸劲。

飞机上我首先尝到了不会外语的苦头。应该说服务员的服务态度还算是不错的，时不时地过来问你需要些什么东西。长途旅行毕竟很疲劳，有必要在中途补充些食物与饮料。这就免不了服务员走过来问你到底要哪一种，我想要可是又无法表达，只好用"哑语”代之。但这总还是表达不清，于是就将自己弄得很窘。有那么一两次下来，我这样自尊极强的人就干脆闭上眼装睡。然而这毕竟不是国内航途那么一两个小时就能忍得住的。尤其是就餐了，加航上吃的都是以西餐为主，热情的加航“老大嫂”时不时过来问我吃什么。我明知她们是在问“你”或“先生你想要什么”之类的英语，可我什么都不会说，于是只好干瞪眼或摇头。那“老大嫂”大概也弄不明白我是要还是不要，故而以同样的干瞪眼和摇头来回敬我。我心想，反正像国内航班上每次开饭时，小姐们都是推着餐车到所有座位问你要什么或不要什么的，那我就在座位上等吧，若她们送上什么东西我就要什么不就行了么！我以为这样便可以解决不会英语的问题了。终于开饭了，加航的“老大嫂”与“老哥们”忙开了，为每一位旅客端上或是面包加三明治的西餐，或是什么我在北京城内吃过的像意大利面一样的面食。可奇怪的是她们光送却不见推餐车，这有些让我不知如何是好。心想这下坏了，我非得饿肚不可，你不记得我刚才是向服务员直摇头的么，人家肯定以为我不要用餐呢。果不然，等所有人都在狼吞虎咽时，我却两手空空，不见“老嫂”“老哥”为我送东西来。因为我是坐在中间的三个空位上，左右没人，所以也没有中国同胞问我一声到底为什么不吃之类的话。就这样，我白白地饿了一顿。好在从家出门时我口袋里带了少许吃的零食，这一顿也就凑合了。不过我心里说不出有多窝囊。唉，不会外语出门真倒霉！

北京到温哥华的航程真漫长。听几个同胞说得十二来个小时才能到。我算了一下，照这个时间应该机上还有一顿饭吃。不行，吃不上饭是个大问题。怎么办？会两句外语也行嘛！我忽然想起出门前曾让刚上初中的宝贝女儿抄了几句“中英文对照”的常用句，于是我悄悄从口袋中掏出那我称之为“救命通行证”的小本本偷偷看了起来。真是遗憾，那临时抄来的几句常用语没有一句是有关吃饭问题的句子。都是什么“我是中国人，我的职业是作家”“请问中国大使馆或领事馆在什么地方？”“飞机场怎么走？”“回北京的票怎么买？”等“求救”问语。可悲哟，我不禁自己苦笑起来。没想到出国还真难呀！别说让我独自到异国打工什么的，就是现在我身上带了足够可以走遍北美的美金也无可奈何。而且我发现自己本来就是一个不爱与生人打交道的人，即使女儿给抄的那几句“救命语”真要让我说出来，也不知老外有没有人能听得懂半句。这么一想我又有些紧张起来，也就自然不自然地恨起自己太痴，让人轻易地“骗”出国了。怪谁呢？这不都是自己一手制造出来的么。

飞机在高空中跨越着太平洋，我思忖着，不断地思忖着如何解决自己可能和已经面临的诸如吃饭这样的问题。对，我猛然想起有一个英语单词我是会说的，那就是“Yes”(是)。哈，有 Yes 这个词就可以了，至少可以有吃了。因为我想下次“老嫂”或“老哥”在开饭时不管问我要什么东西，我只要点头说一声“Yes”就行了。这样就不至于到时又没了我的那份饭。至于给我什么就别管它，反正有吃的比没吃的要强百倍。哈，我为自己的“聪明”和“聪明”的自己而着实高兴了一阵子。

瞧，说开饭就开饭。一位胖得走路时能感觉得到飞机都在震荡的“老嫂”果真又过来叽叽咕咕说了一句什么，我忙做出一副也会些英语似的架势，又是点头又是“Yes”的。嘿，还真“交流”上了，那“老嫂”热情地微笑着说了声“谢谢”走了。这回我算吃上了饭，不一会儿，一盘热乎乎的牛排送到了我的面前。平时我很不爱吃西餐，但此时此刻，我尤觉好吃。我边吃牛排边直为自己的“胜利”欢呼——这一个“Yes”可终于使我有了饭吃！还有什么比有饭吃更重要的？

由于时差及初出国门的一点并不小的紧张心理，我感觉从北京到温哥华的那十几个小时简直有点要命。好不容易盼到了温哥华转航班的时间，可真从飞机上下到加拿大领土时我心里又十分的不情愿，因为我实在惧怕原先说好的中途有人来接我的计划落空，那样事情就真的惨了。飞机上不会外语我可以不吃或少吃一顿也没有什么，然而中转是要出海关的，我不懂一句英文可就麻烦大了。也算我老出差经验多，凡不是自己能保证的事我总会有两手或三手的准备，更何况独自出国我是更加谨慎。所以在离北京机场出关时有位女留学生一见我的行李上写着到“CANADA HALIFAX”(加拿大·哈利法克斯)，便主动过来告诉我她也是到那儿去的。这下我就记得牢牢的了，这不，关键时刻我就死盯着送上门的“向导”。其实后来我才知道这位女留学生也是头回出国门，也是独自一人远涉重洋到北美边城哈利法克斯。在未出国门时，我就打听到这姑娘是北医大的博士毕业生，这就叫我放心了，人家博士生的外语肯定不成问题。有她就不怕我到不了哈利法克斯——这是我心里早有准备的，如果万一那朋友托中途接站的人托到“王伯伯”那儿去了，我就可以伴着这小留学生走遍加拿大也不怕。真是像导演好的戏一样，机场上所谓接我的人根本没有出现，其实后来我才知道事实上也没有什么“特别”的关照之类。我的朋友原来是在电话里让加拿大航空公司的人在飞机上一路照顾一位“不会说外语的中国作家”，航空公司的人答应是答应了，可根本没有实现其承诺。

令我感到快慰的一是小留学生用她并不成熟但能对付的外语作我向导，二是温哥华简直就是华人的世界——机场为了方便中国人，在机场内专门安排了会普通话的华人在各个关口作真正的向导，专为我等不会外语的人服务。当时我真庆幸自己度过了一个难关，同时我恨死了“朋友”的精心安排!

从温哥华到哈利法克斯还得飞七个来小时。这回我的座位还是没有与那留学生安排在一起，坐在我身边的倒是个华人，开始我真有些高兴，可后来发现那家伙根本不讲一句汉语，这时我才想起他可能是个日本人，或者是朝鲜人什么的。算我倒霉。但过了一会我发现这家伙手里有张中文报纸哎。这小子有意装洋呢！我心里就有点反感这些一出国门没几天就把自己的祖国给忘了的人。我心想你越不想说中文，我就越让你说。于是我就直截了当对他说："请借我看看报纸行吗？"不想那家伙先是愣了一下，然后马上表示同意把报纸给了我。我心里一阵好笑，这回我没有出洋相，不过看完报纸那人与我用汉语对话后，我才不由乐了起来：这个人其实坐在我身边开始时他也想跟我说说话，可也拿不准我是不是日本人或者朝鲜人什么的！哈哈。我说你不是英语说得很好么，可以先用英语"探"一下么？他说他是想这么做，可一上飞机就见我闭着眼或者像根本不会说话的哑巴。天哪，我一想自己可不这样么，为了不露馅，不想让洋人们感觉我不会说英语，就一上飞机便装着睡大觉。

你说到外国不会说外语，这不真跟哑巴差不多么！有意思的是，在后来的那些日子里，我每每单独与外国人一起时，或在无法避开外国朋友与我打招呼时，我只好真的装哑巴，用手势跟人家比画。几次那些洋人们无法理解我到底想表达什么意思，最后只好笑笑摇摇头不跟我说什么便走开了。劳恩是我在加拿大认识的朋友，我们多次见面后便双方可以用一句最简单的"Hello"（你好）来打招呼了。但我却仍然无法与他两个人在一起交流，因为我除此就只会再说一句"How are you"（你好吗？）了。有一天劳恩来找我朋友，只我在家，于是我们两人就先来了句"Hello"，然后他便说："How are you"。对这样的问话如果用中文我应该回答他"我很好"或"我还行"一类的话，可我哪会这么多英语！故而只好跟着他"好啊油，好啊油"的，最后我们俩人都在"好啊油”声中哈哈大笑起来。这笑声清楚地告诉我们俩人彼此无法交流，但同时我们两个无法用各自语言沟通的人又都高兴地明白了我们已经开始“有所”沟通了。你说这好玩吗？特别有意思的是，有一次我们很高兴地见面后，便与共同的朋友一起出去办事。后来那位我和劳恩共同的朋友临时走开一阵，我们两个又开始“交流”起来，先是我主动比画问加拿大一个人一般的工资是多少？劳恩见我一边指指他，一边做个数钱的动作，以为我是到他那儿借钱什么的，便赶忙掏出一张10元加币给我。我连忙摆手示意不是要钱，而是问你一个月挣多少。劳恩一看我又摇头又指指他，以为我嫌钱少，赶紧又掏出一张100元的钞票。我只得无可奈何地朝他大笑，这位憨厚的加拿大汉子也跟着我乐，但我肯定他不知为什么而乐，或者乐得不怎么开怀。我想他可能以为我是不是嫌他小气哩。有了这么几次友善的误会后，我们后来就尽量不用手比画了，而继续改用仅有的两句“哈罗”和“好啊油”来彼此亲热一下。紧接着两人就呆呆地坐在那儿不知怎么打发对方，真是又尴尬又滑稽，说不出是一种什么滋味。

这同朋友在一起不管怎么说还是可以理解的，而在一些公众场合由于自己不懂外语就显得有些难堪了。譬如在飞机上，你身旁坐着一位先生或女士，这些外国人一般都很友善，见面后总要问一句好，或会问一下你是从哪儿来，到哪儿去，需要帮助吗之类的话。这个时候你总该有所表示，可碰到我就无法表述了，因为我不懂他们在问我些什么呀，所以你怎么回答呢？不回答吧，显得我们中国人怎么一点也不礼貌。而且我偏偏又是个戴着眼镜的人，多少像有些学问的人，衣着也不算差，看不出像个打工仔什么的，太没礼貌实在不应该。可我又没法听懂或回答对方。于是只好朝人家点头干笑，可人家不知你是怎么回事呀，又跟着叽里咕噜说一大通。这我就更傻了，这一傻不要紧，肯定脸部表情极不自在，本来好端端的一个中国人，顿时在外国朋友看来真成了个傻子。有几回我就看他们脸上露出十分惊异的模样，然后悄悄躲开了，或者闪到一边再也不理我。那时我感觉我完完全全变傻了，傻得直想用中文大声告诉他们我不是傻子，可一想我这么做不真成傻子了吗？

在北美的日子还有相当长一段，想来想去我总不能老当傻子呀！老躲着外国人不出门那我就不用花那么多钱、受那么多坐长途飞机的罪了。有什么办法呢？有，干脆我学一句“对不起，我不会英语”的英语，这样不就既可以应付外出碰到外国人跟我打招呼的问题，又可以不被人误解我是傻子一个。对，我终于想出了一个近似阿Q式的“高招”。

“Sorry I do not speak English.”

“对不起，我不会英语。”

在“刻苦努力”下，我终于学会了一句可以应酬（应该说是应付）的英语，故而后来再出去碰上当地人与我打招呼或想交谈时，我就先来句“Sorry I do not speak English”。OK，这还真管用！老外们一听我这么一说便都友善地笑笑，客气地向我点点头，有时还反过来对我说句“Sorry”（对不起），真让人感动。

如此这般，我总算不像以前那样被人误当傻子了，一个月的北美之行也很快结束，我回到了北京。回到家后，我那刚刚上初中的女儿问我：爸爸你这次出去一定学了不少英语，我们用英语对对话怎么样？我说好啊，于是我非常流利地说了句“Sorry I do not speak English”。

“就这么一句？”女儿惊诧地问。

“就这么一句。”

“哈哈哈……”女儿笑得就差没背过气。“栽了栽了，我一向伟大的爸爸栽了。哈哈哈……”

女儿还在前仰后合地笑着，我呢，自个儿想想也跟着傻笑起来：这不真栽了么，出国一个月仅仅学会了一句英语，而且还是“我不会英语”！这跟半句没学会有什么区别呀？

哈哈，哈哈……

出版说明

何建明先生是中国文坛著名作家，长年坚守在报告文学一线。“非典”、汶川地震、天津大爆炸、利比亚撤侨等重大事件发生时，何建明先生都尽可能出现在第一时间、第一现场，将第一手材料及时地呈现给读者，将中国故事讲深、讲透、讲生动、讲精彩。他强烈的责任感和使命感让人感动，其直面真相、忠于现实的精神令人钦佩，是中国当代报告文学界极有影响力的领军人物。

有感于斯，我社特收录何建明先生近40年创作的报告文学作品，结集为《何建明文集》三十卷出版。这些作品是对时代、社会、自然和人文的记录、呈现与见证，是作者响应时代的召唤，置小我于大我之中，循着时代背景和社会需求而创作的，完整、真实地表现了社会各个层面人物的喜怒哀乐，代表了当代中国纪实文学、非虚构创作的高峰水平，大气磅礴、激情豪迈，极具胸怀和气量。其中多部作品获得鲁迅文学奖、国家图书奖、“五个一工程”奖、徐迟报告文学奖等。

每个时代都有自己的特征，每部作品都有自己的特点。为了全面展示何建明先生历时40年创作内容、使用语言和文学风格的变化，本文集对何先生已发表的所有作品原则上不做修饰和润色，除特殊情况外也不做大的删节和修改，以保证今天的结集出版，仍不失当年作品的激情和味道。